인문한국불교총서 10

테마Thema 한국불교 10

* 이 저서는 2011년 정부(교육과학기술부)의 재원으로 한국연구재단의 지원을 받아 수행된 연구임(NRF-2011-361-A00008)

인문한국불교총서

# 테마 Thema
# 한국불교 10

동국대학교 불교문화연구원
HK연구단 엮음

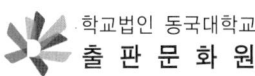

## 머리말

불교는 지금부터 약 2,500년 전에 인도에서 성립된 이래 중앙아시아와 중국을 거쳐 약 1,700년 전에 한반도에 들어왔다. 인도불교는 수행의 과정을 거쳐 세상의 이치(Dharma)에 대한 깨달음을 추구하였고 생사윤회의 길에서 벗어나고자 하였다. 인도불교의 이러한 지향점은 이질적 세계인 중국에 수용된 뒤에 토착화를 거쳐 새로운 변용의 길을 걸어야 했다. 붓다와 시간적·공간적으로 멀리 떨어진 중국인들이 스스로 붓다가 되기 위해서는, 누구나 붓다가 될 수 있는 성품을 본래 가지고 태어났다는 강한 확신이 필요했다. 그 결과 중국불교에서는 깨달음이 '본래 깨달아 있음(本覺)'으로, 붓다가 '붓다의 성품(佛性)'으로 변형되어 이해되었다. 또한 세상의 이치인 다르마도 '조건들의 일어남(緣起)'에서 '본성의 일어남(性起)'으로 다르게 인식하였다. 이러한 양상은 중국적 사유방식인 본성론적 사고에서 비롯되었다. 중국불교에서는 이를 바탕으로 교학에서는 천태종과 화엄종, 실천에서는 정토교와 선종이 독자적 성격을 띠며 발전하였다.

이처럼 본성론에 의거해 성립한 중국불교의 교리와 사상은 같은 한자

문화권인 한국과 일본에도 큰 영향을 미쳤다. 다만 한국의 경우 그 수용 방식에서 조금 다른 양상을 보였는데, 여러 학파 및 교파의 이론과 각각의 대립적 주장들을 융합하고 조화시키려는 통섭적 경향이 두드러졌다. 한국불교의 사상적 독창성을 상징하는 원효는 여러 학설의 화쟁을 주장하였고, 한국 선불교의 대표자인 지눌은 간화선과 화엄으로 요약되는 선과 교의 일치를 추구하였다. 조선 후기 불교 전통에서 나타난 선, 화엄, 염불의 결합 시도 또한 한국불교 고유의 융섭적 특성을 보여주는 사례이다. 본성론에 기초하여 다양한 학파와 종파가 성립된 것은 중국에서였지만, 종합과 통섭의 사고는 한국에서 더욱 분명하게 드러난 한국불교의 특성이라고 할 수 있다.

동국대학교 인문한국(HK)연구단은 한국불교가 갖는 로컬의 특성을 글로벌 시각에서 조명하고 글로컬리티의 확장성을 구현하기 위한 연구를 진행해 왔다. 본 연구단의 아젠다는 '글로컬리티의 한국성: 불교학의 문화 확장 담론'으로서, 2011년 9월부터 2021년 8월까지 총 10년간 HK사업을 수행하였다. 1단계에서는 한국불교의 '원형의 고유성'을 탐색하여 연간 9개씩 총 27개의 주제를 다루었고, 그 결과물로 『테마 한국불교』 1~3을 출간하였다. 2단계는 한국불교의 '소통의 횡단성'에 초점을 맞추어, 〈문헌과 사상〉에서 텍스트와 콘텍스트, 〈종교와 문화〉에서 권력과 종교, 문화와 의례로 유형화하여 특성화 연구를 하였다. 연간 8개씩 총 24개의 테마를 조명하였고, 그 성과를 담은 『테마 한국불교』 4~6이 나왔다. 3단계 '변용의 확장성'은 〈인물과 문헌〉, 〈종교와 문화〉의 두 영역으로 구성하였고, 이를 다시 사상가와 텍스트, 종교와 미래 및 문화와 의례 유형으로 나누어 한국불교의 글로컬리티를 추구하였다. 3단계 4년간 연구한 32개 주제의 결실은 『테마 한국불교』 7~10에 집약해 놓았다.

본서 『테마 한국불교』 10은 로컬과 글로벌이 융합된 한국불교의 글로컬리티의 특성을 '변용의 확장성'이라는 관점에서 다룬 3단계 아젠다 연구의 네 번째 결실이다. 본 『테마한국불교』 10에서는 〈인물과 문헌〉 영역에서 사상가로 의천과 휴정, 텍스트로는 밀교문헌과 불교잡지, 〈종교와 문화〉 영역에서는 종교와 미래 유형으로 여성과 생태환경, 문화와 의례에서 불교음식과 범패, 이렇게 8개의 테마를 선정하여 '확장성의 발현'이라는 관점에서 접근하였다.

『테마 한국불교』 시리즈는 다양한 영역과 주제를 포괄하여 한국불교의 전체상을 입체적으로 그려본 동국대 HK연구단의 공동 기획 연구서이다. 이번 3단계에서는 글로컬리티의 시각에서 한국불교의 장기 지속 및 시대적 변화상은 물론 인도 이후 동아시아 세계의 횡단문화적 지형과 그로부터 축적된 한국적 특성을 동시에 조명해 보았다. 10년간의 HK 아젠다 연구의 성과물을 집약한 10권 83개의 테마 시리즈가 나옴으로써 한국불교의 다채로운 양상과 융합적 특성을 한눈에 조망할 수 있게 되었다. 비록 테마별로 서술상의 층차가 있고 학계의 연구가 아직 충분치 못한 주제도 있지만 HK연구단의 역량과 노력을 올곧이 담은 이 시리즈를 완간하게 되어 연구책임자로서 기쁜 마음을 감출 수 없다.

2021년 8월
동국대학교 불교문화연구원장·HK연구단장
김종욱

# 차 례

머리말_ 김종욱 · 5
총   설_ 김용태 · 15

## 제1부 인물과 문헌

### 사상가

의천義天 _김천학 ● 41

Ⅰ. 도송渡宋과 교관겸수의 발원 … 42
　출가 42/ 도송渡宋의 이유 43/ 교관겸수의 발원 45

Ⅱ. 불교사상의 전승과 비판 … 48
　화엄사상의 전승 48/ 천태종의 중흥 55/ 균여파와 선종 비판 58

Ⅲ. 불교문헌학의 선구자 … 61
　교장의 집성 61/ 교장의 간행 63/ 교장의 편찬 65

Ⅳ. 교장敎藏의 전파와 전승 … 68
　중국으로의 역전파 68/ 일본으로 직·간접 전파 69/ 한국불교의 사상적 계승 73

■ 의천의 교장, 동아시아 불교 부흥의 기폭제가 되다 • 75

## 휴정休靜 _ 김호귀 • 79

### I. 시대적 배경과 보살도의 삶 … 80
불교의 시대적 상황 80/ 수행과 보살행의 행적 82/ 구국의 화현으로 나툰 승장 85

### II. 저술과 사상의 편린 … 88
통방정안의 삼교관 88/ 신행의 지침서로서 『선가귀감』 92/ 보편적 사유의 『청허당집』 97

### III. 신행과 수증의 보편적 통합 … 103
간화선의 전통적 계승 103/ 염불수행의 보편화 106/ 제반 수행의 섭수 109

### IV. 선과 교를 통한 승풍의 진작 … 111
선교융합의 성격 111/ 선주교종의 지향 114/ 출가정신에 근거한 승풍의 각성 116

■ 불법의 중흥과 보살도의 실천 • 120

## 텍스트

**밀교문헌** _옥나영 ● 125

Ⅰ. 밀교경전의 성립과 전파 … 126
　밀교경전의 출현 126/ 중국으로의 전파와 한역 129/ 일본 밀교의 전개 133

Ⅱ. 삼국·통일신라 시대 밀교의 역할 … 137
　밀교의 전래 137/ 밀교 신앙의 확산 141/ 밀교의 역할 144

Ⅲ. 고려~조선 시대 밀교의례와 문헌 간행 … 147
　밀교의례의 설행 147/ 고려 밀교문헌의 간행 153/ 조선의 진언·의례집 간행 158

■ 깨우침과 실천의 좌표, 밀교 ● 163


**불교잡지** _김종진 ● 169

Ⅰ. 근대 불교잡지의 등장 배경과 복합성 … 170
　시대적 배경 170/ 전통과 근대의 이중주 173/ 종교, 학술, 문예의 삼중주 176

Ⅱ. 1910년대 불교잡지와 근대 불교의 실천적 모색 … 178
　삼십 본산제도의 동력학 178/ 근대 불교의 기획과 근대 불교학 182/ 수양 담론 184

Ⅲ. 1920년대 불교잡지의 문화 잡지 지향 … 187

지역 불교잡지의 등장 187/ 동경불교유학생회 189/ 종합 교양지의 출현 192

Ⅳ. 1930년대 불교잡지의 분파성 ··· 196
전문학교 교우회와 학생회 196/ 불교청년회와 동맹운동 199/ 강원과 선원 202

■ 근대 불교와 불교 청년의 성장 서사 • 206


# 제2부 종교와 문화

## 종교와 미래

여성　　　　　　　　　　　　　　　　　　_ 김제란 ● 213

Ⅰ. 인도·초기불교의 여성관 ··· 214
남성 중심적 불교여성론 214/ 인도 종교 및 초기불교의 여성관 215/ 초기불교의 여성적 사유 218/ 초기불교의 이중성: 반여성성과 평등성 222

Ⅱ. 신라·고려 시대 불교와 여성 ··· 227
삼국시대 불교 전래와 비구니 승단 227/ 고려시대 불교와 여성 출가 231/ 여성의 선수행과 혜심의 여성성불론 233/ 성 역할 수행으로서의 여성신앙론 234

### Ⅲ. 조선시대 불교와 여성 … 237

조선 전기 불교와 유교의 갈등  237/ 배불정책과 불교미술의 여성 후원자  238/ 부녀상사금지법 시행과 여성 신앙의 억압  241

### Ⅳ. 한국 근현대 불교와 여성 … 243

불교 여성의 근대적 자각  243/ 선불교의 대중화와 재가여성 선 수행  246/ 현대한국 비구니 사찰의 설립  248

■ 불교여성관: 진리의 평등성과 사회적 불평등성 • 252


## 생태환경                                             _ 김은영  • 257

### Ⅰ. 인도불교에서의 자연 인식 … 258

자연에 대한 인도적 관점  258/ 연기적 세계관  260/ 사성제의 생태적 측면  262

### Ⅱ. 동아시아 불교의 자연생태관 … 263

유儒·불佛·도道의 자연관  263/ 불교예술에 나타난 자연  267/ 사찰의 생태적 구조  269

### Ⅲ. 한국불교 의식주衣食住의 생태주의 … 271

욕망을 제어하는 청빈한 복식, 법의法衣  271/ 자연친화적 수행 음식, 공양供養  274/ 어울림의 생태, 사찰 건축  277

■ 불교의 생태관, 생명의 의미를 확장시키다 • 280

## 문화와 의례

### 불교 음식 _이자랑 ● 285

Ⅰ. 불교 음식의 기원과 특징 … 286
발우의 기원 286/ 걸식과 소욕지족 288/ 발우에 담긴 음식 290/ 육식과 오신채의 금지 292

Ⅱ. 걸식에서 자급자족으로 … 295
청규의 등장과 자급자족 295/ 선원의 식문화 297/『범망경』과 식육계 300/ 쇼진精進요리 302

Ⅲ. 한국불교의 식문화 … 305
소선素膳과 반승飯僧 305/ 두부의 전파와 조포사造泡寺 307/ 공양의례와 「소심경」 309

Ⅳ. 사찰 음식의 발전과 역할 … 312
사찰 음식과 웰빙 문화 312/ 사찰 음식의 특징 314/ 발우공양의 현대적 의미 316

■ 음식을 통한 욕망의 절제와 자비의 실현 ●319


### 범패梵唄 _김지연 ● 325

Ⅰ. 범패의 기원 … 326
범패의 의미 326/ 범패 소리의 특징 328/ 화엄 42자모와 범패 330

Ⅱ. 중국과 일본의 범패 … 333

　범패의 중국 전래 333/ 중국의 범패승 336/ 일본의 덴다이 쇼묘 339

Ⅲ. 신라: 범패의 전개와 융합 … 342

　월명사의 향가와 범패 342/ 진감 선사와 당 범패 346/ 적산법화원의 범패 349

Ⅳ. 고려-조선: 범패의 발전과 변형 … 352

　『고려사』와 『조선왕조실록』의 범패 352/ 각필 악보와 의례집 356/ 영산재와 범패 소리의 종류 359

■ 범패, 불교를 음악으로 표현하다 • 362


찾아보기 _ 367
저자 소개 _ 377

총 설

# 한국불교 확장성의 발현: 글로컬리티의 구축

김용태(HK 교수)

## 1. 한국불교의 '확장성'을 도출하다

　동국대 인문한국(HK)연구단의 아젠다는 '글로컬리티의 한국성: 불교학의 문화 확장 담론'이다. 이는 글로벌리티와 로컬리티를 조합한 글로컬리티glocality의 개념을 통해 세계적 보편성과 지역적 특수성을 아우르며, 한국학으로서 한국불교의 특징을 도출하려는 구상에서 기획되었다. 이를 위해 1단계 '원형의 고유성'[로컬], 2단계 '소통의 횡단성'[글로벌], 3단계 '변용의 확장성'[글로컬]을 단계 목표로 설정하여, 중심과 주변의 이원적 구도를 넘어서는 '융합적 지역성'의 관점에서 불교를 매개로 한 '한국성'을 추출하고자 했다.
　아젠다 연구의 목표는, 첫째 한국 역사의 시공간을 통시적으로 종단하고 아시아 지역권의 문화 횡단을 거쳐 다양한 스펙트럼의 발현 양상을 탐색하는 것이다. 둘째 특수와 주변[로컬], 보편과 중심[글로벌]의 길항 관계 속에서 양자의 갈등과 접합, 교차와 변용을 통한 탈영역적 트랜스 지역성[글로컬]을 찾는 것이다. 이는 글로컬리티의 한국성이 함축하는 다층적 복합구조를 분석하여 불교를 매개로 한국성이 내포하는 본질적 에토스가 무엇인지를 밝히려는 것이다. 이를 통해 한국형 문명 패러다임의 새로운 담론을 제기하고자 한다.

3단계 '변용의 확장성'은 〈인물과 문헌〉, 〈종교와 문화〉의 두 영역으로 구성하였다. 이를 다시 사상가와 텍스트, 종교와 미래 및 문화와 의례의 유형으로 나누어, 불교가 걸어온 아시아의 시공간의 궤적 속에서 한국불교의 글로컬리티를 추구하였다. 특히 불교를 축으로 하여 한국 역사 문화 전통의 특징인 한국성을 보편사적으로 이해하는 데 초점을 맞추었다. 나아가 한국형 문명 패러다임의 도출을 위해 현대와 미래 사회에서 불교가 어떤 역할을 하며 또 어떤 전망이 있는지 고찰해 보았다. 3단계 4년간의 영역별 유형과 32개 테마는 다음과 같다.

3단계 〈변용의 확장성〉

| 연차 | 인물과 문헌 | | | | 종교와 문화 | | | |
|---|---|---|---|---|---|---|---|---|
| | 사상가 | | 텍스트 | | 종교와 미래 | | 문화와 의례 | |
| 1 | 원효 | 원측 | 범망경 | 고승전 | 영험 | 디지털 인문학 | 불교가사 | 재회 |
| 2 | 대현 | 승랑 | 법화경 | 대장경 | 수행 | 템플스테이 | 불교건축 | 의례집 |
| 3 | 균여 | 지눌 | 석마하연론 | 주석서 | 교단 | 불교명상 | 불교미술 | 상장례 |
| 4 | 의천 | 휴정 | 밀교문헌 | 불교잡지 | 여성 | 생태환경 | 불교음식 | 범패 |

〈인물과 문헌〉은 사상가와 텍스트 유형으로 구분하였다. 사상가는 한국불교를 빛낸 대표적 학승과 선승을 엄선하였는데, 1단계 때 신라불교의 틀을 정립한 자장, 해동화엄의 창시자 의상, 선종의 임제종 정통 법통

을 전래한 태고 보우와 나옹 혜근을 다루었고, 3단계 연구까지 포함하여 한국의 대표적 고승들을 망라하였다. 원효와 원측, 대현과 승랑, 균여와 지눌, 의천과 휴정은 중관과 유식, 계율과 기신론, 화엄과 천태, 선 등 주요 교학과 선종의 이론 및 수행 체계를 정립하고 실천한 이들이다. 텍스트에는 3단계에서 특성화 연구 주제로 기획한 동아시아 찬술 불전 『범망경』, 『석마하연론』이 포함되며, 한국과 동아시아에 큰 영향을 미친 『법화경』과 밀교문헌, 그리고 고승전, 대장경, 주석서, 근대 불교잡지를 다루었다. 이 영역에서는 동아시아의 관련 인물이나 연관 텍스트와의 비교연구를 통해 한국불교의 확장적 사유를 도출하였다.

〈종교와 문화〉에서는 종교와 미래, 문화와 의례로 나누어 전통문화의 현대적 해석과 미래 가치의 탐색을 추구하였다. 종교와 미래에서는 테마로 영험, 수행, 교단, 여성과 함께 최근 크게 주목받고 있는 디지털 인문학, 템플스테이, 불교명상, 생태환경 문제를 다루어 보았다. 문화와 의례에서는 불교가사, 불교건축, 불교미술, 불교음식의 역사성과 현재적 의의를 살펴보고, 재회, 의례집, 상장례, 범패가 갖는 종교·문화적 의미를 추구하였다. 이는 불교가 현대사회에서 어떠한 역할을 하고 어떤 의미를 갖는지를 진단하고, 새로운 문명 패러다임의 창출에 이바지할 수 있을지 탐색해 본 것이다.


## 2. '고유성'과 '횡단성'을 넘어 : 로컬리티와 글로벌리티의 결합

1단계 '원형의 고유성'에서는 한국적 고유성의 재발견을 연구목표로 하여 로컬리티의 특수성을 기반으로 한 글로컬리티의 적용 가능성을 모색해 보았다. 〈사유와 가치〉, 〈종교와 국가〉, 〈문화와 교류〉의 세 영역에서 영역별로 3개씩 특화된 주제어를 설정하였다. 〈사유와 가치〉는 사상, 윤리, 내세, 〈종교와 국가〉는 권력, 전쟁, 재화, 〈문화와 교류〉는 사람, 문자, 의례를 주제어로 하였다. 1단계 3년간 수행한 총 27개의 테마는 다음과 같다.

1단계 〈원형의 고유성〉

| 연차 | 사유와 가치 | | | 종교와 국가 | | | 문화와 교류 | | |
|---|---|---|---|---|---|---|---|---|---|
| | 사상 | 윤리 | 내세 | 권력 | 전쟁 | 재화 | 사람 | 문자 | 의례 |
| | 전수 | 공동체 | 계세 | 왕권 | 기원 | 생산 | 수용 | 표기 | 재회 |
| 1 | 유식 | 충의 | 하늘 | 제정일치 | 원력 | 사전 | 자장 | 변체한문 | 팔관회 연등회 |
| 2 | 화엄 | 신의 | 조상 | 왕즉불 | 위령 | 사노 | 의상 | 향찰 | 수륙재 |
| 3 | 선 | 세간 | 무격 | 불국토 | 계율 | 사장 | 태고 나옹 | 구결 현토 | 향도 결사 |

1단계 아젠다 연구의 수행 결과 한국불교는 인도는 물론 동아시아의 중국, 일본과도 다른 독특한 문화적 원형을 형성하였고, 그러한 특성이 장기 지속·내재적으로 전개되고 발전되었다는 점에서 고유성을 찾을 수 있었다. 그 특징은 불교 수용 이전에 형성된 토착적 사유 및 관습과의 접점과 융합, 국가권력과의 연대와 상생, 외래문화의 적극적 도입과 자국화로 집약된다. 또 배제와 갈등, 타율적 이식 및 정체 등과 대비되는 개념으로 포용과 조화, 주체적 수용과 발전이라는 키워드로 접근해 보았다. 한국불교의 고유성은 수용과 접변, 토착적 기반에 뿌리를 둔 지속성과 외래문화의 내재적 투영을 매개로 성립되고 발현되었다. 그 과정에서 타자와 주체, 특수와 보편 사이의 대립과 마찰이 생겨나기도 했

지만, 연속적이고 계기적인 질적 도약을 거치며 또 다른 차원의 한국적 고유성을 만들어 냈다. 또한 기존의 문화적 기반 위에 각 시대의 요구와 과제가 더해지면서 새로운 복합적 결과물이 생겨났고, 이러한 전개 과정을 거치며 결국 특수와 보편이 교차 융합된 제3의 한국적 로컬리티가 창출되었다.

2단계 '소통의 횡단성'에서는 동아시아 차원의 횡단성 추출을 연구목표로 하여 글로벌리티의 보편성을 찾고, 그로부터 글로컬리티의 적용 가능성을 탐색해 보았다. 이를 위해 영역을 〈문헌과 사상〉, 〈종교와 문화〉로 나누어 체계적 연구를 수행하였다. 〈문헌과 사상〉에서는 텍스트와 콘텍스트의 연계를 통해 문헌과 사상의 수용 및 변용 과정을 설명하고, 인도와 동아시아 세계의 횡단문화적 접변을 통한 글로벌리티의 실현 양상을 살펴보았다. 〈종교와 문화〉에서는 권력과 종교, 문화와 의례에 나타난 변화 양태와 역사적 전개 과정을 구체적 사례를 통해 비교사적 관점에서 바라보았다. 내세관과 가치의 전환 문제, 의례와 문학의 발현 양상을 아시아 차원의 문화 교류와 상호 영향의 틀 속에서 조명하고, 그 결과로 나타난 글로벌 지역성을 입체적으로 분석하였다. 2단계의 영역과 유형, 24개의 세부 주제는 다음과 같다.

2단계 〈소통의 횡단성〉

| 연차 | 문헌과 사상 | | | | 종교와 문화 | | | |
|---|---|---|---|---|---|---|---|---|
| | 텍스트 | | 콘텍스트 | | 권력과 종교 | | 문화와 의례 | |
| 1 | 기신론소 | 삼미륵경소 | 사본 | 교관 | 승역·승군 | 정토 | 불교설화 | 불탑 |
| 2 | 법계도기 | 금강삼매경론 | 금석문 | 교관 | 호국·호법 | 지옥 | 어록 | 갈마 |
| 3 | 유가론기 | 삼국유사 | 과문 | 선교 | 정교 | 윤회 | 언해불서 | 청규 |

〈문헌과 사상〉의 텍스트에서는 신라 원효의 『기신론소』와 『금강삼매경론』, 의상의 『법계도기』, 경흥의 『삼미륵경소』와 둔륜의 『유가론기』, 고려시대 일연의 『삼국유사』와 같이 사상은 물론 불교사와 관련된 대표적 문헌을 채택하여 한국적 사유의 본질을 탐색하고, 중국·일본과의 비교사적 관점에서 연구를 수행하였다. 콘텍스트에서는 한국불교 전체를 관통하는 주요 기록유산인 사본, 금석문, 과문에 주목하여 동아시아적 관점에서 그 자료적 가치를 조망해 보았다. 또한 교학 및 경전의 단계를 분류하는 교판, 교학과 관행의 일치, 선과 교의 겸수를 대립이나 갈등이 아닌 동아시아 횡단문화의 교차적 관점에서 공존과 융합의 구조로 설명하였다.

〈종교와 문화〉의 권력과 종교에서는 승역·승군, 호국·호법, 정치·종교 문제를 구체적으로 검토하고, 불교와 국가의 관계나 전쟁과 폭력에 대한 대응 및 인식을 중점적으로 다루었다. 또한 불교가 동아시아 세계에 미친 가장 큰 영향 중 하나인 내세관과 관련하여 정토, 지옥, 윤회를 테마로 정하여 한국인의 가치관과 정체성 형성 문제를 고찰해 보았다. 문화와 의례에서는 불교설화, 어록, 언해불서를 주제로 한 문자 및 언어생활, 문학으로 확산된 불교적 세계를 발굴해 냈다. 이어 불탑, 갈마, 청규를 주제로 하여 인도에서 중국을 거쳐 한국에 이르기까지 불교 신앙과 계율이 어떻게 전개되고 변천되었는지를 살펴보았다.

## 3. '인물과 문헌'에서의 글로컬리티의 구축

본 『테마 한국불교』 10에 수록된 〈인물과 문헌〉 영역의 4개 테마를 사상가(의천, 휴정)와 텍스트(밀교문헌, 불교잡지)로 나누어 '확장성의 발현'이라는 시각에서 글로컬리티의 구축 문제를 검토해 보았다.

### 1) 사상가

#### 의천

의천은 불서의 대규모 간행과 유통을 통해 동아시아 세계에서 고려의 문화적 자존심을 높인 고승이다. 먼저 그의 출가와 송나라로 건너간 이유, 교관겸수의 발원 등을 살펴보고, 그의 화엄사상 전승, 천태종 개창, 균여 화엄과 선종에 대한 비판 문제를 종합적으로 이해하였다. 이어 불교문헌학의 선구자로서 그의 업적을 동아시아 주석서인 교장의 집성과 간행 편찬에 중점을 두고 검토하였다. 끝으로 교장의 전파 문제를 중국으로의 역전파, 일본으로의 직·간접 전파, 한국에서의 사상적 계승으로 나누어 정리하였다.

고려 문종의 넷째 왕자인 의천은 11세에 출가한 후 교장을 간행하겠다는 서원을 세웠다. 그는 23세에 중국 화엄종 4조로 일컬어지는 징관의 『화엄경소』를 강의할 정도로 뛰어난 학문적 역량을 선보였다. 당시 고려는 선종과 교종이 갈등·대립하였고 선종은 전통적 구산선문과 법안종, 교종은 화엄종과 법상종이 경쟁하는 상황이었다. 이러한 난맥상을 해결하기 위해 의천은 화엄종 승려였음에도 교학과 관행을 함께 닦는 천태의 교관겸수에 주목하게 되었다. 그는 송에 다녀온 후 법안종 계통을 끌어들여 천태종을 개창하고 교관의 중요성을 강조하였는데 통합의 방법론으로 원효의 화쟁사상에도 주목하였다.

의천의 화엄사상은 중국 화엄의 주류인 지엄, 법장, 징관의 교학에 기반을 두었다. 특히 송의 진수 정원이 이해한 징관의 화엄사상을 전수하였고 특히 그의 교관겸수 지향을 계승하였다. 다만 성상性相겸학의 입장을 견지한다는 점에서 정원과도 사상의 결을 조금 달리하고 있음을 볼 수 있다. 또 고려의 균여 계통의 화엄사상에 대해서는 매우 비판적이었다. 한편 조통설에서는 7조설을 세운 정원과 다르게 중국 화엄의 사상적 원류인 지론종 조사를 존숭하는 9조설을 세웠고 종밀을 제외하였다. 이는 종밀을 선종 조사로 보았기 때문인데 의천은 교학을 연마하지 않는 선에 대해 매우 비판적이었다. 지론학파의 학승을 계보에 넣은 것은 지론종의 영향이 짙었던 신라 의상계의 화엄을 계승하면서 원효의 화쟁사상을 중시한 것과도 관련이 있을 것이다.

의천이 송에 갔던 이유는 진수 정원을 만나고 전적을 수집하기 위해서였다. 실제로 그는 정원을 비롯한 여러 학승들을 만나고 주석서인 장소를 구해서 돌아왔다. 당시 고려에 초조대장경이 있었지만, 경전 외에 그 해설서라고 할 수 있는 장소 등의 문헌을 완비하려 했던 것이다. 의천은 고려는 물론 송에서 3,000여 권의 문헌을 수집해 왔고, 요나라와 일본에도 책을 요청하였다. 이렇게 모은 책들을 간행하기 위해 만든 목록집이 바로 『신편제종교장총록』이다. 의천은 불교 문헌학의 선구자답게 간행하기 전에 문헌에 대한 교감 작업을 철저히 하였다. 화엄사상의 요체를 담은 『원종문류』 등 의천이 편찬한 책들과 교장은 고려뿐 아니라 송과 일본에도 전해져 지대한 영향을 미쳤다.

의천의 교장은 동아시아 세계에서 널리 유통되면서 송과 요, 고려, 일본 불교의 직·간접적 교류의 원동력이 되었다. 송의 화엄종 부흥을 비롯하여 일본에 화엄 문헌 및 요의 불서를 전래하여 화엄종뿐 아니라 정토종, 진언종 등에 이르기까지 폭넓게 활용되었을 정도로 교장의 간행은 동아시아 불교를 진흥시키는 기폭제가 되었다.

## 휴정

청허 휴정은 조선시대 불교를 대표하는 고승으로 임진왜란 때 의승군을 일으켜 큰 공적을 세운 일로도 널리 알려져 있다. 휴정이 살았던 시대상 속에서 그가 걸었던 보살행의 삶과 승장 활동에 주목해 보았고, 신행의 지침서인 『선가귀감』과 문집 『청허당집』 등 저술을 검토하였으며 그가 제시한 통방정안의 삼교관을 강조하였다. 이어 휴정의 사상을 신행과 수증의 보편적 통합이라는 관점에서 조명하고 간화선의 전통적 계승, 염불 수행의 보편화, 제반수행의 섭수의 관점에서 접근해 보았다. 또한 선교 융합, 선주교종의 지향 등 선과 교를 통한 승풍의 진작 문제를 고찰하였다.

명종 대에 약 15년간 선교양종이 복립되고 승과가 재개되기는 했지만, 휴정이 살았던 시대는 공식 승정 체제가 막을 내리고 불교계는 국가의 통제와 관리를 벗어나 방임 상태에 놓여 있었다. 이러한 때에 휴정은 시대적 각성을 통해 숭고한 삶의 행적을 보여주었다. 그는 승과 합격 후 선종판사와 같은 최고위 승직을 맡았다가 그만두고 산문에 들어가 저술 집필과 제자 양성에 매진하였다. 그러다 임진왜란이라는 풍전등화의 국가적 위기를 맞아 5천 명의 의승군을 일으켜 팔도도총섭으로서 구국의 기치를 들었다. 중생을 구원하기 위한 보살행의 원력이 국가를 위해 헌신하는 행위로 표출된 것이다.

휴정은 통방정안의 균형 잡힌 안목을 가졌고 『삼가귀감』에서 불교와 유교, 도교의 삼교에 대한 이해를 피력하였다. 그는 삼교일치의 입장에서 유불도가 지향하는 이상은 궁극적으로 서로 통한다고 보았다. 이는 유교 사회의 시대상에서 어찌 보면 당연한 귀결일 것이다. 또한 구체적 실천 방법으로는 불교와 유교, 도교가 각각 지향하는 목표가 분명하므로 각자의 고유한 사상적 특징 또한 인정해야 한다고 주장하였다. 한편 휴정은 주저 『선가귀감』에서 선 수행과 불교 신행의 지침을 제시하였고, 그의 문집 『청허당집』에는 다양한 사상의 편린이 담겨 있다.

청허 휴정은 임제종의 법맥을 계승한 선승으로 전통적인 간화선 수행 방식을 계승하였다. 간화선 수행에서 가장 보편적으로 활용되어 온 구자무불성화를 들어 무자 화두를 참구하는 자세와 주의사항 등을 구체적으로 제시하였다. 그는 보조 지눌로부터 이어져 온 화두 참구법을 거듭 강조하였고, 화두를 참구하는 방식 가운데 참구문이 아닌 참의문에 의거할 것을 주장하였다. 한편 출가자와 재가인을 아우르는 공통의 신행 방법으로 염불 수행을 들었고 여러 수행법에 대해 자세히 설명하였다. 나아가 선과 교의 관계에 대해서는 융합적 견해를 보이면서도 선법을 위주로 한 선주교종의 입장을 견지하였다.

휴정은 생사를 벗어나고 번뇌를 제거하며 부처의 혜명을 잇고 중생을 제도하는 출가자의 본분을 내세워 당시의 승풍을 각성시키는 데 큰 역할을 하였다. 그는 불법을 구현하는 출가자로서 자신의 길을 당당히 걸었고 임제종의 법맥을 계승하는 선승으로서 임제종의 종지를 높였다. 『선가귀감』에서도 선종 5가 가운데 임제종에 정통성을 부여하였다. 또한 승장으로 활약하며 충의의 공적을 쌓음으로써 조선 사회에서 불교의 위상을 크게 높였다. 사상가로서도 두각을 나타내어 선과 불교에 국한하지 않고 유불도 삼교를 아우르는 융합적 태도를 선보였다.

## 2) 텍스트

### 밀교문헌

밀교는 붓다의 깨달음의 세계를 진언을 비롯한 다라니, 만다라 등을 통해 드러낸 불교의 가르침이다. 밀교경전의 성립과 중국으로의 전파 및 한역, 일본에서 밀교의 전개를 개관하고, 삼국과 통일신라시대 밀교의 역할을 전래와 신앙의 확산 등으로 세분하여 설명하였다. 또 고려시대 밀교경전과 신앙 문제에 대해 밀교의례 설행과 문헌 간행을 살펴보고, 조선시대 진언·의례집 편찬에도 주목해 보았다.

밀교에서는 언어나 문자를 통해서는 깨달음과 성불에 이를 수 없고 직관을 통해서만 체득된다고 가르친다. 구체적 방법으로는 다라니와 진언을 지송하고 손으로 수인을 짓고 관법을 통해 깨달음에 이르는 길을 제시한다. 밀교는 신비롭고 주술적 색채가 강한 의례의 설행과 수행을 중시한다. 이는 삶의 괴로움에서 벗어나려는 이들의 바람에 효과적으로 대응할 수 있었고, 난해한 교학이 아닌 쉽게 접근할 수 있는 유연한 방편을 제공해 주었다. 따라서 누구나 실천을 통해 신비한 경지를 체험하고, 경전에 근거한 장엄하고 화려한 의례를 통해 현실적 바람의 성취를 빌고 신앙심을 고취할 수 있었다.

인도에서는 불교의 교학 체계와 전통적 신격 및 의례가 점차 융합하면서 현세적 바람의 성취를 위한 수인, 진언, 만다라 등 다양한 방법이 제시되었다. 이 초기밀교 단계를 지나 세간을 넘어선 출세간의 범주를 드러낸 『대일경』과 『금강정경』의 중기밀교 경전이 나왔다. 밀교는 성불을 목표로 대승불교 사상과 밀교의례의 긴밀한 융합을 시도하여, 본존과 수행자 일체가 된 현세에서의 즉신성불을 제시하였다. 밀교는 경전 한역을 통해 동아시아로 전파되었고 주어진 시대적 조건에 따라 변용·활용되면서 사회의 안정과 종교적 성취에 기여하였다.

한국에서도 밀교는 일찍부터 주목을 받아서 고대인들이 더 유연하게 불교를 받아들이는 데 큰 역할을 하였다. 경전에 근거한 병의 치유 활동은 기존의 무격에서 승으로 갈아타는 데 중요한 매개고리가 되었다. 신라에서는 국가적 차원의 문두루도량이 개설되었고, 각종 다라니에 대한 믿음을 바탕으로 다양한 밀교경전에 근거한 탑의 조성이나 다라니 진언 지송 활동이 현세이익뿐 아니라 수행의 성취를 위한 방법으로 받아들여졌다.

고려의 밀교의례는 종교성을 띤 정치행위로도 행해졌고, 고려 말에는 정토신앙과 결합되었다. 또한 신앙 활동과 함께 밀교 사상도 연구되었는데, 고려대장경에 『대일경』을 포함한 밀교경전이 수록되고 사찰이나 민간 주도의 밀교문헌 간행이 이루어졌다. 특히 재해가 많이 발생하고 외침과 전쟁이 있던 시기일수록 밀교의례는 빈번히 행해졌다. 조선에도 밀교신앙과 사상이 이어졌는데 밀교의 직접적 체험, 즉 실천의 면모는 실증적이면서도 가시적 효과로 인해 큰 호응을 얻었다. 『오대진언』과 진언집 형식의 문헌도 다수 간행되었으며 다라니의 영험을 강조하고 정확한 지송을 위해 한글 음역이 시도되었다. 불교 의식집은 사회 혼란, 재해 등의 현실 문제를 해소해야 했던 16~17세기에 집중적으로 간행되었고, 이들 밀교문헌은 현대의 불교 의식 절차에도 깊은 영향을 미쳤다.

불교잡지

1910년대 초에 등장한 불교잡지는 불교의 근대화, 사회화, 대중화에 크게 기여하였다. 먼저 근대 불교잡지의 등장 배경과 복합성 문제를 시대적 배경, 전통과 근대의 이중주, 종교와 학술, 문예의 삼중주라는 항목에서 다루었다. 1910년대 불교잡지와 근대 불교의 실천적 모색에서는 삼십 본산 제도의 동력학, 근대 불교의 기획과 근대 불교학, 수양 담론으로 나누어 살펴보았다. 1920년대 불교잡지의 문화잡지 지향에서는 지역 불교잡지의 등장, 동경불교유학생회, 종합 교양지의 출현에 대해 기술하였다. 1930년대 불교잡지의 분파성은 전문학교 교우회와 학생회, 불교청년회와 동맹운동, 강원과 선원으로 구성하여 정리하였다.

불교잡지는 근대의 산물로서 다중의 지식정보를 확산시키고, 구독자는 또 다른 지식 생성자가 되는 이전에 없었던 새로운 매체다. 근대 불교잡지는 19세기 이전 불교와 불교문화사를 복원하여 근대 지식으로 편입하는 작업을 수행하였다. 이를 주도한 필진은 강원과 선원을 거쳐 불교 전통을 몸에 익힌 승려들이 많았는데 잡지는 그들의 공적 저술 공간이었다. 한편 해외 유학생들의 선진 지식 유입과 정서 표출의 매체이기도 했다. 불교잡지는 종교와 철학, 역사와 문예의 복합 텍스트로서, 근대 불교, 근대 불교학, 근대 불교문화의 성립에 기여하였다.

1910년대에 발간된 『조선불교월보』, 『해동불보』 『불교진흥회월보』, 『조선불교계』, 『조선불교총보』와 같은 잡지는 원종종무원, 삼십본산연합사무소 등 대개 교단 및 산하기관의 기관지 형태로 나왔다. 불교잡지는 전국의 사찰 등에 배포되었고 교단의 행정조직을 통해 수금이 이루어졌다. 당시 불교잡지는 모두 중앙불교의 산물이었다. 비록 발행인의 지역 출신이나 인연 있는 필진이 부상하여 많은 글이 수록되기도 했지만 중앙 교단의 근대적 포교의 기획물임에는 분명했다. 이는 불교진흥회에서 펴내고 경성의 거사들이 대거 유입된 『불교진흥회월보』, 『조선불교계』, 그리고 한용운이 발간한 『유심』도 마찬가지이다.

3·1운동 이후 1920년대는 일제의 문화통치 시기로, 신문과 잡지도 다수 창간되었다. 불교계에서도 지역에서 처음으로 나온 『축산보림』과 『조음』(통도사), 국학자들이 펴낸 『불일』(조선불교회), 중앙교무원의 기관지이자 종합지를 지향한 『불교』(1924~1933), 동경 불교유학생회가 발행한 『금강저』 등 서울과 지방, 국내와 일본에서 여러 잡지가 발간되었다. 1920년대 말에는 중앙불전의 교우회지인 『일광』, 불교학인연맹의 『회광』, 조선불교청년총동맹의 『불청운동』, 선학원의 『선원』, 표훈사의 『금강산』, 중앙불전 학생회의 『룸비니』 등 다양한 기관과 단체에서 잡지를 발행하였다.

근대 불교잡지는 1910년대 초에 교단의 기관지로 등장하였고, 1910년대 후반에 해외유학생들이 귀국하면서 근대 불교학의 최신 지식정보가 수록되기 시작하였다. 1920년대는 중앙교무원의 『불교』가 나와 독자층을 넓히고 종합문화지로 성격이 확장되면서 안정적 환경에서 간행되었다. 1930년대에는 해외 유학생, 중앙불전 재학 및 졸업생 등 영향력 있는 청년 필진들이 다수 배출되었다. 한국불교의 근대화는 시대성을 담은 이들 잡지의 등장과 밀접한 관계가 있으며, 이 시기 불교잡지의 전개 양상은 근대 불교와 불교청년 성장의 서사라 할 수 있다.

## 4. '종교와 문화'에서의 글로컬리티의 구축

본 『테마 한국불교』 10에 수록된 〈종교와 문화〉 영역의 4개 테마를 종교와 미래(여성, 생태환경), 문화와 의례(불교음식, 범패)로 나누어 '확장성의 발현'이라는 시각에서 글로컬리티 구축 문제에 접근해 보았다.

1) 종교와 미래

여성

불교의 가르침에는 여자·남자의 구분이 없고 세간·출세간의 차별이 없지만 이념과 실제적인 적용 사이에는 간극이 존재하였다. 인도 초기 불교의 여성관에 대해 남성중심적 불교여성론, 인도 종교 및 초기불교의 여성관, 초기불교의 여성적 사유, 초기불교의 반여성적 교리, 초기불교 교리의 평등성으로 나누어 살펴보았다. 한국의 경우 신라·고려는 불교 전래와 비구니 승단, 고려 불교와 여성 출가, 여성의 선수행과 혜심의 여성성불론, 여성신앙론에 관련해 정리하였다. 조선은 불교와 유교의 갈등, 배불정책과 불교미술의 여성 후원자, 부녀상사금지법 시행과 여성신앙의 억압, 그리고 근현대는 불교 여성의 근대적 자각, 선불교의 대중화와 재가여성 선수행, 현대 한국 비구니 사찰의 설립 문제를 다루었다.

붓다는 여성이 완전한 깨달음에 도달할 수 있다고 가르쳤고, 비구와 비구니, 재가 남성과 여성의 사부대중이 교단 번영에 필수적임을 강조하였다. 그럼에도 오랜 역사 속에서 불교여성관은 가부장제적이고 남성중심적이었으며 나쁜 업인 카르마를 지어 여성으로 태어났기에 남성보다 열등하다고 인식해 왔다. 교리 문헌들은 대개 비구들이 암송하고 기록한 것으로, 여성은 지적 능력이 부족하고 부정한 존재로 묘사되었으며 차별이 오히려 적절하다고 여겨졌다. 여성은 성불하지 못하는 존재로서 남자로 다시 태어나야만 성불할 수 있다고 했는데, 이는 남성 자신의 이미지가 반영된 것이었다.

한국불교에도 성차별이 고착화되어 왔다. 현재의 조계종단은 비구 중심으로 제도화되면서 남녀 불평등과 신분적 위계를 종법으로 정하였다.

인간 평등과 해방을 주창한 붓다의 가르침과는 별도로 경전에는 부정적이고 열등한 여성관이 담겨 있고, 교단은 사회의 성평등의 흐름을 따라가지 못하는 문화 지체 현상을 보인다. 세속을 초월하여 모든 중생의 평등한 가치를 지향하는 불교 전통 안에서조차 여성에 대한 차별적·가부장적 관념이 관습과 제도의 차원에서 암묵적으로 행해져 왔다.

하지만 붓다는 여성이 열등하거나 깨달을 수 없는 존재라고 가르치지 않았다. 이를 전제로 현대에는 불교를 새 여성해방 이론으로 내세운 불교 페미니즘이 등장하였다. 불교와 페미니즘은 인간이 변화하고 발전할 수 있다는 가능성과 자력에 의한 해방이라는 공통분모를 가지고 있다. 여성해방의 이론을 불교 교리를 통해 발전시키면서 1980년대에 불교 페미니즘이 시작되었는데, 서구 문명에 대한 비판적 성찰이 불교와 접목되면서 페미니즘적 의식이 불교 교리를 새로운 여성해방 이론으로 변모시켰다. 불교의 공·무아·연기 사상이 남녀의 이분법, 남성 중심의 질서에 대한 여성의 투쟁이라는 도식을 극복할 수 있는 이념적 토대가 되리라 본 것이다. "붓다의 가르침에는 여자도 남자도 없다."라는 지극히 당연하면서도 종종 간과되는 명제로 인해 불교는 페미니즘이 될 수 있었다. 남녀 차별과 사회적 불평등보다 더 중요한 것은 불교 안에 내재되어 있는 진리의 평등성임이 주목된 것이다.

### 생태환경

최근 코로나19로 야기된 팬데믹을 극복하는 것이 세계적 관심사가 되고 있다. 지구온난화에 따른 극심한 기후 변화와 생태계를 위협하는 환경 문제도 인류의 미래에 먹구름을 드리우고 있다. 불교는 자연과 생태환경에 대한 다양한 논의를 이어 왔는데, 인도불교의 자연 인식은 자연에 대한 인도적 관점, 연기적 세계관, 사성제의 생태적 측면을 소개하였고, 동아시아 불교의 자연생태관은 유불도의 자연관, 불교예술에 나타난 자연, 사찰의 생태적 구조를 통해 조명하였다. 또 한국불교 전통에서 의식주의 생태주의를 추출하여 욕망을 제어하는 청빈한 복식(의), 자연친화적 수행음식(식), 어울림의 생태(주)로 설명하였다.

인류가 직면한 생태 위기의 근본적 원인은 자연에 대한 인간의 인식과 깊은 관련이 있다. 현대의 생태철학자들은 환경 문제는 자연을 지배하려는 인간 중심의 사고에서 비롯되었다고 본다. 또 위기를 극복하는 유일한 방법은 자연에 대한 인간의 인식과 철학을 근본적으로 바꿀 때 가능하며, 새로운 생태적 패러다임을 만들어야 한다고 주장한다. 이렇게 생태학의 문제를 인간의 인식과 철학의 문제로 환원하면서, 이원론적 서양 철학의 틀을 탈피하는 대안으로 동양적 사유와 종교 전통에 눈길을 돌리게 되었다. 특히 상호 관련된 연기적 사고를 바탕으로 한 불교의 자연관이 인간 중심의 사고에 대한 극복방안이 될 수 있다고 하여 주목되었다.

생물과 환경을 다루는 생태학은 20세기 후반에 가장 중요한 분야의 하나로 떠올랐다. 지속 가능한 지구 생태계의 유지를 위한 담론이 이어졌고, 종교 분야도 예외는 아니었다. 국내에서도 최근 시민사회운동에서 환경이 주요 의제로 등장하였고, 불교계에서도 자연환경 보존과 수행환경 수호를 위한 실천이 수면 위로 떠올랐다. 불교생태학 관련 연구도 진전되어 불교의 자연관이 사회에 어떠한 영향을 미치는지, 새로운 환경 및 시대와 만났을 때 불교의 역할은 무엇인지를 모색하고 그 가능성에 대해 고찰하려는 움직임이 일어나고 있다.

인도에서 불교는 세계의 존재법칙에 대한 깨달음을 추구하고 생로병사의 윤회를 탈피하려 하였다. 불교는 이후 이질적 세계관과 문화를 가진 동아시아로 전해져 수용과 변용의 토착화 과정을 거쳤다. 불교의 자연관도 중국에 들어와 새로운 의미를 더하며 확장되었다. 불교는 연기적 세계관을 바탕으로 생명현상으로서 자연에 대한 인식과 사성제의 실천 방법을 제시하였다. 동아시아에서 불교는 하늘을 중심으로 인위와 무위로 인간과 자연을 바라본 유교와 도가와는 입장을 달리했다. 누구에게나 불성이 있다는 불성론을 확장시켜 자연물까지 깨달음의 대상에 포함시켰고 인간도 자연도 고정된 실체가 없는 평등한 존재임을 주장하였다.

불교가 자연을 대하는 태도는 시간과 공간의 변화 속에서 확장되어 시대마다 새로운 자연생태관을 창출해 냈다. 한국불교도 생활과 문화의 기본이 되는 의식주를 통해 불교적 생태관을 실천하고 대중화시켰으며, 그 역사적 전통을 현대까지 이어 왔다. 불교가 세계적 종교가 되기까지는 생명과 자연에 대한 지혜와 자비의 기능도 한몫 담당하였다. 한국과 동아시아 세계에서 불교의 생태관은 생명의 의미를 더 확장시켜 왔고 무한한 미래적 가치를 가지고 있다.

### 2) 문화와 의례

#### 불교음식

불교음식은 발우의 기원, 걸식과 소욕지족, 발우에 담긴 음식, 육식과 오신채의 금지로 항목을 나누어 그 기원과 특징에 대해 정리하였다. 이어 선종과 자급자족 문화, 선원의 식생활, 『범망경』과 식육계, 정진요리에 대해 '걸식에서 자급자족'이라는 제목을 붙여 검토하였다. 한국불교의 식문화는 소선과 반승, 두부의 전파와 조포사, 공양의례와 「소심경」을 다루었고 웰빙 문화, 사찰 음식의 특징, 발우공양의 현대적 의미를 고찰하여 사찰 음식의 발전과 역할에 대해 생각해 보았다.

인도에서 출가수행자는 하루 한 번 발우를 들고 걸식으로 식생활을 해결하였다. 붓다는 깨달음을 향해 수행 정진하는 출가자는 당당히 음식 공양을 받을 수 있다고 하였다. 재료를 마련하거나 음식을 조리하는 일은 금지되었고, 재가신자가 제공하는 음식을 섭취해야 했다. 고기를 포함해 특별히 금지되는 음식은 없었고 발우 안의 것을 먹으면 되었다. 그런데 대승불교에서는 보살행 실천에 장애가 된다는 이유로 육식을 금했고, 향이 강한 채소도 금기시되었다. 특히 동아시아에서는 고기를 넣지 않는 것이 불교음식의 특징으로 자리 잡았다.

중국에서는 선종의 영향으로 사찰에서 자급자족이 허용되었는데 백장청규가 그 계기가 되었다. 백장 회해는 하루 일하지 않으면 하루 먹지 않는다는, 출가자의 노동을 인정하는 규정을 정하여 사찰의 경제생활 문제를 해결하려 하였다. 그로부터 전 구성원의 노동을 전제로 한 자급자족이 가능해졌고 노동행위는 수행과 동일시되었으며, 한곳에 모여 대중이 식사를 함께하게 되면서 발우공양은 일상 의례로 정착하였다. 일본의 사찰 음식은 채소 위주의 식단을 짠 정진요리로 불리는데 가마쿠라 시대에 선종이 전래되면서 크게 발달하였고 무로마치 시대에는 포정사라 불리는 요리 전문가가 나와 다채로운 조리법이 개발되었다.

한국에서도 불살생계의 영향을 받아 채소 중심의 소선이 발달하였다. 고려시대에는 국가의 상장례 혹은 수륙재 등의 불교의례에 소선이 사용되었고, 조선에서도 왕실 제례의 소선 차림은 18세기까지 지속되었다. 재회나 반승도 삼국시대부터 행해졌고 고려의 반승 행사는 국왕이 주도하거나 왕실 차원에서 성대히 베풀어졌다. 한편 동아시아에서는 두부가 사찰 요리에 다양하게 활용되었는데, 한국에는 고려 후기인 13세기 무렵 두부가 전래된 것으로 보인다. 두부는 궁중음식으로도 받아들여졌고, 조선 후기 서울 주변의 사찰은 인근 능침의 제사를 위한 제수용 두부를 장만하여 조포사로 불렸다.

최근 웰빙 열풍과 함께 사찰 음식도 각광을 받고 있고 템플스테이와 함께 사업화되고 있다. 사찰 음식의 특징은 재료나 조리법보다는 깨달음을 얻기 위해 정진하는 이들이 탐착하기 쉬운 식생활을 조정하여 수행 그 자체로 승화시켰다는 점에 초점을 두어야 한다. 음식을 바라보는 불교적 지혜에 주목해서 욕망을 절제하고 만족하며 겸허한 마음으로 음식을 섭취해야 하며, 자비를 실현하는 삶의 기반으로 삼아야 할 것이다.

### 범패

흔히 불교음악으로 알려진 범패의 의미와 소리의 특징 등을 그 기원과 함께 소개하고, 범패의 중국 전래와 범패승, 일본의 덴다이 쇼묘에 대해 다루었다. 통일신라는 범패 수용 후의 전개와 융합 문제를 다루었는데 월명사의 향가와 진감 선사, 적산법화원의 사례를 중심으로 서술하였다. 고려와 조선은 범패의 발전과 변형을 주제로 하여 『고려사』와 『조선왕조실록』에 기록된 범패, 각필 악보와 의례집, 영산재와 범패의 종류에 대해 정리해 보았다.

범패의 의미는 붓다의 덕을 칭송하는 게송이나 노래로, 넓게는 경전에 음율을 붙여 노래함, 청정하고 신묘한 붓다의 소리, 인도의 언어인 범어로 된 소리를 의미한다. 범패가 언제 시작되었는지 분명하지 않지만 석가세존이 영산회상에서 가르침을 설할 때 그 장엄한 광경을 노래한 데서 비롯되었다고 하여 기원을 『법화경』에서 찾기도 한다. 어쨌든 여러 경전에서 범패가 석가모니 생존 당시부터 존재했음을 볼 수 있다. 붓다는 노래를 금지하면서도 범패는 허용하여 많은 이들이 범패를 행했는데 대표적인 것이 지금까지 이어지는 화엄 42자모이다.

인도의 범패는 중국으로 전해졌는데, 한역된 경전에 음율을 붙여 읽는 전독이라는 분야가 생기면서 범패가 유행하게 된다. 중국에서 범패의 기원은 조식이나 지겸에서 찾는데, 강승회·지담약·석승변 등이 계승한 이후 여러 유파로 갈라지면서 형태에도 많은 변형이 생긴다. 일본에서는 범패를 '쇼묘'라고 부르는데, 범찬·한찬·화찬으로 분류한다. 일본 범패는 구카이와 사이초가 중국에서 범패를 직접 전래해 오면서 본격화된다. 특히 천태종의 범패, 즉 덴다이 쇼묘는 엔닌, 교넨 등을 거쳐 체계화되었고 현재까지 이어져오고 있다.

『삼국유사』의 「월명사도솔가」에는 '성범'이라는 단어가 나오는데, 당시 범패의 형식이 향가와 성범의 두 가지 기풍이 있었을 것으로 추정된다. 범패인 성범에 대한 기록 가운데 가장 이른 것은 쌍계사의 「진감선사탑비」로, 여기에는 "평소 범패를 잘하여 목소리가 금옥 같았다."라고 기술되어 있다. 진감 선사 혜소는 당에서 신감 선사에게 범패를 배웠을 것으로 추정되며, 귀국 이후 범패를 널리 퍼트렸다. 신라 범패의 모습을 구체적으로 보여주는 자료는 엔닌의 『입당구법순례행기』이다. 일본 천태종 승려 엔닌은 당에 있을 때인 839년에 신라적산원에 머물면서 그곳에서 행해지던 강경 및 송경 의식을 기록했는데, 여기에서 당시 신라에서 행해지던 의식의 순서와 내용, 범패의 가사 및 곡조를 확인할 수 있다.

범패는 고려와 조선으로 이어지는데, 『고려사』·『고려사절요』·『조선왕조실록』 등의 관찬 기록에서 범패에 대한 인식을 볼 수 있다. 다만 고려 말 이후 조선시대에는 범패에 대한 부정적 평가가 일반적이었다. 그럼에도 범패는 사찰은 물론 궁궐 안에서도 행해졌을 만큼 왕실부터 서민까지 그에 대한 수요가 폭넓게 존재했다. 또한 범패의 악보나 형식은 문헌에 각필 등으로 기록되어 오랜 시간 전해져 왔다. 범패를 기록한 의례집도 고려부터 조선과 근대에 이르기까지 간행되는데, 『사리영응기』·『천지명양수륙재의찬요』·『작법귀감』, 『석문의범』 등이 대표적이다. 범패는 수륙재·영산재·생전예수재 등의 의례와 함께 그 맥을 전수해 왔고 대표적 무형문화유산으로 현재까지 이어지고 있다.

지금까지 '한국불교 확장성의 발현: 글로컬리티의 구축'이라는 아젠다 연구목표를 설정한 3단계 4년차 8개 테마를 정리하였다. 〈인물과 문헌〉 영역에서는 사상가로 고려와 조선 불교를 대표하는 의천과 휴정, 텍스트로는 전통 시대의 밀교문헌과 근대의 불교잡지를 살펴보았고, 〈종교와 문화〉에서는 종교와 미래 유형으로 여성과 생태환경, 문화와 의례는 불교음식과 범패를 검토해 보았다. 이로써 총 83개의 주제를 담은 『테마 한국불교』 1~10의 테마 연구가 완결되었다. 본 HK연구단이 인문한국불교총서로 펴낸 이 『테마 한국불교』 시리즈는 아젠다인 '글로컬리티의 한국성: 불교학의 문화 확장 담론'을 집약한 공동 연구의 뜻깊은 성과이다.

불교는 지금으로부터 1,700년 전에 한반도에 전래된 이래 토착적 전통과의 마찰과 대립, 포섭과 융합을 거쳐 다양한 변용의 스펙트럼을 보여주었고 장기 지속의 고유한 특성을 만들어 냈다. 시간적으로는 불교의 탄생 이후 현대까지, 공간적으로는 인도에서 한국과 동아시아를 망라하는 불교문화권의 종횡의 거대 네트워크 속에서 교류와 소통의 역사와 세계사적 문명 접변을 경험하였다. 이는 로컬리티(특수성)가 글로벌리티(보편성)와 만나 한국이라는 시공간의 제한을 넘어 새로운 문화 코드를 창출해 냈음을 의미한다. 본 HK연구단은 불교라는 프리즘을 통해 글로컬리티의 한국성을 발굴하였고, 이를 확장하여 한국형 문명 패러다임 담론으로 승화시키고자 한다.

제1부

# 인물과 문헌

**사상가**

의천

휴정

**텍스트**

밀교문헌

불교잡지

사상가

# 의천 義天

· 김천학

I. 도송渡宋과 교관겸수의 발원

    출가/ 도송渡宋의 이유/ 교관겸수의 발원

II. 불교사상의 전승과 비판

    화엄사상의 전승/ 천태종의 중흥/ 균여파와 선종 비판

III. 불교문헌학의 선구자

    교장의 집성/ 교장의 간행/ 교장의 편찬

IV. 교장教藏의 전파와 전승

    중국으로의 역진파/ 일본으로 직·간접 전파/ 한국불교의 시상적 계승

■ 의천의 교장, 동아시아 불교 부흥의 기폭제가 되다

# I. 도송渡宋과 교관겸수의 발원

## 출가

의천義天(1055~1101)의 휘諱는 후煦, 자字는 의천義天이다.[1] 고려 제11대 왕인 문종文宗의 넷째 아들로 태어나 11세에 화엄종 영통사靈通寺의 경덕 국사景德國師 난원爛圓에게 출가하였고, 그 해 같은 화엄종의 불일사佛日寺에서 구족계具足戒를 받았다.

비문에 따르면, 의천은 현수 법장賢首法藏의 교관敎觀을 학습하였고, 스승이 입적한 후에는 여러 종파의 학승들과 강론을 계속하여 당시 의천의 경지는 어떤 노사老師나 숙덕宿德도 미치지 못할 정도로 뛰어났다고 한다.[2] 또한 꿈에 어떤 사람에게 징관澄觀의 글을 전해 받고, 이때부

---

1 의천을 언급할 때 가장 일찍 완비된 연구물로서 먼저 오야 도쿠조가 1937년에 간행한 「고려속장경조조고—아울러 의천의 사상 및 편찬사업에 관한 연구」를 들어야 할 것이다. 이 연구는 70여 년 전의 연구임에도 불구하고 그 가치는 여전하다. 본서의 구성은 본고에서 다루려고 하는 항목을 망라한다 해도 과언이 아니기에 아래에 각 장의 제목을 밝힌다.
제1장 서론/ 제2장 의천의 입송구법/ 제3장 의천이 만난 여러 승려들/ 제4장 의천의 교장수집/ 제5장 신편제종교장총록의 편성/ 제6장 교장[續藏]의 판각[彫造]/ 제7장 교장의 전파/ 제8장 의천의 사상 및 신앙/ 제9장 원종문류의 편찬/제10장 釋苑詞林의 편찬/ 제11장 龍龕手鏡 및 龍龕手鑑/ 제12장 결론
원제목:大屋德城, 「高麗續藏雕造攷—並に義天の思想及び編纂事業に關する硏究—」, 東京:便利堂, 1937. 오야 도쿠조의 본 저술에 대해서는 에다 토시오(江田俊雄)의 서평(『靑丘學叢』 28, 1937에 수록됨)을 참조 바람.
2 『大覺國師外集』卷第十三「僊鳳寺大覺國師碑文」 "年十一. 承文祖宿志. 投景德國師剃度. 受賢首敎觀. 景德卒. 與其徒講學不止. 又廣會諸宗學者. 相與講論. 凡有

터 지혜를 갖춘 이해력(慧解)이 날로 높아졌다고도 한다.³ 의천이 화엄 공부를 지속하며 경지가 높아졌음을 꿈을 빌어 표현한 것으로 보이는데, 이러한 것도 작용했을까 의천은 겨우 13세의 나이에 승통僧統의 자리에 오르고 우세祐世라는 법호를 받았다. 그의 시호는 대각 국사大覺國師이다.

## 도송渡宋의 이유

의천은 이전부터 송에 유학하려 했는데, 이는 당시 송의 대표적인 화엄승이며 중국의 화엄학을 부흥시킨 진수 정원晉水淨源 법사를 만나 학습하기 위해서였다. 평소 편지를 통해 교류했던 의천은 30세에 송에 갈 것을 조정에 요청했지만 허가를 얻지 못하자, 31세에 송으로 밀항을 한다. 그럼에도 불구하고 의천은 한동안 국교가 단절되었던 송나라 황제의 환대를 받을 뿐 아니라 14개월 동안 각 종파의 승려들과 대담하였고, 송의 화엄종을 부흥시킨 진수 정원을 찾아가 배우면서 불교 전적도 주고받는다.⁴ 의천은 3,000여 권의 불서를 들고 귀국하였다. 귀국 후에도 의천은 국내뿐 아니라 송과 요, 일본으로부터 불교전적을 수집하였다.

송에서는 화엄종의 유성有誠, 정원을 비롯하여, 천태종天台宗의 종간從諫 등 중국 각 종파의 승려와 인도의 삼장 등 60여 명의 승려를 만났

---

所得卓爾. 非凡老師宿德之跂及."(ABC, H4, 595a) 원문이 긴 경우는 생략하지만, 이에 대한 번역은 ABC홈페이지에서 제공하는 번역을 기본으로 하였음을 밝힌다. 이하 같음.
3 『大覺國師外集』第十二「靈通寺大覺國師碑文」"嘗夢人傳澄觀法師書. 自是慧解日進."(ABC, H4, 591a)
4 김용태, 『토픽 한국불교사』, 경기: 여문책, 2021, p.119

고, 혜인원慧因院에는 경제적 지원 외에 대장경 7,000여 권을 기증했다. 의천은 천태 지의天台智顗 대사大師 탑묘塔廟에서 천태종 개창을 발원하는데, 그에게 도송 전부터 고려 불교를 개혁하고자 하는 의지가 있었기 때문이었다.

이처럼 의천의 도송 이유는 정치적인 또는 외교적인 사유를 빼고 불교적인 이유에 한정해서 생각하자면, ①평소 존경하던 정원 법사를 만나고, ②불교전적을 수집하며, ③고려의 불교를 개혁하기 위해서였다. 따라서 의천의 중국에서의 행적은 향후 의천의 사상에 큰 영향을 미친다. 중국에서 어떤 일들이 있었는지 간략히 보자면 〈표1〉과 같다.

〈표1〉 의천의 송나라에서의 행적

| 나이 | 주요 행적 |
|---|---|
| 31세, 선종 2년(1085) | 송나라 상선을 타고 송나라로 향함 |
| 31세, 선종 2년 5월 | 송의 판교진板橋鎭(현재 하북성)에 도착함. |
| 31세, 선종 2년 7월 | 계성사啓聖寺에 들어가 화엄종의 유성有誠을 만나고, 상부사祥符寺에서 정원을 만나 법문을 청함. 정원 법사가 머물던 혜인원 등에 경제적 지원을 하고, 대장경 7천여 권을 기증함. |
| 32세, 선종 3년(1086) 2월 | 진여사眞如寺에 가서『능엄경소』저자의 탑을 수리하도록 보시함. 자변 대사 종간從諫에게 천태 강의를 들음. |
| 32세, 선종 3년 4월 | 혜인원에서 정원 법사에게 경서·향로·불자 등을 전법의 의미로 받음. 천태산 지자 대사의 부도탑에 참배함. |
| 32세, 선종 3년 6월 | 14개월의 유학을 마치고 귀국함. |

의천이 만난 인물 중 정원 법사는 이미 송에 가기 전부터 교류가 있었던 화엄학승이다. 의천은 송에 가서 먼저 화엄학승 유성을 만나 화엄종과 천태종의 교판적 동이同異를 토론하였고 양 종의 깊은 뜻에 대해 한 달여간 교류하였다.[5] 다만, 그 교류의 구체적 내용은 알려진 바가 없

---

5 박용진,『의천-그의 생애와 사상』, 서울: 혜안, 2011, p.64

다. 이후 애초 목적대로 항주 혜인원에 가서 정원의 강의를 듣는다.

천태종 인물로는 종간을 만났다. 종간은 천태종 산가파山家派의 인물로서 그의 사상은 화엄종에 공통되는 부분이 있다.[6] 의천은 그에게 교관겸수敎觀兼修에 대해 배웠다고 진술한다. 선종의 인물로는 운문종 요원了元을 만났지만, 의천의 문집에도 비문에도 구체적인 기록은 생략되어 있다. 이것은 의천이 선종의 사상 경향과는 거리를 두었기 때문으로 해석된다.[7]

## 교관겸수의 발원

의천이 중국으로 간 이유에 대해서 세 가지를 거론했는데, 앞의 두 가지가 주요 목적이었다. 즉 화엄의 교리를 배우고, 불교전적을 수집하기 위해서였다. 실제로 의천은 짧은 14개월의 송나라 유학기간 동안 3,000여 권의 많은 문헌을 가지고 돌아온다. 송나라 유학기간의 또 하나의 특징은 짧은 기간에 많은 중국 승려들을 만났다는 사실이다. 그 가운데 특히 의천이 천태 지의의 부도浮屠를 참배하고 고려에 천태종天台宗을 개창할 것을 발원하고 귀국한 것에 주목할 필요가 있다.

의천이 처음부터 천태 지자의 탑을 참배하려는 목적을 갖고 있었다고 보기는 어렵다. 아마도 종간의 영향이 컸다고 생각된다. 그 발원문에서 의천은 징관의 말을 빌어 현수 오교와 천태의 오시팔교는 대체로 같다고 한다. 그리고 자변慈辯 대사 종간의 강하講下에서 교관의 가르침을

---

6 박용진, 「의천의 宋 天台敎學 交流와 天台敎觀」, 『한국학논총』 34, 국민대학교 한국학연구소, 2010, p.590
7 박용진, 앞의 책, 2011, p.65

받았음과 천태 대사의 은덕에 보답할 것을 맹세하였다.[8]

여기서 천태의 가르침이 교관에 그 핵심이 있다고 한 것은, 화엄의 핵심과 천태의 핵심이 다르지 않음을 강조하기 위해서였다. 의천은 당시 송나라 불교의 양대산맥이라고 할 수 있는 화엄종과 천태종이 공통으로 중요시하는 교관겸수를 발견한 것이다. 그리고 이 교관겸수라는 교리와 실천의 일치를 통해 당시 사상적으로 치우친 고려 불교를 교관겸수로 바로잡고자 한 것이 의천이 천태 지의 탑에서 발원한 목적이다.

그렇다면 의천이 말하는 교와 관은 구체적으로 어떤 의미와 내용을 가지고 있을까? 두 종파의 핵심이 동일하고 쓰이는 의미가 비슷하다고 해도 교리 내용은 다를 수밖에 없다. 위의 탑묘에서는 화엄의 오교와 천태의 오시팔교만이 비교되었다. 관법이 어떤 내용인지에 대해서는 언급이 없다.

의천이 생각하는 화엄종의 교관은 다양할 것이다. 그 중의 하나가 오교五敎와 삼관三觀이다. 오교는 소승교小乘敎, 대승시교大乘始敎, 대승종교大乘終敎, 돈교頓敎, 원교圓敎라고 하는 불교 전체를 아우르는 개념이다. 불교 전체의 교리적 설명이 교이다. 삼관은 두순杜順이 제창한 관법으로 진공절상관眞空絶相觀, 사리무애관事理無礙觀, 주변함용관周遍含容觀을 말한다. 세계 존재의 진리성을 관찰하는 수행법으로, 마음을 한 대상에 집중하여 개개 법에서의 사물과 원리의 관계성의 진리를 깨달음으로써 모든 법계가 다 그러함을 깨달아 가는 관법이다.

한편, 천태종의 교관은 오시팔교五時八敎와 일심삼관一心三觀을 말한다. 오시는 석가모니 설법을 시기별로 5단계로 나눈 것이다. 즉, 화엄시

---

[8] 『大覺國師文集』卷第十四「大宋天台塔下親祭發願疏」(ABC, H4, 551c-552a)

華嚴時, 녹원시鹿苑時, 방등시方等時, 반야시般若時, 법화열반시法華涅槃時이다. 고려 제관諦觀의 『천태사교의天台四敎儀』를 통해 오시팔교를 해석하면 다음과 같다.

녹원시는 『아함경』을 설한 시기이며, 방등시는 『유마경』, 『능가경』, 『승만경』 등을 설한 시기이며, 반야시는 『반야경』류를 설한 시기이고, 법화·열반시는 『법화경』과 『열반경』을 설한 시기이다. 이것은 석가모니 설법이 다섯 가지 맛을 가진 것에 비유되어 다섯 가지의 시간적 순서[오시]로 분류했다는 시간적 의미만을 의도하지는 않는다.

팔교는 화법化法의 사교四敎인 장교藏敎, 통교通敎, 별교別敎, 원교圓敎와 화의化儀의 사교인 점교漸敎, 돈교頓敎, 비밀교秘密敎, 부정교不定敎를 말한다. 즉 교법을 중심으로 볼 때 장교는 소승교, 통교는 삼승을 아우르는 경전, 별교는 『화엄경』, 원교는 『법화경』을 의미한다. 근기를 중심으로 볼 때, 돈교는 『화엄경』이고, 점교는 오시 가운데 중간의 삼시이다. 비밀교는 부처의 대기설법을 당사자들은 오직 한 그룹의 중생들을 위한 설법으로만 이해하고, 동시에 근기가 다른 그룹에 설하고 있다는 사실을 서로 모르기에 붙인 명칭이다. 즉 부처는 이쪽에는 점교를 설하면서, 동시에 저쪽에는 돈교를 설한다. 부정교는 법화열반시 이전의 경우, 부처가 일음一音으로 법을 설했을 때 중생들이 각자의 능력대로 이해하는 것을 말한다. 이것은 여래의 불가사의한 힘에 해당한다. 구체적으로는 중생들에게 점진적으로 설하면서 한꺼번에 이익을 얻게 하거나, 한꺼번에 설하면서도 점진적으로 이익을 얻게 하는 불가사의한 힘을 말하고, 그렇게 설하는 것은 부정교라고 하다.

일심삼관은 마음과 중생과 부처가 차별이 없다는 그 마음이 바로 공이며, 바로 임시로 성립된 것이고, 바로 중도임을 정신을 집중하여 관찰하는 것을 말한다.

　의천이 보기에, 첫째, 고려시대 화엄가들은 오교에 대한 이해는 있지만, 법계를 삼관으로 수행하는 면이 부족하였다. 따라서 화엄의 교관겸수를 가지고 화엄사상을 개혁하는 것이 의천의 목표였다. 둘째, 선종의 경우는 종지의 특성상 참선을 위주로 하기 때문에 관법은 있지만 경전 등의 교리는 등한시하였다. 이렇게 치우친 당시 고려의 선종을 천태종의 교관겸수를 통해 개혁하는 것이 중국에서 의천이 교관겸수를 발원한 목적이다. 이것은 의천이 개창한 천태종으로 귀속한 승려가 모두 선종 출신이라는 점과, 반면에 화엄종 소속의 승려가 천태종에 참여한 경우는 없다는 사실에서도 목적과 대상이 구분되었음을 알 수 있다.[9] 이렇게 하여 고려시대의 교종과 선종을 동시에 개혁함으로써 고려시대 불교를 흥륭시키겠다는 교관겸수의 발원을 천태 대사 탑을 참배한 의미로 해석할 수 있다.

## II. 불교사상의 전승과 비판

### 화엄사상의 전승

　신라 말 이래 화엄에서 선으로 전향한 승려들이 많았음에도 불구하고 고려시대의 주요한 교종은 화엄종이었다. 특히, 신라 말의 희랑希朗은 해인사海印寺에서 활약했으며, 고려 태조 왕건王建의 지원을 받았다.

---

9　국사편찬위원회 편, 『신앙과 사상으로 본 불교전통의 흐름』, 서울: 두산동아, 2007, p.163

이로 인해 그가 주석했던 해인사는 화엄종의 중심 사원이 되었다.

해인사는 의상義相의 후예인 신림神琳의 제자 순응順應과 이정利貞이 802년에 창건한 사찰이다. 두 사람은 당에 유학하여 화엄과 우두선牛頭禪을 배웠기 때문에, 해인사는 처음에 선종과 교종이 공존하였다. 그러다 860년에 활약한 결언決言, 현준賢俊에 이르러 화엄사찰로서의 면모를 갖추었다. 이 가운데 현준은 희랑의 제자이다. 이와 같이 해인사에서는 의상의 화엄학을 전승했음을 알 수 있다.

의상의 화엄학은 고려 제4대왕 광종 대에 균여均如(923~873)가 크게 발전시켰다. 균여는 의상의 제7신이라고까지 숭앙되었던 인물이다. 그는 의상계의 법통을 이은 북악계 의순義順에게 배웠으며, 지엄, 의상, 법장法藏의 저술에 대한 주석서를 다수 저술하였다. 이 저술은 균여 이전에 저술된 『삼십여의기三十餘義記』에 나타나 있는 화엄교리에 대한 개념을 정리하는 역할도 겸하였다.[10] 즉 균여는 고려 초기의 화엄학 교리를 배경으로 활동한 것이다. 이와 같이 고려의 화엄학은 의상을 계승한 학파가 주로 활동하면서 교리를 심화시켜 갔다. 그 가운데 결응決凝(964~1053)이 주석했던 부석사浮石寺에는 1,000여 명의 문도가 모였다고 할 정도이다.

위와 같이 의천이 출가하기 전 고려의 화엄종은 의상 계통의 학파적 화엄으로 굳건한 지위를 확보하고 있었다. 의천 또한 화엄종의 사찰인 영통사로 출가하였다. 의천의 불교사상적 뿌리는 화엄종에 있는 것이다.

의천은 23세에 신역 『화엄경』과 그 『소』를 함께 강설할 정도로 화엄교

---

[10] 감심흠, 「高麗均如華嚴學硏究-先公鈔三十餘義에 대한 均如의 解釋」, 동국대학교 한국불교융합학과 박사학위논문, 2020, pp.33~39

학에 뛰어났다. 당시 송나라의 화엄학은 신역 『화엄경』이 더 많이 연구되었고, 신역 『화엄경』의 가장 신뢰할 만한 주석서로 징관의 『화엄경소』를 의거했기 때문이다. 송나라뿐 아니라 거란의 화엄학도 마찬가지로 징관을 화엄의 정통으로 중시하였다.[11] 그렇다면, 의천은 중국과 한국의 화엄사상에 대해서 어떤 입장이었을까?

의천은 『화엄경』이 용궁에서 가져온 경전이라는 전승을 따른다. 그리고 중국 화엄종의 흐름에 대해서는 두순이 『법계관문法界觀門』을 지어 제자 지엄에게 전수하였고, 지엄이 오교를 세우고 십현문十玄門의 교의로 부연하였다고 서술한다. 여기서 십현문은 뒤에서 증명되듯이 관문에 해당한다. 이후 법장은 앞의 조사의 뜻을 조술하였고, 징관에 이르러 확고하게 규범이 되는 교리로써 완성되었으며, 이후 『화엄경』을 강의할 때는 지엄·법장·청량의 해석이 표준이 되었다고 이해한다. 한편, 우리나라의 화엄에 대해서는 의상이 중국에서 구법한 후 400년 동안 여러 종파의 맹주가 되었고, 고려가 개국하고 의천이 활동할 당시에도 가장 중요한 종파라고 인정하고 있다.[12]

의천은 당시 고려의 화엄학자들이 근본을 잃고 지말을 추구함으로써 교教와 관觀에 정통하지 못했음을 한탄하고 있다. 그리고 이러한 한계를 보완하기 위해 의학義學(교리에 대한 학설)승들을 모아서 광대한 화엄 문헌 가운데 중요한 것들을 추려 요약하고 새로운 학승들이 읽어야 할 강요를 만든 것이 『원종문류』 22권이다.[13] 그렇다면 여기서 모은 교리들은 화엄의 근본에 해당하는 것들이 될 것이다. 『원종문류』의 편찬에 대

---

11 국사편찬위원회 편, 앞의 책, 2007, p.158
12 『大覺國師文集』卷第一「新集圓宗文類序」(ABC, H4, 528a-b)
13 『大覺國師文集』卷第一「新集圓宗文類序」(ABC, H4, 528b)

해서는 후에 자세히 언급하겠지만, 『원종문류』는 1권, 14권, 22권과 20권 일부밖에 전하지 않아서 의천이 어떤 내용들을 화엄교리의 근본으로 삼았는지 그 전모는 알 수 없다.

현재 알 수 있는 정보를 통해 본다면, 권1은 『화엄경』 및 화엄종 인물의 주석서의 서문을 모은 것이다. 권1의 간기에는 편찬에 관련된 다수의 인물이 기록되어 있는데, 의천을 제외하고 모두 '현수교관의학사문賢首教觀義學沙門'이라고 기록되어 있다. 의천이 화엄의 교리에 대한 연구를 기본으로 하면서 교리와 수행관법을 동등하게 중시하였다고 추측할 수 있다. 권14는 「제문행위류諸文行位類」이다. 즉 수행과 위계가 중요한 주제로 다루어진 것이다. 14권에는 이 외에 삼생류三生類, 종취류宗趣類, 불토류佛土類, 발심류發心類, 십지종요류十地宗要類, 불신류佛身類, 단장류斷障類가 확인되며, 그 외 제문별장류諸文別章類의 문류도 확인된다.[14] 이러한 예로 보았을 때 특별히 의천만이 생각하는 근본이 되는 것이 있는 것은 아니었고, 중국에서 화엄이 성립한 이후 다루어져 왔던 주제임을 알 수 있다. 다만, 의천에 따르면 이러한 근본 교리를 아는 데 머물지 않고 관법을 수행할 것을 권한 것으로 생각된다. 그렇다면 『원종문류』에서 말한 근본은 교와 관을 동등하게 중시한다는 뜻으로 이해해야 할 것이다.

의천이 화엄을 공부할 때 교관을 강조한 것은 송의 정원의 영향이다. 의천은 정원에게 교관教觀을 전수받았으며, 구체적 내용은 『화엄경』 해석 상의 오주인과五周因果와 두순의 삼관법이다.[15]

---

**14** 박용진, 「고려 전기 義天撰 『圓宗文類』 所收 불교 문헌의 현황과 전승」, 『한국학논총』 47, 국민대학교 한국학연구소, 2017, pp.115~116

**15** 『大覺國師文集』 卷第十六 「示新叅學徒緇秀」 (ABC, H4, 556b-c)

오주인과는 『화엄경』을 인과 개념에 중심을 두고 5부분으로 나눈 해석이다. 징관이 사용하는 명칭은 소신인과所信因果, 차별인과差別因果, 평등인과平等因果, 성행인과成行因果, 증입인과證入因果이다. 징관의 『화엄경소』권4「세주묘엄품석世主妙嚴品釋」을 통해 이 용어에 대해서 간략히 설명하면 아래 〈표2〉와 같다

〈표2〉 오주인과에 대해서[16]

| 분과 | 범위 | 내용 |
| --- | --- | --- |
| 1주인과<br>所信因果 | 초회 6품 | 노사나의 과덕을 나타냄.<br>마지막 비로자나품은 본래의 원인을 밝힘. 이것을 믿어야 할 인과라고 함. |
| 2주인과<br>差別因果 | 제2회 여래명호품부터 제7회 여래수호광명공덕품까지 29품 | 앞의 26품은 원인을 밝히고, 뒤의 3품(불부사의법품, 여래십신상해품 포함)은 결과를 밝힘. 아울러 이해를 산출하는 인과(生解因果)임. |
| 3주인과<br>平等因果 | 보현행품과 여래출현품 | 각각 원인과 결과에 해당하며, 인과에 차별이 없으며, 출현인과라고도 함. |
| 4주인과<br>成行因果 | 제8회 이세간품 | 제8회의 처음은 다섯 계위의 원인을 밝히며, 뒤는 여덟 가지 모습으로의 결과를 밝힘. 출세인과라고도 함. |
| 5주인과<br>證入因果 | 제9회 입법계품 | 처음에는 부처라는 결과의 대용을 밝혔고, 뒤에서는 보살이 작용을 일으키고 원인의 행위를 수행하는 것을 밝힘. 원인과 결과 두 문이 갖추어져 증입이 됨. |

오주인과는 『화엄경』 분과 중에서 지엄 이래 징관에 이르기까지 전승되는 해석 방법이다.[17] 징관은 오주인과의 의의가 『화엄경』의 52위를 밝히는 데 있다고도 한다.[18] 의천은 징관이 교관을 귀감으로 삼고 있다 하면서 고려의 화엄가들 중 관문을 실천하지 않는 강주講主의 『화엄경』 강

---

16 『華嚴經疏』 卷4 「世主妙嚴品」(『大正藏』 35, 527b-c)
17 徐海基, 「澄觀の華厳法界観」, 『インド哲學佛教學研究』 6, 東京大學インド哲學佛教學研究室, 1999, pp.51~52
18 『大方廣佛華嚴經隨疏演義鈔』 卷1 "五周因果. 則五十二位之昭彰."(『大正藏』 36, 3c)

의 내용은 믿을 수 없다고 비판한다.[19]

이와 같은 의천의 비판을 통해 본다면 『화엄경』에서 오주인과를 통해 하나하나의 계위를 올라갈 때 그 근저에는 관행으로서의 수행이 있어야 한다는 것이 의천이 내세운 화엄의 교관이 될 수 있을 것이다. 하나하나의 계위에서 두순의 삼관법을 실천하는 것이다.

삼관은 앞에서도 언급했듯이 진공절상관, 사리무애관, 주변함용관을 가리킨다. 이 내용은 징관의 『법계현경法界玄鏡』에 자세히 설명되어 있고, 의천이 3관을 30문門이라고 하듯이, 각 관법은 10문으로 나뉜다. 의천은 교관 가운데 관은 3관의 법이며, 두순에서 지엄, 지엄에서 법장, 법장에서 징관으로 전승되었다는 화엄사관을 갖고 있다. 그리고 의천의 해석에 따르면, 지엄의 십현문은 이 삼관 가운데 주변함용관의 10문에 속한다.

의천은 보법普法, 즉 『화엄경』의 교설을 떠나서는 성불할 수 있는 길이 없다고 하고 권교는 비록 극과極果라도 실제의 일은 아니라는 말을 덧붙인다.[20] 법상종과 같은 권교의 성불은 인정하지 않고, 오직 보법인 『화엄경』의 성불만을 인정하는 것이다. 즉, 『화엄경』을 공부해야만 성불에 이를 수 있지만, 그것도 오주인과와 삼관이라는 교관으로 공부해야 가능하다는 뜻이 함축되어 있다.

지금은 교를 오주인과로 대표하였지만, 이보다 앞서 교의 대표로 제기되었던 오교는 오주인과보다 범위가 넓다. 즉 오주인과는 『화엄경』의 해석에 속하므로 오교 가운데 원교에 해당하지만, 오교의 해석에서는

---

19 『大覺國師文集』卷第十六 「示新叅學徒緇秀」 "是知傳大經而不學觀門者, 雖曰講主, 吾不信也." (ABC, H4, 556c)
20 『大覺國師文集』卷第十六 「示新叅學徒緇秀」(ABC, H4, 556a)

나머지 4교에 관해서도 소홀히 하지 않는 것이 의천의 입장이다. 이것은 즉 겸학의 강조이다.

의천은 『구사론俱舍論』을 통해 소승교小乘敎의 설을 알고, 『유식론』으로 대승시교大乘始敎의 종지宗旨를 알며, 『기신론』으로 종돈終頓의 종지를 안다고 설명한 후, 이런 것들을 겸해야 원교의 문으로 들어갈 수 있는 능력을 갖춘다고 하였다.[21] 이것은 성상性相을 겸학해야 한다는 징관의 말을 확고히 한 것인데,[22] 종밀의 영향도 보인다.[23] 이렇게 겸학을 강조하는 것은 의천의 교관겸수가 정원의 영향으로 확립되지만, 정원과는 다른 의천만의 화엄사상을 구축했음을 증명해 주는 예에 속한다.

의천이 자신만의 화엄사관을 견지한 또 하나의 예로 화엄 조통설祖統說을 들 수 있다. '조통'이란 '조사祖師의 역사적 정통성正統性'을 의미한다. 즉 화엄사華嚴師의 정통 계보를 뜻한다. 의천의 스승인 진수 정원은 화엄의 7조설을 주장하였다. 마명馬鳴→용수龍樹→두순杜順→지엄智儼→법장法藏→징관澄觀→종밀宗密로 이어지는 계보이다. 이에 비해 의천은 진수 정원의 7조설을 모델로 하면서도 홍원사(弘圓寺 혹은 洪圓寺)에 구조당九祖堂을 세우고 화엄 9조설을 주장하였다.[24] 그는 7조설의 용수

---

21 『大覺國師文集』卷第一「刊定成唯識論單科序」"是知不學俱舍不知小乘之說. 不學唯識. 寧見始敎之宗. 不學起信. 豈明終頓之旨. 不學花嚴. 難入圓融之門. 良以淺不至深. 深必該滅. 理數之然也."(ABC, H4, 529b)

22 『大覺國師文集』卷第一「刊定成唯識論單科序」"況淸凉有言. 性之與相. 若天之日月. 易之乾坤學兼兩轍. 方曰通人."(ABC, H4, 529b) 이 문장은 『華嚴經隨演義鈔』卷3(『大正藏』36, 17c)의 인용.

23 단적으로 『大覺國師文集』卷第一「刊定成唯識論單科序」"淺不至深. 深必該滅 (淺)."(ABC, H4, 529b)은 『禪源諸詮集都序』卷1 "深必該淺. 淺不至深"(『大正藏』48, 405c)의 문장이 첫 예이다.

24 국사편찬위원회 편, 앞의 책, 2007, p.159

이후에 천친天親→불타佛陀→광통光統을 넣고, 종밀을 빼는 9조를 세움으로써 중국 화엄의 정통설과 상당히 다른 화엄사관을 제장하였다.[25] 천친은 세친世親이며 『십지경론十地經論』의 저자이고, 불타는 『화엄경』을 번역한 인도 승려 불타발타라佛陀跋陀羅이며, 광통은 지론종地論宗 남도파南道派의 비조鼻祖인 혜광 율사慧光律師이다. 불타발타라를 제외하면 지론종을 염두에 둔 것으로 보이며, 정원이 7조설에 둔 종밀을 제외함으로써 의천의 선종에 대한 부정적 인식을 반영했다고 해석된다.[26] 의천이 조통설에서 지론종을 염두에 둔 이유는, 향후 근거 있는 연구가 필요하지만, 현 단계에서 의천이 신라 화엄의 지론종 전통을 계승한 것을 반영한다고 추정된다.

## 천태종의 중흥

의천은 교장의 간행에 힘쓰면서, 한편으로는 송에서 천태 지자의 탑묘를 참배하여 발원한 것처럼 천태종의 개창을 준비하였다. 35세가 되는 1089년에 『천태사교의天台四敎儀』를 간행하였고, 그 해 국청사國淸寺를 건립하기 시작하여 8년에 걸쳐 완공하였다. 국청사가 완성한 해 고려에 천태종이 정식으로 개창된다. 그리고 법안종法眼宗의 1,000여 명 승려들이 천태종에 귀속한다.

우리나라에 천태의 가르침이 전해진 것은 백제의 현광玄光에 의해서이다. 현광은 남악 혜사의 가르침을 받아 법화삼매를 증득했다고 한다.

---

25 『大覺國師外集』卷第十二「靈通寺大覺國師碑文」"今以馬鳴龍樹天親佛陁光統帝心雲華賢首淸涼, 爲九祖師所定也."(ABC, H4, 592c)
26 김용태, 앞의 책, 2021, p.121

또 지의智顗의 가르침을 받은 고구려의 파야波若는 천태종의 본산인 국청사에서 입적한다. 한편, 신라에서는 원효가 『법화종요法華宗要』를 저술하고, 법융法融과 이응理應 등은 담연湛然(711~782)의 제자가 된다. 고려 초기에는 오월吳越의 요청으로 제관이 천태의 전적을 가지고 오월에 들어가 거기서 『천태사교의』를 저술한다. 그러나 그후 고려시대에는 천태사상의 자취를 찾을 수 없다. 의천이 천태종을 개창한 것은 이러한 고려시대의 사정도 반영한다.

의천의 천태종은 사상적으로 교관겸수를 계승하였다. 의천이 천태의 교관겸수를 종간에게서 배웠다는 것은 앞에서도 서술했다. 화엄의 교관겸수가 있었음에도 불구하고 의천이 굳이 천태의 교관을 수용한 이유는 무엇일까? 이것은 종간의 사상과 무관하지 않다.

우선, 종간의 일념삼천 사상이 법장의 화엄과 상통한다는 분석을 염두에 둘 필요가 있다.[27] 또한 종간이 천태교관의 선적 실증을 구하고 선좌 공부에 주력하였다는 점도 중요하다.[28] 즉 의천은 천태에서 화엄과의 동질성을 충분히 도출했고, 더 나아가 선종과의 동질성도 찾아낸 것이다. 이렇게 해서 천태의 교관겸수는 천태종으로 선종을 통합하기 위한 방법론이 될 수 있었다.

의천은 국청사에서 천태의 『법화현의法華玄義』를 강의하고, 그것을 고려의 말로 번역하여 300권으로 만드는 등 만년에는 천태종 건립에 집중한다. 또한 의천이 신라 원효元曉의 화쟁과 고려 제관의 업적을 상찬한 것으로도 알 수 있듯이, 중국의 천태 지자와 신라 원효, 고려 제관의 천태법화학을 계승한다는 의식을 읽을 수 있다. 그런데, 의천은 후학들

---

27 박용진, 앞의 논문, 2010, p.590
28 박용진, 앞의 논문, 2010, pp.588~590

이 유식법상의 규기와 천태 지자의 교설을 각각 명상名相과 이관理觀에 치우친 교설로 잘못 알고 있다고 비판한다.[29] '이관'이란 사제四諦의 도리를 관찰하고, 생사번뇌가 바로 열반보리임을 관찰하는 것 등을 말한다.[30] 물론 천태 지자가 집착했다는 비판은 아니지만, 여기서 의천이 천태의 교리에서 이관의 관법이 중요한 요소임을 인정한 것을 알 수 있다.

의천은 1092년에는 어머니인 인예 왕후仁睿王后의 지원을 받아 10,000일(30년) 간의 천태예참법天台禮懺法을 설행하고, 고려 천태종의 실천법을 좌우하기에 이르렀다. 이후 왕실의 지원을 받아 단기간에 천태종은 종파의 틀을 갖춘다.[31] 그리고 발원대로 국청사를 1097년에 완성한 후, 1101년에는 천태종 승려를 대상으로 하는 승과가 실시되고 40인의 합격자를 배출함으로써 천태종의 면모를 일신하게 된다.

이후 의천이 개창한 천태종은 교웅教雄, 덕소德素가 나와 기반을 구축하였지만, 교리적인 전개는 그다지 상세하게 알려지지 않았다. 다만, 천태예참법의 전통은 요세了世가 주도한 백련결사白蓮結社까지 계승된다.

그렇다면 화엄종으로 출가한 의천이 천태종을 개창한 근본적인 원인은 무엇이었을까? 우선 당시 종교계의 긴장관계를 그 이유로 들 수 있다. 의천이 활동하던 시기에 화엄종과 법상종의 대립은 두드러졌다. 선종에서는 법안종法眼宗과 구산선문의 세력이 상당하던 시기였다. 이러한 불교 종파 간의 긴장관계에 대해 화엄종의 의천은 천태종

---

29 『大覺國師文集』卷第十六「祭芬皇寺曉聖文」"至如慈恩百本之談. 唯拘名相. 台嶺九旬之說. 但尙理觀. 雖云取則之文. 未曰通方之訓."(ABC, H4, 555a)

30 『法華玄義釋籤』卷17 "今以理觀者何耶. 此中約第一義治. 故作是說. 若事障興應觀諦理, 生死煩惱即涅槃菩提, 故能治之."(『大正藏』33, 941a)

31 국사편찬위원회 편, 앞의 책, 2007, p.162

이라는 새로운 종파를 창립함으로써 불교계의 재편을 의도했다고 보여진다.

여기에는 교관과 화쟁이라는 개념과 방법론이 있었다. 우선, 교관은 화엄종과 천태종에 공통된 핵심 개념이었다. 즉 화엄종도 천태종도 교관이 종파 이해의 중요한 관건이었다. 둘째는 원효를 존중하여 성性과 상相을 융합하는 통합불교의 측면을 강조했다. 즉, 교리적으로는 오교의 겸학을 주장하면서, 성종인 화엄종을 기준으로 상종의 법상종을 통합하려고 했던 것으로 해석할 수 있다. 이것이 교종의 융합이다. 한편, 천태종의 교관으로서 법안종을 천태종에 흡수하면서 신라 이래 선종 전통과의 융합을 도모한 것으로 생각된다. 즉, 선종 통합의 이론을 천태종에 두었던 것이다. 전체적으로 교로써 선을 통합했다고 해석할 수 있지만, 천태종이 고려 후기에 선종으로 분류된다는 아이러니한 현상이 빚어지게 된다.

### 균여파와 선종 비판

의천은 불교를 흥륭시키려 했지만 반드시 어느 한 종파를 염두에 둔 것은 아니었다고 생각된다. 그는 남산율을 강의하고 유통시켰을 뿐 아니라 정토, 법상, 천태와도 깊은 관련이 있었다. 그러나 유독 선종과 화엄종 중 균여파에 대해서는 비판적이었다. 특히 의천은 송에 유학한 후 교관겸수가 화엄학자에게 필수적인 수행법이라고 주장하게 되고, 아울러 균여파 교학을 신랄하게 비판한다.[32] 균여파에 대한 거센 비판의 결

---

32 국사편찬위원회 편, 앞의 책, 2007, p.158

과 『신편제종교장총록』 가운데 균여파의 저술은 전혀 실리지 않았다. 그렇지만 의천은 송에 가기 전까지만 해도 균여의 교학을 높이 평가하였다.[33]

그렇다면 왜 의천은 균여파를 비판했을까? 이에 대한 가장 유력할 학설이 균여의 화엄학에 교관이 겸수되지 못했음을 의천이 비판했다는 주장이다.[34] 이것은 의천이 균여를 비판한 이유 가운데 가장 근거 있는 주장이지만, 균여의 화엄학에 교관이 겸수되지 않은 것은 아니다. 의천의 비판은 균여로 대표되는 신라 화엄의 전통을 비판한 것이라고도 한다.[35] 다만, 의천은 의상의 화엄마저 부정하지는 않았다. 그런 점에서 균여 이래의 화엄 전통이 비판되었다고 해야 할 것이다.

의천은 교관겸수를 화엄사상의 근본으로 삼았고, 이러한 근본 내용보다 지말에 논의를 집중하던 당시 고려의 화엄가들을 비판하였다. 의천은 화엄종에서 이상한 것을 좋아하는 부류들이 근본을 버리고 말단을 좇아 근거도 없이 분분하게 우겨대고 이로 인하여 화엄조사의 현지玄旨가 막히게 되었는데, 그러한 부류들이 화엄종을 공부하는 승려들 가운데 60~70%가 된다고 하였다. 이들은 지말에만 관심을 두고 교관에 전혀 정통하지 못한 자들이기도 하다.[36] 후에 의천이 비판한 균여 및 균여

---

33 『大覺國師文集』卷第十 "雖則義想. 權興於眞宗. 均如. 斧藻於玄旨."(ABC, H4, 543b) 이 문장을 따르자면 의천은 義相은 眞宗(화엄종)의 시초(權興)이고, 均如는 그 현지玄旨를 수식(斧藻)하였다고 해석하고 있었음을 알 수 있다.
34 이 주장은 최병헌, 「의천이 균여를 비판한 이유」, 제10회 국제학술대회 〈아세아에 있어서 화엄의 위상〉, 서울:대한전통불교연구원, 1991, pp.160~175에서 처음으로 주장되었으며, 현재까지 가장 유력한 학설이다.
35 이병욱, 「의천의 균여화엄사상 비판의 정당성 검토」, 『韓國思想史學』 33, 한국사상사학회, 2009, pp.771~107
36 『大覺國師文集』卷第一「新集圓宗文類序」 "吾宗好異之輩. 棄本逐末. 臆說紛然.

파균如派 승려들이 이들 부류에 포함될 것이다.

의천은 균여·범운梵雲·진파眞派·영윤靈潤 등 균여파의 저서를 보면 첫째, 문장이 제대로 성립하지 않았고(이두문과 한문의 혼합?), 둘째, 뜻이 회통되지도 않았고, 셋째, 그 바람에 조사의 도가 황무지가 되어 버릴 만큼 드러나지 못했고, 넷째, 나아가 내용적으로 매우 후생을 현혹시켰다고 비판한다. 즉 균여파의 저술에도 역시 교관이 결여되어 있다는 것이다. 그리고 후생을 현혹시킨다는 내용까지 거론한다는 것은 매우 신랄한 비판이 아닐 수 없다. 의천은 『화엄경』의 취지가 교관에 있음을 진수 정원으로부터 배웠다며,[37] 다시 한번 교관의 중요성을 강조한다.

한편, 의천은 선종은 돈오라는 실천에만 집중하고 교학 공부를 소홀히 해서 법상과 법성의 차이도 모른다고 비판하였다.[38] 그러나 의천의 비판은 선종 전체에 향하는 것이 아니며 선종을 올바로 이해하지 못한 부류들에 대한 비판이었다. 즉, 의천은 선가禪家에서 수단방편[筌蹄]을 빌리지 않고 마음으로 마음을 전한다는 것은 상상근기上上根機의 지혜를 소유한 자나 가능한 일인데, 간혹 하근기下根機의 사람이 낮은 학문[口耳之學]으로 하나의 도리를 터득하고서 스스로 만족거나, 삼장을 가리켜서 찌꺼기에 지나지 않는다고 비웃는 것이 잘못되었다고 지적한다.[39] 즉, 선종 전체가 아니라, 선종 가운데 상상근기 이하의 오만한 선종의 부류를 비판한 것이다. 이런 점에서는 교관을 갖추지 못한 화엄가를 비

---

遂令祖師玄旨. 壅而難通者. 十七八焉. 精於敎觀者. 豈不爲之大息矣"(ABC, H4, p.528b)

37 『大覺國師文集』卷第十六「示新叅學徒緇秀」(ABC, H4, 556b)
38 『大覺國師文集』卷第一「刊定成唯識論單科序」"近世學佛者. 自謂頓悟. 蔑視權小. 及談性相. 往往取笑於人者. 皆由不能兼學之過也."(ABC, H4,529b~c)
39 『大覺國師外集』卷第十二「靈通寺大覺國師碑文」(ABC, H4,593b)

판하는 취지와 동일하다.

## III. 불교문헌학의 선구자

### 교장의 집성

우리나라에 불교문헌이 들어오기 시작한 것은 고구려 소수림왕小獸林王 2년(372)에 전진왕前秦王 부견符堅이 승려 순도順道를 통해 불상과 함께 경문을 보내면서부터이다. 고국양왕故國壤王 원년(384)에도 담시曇始가 경과 율 수십 부를 가지고 왔다. 백제에는 526년 겸익謙益이 중인도에서 범본 5부율을 가지고 왔다. 신라에는 진흥왕眞興王 26년(565)에 중국 진陳으로부터 1,700여 권의 경권이 들어왔다. 선덕여왕善德女王 12년(643)에는 자장慈藏이 400여 함을 가지고 와서 통도사通度寺에 안치하였다. 신라 말에도 보요普耀 선사가 대장경을 가지고 와서 해룡왕사海龍王寺를 개창하였다.

고려시대에 들어와서도 계속해서 중국에서 불교문헌이 들어오는데, 『고려사高麗史』에 의하면 928년에 신라승 홍경洪慶이 당으로부터 대장경 한 부를 싣고 와서 예성강에 도착했고, 왕이 직접 대장경을 제석원帝釋院에 안치했다고 하였다.

10세기 말에 송宋에서 대장경이 인성印成되고, 그것이 고려에 들어온 사실은 유명하다. 이른바 촉판蜀板이다. 송대에 촉은 인쇄의 중심지였다. 여기서 만든 대장경이 991년 고려에 들어온 것이다. 여기에 1063년에 거란대장경契丹大藏經이 들어오고 초조대장경도 완성되기에 이른다.

의천은 거란대장경이 들어오기 9년 전에 태어나 활동한다. 그는 17세부터 불교전적典籍을 수집하려고 서원하였고, 1085년에 북송에 밀입국하였다. 그가 입송한 목적 중 하나가 장소章疏의 수집이다. 의천 입송 직전 불교전적의 수입은 대장경이 중심이었다. 의천은 경전 외에 장소 수집의 중요성을 간파하였다. 송으로 간 의천은 불교전적 3,000여 권을 수집하여 귀국하였으며, 요遼와 일본으로부터 장소를 수집하는 등 간행을 위해 4,000여 권의 문헌을 수집하였다.

의천의 이와 같은 장소의 수집은 단순히 고려 불교의 부흥을 위한 것만은 아니었다. 그는 중국의 오대五代 이후 200년 동안 유통되지 못했던 문헌들을 펴내려고 한 것이다.[40] 이러한 점에서 의천의 교장 수집은 동아시아 한자문화권 전체를 위한 작업이었음을 상기할 필요가 있다. 나아가 자신의 교장 간행이 완벽하다고 생각하지도 않았기 때문에, 교장을 보완하면서 교장 자체가 계속 증가하게 된다.[41]

의천이 수집한 장소는 목록으로 정리되었는데, 그것이 『신편제종교장총록』이다. 이 목록을 만든 취지는 그 서문을 통해서 알 수 있듯이, 지승智昇의 『개원석교록開元釋敎錄』을 모델로 하되, 경론만 있고 장소가 없어서는 그 뜻을 유통시킬 수 없기 때문에 20여 년 공을 들여 모아 취지에 맞게 정리하여 공개한 것이다.[42]

---

40 정병삼, 『한국불교사』, 서울: 푸른역사, 2020, p.328
41 정병삼, 앞의 책, 2020, pp.328~329
42 『大覺國師文集』卷第一「新編諸宗敎藏總錄序」(ABC, H4, 679b)

## 교장의 간행

의천은 불교문헌을 수집한 후 수집한 문헌을 편집하고 교장을 간행하는데, 이러한 의천의 문헌학적인 작업은 당시 송대의 학풍과 관련되어 있다. 송대에는 대장경의 간행과 경전의 번역 등 국가사업이 행해지고, 교학에 관해서도 『교의분제장敎義分齊章』의 주석 등으로 알 수 있듯이 조술祖述 불교의 경향이 강해지고 있었던 시기였기 때문이다.

의천은 그동안 송, 요, 일본으로부터 모은 장소를 간행하기 위해서 흥왕사興王寺에 교장도감敎藏都監을 설치하고 수집한 전적을 체계적으로 편집 및 간행하기에 이른다. 그 첫 단계가 목록집의 편집이었다. 그것이 위에서 간략히 언급한 『신편제종교장총록』 3권으로 고려 최초의 불교 장소 목록이다.[43] 대장경이 경전과 논서를 중심으로 판각된 반면에 『신편제종교장총록』은 그 주석서를 중심으로 목록화되었다. 이로써 판각의 준비가 마련되었다.

이 목록에는 경·율·논의 장소 1,010부 4,878권의 문헌 목록이 실려 있으며, 교장도감에서는 이 목록에 의해 교장을 간행한 것으로 추정된다. 의천은 교장을 단순히 집성한 것이 아니었다. 판본의 경우 부분적인 수정 후 번각翻刻(원본 책판을 그대로 목판에 다시 새김)하여 조판하였고, 필사본의 경우에는 여러 승려들이 교감하고 정서하여 독자적인 간행본을 만들었다.[44] 문헌 집성 후 교감을 하였다는 것은 현대의 문헌학적 방법에도 시사하는 바가 크다. 아쉽게도 이 불서 목록은 의천이 일찍 세상을 떠남으로써 전부 간행되지는 못한 것으로 보인다.

---

43 박용진, 『의천-그의 생애와 사상』, 서울: 혜안, 2011, p.166
44 정병삼, 앞의 책, 2020, pp.331~332

의천이 18년간 수집한 문헌을 편집한 『신편제종교장총록』의 내제內題는 「해동유본현행록海東有本見行錄」으로써 해동, 즉 고려에 실재하는 목록만을 수록하였다. 목록은 『화엄경』, 『열반경』, 『법화경』 등의 경전과 『대승기신론』, 『석마하연론釋摩訶衍論』, 『법화경론法華經論』 등의 논서와 그것들에 대한 한국과 중국 및 요나라의 주석서로 구성되었다. 총 1,010종 4,878권 가운데는 우리나라 승려들의 문헌도 상당수 수집되어 있는데, 우리나라 승려 24인의 49종에 이르는 주석 대상 경론에 대한 주석을 실었고, 다섯 종류의 강요서도 있었다. 이것들은 합하면 150여 종, 507권으로, 수록된 문헌 전체 종류의 15%, 전체 권수의 10%가 우리나라 문헌이었음이 판명된다. 다만, 이 가운데 현존하는 것은 극히 일부이다.[45] 우리나라 불교문헌은 신라시대부터 고려시대까지 저술된 것들을 수집했지만, 선종의 문헌과 균여의 문헌은 들어 있지 않다. 이것은 앞에서도 언급했듯이 의천의 선종관 내지는 균여파의 화엄학에 대한 평가와 깊이 관련되어 있다.

『신편제종교장총록』의 편찬은 간행을 위한 것이었기 때문에 위의 한국 불교문헌을 포함하여 수록된 모든 문헌들은 교감을 통해 간행 준비가 되어 있었을 것으로 생각된다. 의천이 어느 정도 불교문헌을 간행했는지에 대해서는 현재도 연구되고 있지만,[46] 의천이 간행한 문헌들은 중국과 일본에 전해져 일본 화엄 연구에 큰 역할을 하였다.

현존 자료부터 보면, 교장의 간행은 기록으로 볼 때 1092년의 간기가

---

45 김천학, 「불교사본」, 동국대학교 불교문화연구원 HK연구단 엮음, 『테마한국불교』 4, 2016, p.137 〈표2〉를 참조 바람.
46 최애리, 『『신편제종교장총록』 수록 교장 현존본 연구』, 중앙대학교 박사학위논문, 2020

있는 『법장화상전法藏和尙傳』이 가장 빠르고, 1099년까지의 문헌이 확인된다.[47] 재조대장경을 만들게 되는 상당히 후대의 일이긴 하지만, 수기守其가 『고려국신조대장경교정별록高麗國新雕大藏經校正別錄』을 저술한 원동력도 이러한 의천의 불교문헌 수집과 편집, 교정 및 간행과 무관하지 않을 것이다.

### 교장의 편찬

의천이 이렇게 제종의 교장을 수집하고, 그 목록을 편찬한 것이 『신편제종교장총록』이다. 즉 의천이 최초로 교장을 통해 편찬한 목록이다. 의천은 다른 한편 교장 가운데 원종의 내용을 '문류文類'별로 나누어 22권으로 편찬하였다. 이것이 잘 알려진 『원종문류』이다.

『원종문류』의 간행 취지는 그 서문에서 알 수 있듯이, 당시 화엄의 깊은 뜻에 대한 몰이해가 많아지고 있다는 위기의식에 대처하며 교관을 겸한 화엄의 근본이 새로 공부하는 학도學徒들에게 활용될 수 있도록 하기 위한 것이었다.[48] 그러나 『원종문류』는 현재 1권, 14권, 22권과, 20권의 극히 일부가 일본에 현존한다. 우리나라에서도 복장물腹藏物로 22권의 1장이 발견되기도 하였다.[49]

현재 남아 있는 것 가운데 1권은 「제부발제류諸部發題類」라고 명칭을 하였는데, 『화엄경』 관련 문헌 및 화엄종 인물의 저술에서 서문만을 모

---

[47] 최애리, 앞의 논문, 2020, pp.98~100
[48] 『大覺國師文集』 卷第一 「新集圓宗文類序」(ABC, H4, 528b)
[49] 박용진, 「고려 전기 義天撰 『圓宗文類』 所收 불교 문헌의 현황과 전승」, 『한국학논총』 47, 국민대학교 한국학연구소, 2017, pp.111~146

아 놓은 것이다. 『화엄경』관련 문헌 서문의 저자로는 홍경弘景, 법장法藏, 혜원慧苑, 법선法銑, 육장원陸長源, 징관澄觀, 배휴裵休, 요경희姚景喜, 그리고 측천무후則天武后가 있다. 그 외『원각경』관련은 배휴와 종밀宗密이 있다. 『반야심경』관련은 법장, 종밀, 양분良賁의 서문이 있다. 『능엄경』은 왕수王隨, 『기신론』은 원효·법장, 『석마하연론통현초釋摩訶衍論通玄鈔』에 대한 요나라 천우제天佑帝(=도종道宗)의 서문, 그리고 법장의『법계무차별론소法界無差別論疏』, 『십이문론소十二門論疏』의 서문이 있으며, 유선劉詵의『제종지관인문諸宗止觀引文』이 있다.[50]

화엄종과 관련해서 특이한 인물에 대해 간략히 소개한다.[51] 홍경(634~712)은『80화엄』의 역장에서 증의證義를 담당했던 인물이다. 육장원(?~799)은 당나라의 관리로 징관의『화엄경소』에 대한 서문을 썼다. 측천무후는 당나라 최초의 여성 황제로서『80화엄경』의 서문을 쓴 것으로 유명하다. 또한 승려가 아닌 사람으로 왕수(1022~1062)는 북송 초에 활약한 인물로 자선子璿의『수능엄의소주경首楞嚴義疏注經』의 서문을 썼다. 천우제는 요나라 도종이다. 요경희는 도종 때 활약한 인물로 도종 저술인『화엄경수품찬華嚴經隨品讚』에 서문을 썼다. 유선의 인문引文은 요나라 도종 대에 활약했던 도필道弼의『대승제종수행지관요결大乘諸宗修行止觀要訣』에 대한 서문이다. 유선에 대해서는 미상이지만, 1065년에 야율종윤耶律宗允의 비문을 지은 인물로 비정된다.[52]

14권은 일본의 류코쿠(龍谷)대학에 소장되어 있으며, 「제문행위류諸

---

50 吉津宜英, 柴崎照和, 「義天編纂『圓宗文類』卷第一−解題と翻刻」, 『駒澤大學佛教學部研究紀要』56, 駒澤大學, 1998, pp.87~126
51 이하 劉詵까지, 吉津宜英·柴崎照和, 앞의 논문, 1998, pp.87~98
52 福井 敏, 「遼代出土誌文小考」, 『眞宗総合研究所研究紀要』32, 大谷大學眞宗総合研究所, 2013, pp.301~314

文行位類」로 되어 있다. 여기에는 지엄의 『수현기搜玄記』, 『지상문답至相問答』(=『화엄오십요문답華嚴五十要問答』), 법장法藏의 『탐현기探玄記』, 『교의분제장』에서 '행위'의 문류를 발췌하고 있다. 22권은 쇼묘지(稱名寺)가 소장하고 가나자와문고(金澤文庫)에서 보관하고 있으며 완본은 아니다. 본 권은 「찬송잡문류讚頌雜文類」로 구성되어 있으며, 『화엄경』 혹은 고승대덕에 대한 찬송문과 화엄결사에 관련된 문류를 모아 놓은 권이다. 이 외 다른 저술에 인용된 것들을 통해 지엄의 『무성섭론소無性攝論疏』를 추가할 수 있다. 이와 같이 의천의 『원종문류』에 수록된 문헌은 『화엄경』 관련, 『반야경』 관련, 『기신론』 관련, 『석마하연론』 관련, 『수능엄경』 주석, 『원각경』 관련, 『대승무차별론소』, 『십이문론소』가 전부이고, 이들 문헌이 원종에 해당한다고 이해할 수 있을 것이다. 이와 같은 문헌들의 특징은 법장이 주석한 문헌들에 종밀과 밀접한 관련이 있는 『원각경』, 송대 자선과 관련된 『수능엄경』, 그리고 지엄의 『무성섭론소』가 더해졌음을 알 수 있다.[53] 한 가지 특이한 것이 도필의 『대승제종수행지관요결大乘諸宗修行止觀要訣』을 원종圓宗의 범위에 넣은 것인데, 의천이 지관을 원종의 수행법으로 중시한 것을 시사할 것이다.

의천의 문헌학적인 작업으로 또 하나 『석원사림釋苑詞林』을 들 수 있다. 『석원사림』은 사찰의 비문 및 승려의 전기 등을 모은 유집類集에 속하는 문헌으로 전체 250권 가운데 현재는 191권부터 195권밖에 남아 있지 않은데, 의천 입적 후에 그의 화엄문도였던 요진樂眞, 각순覺純 등이 흥왕사의 교장도감에서 간행하였다. 의천의 『신편제종교장총록』에는 선종 문헌이 전혀 수록되지 않았는데, 『석원사림』에 고려 초기 진관眞觀,

---

[53] 吉津宜英·柴崎照和, 앞의 논문, 1998, p.100

석초釋超 등 선종의 승려도 망라하고 있다는 사실은 의천이 선종을 완전히 무시한 것은 아니며, 『석원사림』의 선종 수용에 대해서는 좀 더 고찰이 필요할 것이다.

## IV. 교장敎藏의 전파와 전승

### 중국으로의 역전파

중국이 960년대에 고려와 일본에 불교전적을 요청한 것처럼 그 이후에도 문헌을 필요로 하는 것에는 변함이 없었다. 우리나라에서는 고려 광종 대에 송나라로 천태학 서적들을 보내기도 했는데, 그후 100여 년이 지난 즈음 의천은 중국의 화엄 전적들을 중국으로 전한다. 『대각국사문집大覺國師文集』에는 문헌의 이동을 보여주는 서신 왕래 기록이 존재한다.

의천이 중국으로 보낸 문헌은 지엄의 『공목장孔目章』, 『수현기』, 『무성섭론소』와 법장의 『탐현기』, 『기신론별기起信論別記』, 『법계무차별론소』, 『십이문론소』, 『삼보장三寶章』, 징관의 『화엄경소』, 종밀의 『화엄윤관華嚴綸貫』 등 다수이다.[54] 그 외 태현·원효의 저술, 의천이 편집한 『신편제종교장총록』, 『원종문류』 등이 있다. 그 가운데 『원종문류』는 주지하듯이 화엄 전적을 모아 편집한 것인데, 1088년 전후 송으로 전해지고, 사회師會 등 화엄승뿐 아니라 변진辨眞 등 천태계 승려들에게도 활용된다.

---

[54] 박용진, 앞의 논문, 2017, pp.134~135

일반적으로 화엄육상송華嚴六相頌을 지엄이 짓고, 법장이 『교의분제장』에서 계승한 것으로 인정하지만, 이는 『원종문류』에 근거한 이해이다. 특히 송의 화엄종이 의천과의 불교교류에 의해 이미 산실했던 중요한 화엄 전적을 입수하고, 그것을 연구하여 천태학파로부터 탈각하고 정원에 의해 화엄 부흥으로 이어졌던 것이다.

다른 신라 문헌인 『해동기海東記』도 확인된다. 일본의 『화엄오교장불심華嚴五敎章不審』, 『화엄오교장광진초華嚴五敎章匡眞鈔』 등에는 희적希迪의 『집성기集成記』에서 『해동기』를 재인용한 사례가 보인다. 『해동기』는 가마쿠라(鎌倉) 시대의 학승 교넨(凝然)에 따르면 신라 선덕이 저술한 법장 『오교장五敎章』(=교의분제장) 주석서이다. 이와 같이 송에서는 당대 이래의 중국 문헌뿐 아니라 신라 문헌도 인용하고 있음도 확인된다.

## 일본으로 직·간접 전파

고려 개국 이후 고려와 일본 간에는 외교관계가 성립되지 않았다. 따라서 상호 교류는 미미할 수밖에 없었다. 그러다 갑자기 1070년대부터 일본 상인과 고려의 불교 교류가 시작되었으며, 의천의 교장 간행의 발원으로 불전교류시대가 개시되었다.[55] 그리고 의천이 일본에까지 불교 전적을 구하여 교장을 수집하고 일본도 여기에 응하였으며,[56] 이러한 문헌들은 교장도감에서 간행되었다. 의천의 교장은 고려에서 간행된 후 일본으로 전파된다. 여기에는 두 루트가 있다. 첫째는 고려에서 직접 일본으로 전해지는 경우이다. 둘째는, 송으로 전해진 후 거기서 그것을 저

---

55 橫內裕人, 『日本中世の佛敎と東アジア』, 東京: 塙書房 2008, p.156
56 橫內裕人, 앞의 책, 2008, p.164

본으로 다시 필사되어 일본으로 전해지는 경우이다.

우선, 일본으로 직접 전파된 예로 『원종문류』를 들 수 있다. 『원종문류』는 1094년에 성립한 일본의 『동역전등목록東域傳燈目錄』에 기재되어 있기 때문에, 그 시기를 전후해서 일본에 전해졌다고 추정된다.

일본 헤이안(平安) 시대 화엄종의 게이가(景雅, 1103~1189)는 『신편제종교장총록』과 『원종문류』의 소지자로서 알려져 있다. 그 후 『원종문류』는 가마쿠라 시대의 화엄종 승려 단에이(湛睿)의 저술에 활용될 뿐 아니라, 일본의 진언종眞言宗이나 정토종 저술에 널리 이용되었다. 특히, 교칸(行觀)의 『선택집비초選擇集秘鈔』에 따르면 정토종의 비조 호넨(法然)이 화엄을 배워 계戒를 받았을 때 그 선물이 『원종문류』였다는 기록이 있다.[57] 이를 통해서 볼 때 12세기 전반에 이미 일본에서는 『원종문류』의 가치를 인정하고 있었을 알 수 있다. 이러한 사정을 배경으로 일본 문헌에서 『원종문류』의 인용을 빈번하게 볼 수 있다.[58]

당의 징관澄觀이나 요遼의 법오法悟 등 현재 남아 있는 저술의 발문 등을 보면, 고후쿠지(興福寺) 승려가 1095년에 송인宋人을 중개하여 고려 의천에게 장소를 요청하고 1097년에 입수하였음을 알 수 있다.[59] 나라 지역에서는 일찍이 고려 개판 정보를 알고 있었던 것이다. 그 가운데 특히 일본의 도다이지(東大寺)에는 의천판의 원본인 징관의 『대방광불수소연의초大方廣佛華嚴經隨疏演義鈔』가 현존하며 쇼카이지(性海寺)의 고사본도 전한다.[60]

---

57 Web版 新纂淨土宗大辭典 「圓宗文類」
58 박용진, 앞의 논문, 2017, pp.121~125
59 橫內裕人, 앞의 책, 2008, pp.164~165
60 橫內裕人, 앞의 책, 2008, pp.372~373

의천의 교장은 의천 사후에도 일본으로 전파되었다. 1105년에 닌나지(仁和寺) 승려가 고려에 사람을 파견하고, 1120년에 일본 도다이지의 승려 가쿠주覺樹가 송나라 상인을 통해 고려로부터 100여 권의 성교聖教를 수입한다.[61] 그 가운데 의천의 교장이 들어있는 것은 당연하다.

조선시대에는 교장의 목판 자체가 일본에 전해지기도 하였다. 당나라 징관(738~839)의 80권 『화엄경』에 대한 주석서 40권을, 송나라 정원이 경문과 징관의 『소』를 합본하고 약간의 주석을 붙여 120권의 회본으로 만든 『대방광불화엄경소大方廣佛華嚴經疏』가 있으며, 이 『소』는 의천의 요청으로 송에서 판각하여 고려 선종 4년(1087) 고려에 보내와서, 고려 화엄학 이해에 큰 도움을 주었다.[62] 이 판본은 1424년 조선시대에 해인사의 대장경판을 달라고 요구하는 일본으로 전해지게 된다. 즉 의천이 수집한 교장이 판목째 일본으로 전해진 예이다.

두 번째 송으로부터 간접적으로 일본으로 전래된 교장에 대해서 고찰한다. 1120년 이후 교장은 남송을 통하여 송판 문헌 및 교장의 복각판 등이 일본에서 송나라로 유학 갔다 돌아오는 승려 등을 통해 일본에 수입되어 많은 사본이 만들어진다. 그 중심이 되었던 곳이 묘에(明惠)가 개창한 고산지(高山寺)이다.[63] 그 한 예가 요나라 선연鮮演의 『화엄경담현결택華嚴經談玄決擇』이다. 이 문헌은 의천의 『교장총록』에는 기재되어 있지 않지만, 1096년 고려에서 간행된 후 송으로 전해졌으며, 1271년에 고산지 승려 벤치(辨智)가 항주杭州 고려사高麗寺에 있던 것을 필사하여

---

61  橫內裕人, 앞의 책, 2008, pp.164~165
62  김용태, 앞의 책, 2021, p.121과 문화재청 홈페이지에서 보물 제1128호, 『대방광불화엄경소』 참조 바람
63  橫內裕人, 앞의 책, 2008, p.168

일본으로 가지고 와서 고산지 장서에 보관하였다. 본서는 이후 일본에서 전사되고 송으로까지 다시 확산하는 등 다양한 루트를 보인다.[64]

이와 같은 예는 더 많이 조사되었는데,[65] 그 중에 지엄의 『금강반야경약소金剛般若經略疏』는 1095년에 고려에서 개판되었고, 의화義和가 찾아내어 복각 유통시킨 것이 다시 고산지로 전래되었다.[66] 또 징관의 『정원신역화엄경소貞元新譯華嚴經疏』는 다이도큐기념문고(大東急記念文庫)에 일부가 남아 있는데, 이 문헌은 고려에서 1095년에 간행되었고, 이것을 저본으로 중국에서는 1149년에 간행되며, 그 송간본이 일본에 전해져 필사되었다.[67]

일본에서는 의천이 간행한 교장 가운데 화엄과 요의 밀교 관련 문헌이 다수 이용되었다. 예를 들면, 고산지 묘에가 화엄과 진언의 융합을 체계화했던 『광명진언토사권신기光明眞言土砂權信記』에는 요나라 승려 각원覺苑의 『비로자나신변경연밀초毘盧遮那神變經演密鈔』가 인용되어 있고, 요나라 승려 비탁非濁이 찬한 『삼보감응요략집三寶感應要略集』은 『금석물어집今昔物語集』에 원천을 제공하였다. 또한 원정기院政期에 진언밀교 중시정책의 매개역을 다하고 있다.[68]

이상 정리한 것처럼 의천의 교장 및 의천이 편찬한 목록과 문류는 동아시아 불교 해석에 광범위하게 활용되고 있음을 확인할 수 있다. 특히

---

64 橫內裕人, 앞의 책, 2008, pp.168~170 및 박은영(지현), 「金澤文庫보관 사본 鮮演의 『華嚴經談玄決擇』의 문헌학적 의의」, 『한국불교학』 79, 한국불교학회, 2016, pp.8~12
65 박용진, 「고려시대 교장敎藏의 일본 교류와 유통」, 『불교학보』 92, 동국대학교 불교문화연구원, 2020, pp.124~130
66 橫內裕人, 앞의 책, 2008, pp.170~171
67 박용진, 앞의 논문, 2017, pp.137~138
68 橫內裕人, 앞의 책, 2008, pp.165~167

일본은 요(거란)와 지리적으로 가깝지도 않고 국교 차원의 교류도 없었지만, 고려를 통해 다수의 요의 문헌을 적극적으로 수용하고 활용할 수 있었다는 점이 특징으로 지적되듯이,[69] 의천의 교장 간행은 불교문헌을 후대까지 전승시키고자 했던 의천의 열의에서 비롯되었다. 의천의 노력은 고려 불교와 고려에서 간행한 불교문헌이 당시 동아시아 불교에서 주목을 받을 수 있었던 원인이 되었으며, 중국 및 일본 불교의 진흥에 촉매 역할을 하였다고 평가할 수 있다.

## 한국불교의 사상적 계승

의천의 교장은 간행된 후, 송과 일본 등지에 전파되었지만, 의천이 간행한 교장 자체에 대해서 고려 이후 조선시대에 이르기까지 주석서가 만들어진 예는 극히 드물다. 현재 확심廓心의 『원종문류집해圓宗文類集解』(이하 『집해』로 약칭함)만이 확인될 뿐이다.

앞에서 이미 언급했듯이 『원종문류』는 의천이 집성한 문헌들 중에서 화엄종의 중요한 문류를 모아 22권으로 편집한 책이며, 현재는 1권, 14권, 22권만이 남아 있다. 『집해』는 전 3권이지만 현재 중권만 남아 있고, 남아 있는 부분의 원자료인 『원종문류』는 남아 있지 않은 부분이어서 현존 『집해』 부분이 실제로 어떤 부분에 대한 주석인지는 확인할 수 없다.

확심에 대해서는 자세한 기록이 없다. 저술을 통해 그가 '태백산전교사문太白山傳敎沙門'이었음을 알 수 있는데, 의천(1055~1101)→계응戒應(~1134~)→석윤釋胤(1164~1173)→확심(~1173~1181~)으로 이어지는 의

---

**69** 박용진, 앞의 논문, 2017, pp.135~136

천의 3대손이다.[70]

　현존 『집해』는 종요의宗要義, 초회이지의初會理智義, 국토해의國土海義, 종취의宗趣義로 구성되어 있다. 이러한 구성은 『원종문류』에 상기 '문류'가 존재했고, 이것에 대해서 전체적으로 의미를 추구한다는 뜻에서 '의'로 명명한 것은 아닐까 생각된다.[71] 그러나 『집해』의 내용에 대해서는 아직 연구가 부족한 상황이다. 현재 확인 가능한 사항은, 우선 『집해』의 『기신론』 중시 경향으로부터 확심이 의상계 화엄과는 다른 전통을 고수한다는 사실이다.[72] 의상에 대한 인용이 없는 반면에 원효의 『화쟁론』 등을 인용하고 있는 사실도 이러한 확심의 입장을 보충해줄 수 있을 것이다. 그리고 법장·징관의 인용을 통해서는 두 화엄사를 양사兩師, 양조兩祖라고 하고 그들의 저술을 중심으로 집해하였고, 나아가 지엄·법장·징관을 삼가로 중시하는 의천의 화엄을 확심 역시 중시하지만,[73] 『집해』에서 징관의 해석을 우선시하는 경우도 있어서 삼가를 일체화한다는 일반화는 어렵다는 해석도 충분히 가능하다.[74] 적어도 확실한 것은 확심에게 '집해'라는 주석 형태를 통해서 의천의 사상을 계승하려는 의지가 충분히 엿보인다는 점이다.

---

70　박보람, 「『원종문류집해圓宗文類集解』의 기초연구」, 『동아시아불교문화』 35, 동아시아불교문화학회, 2018, pp.249~273
71　박보람, 앞의 논문, 2018, pp.260~261
72　박보람, 앞의 논문, 2018, p.269
73　박용진, 앞의 책, 2017, pp.158~159
74　박보람, 앞의 논문, 2018, pp.266~267

## 의천의 교장, 동아시아불교 부흥의 기폭제가 되다

　의천은 출가 후 얼마되지 않아서 교장을 간행하려는 서원을 세웠다. 또한 삼국시대 이후 전승된 불교의 전통을 계승하려는 의식도 강했다. 11세에 출가한 의천은 23세부터 징관의 『화엄경소』를 강의할 정도로 학문적 역량이 뛰어났다. 그러나 당시 고려는 선종은 선종대로 교종은 교종대로 각기 긴장관계에 있었다. 선종은 전통 선문과 법안종, 교종은 화엄종과 법상종의 긴장관계였다. 이에 의천은 이러한 상황을 타개하고, 교관겸수를 통한 고려불교의 흥륭을 위하여 중국에서 천태 지의의 탑을 참배하면서 천태종 개창을 발원한다.
　의천은 화엄종에 출가한 인물이다. 그는 중국의 전통적인 화엄사상에 대해서는 지엄·법장·징관의 삼가의 사상을 존숭하였다. 그러나 사실상은 송나라 정원이 이해한 징관의 교관겸수의 사상을 계승하였다고 보는 편이 적절할 것이다. 비록 중국 화엄사상의 영향이 농후하지만, 사상적으로는 성상겸학의 입장을 통해 정원과 사상을 달리한다는 것에 주목할 필요가 있다. 조통설에서 7조설을 세운 정원과는 달리 지론사를 존중하는 9조설을 세우면서 종밀을 제외했다는 사실도 주목할 필요가 있다. 이것은 의천이 종밀을 선종사로 보았다는 증거이며, 지론종 조사를 계보에 넣은 것은 지론종의 영향이 농후한 신라의 의상 계통의 화엄을 계승하면서 아울러 원효의 화쟁사상을 높이 존중한 것과 관련이 있을 것이다.
　반면에 균여를 기점으로 한 고려의 화엄사상에 대해서는 매우 비판적이었다. 선종에 대해서는 교리에 무지한 것에 대해 비판적이었다. 선종에 대해서도 교관이 필요하다고 본 것이다. 의천은 천태종을 개창하면서 법안종을 흡수하고, 천태종의 교관겸수를 주장하게 된다. 여기에는 교관의 중요성과 함께 원효의 화쟁사상이 통합의 방법론으로 작용하였다.

의천은 정원 법사를 만나고 교장 수집 등의 목적을 달성하기 위해 송에 밀항하여, 화엄의 정원, 천태의 종간 등 중국의 여러 승려들을 만나며 숙원사업이었던 장소를 수집하여 14개월만에 돌아온다. 당시 고려에는 촉판을 위시하여 거란대장경, 고려 초조대장경의 존재가 알려져 있었지만, 그것들은 경전이었고 경전을 해석하는 장소에 대한 문헌 수집은 충분히 확보되지 않았기 때문이다. 의천은 이를 위해 고려에서 문헌을 수집할뿐 아니라, 송에 가서 3,000여 권의 불교 장소를 수집해 오고, 부족분을 거란과 일본에서도 구하였다.

이렇게 수집한 문헌은 목록으로 정리하고 편집하여 간행 준비를 한다. 그것이 고려에서 처음 만들어진 불교문헌목록집 『신편제종교장총록』이다. 의천은 간행에 앞서 문헌을 교감하는 것도 잊지 않았다. 의천은 문헌학의 선구자였던 것이다. 그리고 의천이 속한 화엄사상의 근본을 요약하여 『원종문류』를 편집하여 후학들이 참고할 수 있도록 하였다.

의천이 간행한 편찬서와 교장은 송과 일본에 전해지면서, 활용되고, 제자를 인가할 때 전하기도 할 만큼 존숭되었다. 의천이 『원종문류』에서 보이고자 했던 원종의 사상은 확심의 『원종문류집해』에서 사상적으로 계승되었다. 확심은 의천의 『기신론』 및 징관 화엄의 중시 경향을 계승하였다.

이와 같이 의천의 교장은 동아시아 불교에서 고려의 문화적 위상을 높이면서, 북송·요·고려·일본의 여러 종파의 직·간접 교류의 원동력이 되었다. 즉 북송의 화엄 부흥을 비롯하여 일본 불교계에 화엄 문헌 및 요의 문헌을 전래함으로써 화엄종뿐 아니라 정토종, 진언종 등에 이르기까지 활발한 교장 문헌 활용을 볼 수 있을 정도로 의천의 교장 간행은 동아시아 불교 진흥의 기폭제가 되었다. 의천

| 참고문헌 |

국사편찬위원회 편, 『신앙과 사상으로 본 불교전통의 흐름』, 서울: 두산동아, 2007.

김용태, 『토픽 한국불교사』, 경기: 여문책, 2021.

동국대학교 불교문화연구원 HK연구단 엮음, 『테마한국불교』 4, 동국대학교출판부, 2016.

박보람, 「『원종문류집해圓宗文類集解』의 기초연구」, 『동아시아불교문화』 35, 2018.

박용진, 『의천- 그의 생애와 사상』, 서울: 혜안, 2011

박용진, 「고려시대 교장敎藏의 일본 교류와 유통」 『불교학보』 92, 동국대학교 불교문화연구원, 2020.

이병욱, 「의천의 균여 화엄사상 비판의 정당성 검토」, 『韓國思想史學』 33, 한국사상사학회, 2009.

정병삼, 『한국불교사』, 서울: 푸른역사, 2020.

박은영(지현), 「金澤文庫보관 사본 鮮演의 『華嚴經談玄決澤』의 문헌학적 의의」, 『한국불교학』 79, 한국불교학회, 2016.

橫內裕人, 『日本中世の佛敎と東アジア』, 東京: 塙書房, 2008.

사상가

# 휴정 休靜

· 김호귀

I. 시대적 배경과 보살도의 삶

　불교의 시대적 상황/ 수행과 보살행의 행적/ 구국의 화현으로 나툰 승장

II. 저술과 사상의 편린

　통방정안의 삼교관/ 신행의 지침서로서 『선가귀감』/ 보편적 사유의 『청허당집』

III. 신행과 수증의 보편적 통합

　간화선의 선통석 계승/ 염불수행의 보편화/ 제반 수행의 섭수

IV. 선과 교를 통한 승풍의 진작

　선교융합의 성격/ 선주교종의 지향/ 출가정신에 근거한 승풍의 각성

■ 불법의 중흥과 보살도의 실천

# I. 시대적 배경과 보살의 삶

## 불교의 시대적 상황

조선시대는 정책적으로 불교를 억압하는 역사로 기록되어 있다. 그것은 조선 중기에 해당하는 16세기 불교의 상황도 예외는 아니었다. 불교가 국교의 취급을 받았던 고려 이래로 조선 초기에 와서는 불교의 11종이 7종으로 축소되었다. 이어서 다시 세종은 7종을 선교의 양종으로 통폐합하였다. 그 결과 선교의 양종에 따른 선종과 교종의 사찰을 중심으로 불교가 명맥을 이어가게 되었다. 특히 성종 시대에는 도첩제마저 폐지하고 출가를 금지하였는데, 그것을 『대전속록大典續錄』에 명문화시킴으로써 새로 출가하는 것이 불가능하였고, 이미 출가한 경우라고 할지라도 여러 가지 환경적인 여건 때문에 환속還俗 내지 귀속歸俗을 강요받게 되었다. 심지어 연산군 시대에는 그 동안 존속해 오던 선교의 양종마저 폐지하였고, 중종 시대에는 승과마저 폐지하였다.[1] 연산군은 사원전을 몰수하는 한편 출가를 금지시켰으며, 이외에도 공식적으로 행해오던 여러 가지 불교제도를 금지하였다. 가령 선교양종도회소禪敎兩宗都會所를 혁파한 경우라든가 승과를 완전히 폐지한 것 등이 그 대표적인 사례였다. 그 결과로 인하여 원각사圓覺寺가 철폐되었는가 하면, 흥천사興天寺는 궁중에서 말을 기르는 곳으로 바뀌기도 하였다.[2]

---

1 고영섭, 『한국불교사궁구』 2, 서울: 씨아이알, 2019, pp.5~6
2 김경집, 『역사로 읽는 한국불교』, 서울: 정우서적, 2008, pp.208~210

이와 같은 상황에서 왕위에 오른 명종은 어린 나이였기 때문에 문정대비의 수렴청정이 이루어졌는데, 문정대비의 개인적인 불교신앙으로 인하여 한때 불교중흥의 기운이 싹트기도 하였다. 가령 명종 5년(1550) 12월에는 선교 양종의 복원에 대한 일련의 조치가 내려졌는데, 그 결과 일시적이나마 불교중흥의 기초가 마련되었다. 그 중심에는 보우普雨가 있었다. 보우는 불교의 중흥정책으로 선교양종을 복원하여 승과를 부활시켰고, 출가와 도첩제를 허용시켰으며, 황폐한 전국의 사찰을 복원하는 등 다양한 역할을 하였다. 보우의 이와 같은 노력에는 문정대비의 절대적인 후원과 신임으로 가능하였지만 어디까지나 순수불교를 위한 것이라기보다는 국가적인 불교의 중흥이라는 한계일 수밖에 없었다. 때문에 보우가 꿈꾸던 결과를 완수하지 못하고 정치적인 상황의 변화에 따라 미완성으로 끝나 버렸고 보우 자신도 그 희생이 되고 말았다.

그러나 미완성의 결과였지만 이후로 조선불교의 불씨가 되기에 충분하였다. 제도적으로는 선교 양종의 존재감을 보여주었고, 승과와 도첩제를 통해서 승려의 지위를 확인하였으며, 선교의 관계뿐만 아니라 유교의 사유 속에서도 삼교의 관계에 대하여 재고할 수 있는 길을 열어놓기도 하였다. 이와 같은 선교 양종의 복원과 승과의 부활은 1566년까지 도승이 시행되면서 불교의 인적 자원의 생산과 존립의 중요한 연결고리가 됨으로써 일시적인 불교의 회생은 이후 임진왜란이 일어났을 때 승병의 활동으로 이어지는 결과로 계승되는 먼 이유가 되기도 하였다.[3]

---

3 김용태, 『조선불교사상사』, 서울: 성균관대학교출판부, 2021, pp.124~125

## 수행과 보살행의 행적

　조선 중기 불교의 억압 시대에 출현한 청허 휴정은 당시의 정치적인 상황을 고스란히 경험할 수밖에 없었다. 그것은 휴정의 생애를 통하여 잘 드러나 있다. 청허 휴정淸虛休靜(1520~1604)에 대한 행장은 『청허당집』 제7권에 수록되어 있는 「완산노부윤에게 올리는 편지上完山盧府尹書」[4]에 가장 상세하게 기록되어 있다.

　휴정의 속성은 완산 최崔씨이다. 속명은 여신汝信이고, 아명은 운학雲鶴이며, 자는 현응玄應이고, 당호는 청허당淸虛堂이며, 법명은 휴정休靜이다. 금강산 백화암에 주석한 인연으로 스스로 백화도인白華道人이라 하였고, 묘향산에서 오랫동안 법을 펼쳤기 때문에 세간에서 서산 대사西山大師라 하였으며, 달리 풍악산인風岳山人·두류산인頭流山人·묘향산인妙香山人·조계퇴은曹溪退隱·병로病老 등이라고 하였다. 고향은 평안도 안주였다. 운학은 9세 때 어머니를 여의고 10세 때는 아버지를 여의었다. 안주 목사였던 이사증李思曾이 운학의 재주를 갸륵하게 여겨 12세 때 서울로 데려가서 성균관에서 공부할 수 있도록 해주었다. 유학을 공부하고 12세 때 과거에 응시했으나 실패하였다.

　15세 때 친구들과 함께 지리산을 유람하다가 쌍계사에서 숭인 장로崇仁長老의 설법을 듣고는 발심하여 서울에 올라가지 않고 지리산에 남아서 갖가지 불교전적을 탐구하였다. 또한 부용 영관芙蓉靈觀(1485~1571)을 참방하여 3년 동안 공부를 하였다. 그리고는 경성 일선敬聖一禪을 수계사授戒師로 하고, 석희 법사釋熙法師와 육공 장로六空長老

---

4 『청허당집』 7 「上完山盧府尹書」(『韓佛全』 7, 719b~721a) 기타 『청허당집』 제4권본의 말미에 붙어 있는 것으로 鞭羊彦機가 쓴 「청허당행장」이 참고가 된다.

와 각원 상좌覺圓上座를 증계사證戒師로 하며, 부용 영관을 전법사傳法師로 하고, 숭인 장로를 은사恩師로 하여 득도得度하였다. 이후 여러 곳으로 만행을 하면서 남원의 어느 곳을 지나다가 닭이 홰를 치며 길게 우짖는 소리를 듣고서 대오하였다.

이후로 휴정은 더욱더 만행에 힘써 관동지방을 유람하고 서울로 올라와 승과에 응시하여 대선大選으로부터 시작하여 마침내 선교양종판사禪敎兩宗判事에 이르렀다. 그러나 그것마저 번거롭다 여기고 모두 벗어두고서 묘향산과 지리산과 금강산 등을 두루 편력하였다. 그러다가 70세 때에 향로봉에 대하여 지은 시가 빌미가 되어 정여립鄭汝立의 모반사건에 무고하게 휘말렸으나 오히려 선조 대왕과 인연을 맺었다. 73세 때는 임진왜란이 일어나자 앞장서서 승군을 독려하여 팔도십육종도총섭八道十六宗都摠攝을 맡아 출가의 신분인데도 불구하고 구국을 위하여 분연히 일어섰다. 사명 유정四溟惟政(1544~1610)과 중관 해안中觀海眼과 기허 영규騎虛靈圭와 뇌묵 처영雷默處英 등에게 승병을 조직하게 하여 공을 세웠다. 선조와 명나라의 장군 이여송李如松(1549~1598)으로부터 찬탄을 받았지만 전쟁이 끝난 후에 산으로 돌아가자 국가에서는 국일도대선사선교대총섭부종수교보제등계존자國一都大禪師禪敎都摠攝扶宗樹敎普濟登階尊者라는 호를 내려 그 공을 치하하였다. 그럼에도 불구하고 여전히 운수납자로서 면모를 유지하였는데 그 뒤를 항상 천여 명이 모여 들었으며 그 법을 계승한 제자가 70여 명에 이르렀다.

임종이 다가왔을 때 목욕재계하고 가까운 암자를 돌아보고는 원적암圓寂庵으로 돌아와 위의를 정제하고 불전에 향을 사르고 열반송涅槃頌을 남겼다.

그리고는 조용히 앉은 채로 85세에 묘향산 원적암에서 열반에 들었다. 세수 85이고 법랍이 60이었다. 제자 원준圓俊과 인영印英은 사리를 수습하여 묘향산 안심사安心寺에 안치하고, 사명 유정과 자휴自休는 정골사리를 금강산 유점사에 안치하였다. 그리고 유품은 전남 해남 대흥사에 모셨다.

 이처럼 휴정의 행적은 우선 첫째는 출가한 납자로서의 승려의 착실한 면모를 보여주었다. 사회에 대한 부조리와 인생의 무상에 대한 자각으로부터 발심을 하였고, 이후에 출가하고 선지식을 찾아가 의지하여 수행을 하며, 깨침을 경험하고 열반에 이르기까지 교화에 매진한 이력이 그것이다. 다음으로 둘째는 승려의 신분으로서 당시에 철저하게 배제되었던 불교의 위상을 한 단계 상승시켜 주었다. 국가의 위기를 맞이하여 자발적으로 전국적으로 승군을 조직하고 몸소 지휘하면서 국가와 중생의 안위를 위한 구국의 사표로서 충정을 발휘한 점은 배불의 역사와 사회에서 보여주었던 지고지순한 자비심의 발로였다. 이어서 셋째는 출가자 내지 재가인을 위하여 후대의 불자들에게 다양한 분야에 걸쳐서 수많은 저술을 남겨 줌으로써 불법에 대한 이해를 통하여 불조의 혜명을 계승하는 데에 큰 역할을 하였다. 휴정은 『청허당집淸虛堂集』을 비롯하여 『선가귀감禪家龜鑑』·『도가귀감道家龜鑑』·『유가귀감儒家龜鑑』·『선교석禪敎釋』·『선교결禪敎訣』·『운수단가사雲水壇歌詞』·『설선의說禪儀』·『제산단의문諸山壇儀文』·『심법요초心法要抄』·『삼로행적三老行蹟』·『선가금설록禪家金屑錄』 등의 저술을 남겼다. 휴정은 70여 명의 사법제자를 배출하여 이전의 모든 법계는 부휴와 더불어 휴정에게로 흘러들었다가 다시 부휴와 휴정으로부터 나왔다는 말처럼 조계선맥의 근간을 형성하였다.[5]

---

5 김호귀, 『인물한국선종사』, 경기도: 2010, pp.273~276

## 구국의 화현으로 나툰 승장

한국의 역사에서 승군의 출현은 대단히 독특한 사례이기도 하다. 삼계의 중생을 구원하기 위한 원력으로 출가한 신분으로서 자신이 속해 있는 국가를 위하여 헌신한다는 것은 일견 아이러니하게 간주될 수도 있겠지만 그 땅에 발을 딛고 살아가고 있는 시주를 비롯한 동포의 은혜를 감안한다면 지극히 당연한 것이기도 하다. 이리하여 출가하여 살생을 금기하는 불교의 계율을 수지하는 입장에서도 결연하게 전쟁에 참여하는 정신은 신라시대부터 출현하였다.

가령 국가가 어지러웠던 신라 말기에는 일찍이 해인사가 보유한 막대한 경제력에 대하여 난도亂徒들로부터 사찰을 수호하기 위한 치군緇軍이 조직되기도 하였다.[6] 이 경우는 국가를 수호하려는 것과는 성격이 달랐지만 승려로 이루어진 군대라는 점에서 승군의 초기에 속한다. 이어서 후삼국시대에는 지방 사원들이 호족들 간의 전쟁에 협력하면서 승군이 조직되기도 하였다.[7] 이후 고려시대에는 북방민족의 잦은 영토침입으로 인하여 승군이 본격적으로 활약을 보여주었다. 1010년 현종 시대에 거란의 침입이 일어났을 때, 그리고 1217년 고종 시대에 몽고군에 밀려 내려온 거란군에 대항하여 승군의 역할이 있었다.[8] 또한 1231 몽고군의 침입 때 김윤후金允侯의 역할은 유명하다. 이후 고려 말기 홍건적의 침입 및 왜구의 침입 때에도 승군의 역할이 있었다. 이들 승군의 출

---

6 이홍직, 「나말의 전란과 치군」, 『사총』 12, 고려대역사연구소, 1968, p.450
7 최원식, 「신라 하대의 해인사와 화엄종」, 『한국사연구』 49, 한국사연구회, pp.12~16
8 『고려사』 권22, 고종 4년 5월; 김용태, 「한국불교사의 호국사례와 호국불교인식」, 『대각사상』 17, 대각사상연구원, 2012, pp.54~55

현은 정의의 수호라는 명분도 있었지만 민중을 수호하고 국가를 지켜내기 위한 일환으로 호국과 호법의 관계에서 보자면 특수한 경우에 속한 것이었다.

특히 휴정은 출가한 승려의 신분이면서도 국가의 은혜를 잊지 않았다. 불교가 억압을 받고 있던 시대적인 분위기 속에서도 국가의 은혜·동포의 은혜·스승의 은혜·시주의 은혜 등 네 가지 은혜에 대하여 실천궁행하는 모범을 보여주었다. 그 일례로서 국가가 위기에 처했을 때 국가의 안위를 위하여 출가자의 본분을 벗어던지고 전쟁에 몸을 바친 위법망구爲法忘軀의 자세는 곧 호법이었고, 호국이었으며, 민중을 위한 결기이기도 하였다. 그 본격적인 활동은 휴정이 선조로부터 팔도도총섭八道都摠攝을 제수받고 승군을 총괄한 것으로부터 찾아볼 수가 있다. 휴정은 자신은 물론이고 그 문하에게도 승군을 모을 것을 독려하였다. 그리하여 사명 유정은 관동지역을 중심으로 승려를 모았고, 뇌묵 처영은 지리산을 중심으로 호남에서 승려를 모아 권율 장군과 합세하여 행주대첩의 공을 세웠으며, 의엄義嚴은 황해도에서 승려를 모았다.[9]

휴정은 자신이 모은 천오백 명의 승군과 유정이 모은 천여 명과 전국 각처에서 모여든 승군 등 오천여 명을 총지휘하였다. 그 결과 평양성을 탈환하는 데 공을 세웠을 뿐만 아니라 처영의 행주산성 전투, 신열信悅의 진주성 전투, 인준引俊의 충청도 전투, 법정法正의 황해도 전투, 영규靈圭와 희묵希黙과 인진印眞 등의 백양사 인근에 있는 입암산성 전투,[10] 화엄사 주지 설홍雪弘의 유곡楡曲의 석주진石柱鎭 전투, 이순신의 전라

---

9 박서연, 「승역·승군」, 『테마한국불교 4』, 서울: 동국대학교출판부, 2016, p.222
10 김문경, 「조선 후기 백양사의 승역에 관한 고찰」, 『선문화연구』 2, 한국불교선리연구원, 2007, p.84

좌수영에 배속된 의승의 수군,[11] 해전에 참여했던 벽암 각성 등 다양하였다. 이들 승군은 자발적인 참여라는 성격을 지니고 있었지만 조직적인 명령체계를 갖추고 있었다. 곧 도총섭이 의승군을 관장하였는데, 각 도에는 두 명의 총섭 승려가 있어서 도내의 의승군을 통솔하였다. 그런데 도총섭과 총섭승은 국가에서 임명한 까닭에 이후로 국가의 통제를 받는 기구로 남아서 임진왜란이 끝난 이후에도 지속적으로 승군으로 관군에 버금가는 역할을 하였다. 이것은 처음에 의승군으로 참여했던 것으로부터 성격이 변질된 것으로 공식적인 승역의 부담을 떠안아야 하는 상황으로 흘러갔다.

이처럼 임진왜란이 발발로 인하여 휴정을 중심으로 형성된 의승군의 활동이 혁혁하였기 때문에 불교에 대한 부정적인 이미지를 어느 정도 쇄신하는 데는 큰 역할을 하였다. 이에 선조로부터 그 공을 인정받았다. 그러나 배불정책은 여전히 그대로 유지되었다. 그 결과 전후에는 산성의 축조와 보수 그리고 산중불교로서 밀려난 순수한 수행가풍의 이미지가 변질되었다는 점, 출가승려의 인적 피해와 사찰의 경제적인 손실 등은 전쟁이 끝난 이후에 감당해야 하는 막대한 부담으로 남게 되었다. 그럼에도 불구하고 휴정을 필두로 하는 승군의 역할은 다른 국가에서는 찾아보기 어려운 사례에 속한다. 그만큼 휴정은 병법사문으로서 수행자이면서 수행의 본분이 결국 중생을 위한 보살행의 실천으로 회향한다는 점을 보여준 사표이기도 하였다.

---

11 김용태, 「임진왜란 의승군의 활동과 그 불교사적 의미」, 『보조사상』 37, 보조사상연구원, 2012, pp.242~243

## II. 저술과 사상의 편린

### 통방정안의 삼교관

오늘날 종교宗教에 해당하는 개념으로 예전에는 삼교三教라는 용어를 사용하였다. 삼교는 중국의 역사를 비롯하여 한자문화권에서 널리 통용되는 개념으로 우리나라의 경우도 예외가 아니다. 이에 삼교가 동양 종교를 망라하는 용어로 정착되어 온 것은 이른 시기부터였다.

일찍이 중국의 역사에서 도교道教는 한漢나라 말기 및 삼국시대에 걸쳐 장각張角·장수張脩·장로張魯 등이 주창한 태평도太平道와 오두미교五斗米道에서 비롯하여 『도덕경道德經』을 독송하면서 기도부주祈禱符呪에 의거한 치병을 일삼는 민속의 신앙으로 전개되면서 동시대의 좌자左慈·갈현葛玄 등에 의하여 창도된 신선神仙·양생養生·단약丹藥의 방술과 합류하여 조직화되었다. 이에 천사天師 밑에 도강都講·좨주祭酒·도독都督·주부主簿·간령姦令·귀사鬼史 등이 직제를 두고 널리 신도를 확보하였다. 거기에 다시 노장老莊의 철학을 가미하여 서진시대에 좨주祭酒 왕부王浮가 하내河內의 승려인 백원帛遠과 도불道佛의 논쟁을 벌이고, 노자가 인도로 가서 석가모니로 화현했다는 『노자화호경老子化胡經』을 만들어 내기도 하였다. 이에 반하여 불교 측에서는 『천지경天地經』·『청정법행경淸淨法行經』·『수미사역경須彌四域經』·『공적소문경空寂所聞經』 등을 만들어 유동 보살儒童菩薩은 중국의 공구孔丘이고, 마하가섭摩訶迦葉은 노자老子라고 주장하였다.

이와 같은 도교와 불교의 우열논쟁은 토착종교인 도교와 외래종교인 불교 사이에 논쟁이라는 출신의 성격이 부각되기도 하였다. 한편 동진시대에는 갈홍葛洪이 『포박자抱朴子』 및 『신선전神仙傳』 등을 저술하였고, 여산의 육수정陸修靜은 송宋 명제의 명을 받아 건강지역의 숭허관주崇虛館主가 되어 『상청진경上淸眞經』을 비롯한 도교경전을 증보하고, 여러 파로 나뉘어진 도교를 정리하여 통진洞眞·통현洞玄·통신通神의 삼통으로 분류하였으며, 그 목록인 『현도관경목玄觀經目』을 만들었다. 한편 양나라 도사인 도홍경陶弘景은 모산에 은거하여 『진고眞誥』 7편을 만들어 노자를 신격화함과 동시에 불전을 모방하였고, 거듭하여 수많은 도장道藏을 만들어 상청파上淸派의 시조로 일컬어졌다. 이후 북위시대의 구겸지寇鎌之에 이르러 도교는 국가적인 종교가 될 만큼 비약적인 발전을 이루었다.[12]

유교儒敎는 공자孔子가 창시하여 맹자孟子 및 순자荀子로 계승되었다. 한나라 무제와 동중서董仲舒에 의해 국가의 이념으로 자리잡고 기원전 136년에는 국교가 되었다. 남북조시대에 도교와 불교의 융성으로 쇠퇴하였지만, 당의 한유韓愈에 의해 부흥되었고, 송 대에 이르러 여러 사대부들에 의하여 본격적으로 부활하였다. 중국의 유교는 명 대의 유학자 주희朱熹 및 왕양명王陽明을 거쳐 청 대에 이르러 절정에 달했다. 그런데 중국의 역사에서 불교와 유교와 도교가 상호간에 정통성을 자부했던 것은 당나라 시대에 두드러졌다. 당 대의 황실은 노자老子의 후손임을 자처했던 고조 이연李淵(566~635)으로부터 황실의 보호를 받아 도교가 득세하였는가 하면, 일상의 생활과 국가통치의 이념으로 유교가 부각되었으며, 일반 민중의 신앙으로는 불교가 두각을 나타내면서 삼교는 각각 자파의 정통성을 주장하였다.

---

12 野上俊靜 外, 共著, 權奇悰 譯, 『中國佛敎史』, 서울: 東國大學校附設譯經院, 1985, pp.58~61

우리나라에서는 신라시대 이후로 불교와 도교와 유교가 모두 수입되었지만, 신라시대에는 민중의 신앙으로는 불교가 대표적인 역할을 하였다. 고려시대에는 불교가 더욱 득세하였지만, 제6대 성종 대에는 유교가 국가통치 이념으로 역할을 담당하기도 하였다. 그러나 여전히 신앙의 측면에서는 불교가 단연 압도적이었다. 그러나 고려 말기에는 불교계의 타락과 맞물려 성리학이 득세하면서 불교는 정치와 경제와 문화와 교리 등 다방면에서 도전을 받게 되었다. 함허당涵虛堂 득통 기화得通己和(1376~1431)는 『현정론顯正論』을 저술하여 불교를 옹호하고 삼교가 다르지 않다는 이치를 14가지에 걸쳐 조목조목 펴기도 하였다.[13] 한편 『유석질의론儒釋質疑論』을 통해서는 배불론의 부당성을 적기하였다. 곧 불교와 유교의 연원을 논의하고 오계五戒와 오륜五倫을 대비하며, 유교 측에서 비판한 업과 윤회 등의 사상에 대해서도 옹호하는 등 호불론護佛論을 주장하면서도 궁극에는 유불일치儒佛一致로 귀결하고 있는 점[14]은 당시에 삼교에 대한 일면을 엿볼 수 있는 좋은 일례이다. 이후 성리학을 앞세운 조선시대에는 유교 세력의 일색으로 점철되면서 불교와 도교는 상대적으로 위축되지 않을 수 없었다. 그러한 시대적인 배경에도 불구하고 불교는 민중의 신앙으로는 여전히 큰 역할을 담당하고 있었다. 이러한 즈음에 휴정은 『삼가귀감三家龜鑑』을 저술하여 삼교에 대한 견해를 제시하였다. 휴정의 『삼가귀감』은 『선가귀감』·『유가귀감』·『도가귀감』으로 구성되어 있는데, 불교와 유교와 도교의 근본적인 교의를 간략하게 발췌하여 설명한 문헌으로 삼교에 대한 안내서에 해당한다.

---

**13** 『현정론』(『韓佛全』 7, 217~225)
**14** 정병조, 「排佛論의 부당성을 논증한 선승 涵虛堂 得通」, 『한국불교인물사상사』, 서울: 중앙승가대학교 승가대신문사, 2000, pp. 185~191

『유가귀감』은 64단락으로 이루어져 있다. 『논어論語』·『서경書經』·『시경詩經』·『중용中庸』·『주역周易』·『대학大學』·『맹자孟子』 등에 나오는 도덕과 윤리에 관한 내용을 중심으로 단편적인 글을 제시하고 있다. 특히 천天·태극太極·심心·성性·도道·교敎·경敬·신독愼獨·덕德 등의 개념을 비롯하여 천지의 이치에 합당하는 삶을 살아갈 것을 주요한 주제로 설정하여 그에 상응하는 인륜의 도리로서 천명에 따를 것을 강조하고 있다. 나아가서 언어, 근검, 정직, 정치, 만족, 효행, 기타 등에 대하여 구체적인 일상의 행동거지에 대하여 여법하게 실천할 것을 보여주고 있다. 이들 유가의 개념들은 보편적인 생활규범이자 성인의 가르침에 부합하는 덕목으로 누구에게나 적용되는 것임을 일깨워 주는 것에 해당한다. 이것은 지극히 현실적인 내용으로 유교의 성격을 잘 보여주고 있다.

　『도가귀감』은 36단락으로 이루어져 있다. 그 내용은 우선 언설로 일컬을 수 없는 혼돈의 한 물건을 가리켜 억지로 도道 내지 물物이라는 용어를 비롯하여 곡신谷神 등 다양한 개념으로부터 시작한다. 그 본체를 도道라고 말하고, 그 작용을 덕德이라고 말한다. 성인聖人은 명칭이 없고, 신인神人은 공功이 없으며, 지인至人은 기己가 없다는 개념은 그윽하여 언설로 표현할 수 없는 경지를 의미한다. 나아가서 인간세상이 큰 꿈과 같은 줄 이해하여 하늘의 도를 본받고, 양생을 통하여 천지의 이치에 순응하여 천도天道와 인도人道가 부합하여 이상적인 삶을 구가할 수가 있다. 헛된 부귀공명을 멀리하고, 욕망을 줄이고 만족을 알며, 겸양과 하심을 실천하여 군자의 삶에 부합하는 인생을 누리는 것이 중요하다. 도는 볼 수 없고 들을 수 없기 때문에 도를 아는 사람은 말하지 않고 말하는 사람은 도를 모른다, 내지 언言은 의미가 있기 때문에 의미를 얻고 언을 잊는 사람이어야 비로소 그것을 말할 수가 있다는 가르침 등을 제시한다. 이와 같은 도가의 강령은 『도덕경』과 『장자』에서 발췌한 내용이 중심을 이루고 있다. 지극히 이상적인 가르침으로서 유교의 덕목과 비교해 보면 사뭇 대조적이다.

　이들 유교와 도교의 기본적인 이념과 비교하여 불교의 가르침은 『선가귀감』이라는 명칭으로 제시하고 있다. 때문에 『선가귀감』은 일명 『불가귀감』이라는 의미도 함께 담고 있다. 휴정이 이들 삼교에 대한 기본적인 개념을 중심으로 『삼가귀감』을 편찬한 것은 삼교일치三敎一致라는 큰 틀에서 불교와 유교와 도교를 바라본 것이었다. 그 이면에는 불교가 억압을 받고 있던 조선 중기라는 시대적인 상황을 인식하고, 그런 상황에 처해 있는 불교의 근본적인 입장을 발로하려는 것이기도 하였다. 예로부터 성인의 가르침은 불교와 유교와 도교를 막론하고 인륜의 기본적인 정서를 인정하고 하늘의 뜻에 순응하며 최대한 우주의 질서에 부합하는 삶이야말로 올바른 길임을 보여주고자 한 것이었다.

　여기에서 휴정이 제시하고 있는 삼교에 대한 견해는 다음과 같이 세 가지로 드러나 있다. 첫째는 삼교가 보편적으로 지향하고 있는 이상은 궁극에 서로 통하게 되어 있다는 것이다. 이것이 다름 아닌 삼교에서 각각 궁극의 경지로 내세우고 있는 개념에 해당하는 것으로 유교의 입신출세, 도교의 무위자연, 불교의 해탈열반이다. 둘째로 삼교에서 공통적으로 제시하고 있는 삶을 구체적인 실천방법으로 유교의 군자가 실천하는 인仁·의義·예禮·지智·신信의 오상의 삶, 도교의 진인眞人이 실천하는 허실생백虛室生白으로 텅 빈 방과 맑은 마음으로 살아가는 생활, 불교에서 보살의 실천덕목인 오계五戒와 십계十戒의 생활 등을 중시하였다. 셋째로 삼교는 각각 지향하는 목표가 분명한 만큼 고유한 사상의 특징을 인정해야 한다는 것이다.

유교와 도교와 불교가 수입되던 삼국시대에는 삼교 사이에 분쟁의 소지가 없었지만, 시대를 거치면서 각자 세력이 형성되자 나름대로 삼교의 우월성을 표출하면서 상호 비방하게 되었다. 그것은 상대 종교의 이해가 부족한 것으로부터 유래한 것으로 불교인의 경우에도 유교와 도교를 이해하지 않으면 안 된다는 점에서 『삼가귀감』을 저술했던 것이다. 이와 같은 휴정의 삼교관은 어디까지나 불교의 안목으로 유교와 도교를 재단한 것이었지만, 각자에 대한 올바른 이해를 통하여 통방정안通方正眼으로 균형 잡힌 감각을 유지하는 것이야말로 자교自敎에 대한 본분이고 책무라고 간주했던 것이다.

## 신행의 지침서로서『선가귀감』

『선가귀감』은 휴정의 다양한 저술 가운데 불교의 신행을 종합적으로 설명해 놓은 것에 속한다. 1564년(명종 19)에 저술된 책인데, 사명 유정의 발문이 붙어 1579년(선조 12)에 목판본으로 간행되었다. 이후 1590년 금강산 유점사판본을 비롯하여 현재 10종이 전한다.[15] 『선가귀감』이 저술된 의도는 당시에 출가한 승려의 신분임에도 불구하고 본분에 충실하기보다는 오히려 세간의 학문과 사대부의 글을 숭상하는 폐풍을 지적하고 그것을 일소하려는 것에서 비롯되었음을 엿볼 수가 있다. 더욱이 팔만대장경의 방대한 불전에서 납자들이 반드시 공부할 필요가 있는 내용을 간추려서 공부하는 이들의 편의를 제공하려는 마음에서 저술되었음도 아울러 알 수가 있다. 그럼으로써 불법의 공부에 뜻을 두고 있는 사

---

15 『선가귀감』(『韓佛全』7, 634c~647b) 수록에 의거함.

람들이 잎을 헤쳐 가며 과일을 따는 수고를 벗어나도록 해주었다. 이에 삼장三藏과 조사의 어록이나 기타 불전에서 반드시 익히고 실천해야 할 언구를 모으고 거기에 휴정 자신의 견해를 간략하게 붙여서 꾸민 책이다.

『선가귀감』의 전체적인 구성은 경론 및 어록 등에서 발췌한 내용을 서술하고 각 내용마다 휴정 자신의 주해를 첨부하였으며, 경우에 따라서 짤막한 게송으로 대의를 피력해 두고 있다. 전체적인 내용은 불법의 수행과 신앙에 이르기까지 다양한 주제에 걸쳐 있는데, 103가지 소주제로 이루어져 있다. 이것을 다시 대략적으로 정리하면, 하나는 출가납자의 본분에 대한 것이다. 출가의 정신과 계율을 잘 준수할 것, 일상 생활에서의 규범 등 주요한 내용이다. 둘은 간화선을 비롯한 다양한 수행방편에 대하여 설명한다. 화두를 참구하는 태도와 방법을 비롯하여 선지식을 찾아 점검받아야 할 점 등을 설명한다. 그리고 기타 수행법에 대해서도 설명한다. 셋은 출가납자가 상식적으로 알아두어야 할 선종의 역사와 선리 등에 대하여 선종오가禪宗五家를 중심으로 그 선리와 법맥에 대하여 설명한다.

이처럼 『선가귀감』에서는 출가납자들이 반드시 이해해야 할 사항으로서 불법을 신행信行하는 다양한 방법과 그 의의를 비롯하여 비교적 쉬운 글을 인용하여 단편적으로 엮어 두고 있다. 이제 그 구체적인 내용을 몇 가지 주제별로 살펴보면 다음과 같다.

첫째는 불법의 핵심을 일물一物이라는 용어를 동원하여 제시하고 있다. 여기에서는 본분本分과 신훈新勳의 내용으로 네 가지 단락을 통해서 보여준다. 본분이란 일체의 언설로 표현하는 것을 초월해 있다는 언어도단言語道斷과 일체의 분별심으로는 접근할 수가 없다는 심행처멸心

行處滅의 경지를 말하고, 신훈이란 그것을 일상의 수행을 통해서 궁극에 자각하지 않으면 안 되는 것임을 설명하고 있다.

둘째는 선교의 차별이라는 주제로 선의 특성과 교학의 특성을 일곱 단락을 통해서 보여준다. 여기에서는 선과 교가 구별되지만 궁극적으로는 보완의 관계임을 설명한다. 따라서 제불은 노파심에서 자비심을 보여준 것이라면 조사는 단도직입으로 깨침에 나아가도록 직지하는 방법을 드러내 주었다고 말한다.

셋째는 간화선의 수행법으로 화두를 참구하는 방법에 대하여 열네 단락을 통해서 자세하게 설명해 주고 있다. 활구를 참구하고 간절한 마음으로 정신을 집중하여 화두에 매진하여 일체의 분별심을 초월하지 않으면 안 된다는 것을 강조한다. 나아가서 화두를 참구함에 있어서 열여섯 가지 마음을 유지하여 끝내 생사를 물리치는 경지에 나아가야 한다고 말한다.

넷째는 신해하는 자세에 대하여 열두 단락을 통하여 설명한다. 화두를 타파한 연후에는 반드시 선지식을 찾아가서 인가를 받아야 함은 물론이고, 어리석음에 빠지지 말고 현명한 마음을 유지해야 한다고 말한다. 여기에는 반드시 제법개공諸法皆空의 이치에 따라서 생사와 열반마저도 분별하지 말 것을 주의시키고 있다.

다섯째는 수증의 기초적인 자세로서 반드시 이해하지 않으면 안 되는 이치를 여덟 단락을 통하여 제시한다. 돈오와 점수의 의미, 게으름을 피우지 말 것, 청정한 지혜를 통하여 계율과 선정과 지혜에 의지할 것을 말하고 있다.

여섯째는 실제로 다양한 수행을 소개하는 수증의 방편에 대하여 열한 단락을 통하여 설명한다. 여기에는 본래성불의 의미를 이해할 것, 보시布施와 인욕忍辱과 정진精進과 주력呪力과 예배禮拜와 염불念佛과 간경看經에 대하여 그 각각에 대한 요점과 명심해야 할 사항을 설명한다.

일곱째는 출가한 납자가 반드시 지녀야 하는 출가정신에 대하여 스물두 단락을 통하여 고구정녕한 언설을 통하여 낱낱이 언급하고 있다. 출가승려는 외전을 공부하지 말 것, 출가하여 세속의 명예와 부를 탐하지 말 것, 불법을 생활의 방편으로 활용하지 말 것, 시주의 은혜를 소중하게 생각하여 보은하도록 할 것, 수도를 위한 몸을 학대하지 말 것, 잘못을 범했으면 반드시 참회할 것, 근검과 절약의 정신을 기를 것, 임종에 이르러서도 자기에 집착하지 말 것, 궁극적으로 기필코 깨달아야 할 것, 일체의 방편을 잘 활용할 것 등에 대하여 설명한다.

여덟째는 출가납자로서 반드시 알아두어야 할 선종의 역사와 그 법맥 그리고 기본적인 선리에 대하여 스물네 단락으로 설명한다. 여기에서는 선종오가의 법맥을 나열하고, 각각 그 정통正統과 방계傍系를 논하며, 기본적으로 전승되어 온 선리를 오가의 각 종파에 비추어 설명하고 있다. 그러나 임제종만 정통으로 간주하고 그 밖의 종파에 대해서는 방계라고 판별함으로써 임제종 위주의 우월의식이 다분히 노출되어 있는 점, 그리고 선종사의 법맥과 관련하여 몇 가지 오류가 드러나 있는 점은 재고해야 한다.

아홉째는 전체를 아우르는 주제로서 무집착無執著과 무분별無分別의 자세를 견지해야 할 것을 두 단락으로 마무리하고 있다. 여기에서는 부처에 대해서도 집착해서는 안 되고, 나아가서 일체의 지해知解를 방하착放下著할 것을 요구하고 있다.

『선가귀감』에 설명되어 있는 이와 같이 다양한 주제와 갈래 그리고 충고와 반성 등의 내용은 출가납자들에게 공통하는 점일 뿐만 아니라 나아가서는 일반의 재가 불자에게도 적용되는 내용들로 이루어져 있다. 따라서 일찍부터 『선가귀감』에 대하여 휴정의 제자 유정이 왕명을 받들어 일본에 갔을 때, 일본 임제종 오산五山의 선승들을 위하여 『선가귀감』을 강의한 것을 토대로 하여 만든 『선가귀감주해禪家龜鑑註解』가 출현하였다. 유정의 이 강의는 당시에 일본의 선종 임제종의 부흥에 크게 관심을 불러모았을 뿐만 아니라 일본 임제종의 지침서가 되기도 하였다. 또한 2권 1책의 형태로 금화도인金華道人 의천義天이 한글로 구결을 달고 언해한 『선가귀감언해禪家龜鑑諺解』가 1569년에 보현사에서 출현하였다. 이것은 한문본이 완성된 지 5년 만인 1569년(선조 2)에 간행되었다는 점에서 일찍부터 수요가 많았다는 것을 알 수가 있다. 이것은 사명유정이 발문을 썼고, 그 후에 부휴 선수가 교정하여 1610년에 중간하였다.[16]

## 보편적 사유의 『청허당집』

『청허당집』의 판본은 2권본(1612, 광해군 4년), 4권본(1794, 정조 18년), 7권본(1630, 인조 8년)의 세 가지가 있다. 2권본은 허균許筠의 서문이 붙은 것으로 사명 대사四溟大師 종봉 유정鍾峰惟政이 간행하였다. 4권본은 평안도 묘향산 묘향사에서 간행되었다. 여기에는 권두에 선조가 청허당에게 하사한 「묵죽시墨竹詩」, 정조가 쓴 「서산대사화상당명西山大師畫像堂銘」, 초상화, 친필로 쓴 임종게臨終偈, 평안도 영변 묘향산에 있는 휴정의 사당에 대한 수충사제문酬忠祠祭文 등이 수록되어 있다. 7권본은

---

16 『禪家龜鑑諺解』는 1958년 청구대학(현재의 영남대) 『국어국문학연구자료집』 제5권에 영인되었다. 원간본은 서울대학교 도서관과 이기문이 소장하고 있다.

이식李植과 낙옹樂翁의 서문이 붙어 있는데, 경기도 연천과 강원도 철원 지역에 해당하는 삭녕朔寧의 용복사龍腹寺에서 간행한 것으로 가장 방대한 분량이다.[17]

현재『한국불교전서』제7책에 수록된『청허당집』은 7권본으로 구성을 보면 다음과 같다. 제1권은 사辭와 시詩, 제2권과 제3권은 시, 제4권은 게偈와 잡저雜著, 제5권은 기記와 명銘, 제6권은 서序와 기記와 소疏, 제7권은 서書이다. 그러나 여기에 다시 2권본과 4권본에만 수록되어 있는 내용을 모아서 보유편으로 수록하였는데, 제2권본과 제4권본의 공통적인 시 6편, 제2권본에만 있는 시 1편, 제4권본에만 있는 시문 9편이다.『청허당집』에 수록된 이들 내용은 다양한 범위에 걸쳐 있다. 우선 순수 문학적인 작품의 면모가 단연 두드러지게 드러나 있다. 선시의 의미를 담고 있는 것은 물론이고 즉물적이고 주지적인 시가 널리 관찰된다.

한편 선사의 문집이면서 여기에는 두 개의 서문을 비롯하여 서書를 통해서 보면 휴정의 법맥에 대한 정통성의 문제와 관련하여 언급하고 있는 대목이 엿보인다. 이에 의하면 중국 임제종의 정통법맥으로서 태고의 법맥을 상승하고 있는 것으로 회통하고 있는 점은 이후 법맥의 논쟁에 일정한 역할을 담당할 수 있는 근거를 마련해 두고 있다. 나아가서 선과 교의 관계에 대한 견해를 보여주고 있다. 때로는 선과 교가 융합의 면모를 보여주고 있는가 하면, 때로는 언설을 벗어난 선의 우월적인 면모를 보여주고 있기도 하다. 이런 점에서 휴정의 선교관은 선교의 융합적인 측면과 아울러 선을 위주로 한 선주교종禪主教從의 입장이 동시에 드러나 있음을 엿볼 수가 있다.

---

17 이상현 옮김,『청허당집』「해제」, 서울: 동국대학교출판부, 2016, p.10

또한 선사이면서 그 행장을 통해 알 수가 있듯이 시문을 통해서도 구국의 염원과 백성들에 대한 애민의 마음, 그리고 출가납자들의 고충 등에 대해서도 토로한 내용이 아우러져 있는 까닭에 단순한 시문집으로서의 역할을 넘어서 당시의 시대적인 번민 내지 그것을 초탈하고자 하는 해탈승의 모습이 아로새겨져 있다. 때문에 전체적인 분위기로는 미혹에 빠져 있는 수많은 중생들로 하여금 스스로 마음을 깨우쳐 해탈의 길로 나아가기를 바라는 것으로 보살도의 마음이 압도적으로 우세하다.

각 권에 수록되어 있는 구체적인 면모를 살펴보면 다음과 같다.

첫째의 서문은 1630년 7월 15일에 덕수德水·이식李植·여고보汝固父가 청허당이 입적한 이후 20여 년에 그의 제자 보진葆眞·쌍흘雙仡·언기彦機의 요청을 받고 쓴 것이다. 여기에는 임제종맥의 적통을 계승했다는 점이 언급되어 있을 뿐만 아니라 휴정이 국가를 위해 고군분투하는 내용도 함께 담겨 있는 점에서 불교에 대한 출가자의 본문뿐만 아니라 국가에 대하여 정성을 다 기울인 점이 묻어나 있다. 둘째의 서문은 1630년 9월에 낙옹樂翁이 보진과 언기가 스승의 유고遺稿를 들고 찾아와서 서문을 청하기에 삼몽록三夢錄을 언급하면서 휴정의 인격에 대한 흠모의 생각을 피력하는 것으로 기록되어 있다. 이들 서문이 작성된 것은 휴정이 입적한 지 26년만의 일이다. 이미 휴정의 업적은 물론이고 그 인격과 법력에 대한 흠모의 분위기가 널리 인정받고 있었다는 점을 잘 보여주고 있다. 셋째는 1612년(광해군 12)에 허단보가 붙인 서문이다.[18] 여기에는 특히 휴정의 법맥에 대하여 나옹으로 계승되는 점을 주장하였다는

---

18 이상현 옮김, 『청허당집』, 서울: 동국대학교출판부, 2016년 간행한 번역본에는 세 번째로 許端甫의 서문도 아울러 수록해 두고 있다. 본고에서는 이에 의거하여 진행한다.

점이 돋보인다.

『청허당집』의 본문에 수록된 내용에 대해서 살펴보면 다음과 같다. 우선 제1권에는 사辭 7편, 사언시 3편, 오언고시 16편, 칠언고시 8편, 오언율시 24편, 칠언율시 23편, 오언배율 1편 등 총 82편이 수록되어 있다. 제2권에는 오언절구 317편이 수록되어 있다. 제3권에는 육언절구 2편, 칠언절구 135편 등 총 137편이 수록되어 있다. 제4권에는 게偈 1편, 잡저 11편 등 총 12편이 수록되어 있다. 제5권과 제6권과 제7권에는 기記와 명銘과 서序와 소疏와 서書 등 총 96편이 수록되어 있다.

『청허당집』에 수록되어 있는 다양한 글을 통하여 몇 가지 성격을 유추해볼 수가 있다.

우선 휴정의 법맥에 대한 내용이다. 이식의 서문에 의하면 휴정의 법맥은 중국 임제종의 정통 계승자임을 드러내고 있다. 곧 임제종의 개조인 임제 의현臨濟義玄(?~867)을 비롯하여 이후로 흥화 존장興化存奬 - 남원 혜옹南院慧顒 - 풍혈 연소風穴延沼 - 수산 성념首山省念 - 분양 선소汾陽善昭 - 자명 초원慈明楚圓 - 양기 방회楊岐方會 - 백운 수단白雲守端 - 오조 법연五祖法演 - 원오 극근圓悟克勤 - 호구 소륭虎丘紹隆 - 응암 담화鷹庵曇華 - 밀암 함걸密庵咸傑 - 파암 조선破庵祖先 - 무준 담당無準湛堂 - 설암 조흠雪巖祖欽 - 급암 종신及庵宗信 - 석옥 청공石屋淸珙 - 태고 보우太古普愚 - 환암 혼수幻庵混脩 - 구곡 각운龜谷覺雲 - 벽계 정심碧溪淨心 - 벽송 지엄碧松智嚴 - 부용 영관芙蓉靈觀 - 청허 휴정淸虛休靜으로 계승되는 임제법맥의 전승자에 해당한다.

이것은 기존에 전승해 오던 법맥으로 평산 처림 - 나옹 혜근의 전승이 석옥 청공 - 태고 보우의 법맥으로 전승해 왔다는 것을 강조하기 위한 포석이기도 하다. 휴정 이후로 조선시대 선종의 정통성은 석옥 청공 -

태고 보우-환암 혼수로 계승되어 갔던 점을 감안한다면 법맥의 논쟁에 대한 의도성이 다분히 담겨 있음을 알 수가 있다.

그러나 허단보許端甫의 서문을 보면 이식의 서문과 전혀 다르게 평산 처림 - 나옹 혜근의 법맥을 정통으로 부각하고 있다.[19] 이에 의거하면 도봉 영소道峰靈昭 국사가 중국에 들어가 법안 문익法眼文益-천태 덕소天台德昭-영명 연수永明延壽의 법안종의 선풍을 전승하였다. 이로부터 도장 신범道藏神範-청량 도국淸涼道國-용문 천은龍門天隱-평산 숭신平山崇信-묘향 회해妙香懷瀣-현감 각조玄鑑覺照-두류 신수頭流信修-보제 나옹普濟懶翁-남봉 수능南峯修能-정심 등계正心登階-벽송 지엄-부용 영관-청허 휴정으로 계승되었다.

이것은 태고 보우를 정통성으로 내세우는 주장과 달리 나옹 혜근을 정통성으로 내세우는 주장에 해당한다. 이로써 휴정의 입적 직후까지는 그 정통성에 대하여 두 가지가 공존했음을 알 수가 있다.

다음으로 『청허당집』에는 또한 선과 교의 관계에 대한 내용이 잘 드러나 있다. 선교의 관계는 교학과 선종의 입장이기도 하면서 동시에 선종에서 경전을 어떻게 바라보는가 하는 관점이기도 한다. 『청허당집』 가운데 제7권에 수록되어 있는 「상완산노부윤서」에는 "교판敎判의 이름을 얻은 것이 3개월이고, 선판禪判의 이름을 얻은 것이 또 3년이다."[20]라는 말처럼 교학과 선을 두루 겸비하면서도 궁극적으로는 선에 기울인 노력과 정성이 훨씬 지중했음을 알 수가 있다. 이로부터 『선교석禪敎釋』과 『선교결禪敎訣』에는 교학을 통하여 선으로 나아가는 입장과 교보다 궁극적으로 선을 지향하고 있음을 피력하고 있다.

---

19 이상현 옮김, 『청허당집』, 서울: 동국대학교출판부, 2016, pp.52~58
20 『청허집』 권7(『韓佛全』 7, 721a)

휴정의 선교관은 「기오대산일학장로寄五臺山一學長老」에서 "모름지기 신심信心은 바다와 같이 하고 지기地氣는 산악과 같이 하여 종전에 익히고 이해했던 불견佛見과 법견法見과 기언奇言과 묘구妙句 등은 모두 거대한 바닷속으로 쓸어버리고 다시는 거론하지 말 것이요, 팔만사천의 미세한 망상은 곧장 버려야 합니다."[21]라고 말하는 것도 불립문자의 가르침을 보여주고 있는 것으로 선과 교의 입장에 대한 휴정의 안목이 잘 드러나 있다. 그러나 휴정은 일방적으로 교학을 부정하거나 무시한 것은 아니다. 반드시 교학의 필요성을 강조하면서도 그것을 금과옥조처럼 목적으로 삼지 말고 수행을 위한 지침으로 삼을 것이고 깨침을 추구하는 방편으로 추구할 것을 잊지 않았다.

다음으로 휴정은 『청허당집』에서 속가의 부모를 위한 제사를 마다하지 않았고, 「제부모문祭父母文」에서는 부모님의 쌍묘雙墓에 대하여 고하는 글을 통해 비록 출가한 몸이지만 속가 육친의 사랑과 은혜를 잊지 않고 보답하려는 지극한 효성을 보여주고 있다.[22] 이와 같은 효성의 발로는 중생을 향한 지극한 연민의 마음과 국가를 향한 충정의 발로로서 선조와 교유 및 승장으로서 승군을 지휘한 경력 등이 함께 녹아들어 있다. 이처럼 『청허당집』은 단순한 시문집으로서만 아니라 출가자의 본분으로서 납자의 면모를 비롯하여 시대정신의 추구와 보살도의 자비를 보여주고 있는 문헌의 성격을 짙게 지니고 있다.

---

21 『청허집』 권7(『韓佛全』 7, 727b)
22 『청허당집』 권7(『韓佛全』 7, 721b~722a)

# III. 신행과 수증의 보편적 통합

## 간화선의 전통적 계승

간화선看話禪의 수행법에서 가장 보편적으로 활용되어 온 화두 가운데 하나가 구자무불성화狗子無佛性話이다. 이 구자무불성화는 조주 종심趙州從諗(778~897)으로부터 연원되었고, 북송의 오조 법연五祖法演(1024~1104) 이후에 화두로서 본격적으로 정착되었다. 오조는 평소에 무자無字를 화두로 삼았는데, 이 무자를 터득한다면 천하의 사람들도 어쩌지 못한다고 보았다. 따라서 제자들에게 그 무자를 터득하는 방식으로서 무자화두無字話頭에 대하여 유有라고 답변하는 것도, 그리고 무無라고 답변하는 것도, 그리고 양자를 모두 부정하는 것도 용납하지 않았다. 곧 분별의 유와 무를 초월한 입장에서 무자화두를 참구토록 하였다.

간화선의 수행법을 고려에 수입한 인물은 보조 지눌普照知訥(1158~1210)이었다. 지눌은 『간화결의론看話決疑論』에서 무자화두를 참구하는 경우에 열 가지 주의사항에 다음과 같이 언급하였는데,[23] 이것을 더욱더 세련되게 체계화 시킨 인물은 진각 혜심(1178~1234)으로, 그는 「구자무불성화간병론狗子無佛性話揀病論」을 저술하였다.[24] 무자화두의 참구에 대한 십종의 간병론은 휴정의 『선가귀감』으로 계승되었는데,[25] 직접적으로는 진각 혜심을 계승한 것이지만, 그 연원은 대혜의 가르침

---

[23] 『간화결의론』(『韓佛全』 4, 735a)
[24] 『구자무불성화간병론』(『韓佛全』 6, 69b~70b)
[25] 『선가귀감』(『韓佛全』 7, 637a)

을 수용한 지눌의 『간화결의론』에서 찾아볼 수가 있다.

또한 휴정에게 있어서 화두를 참구하는 두 가지 방식 가운데 참구문參句門이 아닌 참의문參意門에 대해서는 특히 언설의 이해와 해석에 근거한 방식으로 간주하고 그것을 지해분별로 간주하여 지양해야 할 것을 말하였는데, 이것은 경전의 가르침에 의거하면서도 거기에 얽매이지 말 것을 말하는 것이기도 한다. 일찍이 지눌은 화두를 참구하는 방식에 대하여 "이 뜻에 의거하면 화두에는 참의參意와 참구參句의 두 가지 의미가 있다. 요즘의 화두를 참구하는 사람은 대부분 참의를 살필 뿐 참구를 얻지 못하므로, 원돈문圓頓門에 의거하여 바른 이해를 밝혀낸 사람과 마찬가지이다."[26]라고 말한다. 이 경우는 경절문의 방식에 해당하는 가르침인 "무릇 참선납자라면 반드시 활구를 참구해야지 사구死句를 참구해서는 안 된다."[27]라는 말처럼 참구문을 통하여 참구할 것을 제시한 것으로서 휴정은 이와 같은 방식을 수용한 것으로 보인다. 이에 휴정은 임제의 말을 인용하여 "활구에서 깨치면 부처와 조사의 스승이 되지만 사구에서 깨치면 자신도 건지지 못한다."[28]라는 말로써 특별히 활구를 들어 스스로 깨치게끔 하고 있다.

휴정은 일상의 화두수행에 대해서도 조사선법의 경절문을 실천하기 위하여 참선납자가 점검해야 할 도리라고 지적하여 그것을 구체적이고 지속적으로 끊임없이 자신에 대하여 열여섯 가지의 마음에 대한 철저하게 점검할 것을 강조한다.[29] 일상생활의 모든 행위에서 화두수행을 강조

---

26 『간화결의론』(『韓佛全』 4, 737a~b)
27 『선가귀감』(『韓佛全』 7, 636b)
28 『진주임제혜조선사어록』(『大正藏』 47, 502a)
29 『선가귀감』(『韓佛全』 7, 637c)

했던 휴정의 이와 같은 가르침은 곧 지눌의 화두점검의 방식에 대한 계승이었고 납자 자신에 대하여 보다 철저하고 구체적인 방식으로 출현한 모습이었다. 이것은 납자에게 화두참구야말로 가장 일상적이면서 휴정이 제시한 가장 근본적인 수행의 모습으로 등장해 있음을 말해주는 것이기도 하였다.

한편 휴정은 화두참구에서 마음을 화두에 집중해야 하는 자세에 대하여 『고봉화상선요高峰和尙禪要』를 인용하여 "첫째는 대신근이고, 둘째는 대분지이며, 셋째는 대의정이다. 진실로 이 가운데 하나라도 빠지면 다리가 부러진 솥과 같아서 끝내 쓸모가 없어지고 만다."[30]라고 세 가지 요소를 강조한다. 또한 공안을 들고 간절한 마음으로 공부하기를, 마치 닭이 달걀을 품듯이 하고 고양이가 쥐를 잡듯이 하며 배고플 때 밥 생각하듯이 하고 목이 마를 때 물을 찾듯이 하며 어린아이가 엄마 생각하듯이 하면[31] 그러면 반드시 투철하는 시기가 올 것임을 말한다. 이와 같은 자세는 마찬가지로 『청허당집』의 「기오대산일학장로」의 글을 통해서도 다시 공안을 참구하는 자세에 대하여 하루종일 사위의四威儀에서 공안을 들고 의단을 챙겨서 저절로 의심이 되는 경지를 유지하되 모기가 무소의 등에 올라타 주둥이로 찔러대듯이 간절한 마음으로 참구할 것을 일러두고 있다.[32]

---

30 『선가귀감』(『韓佛全』7, 636c); 『고봉화상선요』권상(『卍續藏經』122, 673a~c)
31 『선관책진』(『大正藏』48, 1099b)
32 『청허당집』(『韓佛全』7, 727b~c)

## 염불수행의 보편화

일반 불자들에게 가장 보편적으로 보급되어 있는 불교의 신행방법으로는 염불이 대표적이다. 일찍부터 시대와 지역과 남녀노소를 막론하고 염불은 가장 왕성하게 실천되어 왔는데, 그것이 바로 정토왕생淨土往生의 염불念佛이었다. 아미타염불을 염하는 구체적인 방법으로는 칭명염불稱名念佛과 관상염불觀像念佛 및 관상염불觀想念佛이 있다.

이 가운데 칭명염불은 휴정이 가장 강조하고 있는 염불의 방법이기도 하다. 휴정은 『선가귀감』에서 염불의 신행에 대하여 옛 조사의 말을 인용하여 "염불은 입으로 하면 송誦이고 마음으로 하면 염念이다. 그러므로 단지 입으로만 하고 마음으로 하지 않으면 깨치는 데에 아무런 도움이 되지 않는다."[33]라고 말한다. 한편 칭명염불을 강조하고 있는 경전으로 『관무량수경』에서는 다겁생에 걸쳐서 많은 죄를 범한 범부중생이라 하더라도 정토에 왕생할 수 있는 길이 바로 칭명염불이라고 말한다.[34] 그것은 바로 아무리 무거운 죄를 범한 중생이라도 부처님의 본원에 대한 절대적인 믿음을 갖고 부처님을 염하면 반드시 정토에 왕생할 수 있다는 것이다.

휴정도 칭명염불에 대하여 "나무아미타불의 육자법문은 바로 윤회를 벗어나는 지름길이다. 마음으로는 부처님 경계의 반연으로 억지憶持하여 잊지 않고, 입으로는 부처님 명호를 칭명함으로써 어지럽지 않아야 한다. 이와 같이 마음과 입이 상응하는 것을 염불이라고 말한다."[35]라고

---

33 『선가귀감』(『韓佛全』7, 640b); 『소실육문』(『大正藏』48, 369a~b)
34 『불설관무량수불경』(『大正藏』12, 346a)
35 『선가귀감』(『韓佛全』7, 640b)

하여 아미타불의 명호를 칭명하는 방법에 대하여 일러주고 있다.

한편 『관무량수경』에서는 한 번만 염불을 해도 80억 겁 동안 생사윤회하는 죄업을 소멸시켜준다고 말한다.[36] 그러므로 오탁악세五濁惡世의 범부중생이라면 스스로 깨달음을 얻는 것이 불가능하기 때문에 오로지 아미타부처님의 본원력에 의지할 수밖에 없다는 것을 믿고 아미타불에 의지하는 것이야말로 정토신행의 근본이다. 따라서 나무아미타불이라는 여섯 글자를 또박또박 부르고 들으면서 정진하는 것이 칭명염불의 생명이다. 이것이야말로 어리석은 중생을 향한 서방정토의 신행으로 타방정토의 관념에 대하여 고구정녕하게 일러준 가르침이다.

휴정은 다른 한편으로 발심한 중생을 향한 유심정토唯心淨土에 대하여, 곧 모든 염불행자는 본래의 진심을 지키는 것이야말로 시방의 제불을 염하는 것보다 낫다는 오조 홍인五祖弘忍(601~674)의 말을 인용하여 유심정토의 방법을 일러주고 있다. 곧 항상 외부의 부처만 염하는 것으로는 생사를 면하지 못하기 때문에 자기의 본심을 지켜야만 피안에 이른다고 말한다.[37] 또한 혜능의 말을 인용하여 "부처는 자성 속에서 찾아야지 외부에서 찾지 말라. 어리석은 사람은 환생을 추구하지만 깨친 사람은 자신의 마음을 청정하게 한다."라고 말하여 중생 자신이 자기의 마음을 깨쳐서 스스로 제도해야지 부처가 중생을 제도하지는 못한다고 말한다. 때문에 조사문중에서도 아미타불을 불렀던 여산 혜원廬山慧遠(334~416)[38]이 있었고, 주인공을 불렀던 서암 사언瑞巖師彦[39]도 있었음을

---

36 『불설관무량수불경』(『大正藏』 12, 340c)
37 『선가귀감』(『韓佛全』 7, 640b); 『최상승론』(『大正藏』 48, 377b)
38 『대송승사략』 권하(『大正藏』 54, 250c)
39 『무문관』(『大正藏』 48, 294b)

상기시켜 주고 있다.

관상염불觀像念佛의 방법은 부처님을 입으로 부르면서 앞에 모셔둔 부처님의 원만한 모습(像)을 관찰하는 것이다. 부처님의 모습을 관하는 것은 스스로 부처님을 닮아 가기 위한 행위이다. 앞에 모신 부처님이 광명을 놓아 내 몸을 비추어 주시는 형상을 관상하면서 칭명염불을 한다. 이러한 방법을 통하여 수행이 익숙해지면 앞에 있는 부처님을 눈으로 보지 않고 마음속으로 부처님의 원만한 상호를 떠올리면서 칭명염불을 한다. 수행이 더욱 익숙해지면 부처님을 모신 공간이 아니더라도 어디서나 관상염불을 수행할 수 있게 된다. 휴정은 칭명염불의 개념 속에 이 관상염불의 의미를 함께 묻어 두고 있다. 따라서 마음으로 아미타불을 염하는 그것이 바로 불상佛像을 잊지 않고, 입으로는 아미타불의 글자를 고성으로 부르는 것이라고 말한다.

한편 관상염불觀想念佛의 방법은 부처님의 수승한 공덕이나 극락세계의 여러 가지 장엄한 모습을 마음속으로 떠올리면서 아미타부처님의 명호를 외우는 것을 말한다. 다시 말해서 부처님의 여러 가지 공덕을 마음속으로 생각하거나 극락세계의 여러 가지 장엄한 모습을 마음속으로 떠올리면서 나무아미타불을 칭명하는 것이다. 그래서 휴정은 이와 같은 관상염불이야말로 바로 중생이 오탁악세에 태어난 범부중생이라고 자각하는 것이 중요함을 일러주고 있다. 그러면서도 색상色相 등에 얽매이지 않고 안색眼色의 경우에도 허공처럼 일체를 초월한 상태를 유지하는 경우를 진실한 염불이라고 말한다. 실제로 서방정토에 왕생하는 것도 필요하지만 더욱 중요한 것은 공관삼매空觀三昧를 얻어서 실상을 얻어야 긴 생사의 윤회의 고통에서 벗어나 완전한 해탈을 얻는다는 이치를 일러주고 있다.

## 제반 수행의 섭수

휴정 사상은 삼교에 치우치지 않는 균형이 잡힌 면모를 잘 보여주고 있다. 뿐만 아니라 출가자의 본분으로서 수행과 교화의 측면에 있어서도 어느 한 분야에 치우치지 않고 일체의 수행방편을 긍정하여 섭수하는 모습을 보여주었다. 개인의 상구보리의 수행적인 측면에 대해서는 특별히 강조했던 간화선의 수행은 물론이고, 기타 납자들의 근기와 취향에 따라 다양한 신행방법을 일러주었고 또한 그에 대하여 지침을 내려주었다. 아울러 하화중생의 교화적인 측면에 대해서는 문하의 제자들뿐만 아니라 일반의 출가자는 물론이고 불특정의 재가인을 위한 보편적인 신행의 방식을 여러 분야에 걸쳐 제시해 주었다. 그와 같은 구체적인 모습은 『선가귀감』에 잘 드러나 있다.

수행의 분야에 대하여 휴정은 『선가귀감』・『선교석』・『선교결』을 비롯하여 납자들이라면 반드시 알아 두어야 할 필수적인 내용을 중심으로 수많은 경론에서 발췌하여 조목조목 일러주고 있다. 이와 같은 방식으로 우선 육바라밀의 실천에 대하여 말한다. 이와 같은 육바라밀의 덕목은 물론, 더욱이 주력의 수행법에 대해서도 간절하게 일러준다. 중생의 입장으로는 제아무리 발버둥을 쳐도 해결할 수 없는 문제가 남아 있는데, 그것은 현생의 문제가 아니라 전생의 업보로 인한 결과임을 알아차려야 한다는 것이다. 그래서 전생의 과보를 제어하기 위해서는 보통의 행위로는 불가능하기 때문에 반드시 위신력威神力에 의지하지 않으면 안 된다는 것이다. 그것이 바로 주력수행이 필요한 까닭이다.

또한 일반의 사람뿐만 아니라 출가자의 경우에도 반드시 예배수행을 통하여 불보살의 가피를 받고 궁극의 경지에 나아갈 수가 있다고 하여 예배를 강조하였다. 예배는 불보살을 비롯하여 타인에 대한 공경심으로 남을 높여 주는 것이 예禮이고, 한편 자신의 경우는 철저하게 하심을 실천하여 낮추어 굴복시키는 것이 배拜임을 보여주고 있다. 그래서 신업身業·구업口業·의업意業이 청정하게 되는 것이 바로 부처님이 출세하는 것과 같다고 말한다.

휴정은 앞에서 밝히고 있듯이 염불수행에 대해서도 갖가지의 방식으로 그 신행방법을 일러주고 있는데, 가장 중요한 덕목으로 간절한 마음을 지니라고 말한다. 특히 출자납자들에게는 시주의 은혜를 잊지 말 것을 일러두고, 반드시 깨치지 않으면 안 된다고 강조한다. 시주의 은혜를 받고도 깨치지 못한다면 일생을 허비하는 결과라는 것이다. 출가납자가 도를 성취하지 못하고 업을 짓는 것은 모두 몸을 말미암은 까닭이라고 경책한다. 몸이 있는 까닭에 애욕의 업을 짓고 그로 인하여 팔만사천 가지의 업보를 초래한다는 것이다. 따라서 몸에 대하여 반드시 청정한 수행을 해야 하는데, 바로 입측오주入厠五呪[40]를 염송함으로써 몸의 청정을 유지하고 나아가서 일체의 악귀신의 농간을 벗어난다는 것이다. 이러한 행위는 자신에게 죄가 있으면 뉘우치고(懺) 이후로는 죄를 범하지 않겠다는 맹세(悔)를 통하여 진정으로 참회하는 사람은 대장부의 기상을 발휘하게 되어 마음이 공적하게 된다는 것이다. 휴정의 가르침은 이처럼 출가와 재가 그리고 일체의 제반 신행의 방식에 대해서도 모두 열어놓고 권장하는 섭수의 대긍정적인 정신을 잘 구현하고 있다.

---

[40] 『선가귀감』(『韓佛全』 7, 642c~643a)

# Ⅳ. 선과 교를 통섭한 승풍의 진작

## 선교융합의 성격

8세기 중반 한국에 전래된 도신道信(580~651) 및 홍인弘忍(600~674)의 동산법문東山法門은 이후 9세기 중반부터 10세기 중반에 걸쳐 소위 구산문九山門이 형성되면서 몇 가지 특색을 갖춘 선풍으로 전개되었다. 이러한 가운데 선법의 측면에서 교학과는 차별되는 입장에서 선법의 우월성을 주장한 점이 나타났다. 「무설토론無舌土論」·「진귀조사설眞歸祖師說」 및 도의 국사道義國師와 지원 승통智遠僧統의 문답 등은 비근한 일례에 속한다. 이들 내용은 모두 선과 교의 차별을 논한 것이라는 점에서 공통의 특색을 보여준다.

또한 초전의 선법 전래자들은 의도적으로 당시의 교학보다 선법이 우월하다는 주장을 강조하였다. 곧 그것은 아직 선법에 대한 몰이해의 사회에서 당시로서는 비교적 새로운 불법이었던 선법의 전승을 성취하기 위한 제스처이기도 하였다. 이에 당시의 교학불교와는 다른 측면으로 선법을 홍통하고 전승하려는 것에 노력하였다. 이러한 모습은 당시에 화엄학을 비롯한 교학자들 가운데서 새로운 불교교학과 문물을 접촉하고 추구하려는 입당구법승들의 열망에 부합되었다.[41] 특히 선과 교학의 차이점을 의도적으로 부각시키려는 사람들이 등장하였는데, 그것은 아직까지 접해보지 못했던 새로운 불법 곧 선법을 전승한다는 자긍심과

---

41 구산문의 형성 시기에 입당유학승들의 경우는 국내에서 이미 화엄학을 공부한 사람들이 그 대다수를 구성하고 있었다. 김방룡, 「신라 諸山門의 선사상」, 『한국선학』 제2호. pp.118~129

더불어 그 목적을 성취하기 위한 교의적인 장치의 주장으로 나타났다. 그 일환으로 등장한 것이 곧 당시 유행하던 화엄교학華嚴敎學과 조사선법祖師禪法을 비교하는 것이었다. 우선 도의와 관련된 내용에서 몰종적沒蹤跡의 선법은 "그 종취를 살펴보면, 수행은 있지만 그 수행은 수행의 상이 없는 몰수沒修이고, 깨침은 있지만 그 깨침은 깨침의 상이 없는 몰증沒證이다."[42]라는 대목에서도 발견된다.

이처럼 조사선법의 몰종적한 내용은 서당 지장西堂智藏과 백장 회해百丈懷海의 선법을 수용한 것이었는데, 입당유학승들에 의하여 전승되면서 초기 선법의 전래부터 신라선의 한 특징이 되었다. 이에 조사선의 사상적 근거로 제시되었던 본래성불本來成佛의 선법과 무념무수無念無修의 몰종적한 선법이야말로 당시 교학의 주류를 이루고 있었던 소위 오교五敎 이외에 따로 전승된 조사의 심인법心印法으로 주장되었다.

이와 같은 초기 선법의 전래 시기에 드러난 선과 교학의 차별은 천책의 『선문보장록禪門寶藏錄』을 통하여 그 절정에 이른다.[43] 이들은 모두 교학을 공부하고 난 이후에 비로소 궁극적인 선법을 통하여 깨침을 추구할 수 있다는 것을 노골적으로 드러내는 내용들이다. 선과 교학의 이와 같은 관계는 고려 중기를 거쳐 고려 말기에도 지속되었는데, 교학에 대한 올바른 이해가 두드러지게 나타났다. 특히 원나라를 통해서 수입된 임제선 법맥에 근거한 정통성의 의식은 달마선법의 정전正傳이라는 우월의식으로 다져졌는데, 백운 및 태고 등을 통한 선주교종禪主敎從의 입장에서 전개된 선교융합적인 전통이 그것이었다.[44]

---

42 天頙, 『선문보장록』 권중(『韓佛全』 6, 478c~479a)
43 天頙, 『선문보장록』 권중(『韓佛全』 4, 474a 이하)
44 김호귀, 「청허휴정의 선교관 및 수증관」, 『범한철학』 79, 범한철학회, 2015. 12.

한국 선법에서 이와 같은 선교융합의 모습은 12세기 및 13세기 고려 중기에 엿보인다. 지눌은 문자에 집착하여 경전을 열람한다면 대장경을 모두 읽더라도 헛수고라는 말로써 교가의 잘못을 지적하고, 언제나 눕지 않고서 참선하더라도 마음을 관찰하지 않으면 헛수고라는 말로써 선가의 잘못을 지적하였다. 지눌은 당시의 선과 교가 각각의 소견으로만 배척하는 모습에 통탄하고, 그 회통을 위하여 그 이론적 가능성을 제시하는 데 노력을 기울였다. 그렇지만 결국 지눌의 경우도 선과 교의 회통을 완수하지 못하였다. 곧 지눌은 선과 교학의 관계에 대하여 근본적으로 교학을 통한 선의 완성으로 지향하고 있다. 그것이 바로 돈오점수頓悟漸修였다. 왜냐하면 주지하듯이 지눌이 돈오점수에서 강조했던 돈오는 경론을 통한 깨침이었기 때문이고, 또한 지눌이 말한 점수는 돈오점수의 점수로서 진정한 선수행의 행위였기 때문이다. 이것이 바로 교학을 통한 선의 완성으로 향하는 사교입선捨敎入禪의 모습이었다.

이러한 모습은 『선가귀감』에도 잘 드러나 있다. "세존의 삼처전심은 선지가 되었고, 평생의 설법은 교문이 되었다. 때문에 선은 부처님의 마음이고 교는 부처님의 말씀이라 말한다."[45]라는 말은 선과 교의 입장을 가장 극명하게 보여주고 있다. 가령 "제불의 설법인 경전의 경우는 먼저 제법을 분별하고 나중에 필경공을 설하였다. 그러나 조사가 내보인 삼구의 경우는 의지에서 자취를 제거하고 심원에서 도리를 드러냈다."[46]라는 이 대목은 선과 교의 차별이라는 점을 보여주고 있는데 진정한 선

---

pp.114~117
**45** 如卺, 『치문경훈』 권8(『大正藏』 48, 1040b); 圭峯宗密, 『선원제전집도서』 권상(『大正藏』 48, 400b)
**46** 圭峯宗密, 『대방광원각수다라요의경약소주』 권상(『大正藏』 39, 533a)

주교종의 주장이 아니라 단순한 선과 교의 입장의 차이점을 피력한 것으로서 지눌의 선교차별적인 선교융합의 입장을 계승한 것에 해당한다. 따라서 이 경우는 선교차별이 전제된 선교융합이라는 점에서 넓은 의미의 선교차별에 해당한다.

## 선주교종의 지향

휴정의 선교관은 위에서 살펴본 것처럼 선교융합의 측면을 잘 보여주고 있다. 그러면서도 한편으로는 선과 교의 차별이라는 입장에서 선주교종禪主教從의 입장을 견지하고 있는 점은 여러 문헌에 잘 드러나 있다. 휴정에게서 선과 교의 차별에 대하여 대조시키면서 분별하여 설명한 내용은 『선교석禪教釋』에 잘 드러나 있다. 휴정은 옛적의 글에서 인용하여 선과 교의 차별을 17가지 주제에 의거하여 선교차별을 설명하면서 간혹 주제에 대한 문답형식을 취하여 구체적인 해설을 가하여 선교차별의 전승을 수용하고 있다.

휴정의 후반기 저술인 『선교석』과 『선교결』의 내용은 생애의 전반기에서 보여주고 있는 선교의 융합적인 입장이 후반기에 들어서 다소 변화한 모습을 보여준다. 휴정이 만년에 묘향산 금선대에 주석하고 있을 때, 그 제자인 행주行珠와 유정惟政과 보정寶晶 세 사람이 『금강경오가해金剛經五家解』를 가지고 찾아와서 그 가운데 선지禪旨가 있는지, 또 반야를 선의 종지로 간주해도 좋은지를 묻자, 선과 교의 차별에 대하여 대조시키면서 분별하여 『선교석』을 저술하였다. 그 가운데 12가지는 인용된 옛 문헌의 출처가 밝혀져 있는데, 이와 같은 형식은 고려시대에 출현한 『선문보장록』의 경우와 흡사할 뿐만 아니라 내용을 거의 그대로 인용하고 있다. 여기에서 휴정은 교외별전과 불립문자의 사상적인 배경에 대하여 설명을 가하면서 선이 교학보다 우월적인 입장에서 그 차별되는 점을 부각시키고 있다.

한편 『선교결』은 마찬가지로 휴정의 나이 70대 후반에 저술된 것으로서 선과 교의 차별을 비교하여 설명하는 점에서는 『선교석』의 경우와 입장을 같이하고 있지만, 선과 교의 각각에 대하여 올바른 이해를 전제로 하고 있다는 점에서 다르다. 따라서 선지를 잘못 이해하여 돈점문을 정맥正脈이라 간주하고 원돈문을 종승宗乘으로 간주하는 자세를 질책하면서 교외별전의 바른 도리를 터득해야 한다고 설명한다.[47] 곧 선과 교의 이해에 대하여 나름대로 입장은 수용하면서도 각각이 근본적으로 지니고 있는 선과 교의 특징에 대하여 논의한 것이다. 가령 교외별전의 도리를 언급하면서 그에 대한 증거로서 세존과 가섭 사이에 일화로 전승된 삼처전심三處傳心의 교의를 비롯하여 달마와 양 무제 사이의 일화였던 확연무성廓然無聖, 그리고 중국 선종에서 전승되어 온 다양한 공안을 제시하고 있다.

이처럼 휴정은 『선가귀감』을 통해서는 부분적으로 선주교종의 융합을 보여주었고, 또 『선교석』과 『선교결』을 통해서는 선교차별의 주장을 보여주었다. 그렇지만 이들 저술의 이면에는 선과 교의 일치를 통한 융합의 측면을 보여준 것이기도 하지만, 나아가서 선과 교의 차별적인 특성을 통한 종교입선의 입장으로 결착되어 있다는 점도 아울러 파악해 볼 수가 있다. 결국 선문에서 귀중하게 간주하는 것은 경절문의 활구를 통하여 남을 가르쳐서 깨우치고 자신도 스스로 깨우쳐서 본분종사의 안

---

47 김호귀, 「한국선에서 선교차별의 전개와 그 변용」, 『한국선학』 36, 한국선학회, 2013, 12, p.26.

목을 구비하는 것이라고 말한다. 이러한 점은 이전에 휴정이 『선가귀감』을 통해서 주장했던 선교일치의 주장도 결국은 명목상으로는 융합을 주장한 것이었지만, 실제로는 선교차별의 다른 표현이었음을 보여주고 있다.

## 출가정신에 근거한 승풍의 각성

휴정은 선과 교의 관계에 대하여 한편으로 불법을 추구하는 궁극의 목표에 대해서는 융합적인 입장을 보여주었는가 하면, 한편으로는 구체적으로 그 방법에 대해서는 어디까지나 선과 교의 차별성이 없지 않다는 점을 제시하였다. 이것은 선과 교의 관계가 일방적으로 융합 내지 차별이라고 주장할 수 없는 입장을 보여준 것인데, 그것은 결국 출가납자들의 출가정신과 관련된 것이었다. 휴정은 당시에 기울어져 가는 승풍의 진작을 위하여 세 가지 측면에서 각성할 것을 촉구하였다.

첫째, 휴정은 『선가귀감』에서 『치문경훈緇門警訓』의 내용을 인용하여 출가자의 본분에 대하여 "출가하여 승려가 되는 것이 어찌 사소한 것이겠는가. 일신의 안일을 추구하는 것도 아니고, 등 따시고 배부른 것을 추구하는 것도 아니며, 이익과 명예를 추구하는 것도 아니다. 오로지 생사를 벗어나고, 번뇌를 제거하며, 부처님의 혜명을 잇고, 삼계를 벗어나 중생을 제도하려는 것이다."[48]라고 경계한다. 이 내용은 조선 중기 당시에 출가자의 타락되어 가는 모습에 대한 각성을 촉구한 것에 해당한다. 당시 승가의 폐풍에 대하여 휴정은 세간의 명예를 탐하는 것에 대하여

---

[48] 『선가귀감』(『韓佛全』 7, 641b)

부평초와 같은 세간의 명예를 탐하면 쓸데없이 몸만 피곤하고, 세간의 이익을 따르는 것은 업화業火에 섶을 보태는 것이라고 비판하였다. 한편 명리를 따르는 납자는 초의草衣를 걸친 촌로만도 못하다고 비판하였다. 그와 같은 출가자를 향하여 박쥐승려, 음매승려, 머리 깎은 처사, 지옥의 찌꺼기, 가사를 걸친 도적 등의 표현을 가하여 통렬하게 반성할 것을 일깨워 주었다.

여래를 팔아먹는다는 것은 인과 과를 부정하고 죄와 복을 배척하는 등 몸과 입으로 물이 끓듯이 업을 짓고 끊임없이 애증을 일으키는 것을 가리킨다. 그리고 출가인이라고 말할 수가 없고 재가인이라고도 말할 수가 없는 경우를 가리켜서 박쥐승려라고 말하고, 입을 가지고도 설법을 한 줄도 펼치지 못하는 자를 음매승려라고 말하며, 겉모습은 출가한 승려인데 마음을 속물인 사람을 머리 깎은 처사라고 말하고, 지은 죄가 무거워도 너무 뻔뻔하여 조금도 참회하지 않는 사람을 지옥의 찌꺼기라고 말하며, 부처를 내세워 생활을 도모하는 사람을 가사를 걸친 도적이라고 말한다. 결국 가사를 걸친 도적이라는 의미에서 이들 여러 가지 별명이 생겨났다고 비판하였다.

둘째, 당시의 시대가 불러온 부정적인 출가인의 모습은 일찍이 지눌에게서도 『권수정혜결사문勸修定慧結社文』에 잘 드러나 있듯이 언제나 존재했었다. 그러나 휴정은 비단 출가의 문제만 언급한 것은 아니었다. 출가자의 신분이면서도 이 땅에 발을 붙이고 살아가고 있는 이상 자신을 낳아준 부모가 살아가고 있는 속가에 대해서도 그 예를 다해야 할 것을 강조하였다. 뿐만 아니라 국가가 전란에 휩싸였을 때는 국가의 안위가 바로 중생의 삶에 절대적으로 필요하다는 각성을 통하여 친히 칼을 들고 구국의 승군에 참여하여 적군을 물리치고 국가를 구원하는 일에 앞장을 섰던 것은 물론이다.

셋째, 그러면서도 휴정은 항상 출가인의 본분을 망각하지 말 것을 내세웠다. 『선가귀감』에 잘 드러나 있듯이 참선만 추구한 것은 아니었다. 선승이면서도 선수행에만 관심을 기울인 것이 아니라 불법의 모든 신앙에 대하여 긍정하는 자세를 보여주었다.

참선의 수행에 대해서는 특히 간화선의 수행법으로 화두를 참구하는 자세와 방법과 그 의의 등에 대하여 자상한 가르침을 제시하였다. 또한 기도 및 예배의 수행에 대해서는 자신을 굴복하고 타인을 공경하는 마음을 지님으로써 진성眞性을 공경하고 무명無明을 굴복시켜야 할 것을 말하였다. 비단 불보살에게만 공양하는 것이 아니라 진실한 불법의 일체에 대하여 공경하고 끝까지 추구할 것을 요구한 것이다. 또한 염불수행에 대해서는 입과 마음을 상응시켜서 나무아미타불을 염송해야 할 것을 제시하였다. 나무아미타불의 염불이야말로 윤회를 벗어나는 지름길이기 때문에 분명하고 산란하지 않게 집중하는 자세를 간곡하게 강조하였다. 간경수행에 대해서는 경전을 읽기만 해도 귀를 스치는 인연을 맺는 것이기 때문에 그 복덕이 사라지지 않는다고 하였다. 더욱이 자신의 본분을 기울여서 간경하는 것이야말로 가장 수승하다는 점을 일러주었다. 지계수행은 비구가 지녀야 하는 삼천 위의三千威儀와 팔만 세행八萬細行에 어그러지지 않는 정신으로 불법을 추구할 것을 제시하였다. 한편 주력수행에 대해서는 일상의 걷고 머물며 앉고 눕는 행위에서 하나도 흐트러지지 않는 마음으로 집중하여 다섯 가지 신주神呪를 지송할 것을 잊지 말라고 일러주었다. 그러는 가운데서도 죄를 지은 경우에는 반드시 참회수행을 통하여 자신의 몸과 마음을 정화하는 것이 납자의 본분임을 가르쳐 주었다. 그것은 출가자의 일상생활에서 예배의 실천과 더불어 육바라밀에서 제시하고 있는 보시布施와 인욕忍辱과 정진精進의 수행에 이르기까지 일체를 권장하였다.

   이와 같은 일련의 경책들은 당시의 승려들이 빠져 있는 퇴폐적인 분위기를 일소하고 진정한 견해를 지닌 본분납자의 모습을 회복하지 않으면 안 된다는 자각과 함께 불교의 위상을 재확인해 주는 뼈저린 참회의 발로이기도 하였다.

## 불법의 중흥과 보살도의 실천

　청허 휴정이 살았던 15~16세기의 시대적인 상황은 정책적으로 불교를 억압하는 역사로 기록되어 있다. 그런 만큼 휴정이 당시에 시대적인 각성을 통하여 85세 동안의 삶에서 보여준 행적은 숭고한 것이었다. 불우한 어린 시절을 경험하고 인생이 무상하다는 자각을 통하여 출가한 승려로서의 삶은 한마디로 보살의 모습이었다. 임진왜란이라는 국가적인 위기를 몸소 경험하면서 승병을 지휘하는 승장으로서 면모를 보여주었을 뿐만 아니라 출가자의 본분을 견지하여 모범적인 족적을 남긴 것은 오늘날까지 계승되고 있다.
　구국의 승장이라는 평가는 대단히 독특한 사례에 속한다. 그것은 삼계의 중생을 구원하기 위한 원력이 국가를 위하여 헌신하는 행위로 표출된 것이었다. 그러면서도 시주의 은혜를 잊지 않고 납자의 본분을 수호하기에 전념하였다. 휴정은 병법사문으로서 출가자이면서 근본적인 본분은 중생을 향한 보살행으로 회향했다는 점에서 출가자의 사표이기도 하였다.
　휴정은 조선 중기 당시에 팽배해 있던 불교의 억압적인 분위기 속에서도 통방정안의 균형 잡힌 안목을 지님으로써 불교와 유교와 도교의 삼교에 대하여 『삼가귀감』을 저술하여 삼교에 대한 견해를 제시하였다. 여기에서 휴정은 유교와 도교의 기본적인 이념과 비교하여 불교의 가르침을 『선가귀감』이라는 명칭으로 제시하여 삼교일치의 입장에서 공평하게 평가하였다. 이 점은 시대적인 상황에 대한 인식이 반영된 관점에서 주목된다. 휴정은 삼교가 보편적으로 지향하고 있는 이상은 궁극에서로 통하게 되어 있다는 견해를 보여주었다. 그리고 삼교에서 공통적으로 제시하고 있는 구체적인 실천방법이나 불교와 유교와 도교가 각각 지향하는 목표가 분명한 만큼 고유한 사상의 특징을 인정해야 한다는 견해를 보여주었다. 휴정은 불법을 신행하는 모든 사람을 향해서 그 지침서로서 『선가귀감』을 저술함으로써 종합적인 수행법과 신행의 자세를 자상하게 제시하였다. 그런가 하면 『청허당집』을 통해서는 보편적인 사유의 방법을 노정시킴으로써 휴정의 사유가 얼마나 폭넓게 작용하고 있는가를 드러내었다.

휴정은 임제종의 법맥을 계승한 선승으로서 간화선 수행의 방식을 전통적으로 계승하였다. 따라서 출가자에 대해서는 간화선의 수행을 들어서 가장 보편적으로 활용되어 오고 있는 화두로서 구자무불성화를 언급하고, 그에 대하여 무자화두를 참구하는 자세와 주의사항 등에 대하여 제시했다. 일찍이 지눌로부터 전승되어 오던 화두의 참구법을 거듭 확인했고, 화두를 참구하는 두 가지 방식 가운데 참구문이 아닌 참의문에 의거할 것을 보여주었다. 그리고 출가자 및 재가인의 공통적인 신행의 방법으로는 염불수행의 가치와 의의 및 마음이 자세 등에 대하여 일러주었다. 뿐만 아니라 휴정은 당시에 실행되고 있었던 불교의 제반 수행을 통합적으로 섭수하여 각각의 방식에 대하여 언급하여 일체의 수행법을 보편적으로 인정했다.

한편 휴정은 선과 교의 관계에 대해서도 나름대로 견해를 제시했다. 우선 선교의 융합적인 견해에 대해서는 선과 교학은 각각 부처님의 마음과 말씀으로 상호 존중되어야 할 입장을 취하였다. 그럼에도 불구하고 만년에는 선법을 위주로 한 선교의 입장을 보여줌으로써 선주교종의 견해를 보였다. 이 점은 선법이 한국에 전승되어 온 이후로 오늘에 이르기까지 지속적인 모습이기도 하다.

　휴정은 다양한 분야에 걸쳐서 수많은 저술을 통하여 출가자의 본분에 입각한 승풍을 각성시키는 데에 큰 역할을 하였다. 출가자라면 일신의 안일을 추구해서도 안 되고, 이익과 명예를 추구해서도 안 되며, 오로지 생사를 벗어나고, 번뇌를 제거하며, 부처님의 혜명을 잇고, 삼계를 벗어나 중생을 제도하려는 것이 본분임을 잊지 말라고 강조하였다. 이와 같은 훈계는 당시에 출가자의 타락된 모습에 대한 통렬한 반성이기도 하였다. 시대적인 상황에 따른 분위기 속에서 출가의 문제만 언급한 것은 아니라 휴정 자신의 입장에서 낳아준 부모가 살아가고 있는 속가에 대한 예의도 다해야 한다고 가르쳤다. 또한 전란으로 인한 국가의 위기에서 벗어나는 것은 중생의 삶에 대한 안위라는 점을 각성하여 국가를 구원하는 일에 앞장을 섰던 것도 출가자 본분의 연장이었다.

　이처럼 휴정의 면모는 크게 세 가지 측면에서 주목된다. 하나는 불법을 구현하는 출가자로서의 면모이다. 그것은 출가하는 것이 참으로 위대함을 제자들에게 몸소 보여준 행위였을 뿐만 아니라 휴정 이후로 불교의 위상을 격상시키는 역할도 하였다. 휴정은 임제종의 법계를 계승한 선자로서 임제종의 종지에 충실한 견해를 강조하였다. 특히 『선가귀감』에서 임제종에 대해서만 정통성을 부여하고 있는 것이 그것이다. 나아가 선종오가에 대한 상식적인 이해와 기본적인 선리에 대해서도 예외는 아니었다.

　둘은 출가자의 신분이면서도 승장으로서 했던 역할은 불교에 국한하지 않고 국가적인 공헌을 했다는 점에서 주목된다. 휴정 자신만이 아니라 그 문도들에게 널리 국가와 동포와 스승과 시주의 은혜를 각인시킴으로써 결국 잠시나마 불교의 위상을 제고시켜 주었다.

셋은 사상가로서 불교에 국한하지 않고 삼교에 걸쳐 보편적인 인간의 삶에 대하여 긍정하는 모습을 보여주었다. 유교와 도교의 사상을 두루 인정했음은 물론이고, 출가자이면서 속가에 대한 배려도 잊지 않고 불교의 전반적인 사상과 신행의 측면에서 섭수하는 대긍정의 자세를 취하였다. 이와 같이 휴정이 보여준 다양하고 조화로운 인격은 일체의 차별을 벗어난 자비의 실천이었다는 점에서 일체의 고정관념을 타파하고 평등과 청정을 겨냥한 선심의 표출이었다.

| 참고문헌 |

박서연, 「승역·승군」, 『테마한국불교 4』, 서울: 동국대학교출판부, 2016
이상현 옮김, 『청허당집』「해제」, 서울: 동국대학교출판부, 2016
김용태, 『조선불교사상사』 서울: 성균관대학교출판부, 2021
정산법진, 『서산의 삼가귀감·선교석·선교결』, 서울: 한국불교선리연구원, 2008
김영욱 역주, 『정선 휴정』, 서울: 대한불교조계종 한국전통사상서 간행위원회 출판부, 2010
선학간행회, 『삼가귀감』, 인천: 용화선원, 1978
오경후, 『조선후기 불교동향사 연구』, 서울: 문현, 2015

텍스트

# 밀교문헌

· 옥나영

I. 밀교경전의 성립과 전파

　　밀교경전의 출현/ 중국으로의 전파와 한역/ 일본 밀교의 전개

II. 삼국·통일신라 시대 밀교의 역할

　　밀교의 전래/ 밀교 신앙의 확산/ 밀교의 역할

III. 고려~조선 시대 밀교의례와 문헌 간행

　　밀교의례의 설행/ 고려 밀교문헌의 간행/ 조선의 진언·의례집 간행

■ 깨우침과 실천의 좌표, 밀교

# I. 밀교경전의 성립과 전파

## 밀교경전의 출현

밀교密敎는 대승불교의 발전 과정 속에 나타난 다양한 사상적 갈래 중 하나이다. 밀교의 특색은 불교가 본래 가지고 있던 신비주의적인 경향과 의례적인 요소를 강조하고 고도로 발달한 대승불교의 철학을 독자적인 실천체계 속에서 구상화한 점에서 인식해야 한다.[1] 밀교는 처음에는 드러나 있는 가르침(顯敎)이 아니라, 석가모니가 설법이나 문자를 통해 말하지 못한 그 이상의 의미를 지닌 가르침이란 뜻으로 사용되었다. 밀교의 의미는 조금씩 변화되어, 다라니陀羅尼를 비롯한 신비한 수행법을 위주로 하는 것으로 해석되기도 하였다. 그러다 8세기 경에는 진언밀교眞言密敎가 밀교 외의 가르침(顯敎)보다 빨리 성불할 수 있게 함(速疾成佛)을 강조하는 모습이 나타난다.[2] 하나의 교파로서 밀교를 정의하려는 관점이 드러나는 것은 8세기 말 이후이다.

그러나 밀교가 전개된 지역과 시대에 따라 변화가 거듭되었기에 지금까지도 밀교의 정의에 관한 논란이 지속되고 있다.[3] 현재의 관점에서 초기~후기 밀교의 흐름을 모두 포괄하여 '밀교'라는 하나의 용어로 통

---

1 張益,「密敎學의 範圍 設定 硏究」,『韓國佛敎學』24, 韓國佛敎學會, 1998, p.186
2 張益, 위의 논문, 1998, p.182, pp.177~183; 정성준,『밀교학의 기초지식』, 서울: Easrward, 2007, pp.22~23
3 이승혜,「구미학계의 中國 密敎 논쟁: 연구사적 조망」,『불교학연구』52, 불교학연구회, 2017 참조.

칭하는 것은 특히 일본 학계의 밀교 연구 과정 속에서 정착하였고, 이후 여러 학자들이 이에 공감하여 밀교라는 용어를 사용하고 있다. 이에 밀교의 성립 과정은 현재로서는 밀교의 역사적·사상적 발전 과정을 가장 많이 연구해 온 일본학계의 이론에 따라 초기밀교初期密敎, 중기밀교中期密敎, 후기밀교後期密敎로 나누어 이해하는 것이 통상적인데, 그것은 밀교경전의 성립과 연관하여 이해할 수 있다.

중기밀교 경전의 가장 큰 특징은 주존主尊으로써 비로자나불毘盧遮那佛이 자리 잡게 된 점, 삼밀행三密行의 가지加持에 의한 성불成佛을 위한 실천 방법이 체계화된 점, 대승불교 발달 과정에서 생겨난 불·보살에 대한 관상법觀想法을 고도로 상징화한 만다라曼茶羅가 정비된 점이다. 따라서 초기밀교 경전에서는 이와 같은 중기밀교 경전의 특징이 아직 완전히 정비되지 못하고 각 경전마다 산발적으로 나타나서, 성불이라는 출세간적 목적보다는 세간적 목적에 의해 다라니를 염송하거나, 수인을 맺기도 하며, 여러 불·보살에게 공양하며 관상하는 것을 설명하면서, 그와 같은 신행을 위하여 결계結界와 작법作法을 갖추기를 권하는 내용이 포함된다. 이 과정들은 모두 의례로서 점차 정착되어 가는 방향으로 발전했을 것이다. 이러한 요소들이 다른 경전들에 비해 전면적으로 드러난 경전들을 초기밀교 경전으로 분류하고 있다. 8세기 이후에는 탄트라tantra 중심의 후기밀교 경전이 성립한다. 이 시기 밀교경전에는 대락사상大樂思想의 교리와 의학과 생리적 지식을 수행에 반영시킨 생기차제生起次第와 구경차제究竟次第의 독특한 수행차제가 설해져 있다.

인도에서 본격적으로 밀교가 성립하기 시작한 시기는 4세기경 굽타Gupta 왕조를 전후한 때이다. 이는 굽타 왕조가 브라만교를 국교로 삼고 바라문의 문화를 부흥함에 따라 불교도 그것에 영향을 받았기 때문이다. 이 시기 인도에서는 바라문교가 다양한 신과 민중의 일상의례를 내포한 힌두교로서 새롭게 재편성하였을 뿐 아니라, 국왕을 위해 왕권을 강화하고 군사적 승리를 기원하는 의례를 수행함으로써 왕가의 귀의를 받게 되었다. 이에 대응하여 불교는 불교의 이론체계와 수도체계를 정교하게 구축하였으며 동시에 신도들의 세속적인 바람을 성취해줄 수 있는 브라만교의 의례를 대폭 받아들이게 되었다.[4]

이러한 상황 속에서 밀교가 정비되고 초기밀교 경전이 성립하게 되었다. 보살이나 명왕, 천신이나 존격에 대응하는 고유한 다라니와 그 공양법 등의 의례가 설해졌다. 손가락으로 표현하는 무드라(手印), 베다 이래의 전통이 된 비밀 주문의 만트라(眞言), 불보살 등의 상징인 사마야(三昧耶), 만다라를 만드는 법식 등도 정비되었다. 이러한 초기의 밀교사상을 집성한 『다라니집경』은 6세기 중엽 경에 성립된 것으로 보인다.[5]

7세기는 인도 밀교의 전환기였다. 『대당서역기大唐西域記』에 따르면 현장玄奘(602~664)이 7세기 전반 날란다Nālandā에서 공부하였을 때는 밀교가 행해지지 않았으나, 이로부터 약 40년 후 의정義淨(635~713)이 방문했을 때는 날란다가 밀교의 중심지가 되어 있던 점을 『남해기귀내법전南海寄歸內法傳』을 통해 알 수 있다는 점을 고려하면 7세기 중엽은 불교사에 있어 큰 전환기였다고 추측된다. 이 시기 『대비로자나성불신변가지경大毘盧遮那成佛神變加持經』(이하 『대일경』)과 『금강정경金剛頂經』이라는 중요한 두 개의 경전이 잇따라 성립한다. 일본 밀교의 교리에서는

---

4 田中公明, 『新アジア佛敎史』 3, 東京: 佼成出版社, 2010, p.335; 賴富本宏, 「中國密敎の流れ」, 『中國密敎』, 東京: 春秋社, 1999, p.15
5 이시이코세이 지음, 최연식 옮김, 『동아시아불교사』, 서울: 씨아이알, 2020, p.47

이를 양부대경兩部大經이라 부르며 중시한다.

『대일경』에서는 밀교의 요소에 대해 현세이익을 위해서가 아니라 성불을 위한 뛰어난 방법이라고 이야기하고 있다. 또『화엄경』의 교주인 비로자나불을 밀교화하여 대일여래大日如來를 중심으로 다양한 불·보살, 여러 천신의 위치를 체계적으로 상정하고 있다. 힌두교 중 시바파의 의례를 받아들인 『초회初會금강정경』에서는 다시 5부의 조직을 정비하여 여러 존격을 중앙과 사방에 배치하여 정비된 만다라로 구축하였는데, 다섯 단계의 명상법(五相成身觀)을 통해 우주의 진리인 대일여래가 되는 것을 명시하고 이것을 시각적으로 불보살의 세계로 나타냈다. 이후『이취경理趣經』등이『금강정경』계의 흐름을 이어간 경전이다. 중기밀교를 대표하는 이 두 경전은 본존으로 여겨진 존격과 수행자가 일체가 됨에 의하여 이 세상에서 부처가 될 수 있다고 하였다. 의례로서는 국왕의 머리에 물을 부어 축복하는 의례를 불교화한 관정灌頂 의식을 중시하였다. 일부에서는 성적인 의례를 포함하는 형태로 전개되었다.

### 중국으로의 전파와 한역

초기밀교와 중기밀교는 동북아시아 삼국, 즉 중국·신라·일본에 전해졌으며, 후기밀교는 중국의 경우 송宋 대 이후 전해졌으나 크게 호응받지 못하였다. 우리나라와 일본에서도 비슷한 양상을 보였다. 불교가 중국에 처음 전해진 이후 3세기 경부터는 밀교계의 다라니와 여러 경전류가 전해져 한역漢譯되었다.

중국에서 번역된 경전들을 살펴보면 이러한 모습을 구체적으로 알 수 있다.[6] 3세기에 지겸支謙은 『불설무량문미밀지경佛說無量門微密持經』·『화적다라니신주경華積陀羅尼神呪經』·『팔길상신주경八吉祥神呪經』과 같이 주呪와 다라니가 중심이 되는 경전을 번역하였다. 이 중 『화적다라니신주경』에는 불상에 대한 예배와 관련한 초보적인 의례가 설해져 있다. 이후 서진西晉 말기의 혼란 속에서 불교의 주술적인 기능이 호응을 얻으면서, 제재除災를 목적으로 하는 다수의 다라니 경전이 지속적으로 번역되었다. 동진東晉에서는 『공작왕경孔雀王經』 등 밀교경전을 번역하고 주술에도 능하였던 백시리밀다라帛尸梨密多羅가 활동하였으며, 과거칠불과 팔보살의 주문과 예불작법 및 공덕을 설하는 『칠불팔보살소설대다라니신주경七佛八菩薩所說大陀羅尼神呪經』도 이 시기에 한역되었다.

5세기가 되면 관음·미륵·보현·허공장·약왕 등의 여러 보살 및 아미타와 약사불에 대한 관상법이 중국에 소개되고 있다. 불상에 공양하고 관상觀想하는 방법이 정비되는 모습을 『관불삼매해경觀佛三昧海經』을 통해 알 수 있다. 이처럼 초기밀교 경전의 양이 누적되면서 그에 따른 다양한 신앙 활동이 본격적으로 이루어지기 시작한다. 남북조南北朝시대에 만들어진 운강석굴 중 밀교의궤에 의하여 조성한 다면다비상多面多臂像의 모습에서 그러한 양상을 살펴볼 수 있다. 또한 담요曇曜가 번역한 『대길의신주경大吉義神呪經』에서는 결계법結界法이나 기우祈雨를 위한 의례·작법을 규정하고 있다.[7] 6세기에는 『모리만다라주경牟梨曼陀羅呪經』이 한역되는데, 이 경전에서는 호마법護摩法 및 작단법作壇法과

---

[6] 이하 松長有慶 著, 張益 譯, 『밀교경전 성립사론』, 서울: 불광출판부, 1993을 참고하였다.
[7] 松長有慶, 許一範 譯, 『密敎歷史』, 서울: 경서원, 1990, p.144

더불어 만다라의 시초라고 할 만한 화상법畵像法을 설하고 있다.

한편 치병을 목적으로 하는 경전은 이른 시기부터 다수 등장한다. 4세기 말 담무란曇無蘭이 한역한 경전 중에는 『불설주시기병경佛說呪時氣病經』·『불설주치경佛說呪齒經』·『불설주목경佛說呪目經』·『불설주심아경佛說呪心兒經』 등의 주술적 방법을 통한 치병에 관한 경전이 많다. 또 기우나 지우止雨와 같은 목적을 위한 의례도 불교에서 수용하였는데, 담무참曇無讖이 한역한 『대방등무상경大方等無相經』이 그 예이다. 6세기 후반 사나야사闍那耶舍 역의 「대방등대운경청우품大方等大雲經請雨品」에서는 그러한 모습이 더욱 강화되고 불공不空 역인 『청우경請雨經』에 인용되어 정비된다.

이와 같이 6세기 중반까지 한역된 경전들의 내용은 7세기 중반 아지구다阿地瞿多가 한역한 『다라니집경陀羅尼集經』에서 거의 완성된 형식의 제존법諸尊法으로 발전한다. 그런데, 7세기 중반부터 후반기에 한역된 경전 중 특히 변화관음과 관련된 경전들의 내용을 살펴보면, 일정한 변화가 느껴진다. 즉, 치병과 장수 등 현세이익적 공덕에 더하여 성불이나 보리에 관한 내용도 일부 설하고 있는 것이다. 또 점차 다라니 독송뿐 아니라 불·보살 상 앞에서 인계를 맺는 것을 설명하고 있다. 지통智通 역 『천안천비관세음보살다라니신주경千眼千臂觀世音菩薩陀羅尼神呪經』이나 보리류지菩提流志 역 『천수천안관세음보살모다라니신경千手千眼觀世音菩薩母陀羅尼身經』 및 아지구다의 『다라니집경』 등이 대표적인 예라고 할 수 있다.[8] 이처럼 초기밀교 경전 대부분은 현세이익을 목적으로 하는 다라니가 중심이 되었음을 알 수 있다. 7세기 중반 이후 점차 중기

---

8 松長有慶 著, 張益 譯, 앞의 책, 1993, pp.130~137

밀교 경전의 요소가 드러나는 등 변화가 감지되기도 하지만, 전체적으로는 중기밀교 경전인 『대일경』이나 『금강정경』이 성불을 주된 목적으로 하는 것과 비견된다고 할 수 있다.

8세기 들어 선무외와 금강지라는 두 명의 서역 출신 승려들은 각각 『대일경』과 『금강정유가중약출염송경金剛頂瑜伽中略出念誦經』을 한역하였다. 이로써 현세의 어려움에서 벗어나거나 복을 구하기 위함을 주된 목적으로 했던 기존의 밀교가 아닌, 성불을 위한 한 차원 높은 교리 및 실천행을 겸비한 중기밀교가 중국에 소개되었다. 이 경전들에서는 비로자나여래가 설법의 주체로 확고히 자리 잡게 되며, 설법의 목표도 성불에 두는 경향이 확실해졌다. 또 대승불교 사상과 밀교의례의 밀접한 융합이 시도되었다. 특히 신身·구口·의意 삼밀三密의 상즉相卽이 중시되고 제존諸尊은 일정한 이념에 따라 만다라 조직에 편입되었다.[9] 또, 『대일경』에서는 오자엄신관五字嚴身觀, 『금강정경』에서는 오상성신관五相成身觀이라는 즉신성불卽身成佛의 관법觀法이 설해지는데 이것이 각각의 경전에서 설하는 밀교 교리와도 부합하여 정연화되었다. 관련된 의궤 및 실천법과 관련한 경전들이 한역됨과 동시에, 지바하라地婆訶羅·의정義淨·보사유寶思惟·보리류지·가범달마伽梵達摩·지통 등과 같은 대표적인 역경가들도 밀교경전들을 한역하였으며, 이러한 경전들의 유포를 통해 주변국들의 밀교 사상과 신앙 확립에 직접적 기반이 되었다.

---

**9** 松長有慶, 許一範 譯, 앞의 책, 1990, pp.68~69

## 일본 밀교의 전개

일본에 밀교가 전래된 것은 나라奈良 시대이다. 소위 법상·삼론·성실·구사·화엄·율의 나라육종이 자리 잡았던 때에 초기밀교 경전이 당 유학승들에 의해 전래되었다. 나라 시대 나라육종이 논리적·관념적인 데 비해 밀교의 다라니 신앙은 현실적이었기에 크게 유행했다. 반면에 다라니를 통해 저주하려는 경향이 발생하여 엔랴쿠(延曆) 4년(785)에는 사사로운 용도의 밀주단법密呪壇法이 금지되기도 한다.

본격적인 일본 밀교는 헤이안(平安) 초기에 사이초(最澄, 767~822)와 구카이(空海, 774~835)가 전승한 밀교를 체계화시킨 천태밀교와 진언밀교를 말한다.[10] 사이초는 엔랴쿠 23년(804)에 천태종 청익승請益僧으로 당에 들어가 천태의 교학과 선을 배웠다. 그리고 짧은 기간 동안 밀교를 배우고 선무외의 손제자인 순효順曉에게서 관정을 받았다. 엔랴쿠 24년 7월 밀교경전과 의궤 및 법구 등을 가지고 귀국하였으며, 9월 간무(桓武) 천황(781~806)의 칙명으로 태장법胎藏法의 관정을 행하고 궁중에서 대일여래를 본존으로 하는 수법을 수행하게 되었다. 이것이 일본에서의 중기밀교와 관련한 최초의 공적인 수법이었다. 다음 해에는 천태업 2인의 연분도자年分度者의 허가가 내려져 천태 전공의 지관업止觀業과 밀교 전공의 사나업遮那業으로 나누어 학습하는 조직이 이루어졌다. 사이초는 천태의 교리를 중심으로 밀교를 부가적으로 전한 성격이 강한데, 사이초 이후의 엔닌(圓仁, 794~864), 엔친(圓珍)에 의해 태밀台密의 본격적인 전개가 이어진다.

---

10 이하 내용은 賴富本宏, 「日本密敎の成立と展開」, 『日本密敎』, 東京: 春秋社, 2000과 이시이코세이 지음, 최연식 옮김, 앞의 책, 2020을 참고하였다.

구카이도 엔랴쿠 23년(804)에 입당 유학하였다. 반야般若가 한역한 『수호국계주다라니경守護國界主陀羅尼經』이나 『대승이취육바라밀다경大乘理趣六波羅蜜多經』 등을 얻게 되는데, 이 경전들은 구카이의 교의 체계 중 호국사상의 측면에 영향을 미쳤다. 구카이는 불공의 제자인 혜과에게 사사하여 양부의 관정을 받고 전법아사리위를 얻어 불구 9종, 금태양부 만다라도상 10축, 아사리 부촉물 13종 등을 지니고 다이도(大同) 원년(806)에 귀국하였다. 귀국 후 사이초는 구카이에게 제자의 예를 취하며 금강계와 태장계 양부의 입단관정을 하고자 하고, 구카이가 전래해 온 밀교경전을 얻고자 청하기도 하였다. 고닌(弘仁) 13년(822)에는 도다이지(東大寺)에 관정도량, 즉 진언원을 건립하였고 남도南都의 사원에 밀교 도량 건립을 공인받았다. 다음 해에는 진언밀교의 승려 50명을 머무르게 한 반면 다른 종 승려의 거주를 금하기도 하였다. 구카이는 법신도 설법한다고 하고 즉신성불을 설하는 등 독자적인 사상을 전개하였다. 진언종 교학의 근본이 되는 『비밀만다라십주심론秘密曼荼羅十住心論』을 비롯한 많은 저작 집필에 전념했는데, 진언밀교를 정점으로 하는 십주심교판을 확립하여 특유의 밀교적 시야를 통해 모두를 포괄하고 체계화한 총합성이 현저하게 나타난다. 죠와(承和) 2년(835)에는 연분도자 3인을 청하여 칙허를 받았는데, 이것은 진언종이 종파로서 독립하였다는 것을 의미한다.[11] 한편 죠와 원년(834)에는 매년 정월마다 궁중의 진언원에서 국가의 안녕을 위한 미시호(御修法)를 행하는 것을 주청하였다. 이전에도 「인왕경」 등에 기반한 국가진호의 수법을 행했는데 그것은 임시적인 것이었다면 미시호는 정례 수법으로 승인되어 이후 현재까지

---

11 大久保良峻, 「最澄·空海の改革」, 『新アジア佛教史』 11, 東京: 佼成出版社, 2010, pp.167~169; 賴富本宏, 앞의 책, 1999, p.35

맥을 이어오고 있다.

사이초는 천태교학, 밀교, 선종을 포함한 선수행, 보살계 등의 네 가지 측면을 완전히 통합하지 못하였으나 그의 제자들인 엔닌, 엔친, 안넨(安然, 841~915?) 등에 의해 체계화되었다. 엔닌은 입당하여 금강계·태장 양부에 더하여 소실지법蘇悉地法을 받았다. 소실지법은 금강·태장부를 아우르는 제3의 법으로서 천태밀교의 새로운 교의가 되었다. 관련하여 태밀의 기반이 되는 『금강정경소』, 『소실지경소』와 같은 저작을 남겼다. 또 철저하게 생신生身 그대로를 중시하는 즉신성불사상을 전개하였다. 그의 주장은 안넨의 밀교학에도 큰 영향을 주었다. 태밀은 밀교와 『법화경』의 융합을 특징으로 하는데, 대일여래와 석가의 일체설을 설명하였다. 『소실지경소』에서는 전 불교를 현교와 밀교로 분류한 구카이와는 달리 소승불교를 현교, 대승을 밀교로 분류하는 등 독자의 교판을 제창하였다. 오대산에서 배운 염불에 몰두하는 수행법을 전하여 음악적 요소가 있는 상행삼매常行三昧를 히에이잔(比叡山)에서 시작하여 큰 영향을 주었다. 엔친도 입당하여 장안의 청룡사에서 법전法全에게 사사하여 금강·태장 양부의 관정을 받고 소실지대법을 받았다. 그는 밀교 관련 경론 및 『태장도상胎藏圖像』, 『태장구도양胎藏旧圖樣』, 『오부심관五部心觀』 등 각종 불교도상을 가지고 귀국하였다.

일본의 독자적인 천태교학을 형성하는 데에는 안넨의 역할이 컸다. 그는 밀교의 해석에 천태교학을 반영하여 양자의 융합을 촉진시켰다. 그는 당에 유학하지는 않았으나 많은 저작을 찬술해서 밀교의 교의화에 전념했다. 특히 안넨은 4교 위에 밀교를 두어 밀교가 수승하다는 원열밀승圓劣密勝의 입장을 보였다. 또 『대승기신론大乘起信論』의 영향을 받은 담연湛然(711~782)의 천태교학에 화엄, 밀교 등을 융합하여 사람들은 부처의 덕을 드러나지 않은 형태로 갖추고 있다고 하는 본각사상本覺思想을 발전시켜, 본래 그대로 부처라고 하는 사상을 강조하였다. 그리고 『열반경涅槃經』의 사상이나 무정성불無情成佛 사상을 강화하여 풀 한 포기라도 발심하고 수행하여 부처가 된다고 하는, 초목성불설을 완성시켜 이후 일본 문화에 큰 영향을 주었다. 안넨의 『진언교시문답眞言教時問答』・『보리심의초菩提心義秒』・『실담장悉曇藏』・『제아사리진언밀교부류총록諸阿闍梨眞言密教部類總錄』 등은 현재에도 주목되는 저작이다. 엔닌, 엔친, 안넨의 이러한 활동으로 태밀은 진언종의 밀교인 동밀東密을 능가하는 세력이 되었다.

이후 동밀과 태밀에 의한 호국법회가 활발히 개최되는 가운데 밀교는 귀족의 사적인 발원에 부응하는 수법을 통해 확산되었다. 한편 정토교의 영향은 진언종에도 미쳤다. 예를 들면 가쿠반(覺鑁, 1095~1143)은 『오륜구자명비밀석五輪九字銘秘密釋』에서 아미타 염불에만 고집하는 풍조를 비판하고 아미타불이 곧 대일여래라고 보는 밀교의 아미타관을 제시하여 오륜만다라로 즉신왕생이 가능하다고 주장하였다.

11세기 후반에도 밀교의례가 발달하였고 현교와 밀교를 아우르는 이른바 현밀顯密로 불리는 천태종, 진언종 및 나라 지역의 주요 사찰들이 영향력을 가졌다. 헤이안 시대에는 근본인 본本과 그로부터 생겨나는 자취인 적迹은 서로 다르면서도 하나라고 한 승조僧肇의 사상에 기초한 천태의 본적론에 기반하여 각지의 신사에 진구우지(神宮寺)가 설치되었다. 그러한 가운데 진언종 승려인 세이존(成尊, 1012~1074)이 아마테라스 오미카미(天照大神), 천황, 대일여래가 한 몸이라는 설을 주창하였다. 세이존은 일본이 밀교와 관계 깊음을 역설하였고 그의 계통에서 대일본국이 곧 대일여래의 본국이라는 해석이 나타났다. 무사가 권력을 장악한 가마쿠라(鎌倉) 시대가 되어 현밀 불교가 융성하였다. 밀교의 수법과 관정은 다양한 장면에서 활용되었고 이에 따라 의례가 극도로 발달하였다. 밀교는 더욱 발전하여 일본 사회의 문학, 예능, 신화 등 다양한 영역에 영향을 미쳤다.

## II. 삼국·통일신라 시대 밀교의 역할

### 밀교의 전래

우리나라에 처음 불교가 전래된 것은 삼국시대이다. 고구려와 백제가 4세기 후반에, 신라가 6세기 초반에 불교를 공인하였다.[12] 이즈음 중국에서는 초기밀교 경전이 한역되고 있었기 때문에 7세기 이전에 이미 우리나라에도 밀교경전이 전해졌던 것이 분명하다. 백제에서 초기밀교 경전인 『청관세음보살소복독해다라니주경(請觀世音菩薩消伏毒害陀羅尼呪經)』과 『칠불팔보살소설대다라니신주경七佛八菩薩所說大陀羅尼神呪經』을 일본에 전했다는 기록이 그 예이다. 이 경들은 주呪의 지송持誦을 통해 현실에서 처한 위험에서 벗어날 수 있다고 설명하는 공통점이 있다. 따라서 7세기 이전 백제와 일본에는 초기밀교의 성격이 강한 경전이 전래되어 있었음을 알 수 있다. 그리고 8세기 중기밀교 경전이 한역된 이후에는 중기밀교 경전과 의궤, 수행법들이 우리나라에 전해져 영향을 미치게 되었다.

---

12 『三國史記』高句麗本紀 6, 小獸林王 2年; 『三國史記』百濟本紀 24, 枕流王 1年; 『三國史記』新羅本紀 4, 法興王 15年

『삼국사기』와 『삼국유사』에는 『약사경藥師經』, 『점찰선악업보경占察善惡業報經』, 『수구다라니경隨求陀羅尼經』, 『인왕경仁王經』, 『금광명경金光明經』 8권, 『최승왕경最勝王經』, 『천수경千手經』, 『십일면신주심경十一面神呪心經』, 『공양차제법供養次第法』 등의 밀교경전 관련 기록이 있다. 불교미술품과 연결된 밀교경전으로는 『불정존승다라니경佛頂尊勝陀羅尼經』, 『무구정광대다라니경無垢淨光大陀羅尼經』, 『최승왕경』, 『수구다라니경』, 『진언집록眞言集錄』을 꼽을 수 있다. 또한 신라 승려에 의해 주석서가 저술된 밀교경전은 『관정경』, 『십이문다라니경』, 『십일면경』, 『약사경』, 『인왕반야경』, 『금광명경』, 『금광명최승왕경』, 『반야이취경般若理趣經』 등이 있다. 중국 사서 등을 통해서는 현초玄超가 『대일경』, 『금강정경』, 『소실지경蘇悉地經』 등 3부와 제존유가법을 선무외로부터 부법 받았고, 불가사의不可思議는 『대일경공양차제법소』를 찬술하였음을 알 수 있다. 의림義林은 선무외로부터 태장계 및 금강계 법을 받았다는 기록이 있으며, 혜초慧超는 『천발경千鉢經』에 서문을 남겼을 뿐 아니라 유가심지비밀을 불공에게 배웠다고 하였다. 또한 혜일慧日이 금강계, 태장계, 소실지법 및 제존유가법을 부촉 받았고, 『불공견삭다라니경』에 「불공경삭주인不空羂索呪印」을 부가시켰던 사실도 알 수 있다.[13]

신라에 밀교경전이 처음 전해졌을 즈음의 모습은 진평왕眞平王(579~632) 때인 625년에 안홍安弘이 서역 승려 비마라진제毘摩羅眞諦 등과 함께 황룡사에 머물며 『전단향화성광묘녀경栴檀香火星光妙女經』을 번역했다는 기록을 통해 알 수 있다.[14] 이 경은 현존하지 않지만 문헌에 등장하는 첫 번째 밀교경전이라는 점에서 중요하다. 따라서 문헌상 확인할 수 있는

---

13 宗釋, 「密教經典의 新羅 傳來考」, 『論文集』 8, 중앙승가대학교, 1999
14 『海東高僧傳』(『大正藏』 50, 1021c~1022a)

신라 밀교의 최초의 모습은 7세기 중반경 서역승들에 의해 전래된 초기 밀교 사상이었다고 볼 수 있다.

이후 활동한 밀본密本과 명랑明朗 모두 밀교경전에 근거한 행적을 뚜렷하게 남겼다. 밀본은 『약사경』을 독송하는 방법을 통해 선덕여왕善德女王(632~647)과 김양도金良圖의 병을 치료하였으며,[15] 명랑은 『관정경』 권7의 내용에 따라 문두루비밀법文豆婁秘密法이라는 의례를 행하여 당나라의 군사를 물리치는 데 기여하였다.[16] 밀본이 독송한 『약사경』은 『관정경』 권12에 해당하는 내용일 가능성이 높다. 한편, 『삼국유사』의 본문에서 약사경이라고 명시하였기 때문에 밀본의 『약사경』은 『관정경』 권12가 아니라 달마급다 역의 『약사여래본원경』일 가능성도 있다.[17] 그러나 밀교의 성격과 『약사경』의 성격이 대치되지 않기에 『약사경』 신앙이 밀교에서 강조될 여지가 있다.[18] 그렇다면 이 시기 밀교경전인 『관정경』의 소경 또는 단독 『약사경』이 밀본에 의해 독송되었던 것은 밀교 신앙의 한 면모를 보여주는 것이라고 할 수 있다.

명랑이 사용한 문두루비밀법은 『관정경』 권7인 『관정복마봉인대신주경灌頂伏魔封印大神呪經』에 의거한 것으로 문두루비밀법의 설행을 통해 얻을 수 있는 복덕과 그 설행 방법에 대해 언급하고 있다. 이에 따라 명랑은 임시로 사천왕사를 짓고 풀로 오방五方에 신상神像을 만들어 유가

---

15 『三國遺事』卷5, 神呪6 密本摧邪
16 『三國遺事』卷5, 神呪6 明朗神印; 『三國遺事』卷2, 紀異2 文虎王法敏
17 金煐泰,「三國時代의 神呪信仰」,『韓國密敎思想研究』, 東國大學校 出版部, 1986, p.64; 김연민,「密本의 『藥師經』 신앙과 그 의미」,『한국고대사연구』6, 한국고대사학회, 2012, pp.220~221
18 鄭盛準,「新羅 藥師信仰 研究」,『佛敎大學院論叢』1, 동국대학교 불교대학원, 1994, p.21

명승 12명과 함께 문두루비밀법을 행했다. 채백彩帛으로 임시로 사천왕사를 지었던 이유는 『금광명경』이나 『대방광십륜경』 등의 경전에 의거한 것일 수도 있다.[19] 특히 『금광명경』은 사방불이나 사천왕 신앙, 주법과 참법 등 밀교적 성격이 있을 뿐만 아니라 신라에서 행해진 호국법회의 소의경전으로서 활용되었기 때문에 명랑에게 영향을 주었을 것이다. 명랑은 종교 의식의 거행에 필요한 신성한 장소를 확립하고자 임시로 사천왕사를 세웠다. 그리고 오방신왕의 명자와 그 권속들을 취하여 원목 위에 베껴야 한다고 한 내용을 따르기 위하여 풀로 오방신상을 만들었다. 이 의례에는 12명의 유가명승이 참여했다고 하는데 당시 신라에서 밀교적 수행에 힘썼던 승려들로, 승려의 수를 12명이라고 한 것은 『관정경』에서 오방 대신과 일곱 신의 이름을 쓴 문두루가 설해졌기 때문인 듯하다.[20]

　명랑 이후 신라에서 문두루도량이 설행되었는지 알 수 없지만, 경명왕景明王(917~924) 7년에 사천왕사의 오방신의 화살이 끊어졌다는 이야기가 전한다.[21] 이는 국가적인 변고의 전조로 표현한 것이라고 할 수 있다. 신라 말까지 문두루비밀법의 호국적 성격은 전해지고 있었던 것이다. 밀교 경전에 의거한 밀교사상을 근저에 두었던 밀본과 명랑 같은 승려들은 기존의 주술과 일견 비슷한 모습처럼 보이는 신주를 불교적 의미로 새롭게 해석할 수 있는 계기를 마련해 주었을 것이다. 이로써 고대 우리나라에서의 밀교에 대한 이해가 깊어지게 되었다.

---

19 高翊晉, 『韓國古代佛敎思想史』, 서울: 東國大學校出版部, 1989, pp.400~406
20 徐閏吉, 『韓國密敎思想史硏究』, 서울: 불광출판부, 1995, p.13, pp.302~305
21 『三國遺事』 卷2, 紀異2 景明王

## 밀교 신앙의 확산

당에서 『대일경』과 『금강정경』이 한역된 직후 우리나라에도 중기밀교 경전이 전래되었다. 의림義林은 중기밀교 사상을 우리나라에 처음으로 전하였다. 그의 스승인 선무외와 제자인 순효의 행적을 통해 유추해 보면 의림은 대비태장만다라묘법뿐 아니라 삼부삼매야三部三昧耶, 삼부실지법三部悉地法을 전수 받았을 가능성이 있다.[22] 선무외의 또 다른 제자로 신라 승려인 불가사의는 스승으로부터 직접 강의를 듣고 『대일경』의 마지막 권인 7권에 대한 주석서 『대비로자나경공양차제법소大毘盧遮那經供養次第法疏』를 저술하였다. 이 저술은 일행一行의 『대일경소大日經疏』와 더불어 『대일경』에 대한 첫 주석서로서 밀교 사상사적 가치가 매우 높다. 『공양차제법소』는 본불생本不生의 이치를 증득하게 하는 아자관阿字觀과 태장계만다라의 여러 존격에 대한 예배와 공양 등의 수행 절차를 설명하고 있다.[23] 이 과정에서 불가사의는 수행자가 갖추어야 할 행동을 설명할 경우 매우 구체적인 것까지 관심을 가지고 있었을 뿐 아니라, 수행자의 입장에서 설명하려는 의도를 보여주는데 그의 이 저작은 일본에서도 영향력을 미쳤다.[24]

이러한 내용을 담은 불가사의의 『공양차제법소』 찬술로 상징되듯이 신라 사회에는 8세기 전반부터 새로운 밀교의 흐름인 중기밀교가 전래

---

[22] 서윤길, 「신라 의림선사와 그의 밀교사상」, 『한국밀교사상사』, 서울: 운주사, 2006, pp.126~150

[23] 宗釋, 「唐朝의 純密盛行과 入唐 新羅 密敎僧들의 思想-순밀사상의 신라 전래와 그것의 한국적 전개-」, 『論文集』 5, 중앙승가대학, 1996, p.2

[24] 옥나영, 「『大毘盧遮那經供養次第法疏』의 일본 전래와 계승의 의미 : 『大日經供養次第法疏私記』를 중심으로」, 『佛敎硏究』 20, 한국불교연구원, 2020 참조.

되었다. 그러한 모습을 전하는 예는 경덕왕景德王(742~764) 때 활동한 진표眞表에게서도 나타난다. 그는 순제順濟에게서『공양차제비법』1권과『점찰선악업보경』2권을 전해 받았고, 다시 제자에게 전교관정傳敎灌頂을 하였을 뿐만 아니라[25]『공양차제법소』에서 설명한 수행을 직접 실천하였다. 진표의 교화 활동의 범위가 경주 이외 지역에 미쳤고 경덕왕의 보살계사菩薩戒師가 되는 데에까지 이르렀던 것을 생각하면 그의 수행법의 근거가 되었던『공양차제비법』에 대한 관심이 신라 사회에서 커졌을 것이다.[26]

8세기 이후에는 중기밀교 사상이 전래되었을 뿐 아니라 불교 신앙이 확대됨으로써 각종 불교 의례가 중요하게 인식되었다. 이러한 신앙 활동에 밀교 사상도 큰 영향을 미쳤는데,『무구정광대다라니경』,『불정존승다라니경』,『준제다라니경』,『불공견삭다라니경』,『수구다라니경』은 이러한 모습을 잘 보여준다. .

8세기 초『무구정광대다라니경』에 의해 새로운 법사리신앙이 신라 사회에 전래된 이후 적극적으로 받아들여졌고, 이후 신라의 탑은 점차 법사리장엄을 중심으로 변화하여 발전하게 된다.[27] 대표적으로는 황복사지 탑, 창림사지 탑, 동화사 금당 앞 서탑 등 20개 이상의 신라시대 탑이 있다.『불정존승다라니경』은 단명하지 않고 장수하며, 죽어서 악도를 피할 수 있는 방법으로 탑을 만들고 다라니를 안치하기를 제시한 경전이다.『준제다라니경』에서는 다라니를 통해 얻을 수 있는 공덕의 첫 번째

---

25 『三國遺事』卷4, 義解5 關東楓岳鉢淵藪石記
26 박광연, 「眞表의 占察法會와 密敎 수용」, 『韓國思想史學』26, 韓國思想史學會, 2006, pp.22~23
27 주경미, 「고대 국왕의 진신사리 공양과 정치적 함의」, 『인문사회과학연구』10, 부경대학교 인문사회과학연구, 2009, p.43

로 육도에 떨어지지 않을 것, 죄업의 소멸을 꼽았다. 이는 『무구정광대다라니경』과 『불정존승다라니경』과의 공통된 모습으로, 그러한 공덕을 얻을 수 있는 방법 중 탑과 관련하여 설명하는 구절이 있다. 8세기 이후 신라인들은 『무구정광대다라니경』에서 설한 다라니를 서사하여 작은 탑을 같은 수만큼 만들어 탑 안에 함께 안치하거나, 『불정존승다라니경』과 『준제다라니경』의 다라니만을 서사하여 탑 안에 봉안했다. 이는 다라니를 단순히 주술적인 면에서 인식한 것이 아니라 불법에 기대어 다양한 기원을 했던 모습을 보여주는 것을 의미한다.

명효가 신라에 전한 『불공견삭다라니경』의 전래 배경은 이와 같은 신라 사회의 모습을 잘 보여준다. 명효는 당나라에서 역경승으로 활동하고 있던 이무첨李無諂에게 『불공견삭다라니경』을 한역해 줄 것을 요청하여, 이것을 가지고 신라로 돌아왔다.[28] 『불공견삭다라니경』은 불공견삭관음의 진언이 지닌 신비한 힘과 그것을 외우는 방법 및 효험에 대해 설하고 있는 경전이다. 이역본과 비교해 보면 이무첨은 진언에 대한 수정을 통해 다라니의 실천 행위 자체에 대한 구체성을 높이고자 했는데, 이전의 번역본에 비해 범어에 가깝게 발음할 수 있게 함으로써 다라니의 효험을 높이고자 하는 의도를 가졌던 것으로 판단된다.[29]

『삼국유사』에는 보천寶川이 장천굴에 머물면서 수구다라니를 지송하는 것을 업으로 삼았다는 기록이 있다.[30] 또 「백성산사전대길상탑중납법침기百城山寺前臺吉祥塔中納法賝記」에 따르면 수구즉득대자재다라니를

---

28 『開元釋敎錄』卷9 (『大正藏』 55, 566b)
29 옥나영, 「『不空羂索陀羅尼經』의 신라 전래와 그 의미」, 『사학연구』 111, 한국사학회, 2013, pp.117~118
30 『三國遺事』卷3, 塔像4 臺山 五萬眞身

『무구정경다라니경』등과 함께 납탑했다고도 한다.[31] 보천이 수구다라니 염송을 통해 얻고자 했던 것은『수구다라니경』에서 다라니를 지니면 모든 천과 용왕의 옹호를 받고, 사람들이 모두 믿고 받아들여 공경하며 섬기게 될 것이라고 한 것에 근거한 것이다.[32] 장천굴의 신이 결국 보천에게 보살계를 받았다는 것도[33] 이와 같은 수구다라니의 영험을 보여주는 것이다. 「백성산사전대길상탑중납법침기」는 해인사 일주문 밖의 탑 안에서 발견된 탑지들 중 하나이다. 여기에서는 '수구즉득대자재다라니'라고 하였기 때문에 경 전체가 아니라 다라니만을 납입했음을 알 수 있다. 경에 따르면 수구다라니는 죽은 자가 지옥에 떨어지더라도 고통을 그치게 하는 영험을 갖고 있다. 따라서 망자추선을 목적으로 만들어진 해인사묘길상탑 안에 수구다라니를 서사해서 납입했던 사례는 수구다라니가 지닌 죽은 이를 위한 위신력에 대한 믿음을 보여준다.

이처럼 우리나라 고대 사회에는 밀교경전과 그 주석서가 전래되고, 밀교경전에 근거를 둔 신앙 활동이 다양한 방면에서 이루어졌다. 이를 통해 밀교는 불교의 수용과 정착, 확산과정에서 중요한 역할을 담당하였다. 이후 사회의 변화에 맞추어 독자적인 관점에서 밀교경전을 이해함으로써 신앙 활동을 다채롭게 확산시켜 나갔다.

## 밀교의 역할

고대 사회에 미친 밀교의 역할은 불교의 다른 사상이 담당한 역할의

---

31 「百城山寺前臺 吉祥塔中納 法賝記」
32 『佛說隨求即得大自在陀羅尼神呪經』(『大正藏』20, 637c)
33 『三國遺事』卷3, 塔像4 臺山 五萬眞身

큰 범주 안에서 함께 이해할 수 있다. 동시에 신비적·주술적·상징적 요소와 의례를 중시하는 밀교의 성격은 불교가 확산, 정착되는 과정에서 역할을 담당하였다.

밀교는 무속 신앙적 개념과의 대립 또는 융화 과정을 거쳐 기존 관념을 불교적 관점으로 전환시켜 나가는 데 촉매 역할을 하였다. 신라의 경우 불교가 공인된 이후 국가의 적극적인 흥불興佛 정책에 힘입어 불교는 급속도로 교세를 확대하고, 승려들의 활동도 다방면으로 이루어졌다. 이 과정에서 밀교의 주술성과 신이성은 기존의 무속적 신앙 형태와 유사한 면이 있었기 때문에 그들이 불교를 인정하고 받아들이게 하는 매개체 역할을 했다. 밀교경전들을 통해 무속신앙과 외형적 유사성을 갖고 있다고 하더라도 내재적으로는 분명한 차이를 드러냈다는 점이 중요하다. 예를 들면 『관정경』에서는 무속적 주술 행위나 치료 행위를 지양해야 함을 분명히 하고 있다. 따라서 밀본의 밀교경전에 기반한 치유 활동은 동물을 희생시켜 원한을 풀어 병이 낫기를 기원하거나, 귀신에게 복을 빌어서 오래 살기를 바라는 등의 옛 방법보다는 불교 경전에서 설한 내용에 따르는 것에 호의를 가지는 분위기 형성에 계기가 되었을 것이다. 그리고 차츰 병의 치료와 같은 현실적인 소망에 답을 해줄 수 있는 대상이 무巫에서 승僧으로 옮겨 감으로써 일반적인 생활 방법에서부터 불교가 저변화되이 기는 데에 밀교경전의 교리를 바탕으로 한 밀교 승려들의 활약이 기여한 바가 크다고 할 수 있다. 그리하여 7세기 말에 이르러서는 명랑의 주도하에 『관정경』에 기반한 국가적 의례가 설행되고 신라 하대에까지 지속되어, 고려까지 명맥을 이어갈 수 있었다. 명랑의 행적은 호국과 내정 안정을 위해 자연신을 기원의 대상으로 삼았던 모습이 불교 수용 이후 불교의 부처·보살의 위신력에 의지하는 방식으로 변화하는 모습을 보여준다.[34] 또한 밀교가 일상적인 기원 차원을 넘어서서 공공의 영역에서 완전히 받아들여졌던 양상을 잘 보여주는 사례라고 할 수 있다.

한편, 불교가 수용된 이후 불확실하게 설명되었던 사후세계가 불교 교리에 근거하여 명확한 관념으로 확립되었다. 즉, 현세와 구분되는 내세 관념이 형성되고, 사후세계가 내세정토來世淨土의 측면에서 이해되었다.[35] 그런데 『관정경』 11권인 『수원왕생경隨願往生經』은 시방의 정토에 왕생하는 방법에 대해 설명하는 내용이 주를 이루며, 12권인 『발제과죄생사득도경拔除過罪生死得度經』에서는 약사정토를 설명한다. 경흥憬興과 현일玄一의 『대관정경소大灌頂經疏』 2권과, 『수원왕생경기隨願往生經記』 1권은 『관정경』의 정토 관련 부분에 대한 주석서라는 측면에서 신라인들의 정토인식에 밀교경전이 영향을 미쳤음을 추측할 수 있다. 이와 같이 밀교는 치병이나 공동체의 안위를 위한 의례 실행과 같은 현세적 이익을 위한 신앙 활동과 더불어 새로운 내세관 제시 등의 역할도 일정 부분 담당함으로써 신라 사회에 불교가 급속도로 정착해 나가는 데 영향을 미쳤다.

또한 밀교의 상징성과 의례를 중시하는 특징은 불교 신앙 활동에 구체적인 방법을 제시하였다. 초기밀교 경전들에는 화상법畵像法, 작단법作壇法 및 다라니의 서사와 염송 등을 포함한 간단한 의례 과정이 설해져 있고, 중기밀교 경전에서는 만다라 구현을 기반으로 하여 체계화된 의식 실행 방법을 설하고 있다. 조탑造塔에 큰 영향을 미쳤던 『무구정광

---

[34] 고승학, 「종교와 국가-願力」, 『테마Thema 한국불교 1』, 서울: 동국대학교출판부, 2013, pp.191~193
[35] 金英美, 『新羅 佛敎思想史 硏究』, 서울: 民族社, 1994, pp.203~227

대다라니경』은 대표적인 예라고 할 수 있다.「취서사석탑사리함기鷲棲寺石塔舍利函記」에 따르면 탑을 세우고 무구정일단無垢淨一壇을 만들었으며 단사壇師인 황룡사의 현거賢炬가 주도하는 의식이 행해졌던 것으로 추측된다. 또한 해인사묘길상탑에는 법보 중 하나로 수구즉득대자재다라니가 납입되었다. 그런데『수구다라니경』에는 다라니를 서사하는 방법에 대해 자세히 설명하고 있는데, 특징적인 것은 다라니를 서사할 때 중심부에 금강역사, 팔비보살 등의 형상을 그려야 한다고 한 점이다. 따라서 신라에서 수구다라니 서사본도 유사한 모습이었을 것이라고 추측할 수 있다. 이처럼 밀교경전의 내용을 통해 당시에 행해졌던 불교 의례와 의식 과정의 단면을 추측해 볼 수 있다.

## III. 고려~조선 시대 밀교의례와 문헌 간행

### 밀교의례의 설행

고려시대 밀교의 모습은 태조 19년(936)에 현성사賢聖寺가 창건되고 신인종神印宗이 성립되는 데에서 시작된다. 명랑의 후예인 광학廣學과 대연大緣이 분두루도량을 개설해 해적을 물리침으로써 태조의 고려 건국을 도왔기 때문이었다.[36] 이후 고려시대 개설된 불교의례는 총 83종이며 시행된 회수는 1,038회에 이른다. 이는『고려사高麗史』에 나타난 기록만이며, 태조~목종 간 고려 초 7대 실록이 일실되어 재편찬되면서 그

---

36『三國遺事』卷5, 神呪 第6 明朗神印

시기 기록이 충분하지 못한 점을 고려하면 실제 시행 회수는 이를 상회할 것이다.[37] 이중 밀교의례는 문종文宗 대(1046~1083)에 시작하여 고려 말까지 소재도량消災道場, 불정도량佛頂道場, 공덕천도량功德天道場, 마리지천도량摩利支天道場, 무능승도량無能勝道場, 문두루도량, 관정도량灌頂道場(기양/즉위), 능엄도량楞嚴道場, 보성도량寶星道場, 공작명왕도량孔雀明王道場, 아타파구신도량阿吒波拘神道場, 불정심도량佛頂心道場, 염만덕가위노왕신주도량閻滿德迦威怒王神呪道場, 대불정오성도량大佛頂五星道場, 대일왕도량大日王道場, 진언법석眞言法席 등 총 17종이 개설되었다.[38]

고려 밀교의례 개설 경향은 시대적 상황에 따라 변화를 겪는다. 성종成宗(981~997) 대 팔관회八關會가 폐지되는 등[39] 불교 의례가 폐지되었다가 현종玄宗(1009~1031) 대 부활한다. 이 시기는 불교 경전에 대한 중앙집권적 해석과 선택, 합리화가 행해지면서 불교 의례가 본격적으로 개설되기 시작하였다.[40] 국가 권력을 뒷받침하는 국가적 의례로서 불교 의례가 주목받기 시작한 것이다. 이어 문종 대에 들어서서 의례의 종류가 확장되면서 밀교의례로서 소재도량, 마리지천도량, 문두루도량 등의 설행이 시작되었다. 국가 제도가 정비되면서 이미 익숙한 존격과 경전을 중심으로 의례의 폭을 확장시키면서 그 과정에서 밀교의례도 새로운 시

---

37 서윤길, 『高麗密敎思想史硏究』, 서울: 불광출판부, 1993, pp.158~176; 김수연, 『高麗時代 密敎史 硏究』, 이화여자대학교 박사학위논문, 2012, p.177
38 이하 고려시대 밀교의례와 밀교문헌에 대한 내용은 김수연, 위의 논문, 2012를 참고하였다.
39 『高麗史』卷3, 世家 第3 成宗 6年
40 김형우, 『고려시대 국가적 불교행사에 대한 연구』, 동국대학교 박사학위논문, 1992, p.46

도가 이루어진 것이다.⁴¹ 이후 선종 대에 『불정존승다라니경』을 소의경전으로 하는 불정도량이나 『수능엄경』에 기반한 능엄도량이 최초로 개설되고, 숙종 대는 관정도량(기양)과 보성도량이, 인종 대에는 별자리 변화에 대한 기양을 목적으로 아타파구신도량이, 금나라 공격과 관련해서 무능승도량이 새롭게 개설되는 등 새로운 의례가 추가되면서 밀교의례 개설이 지속되었다. 특히 무신집권기에는 정치적 혼란이나 외국의 침입과 더불어 전염병이 유행하는 혼란이 이어졌는데, 명종과 강종 대에는 관정도량(즉위)을 제외하고는 기우와 내란 진압을 목적으로 개설되었다. 몽골과의 전쟁이 이어지던 때에는 기존의 의례 이외에 공덕천도량이나 염만덕가위노왕신주도량 등 군사적 목적을 지닌 의례가 추가된다. 원 간섭기에 접어들면서 불교 의례 전반에 대한 원의 통제로 원 황제를 위한 축수재祝壽齋가 주로 개설되는 반면 담선법회談禪法會도 원을 저주하기 위함이라는 무고로 금지되었다.⁴² 따라서 외적 기양이나 전쟁에서의 승리를 위한 목적에서 개설된 경향이 큰 밀교의례도 금지의 대상이 되었다.

고려시대 개설된 국가적 밀교의례는 즉위식의 성격을 포함한 관정도량을 제외하면 모두 기양의례로서 개설되었다. 이는 다라니가 현실의 재난에서 구제해 준다는 인식을 바탕으로 밀교의례가 행해졌기 때문이다. 즉, 밀교신앙이 현실적 재난을 타개해 준다는 사회적 합의를 바탕으로 밀교의례들이 기양의례로서 불교 의례 속에 포함되었다. 그리하여 고려시대 국가적 밀교의례는 여타의 불교 의례 개설 목적과 동일하게 별자리의 변화, 기상재해, 전란, 전염병 발생 시 그 기양을 목적으로 하

---

41 김수연, 앞의 논문, 2012, p.179
42 김형우, 앞의 논문, 1992, p.67; 김수연, 앞의 논문, 2012, p.117

였다. 이는 국가적 불교 의례 개설의 본질적 목적이 국가적 어려움을 불력佛力으로 타개하고자 하는 데에 있기 때문에, 밀교의례 또한 기능적 측면에서 다른 불교 의례와 차별화되지 않았던 것을 알려준다. 한편 밀교의례가 차지하는 비중이 높았던 것은 밀교의례의 다라니가 영험을 보장하면서도 신비로운 의례 절차가 장엄한 분위기를 연출하여 의례 참여자들로 하여금 불보살의 위신력으로 재난을 기양할 수 있으리라는 믿음을 불러일으켜 다른 불교 의례에 비하여 가시성이 높았기 때문이다.[43]

여말선초 기 정치이념과 시대사조는 유교였으나 불교의 사상과 전통은 이어졌고 무엇보다 종교와 관습의 영역에서 불교가 가진 지분은 무시할 수 없었다.[44] 밀교의 측면에서 당시 밀교 신앙은 조선시대에도 완전히 소멸한 것이 아니라 고유의 명맥을 이어갔고, 조선시대에도 밀교 의례 설행은 지속되었다. 조선 초 총지종 승려가 밀원密員으로 궁궐의 액막이 의식을 담당하거나[45] 태종 대의 진언법석眞言法席 개설[46], 세종 대까지 소재도량이 개설된 정황,[47] 정종 때 문두루도량 개설[48], 치병을 위한 공작재孔雀齋 개설[49] 등은 그 구체적인 예이다. 외적의 침략이나 질병의 만연과 같은 내우외환이나 홍수, 한발과 같은 천재지변, 또는 죽은 이를 위한 추복과 같은 것들은 주자학적 이념만으로는 해결할 수 없는 한계가 있었다. 따라서 오랜 시간 정신적 측면에서 기반을 가졌던 불

---

**43** 김수연, 앞의 논문, 2012, pp.124~127
**44** 김용태, 『조선 불교사상사』, 서울: 성균관대학교출판부, 2021, pp.105~125
**45** 『太宗實錄』卷1, 太宗 1年 5月
**46** 『太宗實錄』卷15, 太宗 8年 6月
**47** 『世宗實錄』卷126, 世宗 31年 12月
**48** 『定宗實錄』卷3, 定宗 2年 3月
**49** 『世祖實錄』卷8, 世祖 3年 7月

교의 불·보살의 가호력에 의지하지 않을 수는 없었고,⁵⁰ 그러한 불교 의례에는 밀교가 영향을 미쳤는데, 그 대표적 예가 수륙재水陸齋의 개설과 정례화이다.

수륙재는 인도의 시아귀회施餓鬼會에 뿌리를 둔 것으로 중국에서는 시아귀회의 중국화 과정에서 새롭게 수륙회로서 등장하게 되었다. 우리나라에서는 고려 태조 23년(940)에 처음 시행되었고, 고려 말에는 수륙재가 왕실이나 귀족들 사이에서 천도의식이자 구료救療의 성격을 띠고 여러 번 개최되었다. 이후 조선에 들어서도 수륙재는 자연스럽게 일반적인 천도의식으로 자리 잡게 되었고 이러한 분위기는 조선 초 구舊 왕조의 권위 및 정통성과 관련된 요소들을 제거하는 일련의 과정에서 불교의례가 폐지될 때에도 수륙재는 국행의례화되는 요소가 되었다.⁵¹

태조 4년(1395)에 처음 설행된 국행수륙재는 공양왕恭讓王(1389~1392)과 그의 두 아들을 비롯한 왕씨들을 천도하기 위함으로 삼척 삼화사三和寺, 개경 관음굴觀音窟, 거제의 현암사見庵寺가 설행 장소였다. 이후 몇 차례 변화가 있었지만 중종中宗 10년(1515)에 이르기까지 상례로 설행되었다. 즉, 조선 초의 국행수륙재는 설행 사찰이 있고, 설한 시기는 매년 초와 겨울로 정례화된다. 신행의 소의경전은 『묘법연화경』이고, 의례 절차의 소의전적으로는 『천지명양수륙잡문天地冥陽水陸雜文』으로 생각되는⁵² 『수륙의문』이 있어 제도적으로 완비된 모습을 보인다.⁵³

---

50 서윤길, 「조선조 밀교사상연구」, 『한국밀교사상사』, 서울: 운주사, 2006, p.801
51 강호선, 「조선 전기 국가의례 정비와 '국행'수륙재의 변화」, 『한국학연구』 44, 인하대학교한국학연구소, 2017, pp.486~489
52 송일기·한지희, 「불교의례서 中禮文 編纂考」, 『書誌學硏究』 43, 書誌學會, 2009, p.125
53 민순의, 「조선 전기 수륙재의 내용과 성격: 천도의례의 성격 및 무차대회와의 개념

이처럼 수륙재는 왕조 교체의 정치적 사건 속에서 죽어간 영혼들을 위로하고 질병을 치유하기 위한 법식을 베푸는 재회였다. 이들에게 법식을 베풀어서, 다라니 신주를 설하여 평등무차의 법식을 베푸는 밀교 경전에 의지하고 있어 밀교의식에 기반을 두었음을 알 수 있다.[54] 수륙재 의식에서는 상·중·하 삼단의 일체 대상에게 차별 없이 공양, 시식, 추천을 하고, 각각의 게송과 다라니 송주와 작법으로 시식하여 공양한다. 법회에서는 『묘법연화경』 이외에도 『능엄경』 등 여러 경전들이 독송되었고 다라니 염송이 함께 행해졌다. 수륙재는 공식적 폐지 이후에도 민간에서 계속 설행되었는데, 수륙재 관련 불교의식집이 16~17세기에 집중적으로 간행되고 수륙재 관련 소문疏文이 이 시기에 빈출하는 것에서도 알 수 있다. 수륙재는 천도뿐 아니라 치병 등도 포함하는 의례이기에 자연재해의 빈발과 17세기 여러 차례의 전란을 겪으면서 민심은 수륙재의 기복적이고 주술적인 밀교적 신앙에 경도되었기 때문이다.[55]

이처럼 조선 개국 초에 사회적으로 효용성을 갖는 의례나 유교의 범주에서는 해소될 수 없는 영역에서 불교 의례가 국가와 왕실이 주도하여 설행되기도 하였다. 이에 여러 왕대에 걸쳐 재, 도량, 기우를 위한 법회를 밀교의례에 준하여 거행하였다. 다양한 종류의 밀교의례가 개설되었다는 것은 의식집이나 의궤 간행 등을 통해 반증된다. 또 이때 성립한 여러 의례집은 지금의 불교 의례에도 영향을 주었다.

---

적 차별성을 중심으로」, 『불교문예연구』 9, 동방문화대학원대학교 불교문예연구소, 2017, p.208

[54] 이기운, 「조선 초 國行水陸齋를 통해본 밀교사상 연구」, 『원불교사상과 종교문화』 81, 원광대학교 원불교사상연구원, 2019, pp.221~222

[55] 남희숙, 『朝鮮後期 佛書刊行 研究 : 眞言集과 佛敎儀式集을 中心으로』, 서울대학교 박사학위논문, 2004, pp.112~128

## 고려 밀교 문헌의 간행

고려시대 왕실과 위정자들은 다양한 불교 의례를 국가 차원에서 설행하였는데, 이중 순수한 밀교 의식이 큰 비중을 차지하였다. 이와 연관되어 밀교 문헌의 수집과 정리 및 간행이 이루어졌다. 고려시대 밀교 문헌은 국가 차원에서 조성된 대장경과 민간 출판물로 간행되었던 문헌으로 크게 나누어 볼 수 있다. 북송北宋과 요遼로부터 입수된 대장경을 바탕으로 대장경이 간행되었는데 여기에는 다수의 밀교경전이 포함되었다. 이 밖에 지방 사찰이나 사가에서 『범서총지집梵書摠持集』을 비롯한 각종 다라니경류 밀교 문헌들이 생산되었다. 경전 형태의 간행물뿐만 아니라, 다라니와 만다라 등 낱장 형태의 인쇄물도 제작되었다.

고려시대 관찬 사료를 통해 확인되는 밀교 문헌의 간행 사실은 많지 않다. 하지만 밀교 문헌으로 전존하는 실물 자료 판본이 상당수 남아 있으며, 고려대장경에 포함된 밀교 경전도 350여 종 넘게 확인되었다. 초조대장경의 입장 목록에는 3세기부터 번역되기 시작한 밀교경전에서부터 11세기 초까지 번역된 상당수의 밀교경전이 포함되어 있다. 이로써 초기밀교 경전뿐 아니라 11세기 초 북송 승려들에 의한 한역본 및 밀교경전 상당수가 유입되었다는 사실을 알 수 있다.[56]

또한 『신편제종교장총록新編諸宗教藏總錄』에 수록된 밀교경전의 배열 위치나 비중을 살펴 보면 『대일경』과 기타 밀교경전들을 분리하여 인식하고 있음을 알 수 있다. 『대일경』은 『교장총록』 경부經部의 46개 경전 중 3번째에 위치하였으나 여타 경전들은 후반부에 위치하고 있다. 이러

---

56 임기영, 「고려시대 밀교문헌의 간행 및 특징」, 『書誌學研究』 58, 書誌學會, 2014, p.405, p.411

한 모습은 『대일경』을 『화엄경華嚴經』이나 『법화경法華經』에 버금가는 층위로 인식하고, 『관정경』, 『청관음경請觀音經』, 『소재경消災經』, 『팔대보살만다라경八大菩薩曼茶羅經』은 방편의 교설로 파악한 것이다. 이는 의천義天(1603~1690)이 요나라 불교계의 『대일경』 인식에 영향을 받았기 때문이라고 추측된다. 적어도 고려 전기의 불교계에서는 체계화된 밀교경전에 입각한 밀교사상과 다라니경류를 분리하여 파악하였고, 체계화된 밀교는 현교의 입장에서 통섭하였던 것이다.[57]

고려시대 민간 출판 생산 문헌으로는 약 100여 종 이상의 다양한 불경 및 다라니와 만다라 등 낱장 인쇄물이 전해지고 있는데[58] 이중 밀교경전만을 정리하면 총 35건의 사례가 현존하고 있다.[59] 가장 이른 시기 간행된 것은 목종穆宗 10년(1007)에 간행된 『일체여래심비밀전신사리보협인다라니경一切如來心秘密全身舍利寶篋印陀羅尼經』이다. 이는 다라니를 탑에 봉안하고 공양하면 모든 여래가 이를 보호할 것이라는 내용을 담고 있는데, 승려 홍철弘哲이 발원하여 총지사에서 판각한 것이다. 또 정종靖宗 11년(1045)에는 보광보살을 칭명하고 독송하면 죄와 원수가 소멸한다는 내용의 『불설해백생원결다라니경佛說解百生寃結陀羅尼經』이 왕실과 백성의 평안을 바라며 간행되었다.

12세기 중엽 이후 『범서총지집』이 7차례 간행된다. 『범서총지집』은 범자 다라니 모음집으로 고려시대 사례만 확인되기 때문에 고려 밀교의 특징을 보여준다고 할 수 있다. 『대일경』과 『금강정경』 및 기타 다양한

---

57 김수연, 앞의 논문, 2012, pp.83~84
58 남권희, 『고려시대 기록문화 연구』, 청주: 청주고인쇄박물관, 2002, pp.3~105; 임기영, 앞의 논문, p.415
59 김수연, 앞의 논문, 2012, p.85

경전에서 발췌한 다라니를 수록한 것으로 양부 만다라의 공양차제供養次第에 준해 구성되어, 각각 500칙 이상의 다라니를 수록하였다. 다라니들의 제목을 한자로 표기한 다음 범자梵字로 다라니를 적었다. 7건의 간행 사례 중 처음 3건은 의종 대에 편찬된 것인데 이는 밀교 종파의 활동이 인종 대를 기점으로 두드러지기 시작한 것과 연관시켜 이해할 수 있다. 인종 대 신인종의 종찰인 현성사에 친행 기록이 처음 등장하며, 이곳에서 재를 설하기도 한다. 또 총지사 주지 회정懷正이 의학과 다라니 염송을 병행한 치료 행위(呪噤)로 의종의 총애를 받기도 하면서 인종과 의종 무렵 다라니에 대한 신앙이 확산되고 주목 받게 되었다. 이러한 분위기 속에서 여러 편의 『범서총지집』이 간행되기 시작되었다. 『범서총지집』의 다라니 구성과 내용, 고종 대 각판된 『범서총지집』의 다라니의 수승함과 범자 다라니의 중요성 및 공덕을 피력하고 있는 서문의 내용을 통해 『범서총지집』은 다라니의 실질적 활용과 공덕을 기대하는 성격이 강하다는 것을 알 수 있다.[60]

무신집권기 간행된 밀교경전에는 현세구복적인 면이 두드러지게 나타난다. 밀교문헌에 수록된 발원문에 따르면 집권층의 수복과 안녕, 또는 외적을 물리치거나 나라의 평화를 기원하는 내용이 주를 이룬다. 외적의 침입이나 내부의 반란과 권력 다툼 등 사회적 혼란이 지속되면서 밀교 의식은 더욱 성행하여, 소재도량, 불정도량, 관정도량 등의 의례 설행이 잦아졌다. 다라니 염송이 갖는 제재 구복의 역할이 당시의 시대 분위기 속에서 상승작용을 일으킨 것이다. 실재 여러 문헌 기록을 통해

---

[60] 김수연, 「고려시대 간행 『梵書摠持集』을 통해 본 고려 밀교의 특징」, 『한국중세사연구』 41, 한국중세사학회, 2015

종파와 관계없이 다라니를 염송의 대상으로 삼았음을 확인할 수 있다.[61]

이에 개인적 차원의 다라니 신앙이 고취되고 다양화되면서 다라니경류 간행과 유통도 촉진되었다. 『불정심관세음보살대다라니경佛頂心觀世音菩薩大陀羅尼經』과 『소재길상경』, 『불설장수멸죄호제동자다라니경』이 최씨 일가를 위한 목적에서 간행되었고, 외적 격퇴와 나라의 안녕을 위해서 『불설범석사천왕다라니경佛說梵釋四天王陀羅尼經』이 판각되었으며 2번에 걸쳐 『범서총지집』이 간행되었다. 이 중 『불정심다라니경』은 호신의 목적으로 작은 은갑에 넣어 휴대할 수 있도록 제작되었다.[62]

원간섭기는 원나라의 문화적 영향을 받은 시기로 티베트불교가 전해지며 영향을 미쳤다. 국가적 밀교의례는 원의 정치적 통제로 불가피하게 축소된 반면 개인적 차원의 밀교 의식이 확대되는 경향이 나타난다. 밀교 의식은 더욱 현세구복적 성향이 강해지고, 티베트불교의 영향 속에서 다라니 신앙의 확산과 맞물려 정토신앙과 선사상과 융합하면서 백성들의 생활 전반으로 퍼졌다. 이와 동반하여 밀교 문헌의 유통 및 생산은 지속되었다.

중앙에서의 사례로는 충숙왕 15년(1328) 왕명으로 기존에 존재하였던 『밀교대장』 90권과 더불어 새로 40권을 추가하여 130권을 목판본과 금자사경金字寫經으로 만들었던 것을 들 수 있다.[63] 『밀교대장』은 조선 초에도 유통되었으나[64] 권9와 권61만이 현존한다. 『밀교대장』은 재조대장경의 함차函次에 따라 다라니만을 별도로 추리되 재조대장경에는 없는

---

61 김수연, 앞의 논문, 2012, pp.193~194
62 남권희, 앞의 책, p.38
63 『益齋亂稿』卷5, 金書密敎大藏序
64 『陽村先生文集』卷13, 德安殿記

실담자를 포함하고 있고 진언의 한자 표기법이 달라서 재조대장경을 저본으로 하지는 않았던 것 같다.⁶⁵ 『밀교대장』은 다라니 명칭을 한자로 적고 범자 다라니를 적은 후, 한자로 발음을 부기하였다. 이러한 구성에서 다라니를 정리한다는 성격이 엿보인다. 『밀교대장』이나 『범서총지집』은 다라니 모음집이라는 측면에서 고려시대 밀교 다라니가 확산되어 있었음을 보여주는 자료이다.⁶⁶

사찰이나 민간에서는 『장수멸죄호제동자다라니경』이 총 10종 간행되기도 하고 사경되기도 하였다. 『대비심다라니경』은 단독으로 간행되거나 지공指空 역의 육종불서六種佛書와 섞인 형태로 간행되기도 하였다. 『불정심다라니경』은 충숙왕 4년(1335)에도 판각된 것으로 판단되는데, 발원자가 어매현御梅縣에 거주하는 남아男兒라고 하여 지배층이 아닌 일반 민의 발원으로 주목된다. 또 『정본일체여래대불정백산개총지正本一切如來大佛頂白傘蓋摠持』는 6종류의 다라니가 합본으로 구성된 것으로 고려 지배층을 중심으로 한 재가신도들에게 숭앙 받았던 지공의 영향력을 알 수 있게 한다. 또 전염병 퇴치의 내용을 담은 『불설천존각온황신주경佛說天尊却瘟瘴神呪經』도 두 종류가 현존하고 있다.⁶⁷ 이러한 경전류 이외에 낱장 형태의 다라니, 만다라 간행 사례까지 포함하면 고려시대 밀교가 성행 규모는 더욱 크다.

고려 말에 이르러서도 과도기의 불안과 왕조 말 현실적인 불안 요소가 밀교 신앙에 결합되어 밀교 문헌은 꾸준히 간행되는 양상을 보인다.

---

65 박광헌, 「고려본 『밀교대장』 권61에 관한 서지적 연구」, 『書誌學研究』 58, 書誌學會, 2014, p.447, p.456
66 김수연, 앞의 논문, 2015, p.211
67 김수연, 앞의 논문, 2012, pp.95~101

다라니경류의 간행 증가는 불안한 민심이 고유 신앙과 더불어 진언과 다라니 신앙의 주술적 신비성에 깊이 의지한 경향에 부합했던 것으로 판단된다.[68]

## 조선의 진언·의례집 간행

조선시대에도 국가와 왕실이 나라의 증익이나 천재지변에 대한 신앙적 의례 설행을 지속하면서 의식의 수행에 활용된 경전류·의식집류의 간행이 이어졌고, 이는 밀교적 의식 행위를 더욱 파급하는 효과를 가져왔다. 뿐만 아니라 양부만다라와 같은 전통적 사상을 계승하면서『칠대만법七大萬法』과 같은 새로운 법체관法體觀을 정립시키기도 하였다. 한편 의식작법이나 교학 면에서뿐 아니라 신앙 면에 있어서도 왕실에서부터 일반민에 이르기까지 밀교 신앙은 열렬하게 이루어졌고, 승·속의 깊은 신앙적 의지처이기도 했다.[69] 조선시대 종파 통폐합 과정은 밀교가 선사상이나 정토사상과 융합하면서 불교 의식의 기조를 이루고 이런 면을 통해서 신앙행을 이어주는 방편의 역할을 하였음을 엿볼 수 있는 면모이기도 하다.[70]

또 조선 왕실 구성원들의 다라니 신앙은 지속되어,『불정심관세음보살다라니경』,『장수멸죄경』,『준제경』 등이 왕실의 발원으로 간행되었다. 또 일반민들 사이에서도 밀교 신앙은 이어졌고 교학 연구 전통도 지속

---

68 徐景洙,「麗末鮮初 佛敎의 密敎的 傾向」,『韓國密敎思想硏究』, 서울: 東國大學校出版部, 1986, p.347
69 서윤길,「조선조 밀교사상연구」,『한국밀교사상사』, 서울: 운주사, 2006, p.792
70 鄭泰爀,「韓國佛敎의 密敎의性格에 대한 考察」,『韓國密敎學論文集』, 서울: 大韓佛敎眞覺宗海印行, 1986, p.631

되었다.⁷¹ 조선 전기 간행 불서들은 경·율·논 및 그 주석서들이 대부분을 차지하는데, 후기로 갈수록 다라니경, 진언집, 불교 의식집 간행이 증가한다. 조선 전기까지는 관판의 비중이 높았지만 간경도감刊經都監이 폐지된 이후로는 대부분 사찰에서 사간판으로 간행된다.

조선시대에는 삼밀 수행법으로서의 밀교의 뜻을 발전시키기보다는 방편으로서 진언의 주술적 측면이 호응을 받았다.⁷² 조선시대 간행된 다라니경과 진언집은 대부분이 독송을 통해 공덕을 얻는 것이 목적인 독송용이고 수행을 위한 수법 차제용은 그 비중이 낮은 것에서도 알 수 있다. 간행 형식에 있어서 여러 다라니를 모아 하나로 묶어낸 진언집류의 비중이 고려시대에 비해 현격히 증가한다. 책의 제목에는 단일 다라니경처럼 보이나 실제 내용은 두세 가지 다라니를 합본한 경우가 다수를 차지한다. 그리고 대중적이고 신앙에서 영험이 있다고 생각된 몇 가지 다라니경이 반복적으로 양산되는 경향이 크다.⁷³ 그 중 『천수경』이 비교적 많이 간행되었고 각 진언 위에 수인을 넣거나 관세음보살의 다양한 모습을 표현한 『화천수畵千手』도 함께 유행하였다. 다음으로 수구다라니와 관련된 경전이나 『관세음보살육자대명왕다라니신주경觀世音菩薩六字大明王陀羅尼神呪經』, 『불정심다라니경』 등의 간행 비중이 높은데, 관음신앙을 내포한 경우가 많다는 것이 주목된다. 이는 조선시대 불교신앙이 현실이 어려움을 구제해줄 수 있는 대상으로서 관음보살에 대한 믿음이 컸기 때문이다.

---

71 서윤길, 『밀교사상사개론』, 서울: 불교총지종 법장원, 2006, pp.841~843
72 洪潤植, 「韓國佛敎 儀禮의 密敎信仰의 構造」, 『佛敎學報』 12, 동국대학교 불교문화연구원, 1975, p.123
73 남희숙, 앞의 논문, 2004, p.21

진언집류는 결수문류와 오대진언류로 나누어 볼 수 있다. 결수문은 특정 불교 의식집 이름을 소제목으로 하고 그 소제목 아래 이들 의식집에서 뽑은 다라니들을 수록하고 거기에 각종 다라니를 발췌하여 수록한 것이다. 『오대진언』은 왕실 발원의 대표적인 불서로 성종成宗(1469~1495)의 어머니인 인수대비仁粹大妃(1437~1504)가 1485년(성종 16)에 직접 발원하여 간행한 불교 서적이다. 여기에는 사십이수 진언, 신묘장구대다라니, 관자재보살근본다라니, 수구즉득다라니, 대불정다라니, 불정존승다라니 등 총 6편의 진언이 실려 있으나 『오대진언』이라 하였다. 이 다라니를 범자, 한글 음역, 한자 음역 순서로 병기한 것이 특징인데, 이는 독송의 편리를 도모하기 위한 방식이다. 특히 사십이수 진언의 경우 각 진언마다 상단에 수인도手印圖를 함께 수록하였고 권말에는 한문으로 된 『영험약초靈驗略抄』가 첨부되어 각각의 다라니의 영험을 실제 사례를 통해 이해할 수 있게 한다. 이렇게 영험에 대해 부기하는 것은 『오대진언』만의 특징은 아니며 조선시대 간행된 진언집의 대부분이 영험집을 부기하고 있다. 영험을 보다 널리 홍포하기 위한 목적일 것이다. 각 진언집의 서문이나 발문에서 진언의 수지 독송의 공덕을 높이 평가하고 있는 것에서도 알 수 있다.[74] 『오대진언』은 이후에도 여러 번 간행되는데, 점차 사십이수 진언은 수록되지 않거나 근본다라니 등으로 대체되기도 하는 동시에 사십이수 진언만 별도로 『화천수』라는 제목으로 단독 간행되기도 한다. 또 후대로 갈수록 한글 음역만 표기하는 것도 간행된다.

불교 의식집의 경우 많은 사찰에서 경전을 간행할 수 있는 여건이 갖

---

[74] 洪潤植, 「朝鮮時代 眞言集의 刊行과 儀式의 密敎化」, 『韓國密敎思想硏究』, 서울: 동국대학교출판부, 1986, pp.420~426

추어지고 사회의 혼란, 재해 등의 현실 문제를 해소하기 위한 많은 의식이 행해짐에 따라 16~17세기에 집중적으로 간행되었다. 사찰에서 정기적·일상적으로 행해졌던 수륙재, 일상의례, 헌공獻供 의식의 절차를 설명하는 내용을 담은 것이 많이 간행되었다.[75] 그 중에서도 수륙재 관련 의식집의 종류가 다양할 뿐만 아니라 간행 횟수도 많은데, 수륙재 관련 의식집 간행은 16~17세기에 집중되어 있다. 이는 이 시기 수륙재가 자연재해와 전란으로 인해 많이 개설됨에 따라 연동되어 나타난 현상일 것이다. 관련하여 가장 대표적인 의식집은 『수륙무차평등재의촬요水陸無遮平等齋儀撮要』와 『천지명양수륙재의찬요』이다. 전자는 수륙재 의식 절차를 간추려 소개하였기 때문에 선호되어 빈번히 간행되었다고 판단된다. 후자는 수륙재 의식문들 중 중요한 것을 54편으로 나누어 정리하였다. 이 둘은 대부분 같은 사찰에서 함께 간행되고 있어 서로 교차 비교하며 참고하여 수륙재 의식에 적용하기 위함이었다고 생각된다.[76]

조선 후기에는 백파 긍선白坡亘璇(1767~1852)이 불교 작법에 관한 불서들이 전체 의식과 내용을 망라하지 못하고 그 내용이나 설명도 차이가 있어 옳고 그름을 분별하기 어렵다는 데에 문제의식을 갖고 『작법귀감作法龜鑑』을 편찬하기도 하였다. 이때 범음을 정확하게 발음하기 위한 기준을 제시하기 위해 범례를 두고 설명을 한 점이 눈에 띈다. 이는 의식 거행 시 정확한 발음을 하여 의식의 종교성과 신비성을 극대화하기 위함이었다.[77] 또한 경종 3년(1723)에 간행된 『범음집梵音集』은 조선시대

---

75 우진웅, 「朝鮮時代 密教經典의 刊行에 대한 연구」, 『書誌學研究』 49, 書誌學會, 2011
76 남희숙, 위의 논문, 2004, pp.108~130
77 남희숙, 위의 논문, 2004, pp.79~82

불교 의식집을 총정리 집대성하였는데, 의식에서 사용되는 음율을 바로 잡고 여러 신앙 형태를 상·중·하단의 삼단 형태로 체계화하는 데 중점이 있음을 알 수 있다. 음율이 문제되었다는 것은 불교 의식에 진언류가 많이 삽입되어 진언의 독송이 바른 음율에 의해 행하여야 한다는 데 기인한 것이다. 한편 다양한 신앙 형태를 삼단의식으로 정비하는 것은 다양한 신앙 형태를 체계화한 것이다.[78]

---

[78] 홍윤식, 「朝鮮時代 眞言集의 刊行과 儀式의 密敎化」, 『韓國密敎思想硏究』, 서울: 동국대학교출판부, 1986, p.429

## 깨우침과 실천의 좌표, 밀교

밀교에서는 언어나 문자를 통해서는 깨달음과 성불에 이를 수 없으며, 그것은 직관을 통해 체득된다고 한다. 그래서 다라니와 진언을 지송하고 손으로 인을 맺고, 관법을 하는 방법을 통해 깨달음에 이르는 것을 중요하게 설명한다. 밀교가 담당하는 사상적·사회적 역할은 이와 같은 신비로우며 주술적인 면모가 강조된 의례의 설행과 수행에 맞닿아 있다. 깨달음의 길을 걸어가면서도 일상에서의 괴로움과 고난에서 벗어나길 원하는 일반적인 사람들의 바람에 효과적으로 대응할 수 있었고, 난해하고 어려워 이해하기 힘든 교학이 극복하지 못했던 상황에서 유연한 방법으로 제시됨으로써 그 한계를 극복할 수 있는 하나의 방편이 되었다. 종교가 보편적으로 갖는 신비성을 자신의 직접 실천을 통해 체험하고, 경전에 근거한 체계적인 절차에 따른 장엄하고 화려한 의례를 통해 현실의 바람의 성취를 느끼고 신앙심을 고취시켰다.

인도에서 밀교가 발생하게 된 이유는 불교를 믿는 사람들의 희망에 응답해야 했기 때문이다. 따라서 기존 불교의 정교한 교학 체계와 인도 전통의 사고 체계 속에 자리했던 신격과 의례는 점차 융합하게 되었고, 이로써 현세를 살아가는 이들의 기원의 성취를 위한 방법들을 제시하는 면이 강조된 이른바 초기밀교 경전들이 다수 성립하게 되었다. 손가락으로 표현하는 수인, 주술성을 지닌 진언, 불보살 등의 상징, 만다라를 만드는 법식 등이 정비되었다. 밀교는 여기에서 멈춘 것이 아니라 세간을 넘어서 출세간의 범주를 설명하게 이르렀다. 그것이 중기밀교 경전을 대표하는 『대일경』과 『금강정경』이다. 이 두 경전에서 드러나듯이 밀교는 깨달음에 대해서 이야기한다. 설법의 목표를 성불에 두고 대승불교 사상과 밀교의례의 밀접한 융합을 시도하였다. 본존으로 여겨진 존격과 수행자가 일체가 됨에 의하여 이 세상에서 부처가 될 수 있다고 하였다. 특히 삼밀의 상즉을 중요하게 여기고, 여러 존격을 만다라 조직에 편입하여 설명하였다. 성불을 위한 한 차원 높은 교리 및 실천행을 겸비한 것이다.

인도에서 시작한 밀교는 다른 불교사상의 전파 루트와 함께 중국을 넘어 우리나라와 일본에 전해졌다. 각각의 나라에서는 새로운 사상으로서 밀교 경전을 한역하고, 그 경전의 내용을 각자가 주어진 사회적 조건에 따라 적극적으로 활용하기도 하고 변용하기도 하면서 사회의 안정과 종교적 성취에 활용하였다.

우리나라에서도 밀교는 주목 받았다. 불교 공인 직후부터 밀교경전의 한역과 일본에의 전래가 이루어졌다. 특히 고대 사회에서 기존에 경험하지 않았던 새로운 사상체계로서 불교를 받아들이고 이해해 나가는 과정에서 밀교의 성격은 고대인들에게 불교를 보다 유연하게 받아들이게 하는 데 중요한 역할을 하였다. 밀교경전에 근거한 병을 치유하는 활동은 기존의 무巫를 중심으로 한 종교활동을 불교의 가르침에 근거한 승僧으로 이동시키게 하는 결정적인 순간을 보여준다. 이후 국가적 차원에서 문두루도량이 개설되기에 이른다. 그리고 각종 다라니에 대한 믿음을 바탕으로 하여 다양한 밀교경전의 내용에 따른 조탑이나 지송 활동은 현세에서의 이익뿐만 아니라 수행의 성취를 위한 방법으로 받아들여졌다.

고려시대 밀교의례는 종교성을 띤 정치행위로서 적극 활용되었다. 그 과정에서 다양한 다라니를 매개로 한 의례가 설행되었고 고려 말에는 정토신앙과도 결합하면서 사회적 영향력을 키워 나갔다. 따라서 고려시대 전시기에 걸쳐 밀교사상에 대한 교학적 검토와 신앙 활동이 지속되었다. 고려대장경에 『대일경』을 포함한 당시에 유통되고 있던 각종 밀교 경전이 수록되었을 뿐만 아니라 사찰이나 민간 주도의 밀교 문헌들이 간행되어 신앙되었다. 특히 사람의 힘으로는 통제할 수 없는 범주의 문제인 재해의 발생 빈도가 높을수록, 외적의 공격으로 사회의 불안함이 높아지고 전쟁에서 죽은 이들이 많이 생겨나는 시기일수록 밀교의례의 개설 횟수는 늘어난다. 이러한 모습은 깨우침을 지향하면서도 동시에 현실의 절망을 부처의 가르침에 대한 공고한 믿음을 바탕으로 한 구체적인 실천을 통해 벗어나고자 하는 모습을 잘 보여준다.

조선의 밀교신앙과 사상 형성도 이와 같은 흐름을 이어갔다. 고려 말, 조선 초 패러다임의 전환기를 맞았을 때 왕실의 구성원들 역시 죽은 부모와 가족을 위한 추모, 고칠 수 없는 병에 대한 치유와 같은 기원과 바람의 측면에서는 오랜 시간 지속되어 왔던 불교에 기대었다. 국행수륙재의 설행과 정례화는 이 당시의 상황을 잘 보여준다. 특히 의식의 설행과 신앙 면에서는 왕실에서부터 일반민에 이르기까지 열렬하게 이루어졌고, 승·속의 깊은 신앙적 의지처로서의 역할을 지속했다. 그 과정에서 밀교가 간직한 직접적 체험, 즉 실천의 면모는 이러한 사람들에게 실증적이면서도 가시적인 효과를 더하여 호응 받았다. 이에 조선시대에는 『오대진언』과 진언집 형식의 문헌이 다수 간행되었다. 이 경우 다라니의 영험을 강조하고, 다라니의 정확한 지송을 도모하기 위해 한자뿐 아니라 한글 음역을 시도하였다. 불교 의식집은 사회의 혼란, 재해 등의 현실 문제를 해소하기 위한 많은 의식이 행해짐에 따라 16~17세기에 집중적으로 간행되었다. 사찰에서의 정기적·일상적으로 행해졌던 수륙재, 일상의례, 헌공 의식의 절차를 설명하는 내용을 담은 것이 많다. 그리고 이렇게 성립한 밀교문헌은 현대 우리나라 불교 의식 절차에도 깊은 영향을 미쳤다.

| 참고문헌 |

佛敎文化硏究院 編,『韓國密敎思想硏究』, 서울: 동국대학교출판부, 1986.
서윤길,『한국밀교사상사』, 서울: 운주사, 2006.
이시이코세이 지음, 최연식 옮김,『동아시아불교사』, 서울: 씨아이알, 2020.
松長有慶 著, 張益 譯,『밀교 경전성립사론』, 서울: 불광출판부, 1993.

김수연,『高麗時代 密敎史 硏究』, 이화여자대학교 박사학위논문, 2012.
김형우,『고려시대 국가적 불교행사에 대한 연구』, 동국대학교 박사학위논문, 1992.
남희숙,『朝鮮後期 佛書刊行 硏究 : 眞言集과 佛敎儀式集을 中心으로』, 서울대학교 박사학위논문, 2004.
옥나영,『新羅時代 密敎經典의 流通과 그 影響』, 숙명여자대학교 박사학위논문, 2017.
우진웅,「朝鮮時代 密敎經典의 刊行에 대한 연구」,『書誌學硏究』49, 書誌學會, 2011.
임기영,「고려시대 밀교 문헌의 간행 및 특징」,『書誌學硏究』58, 書誌學會, 2014.
宗釋,「密敎經典의 新羅 傳來考」,『論文集』8, 중앙승가대학교, 1999.

텍스트

# 불교잡지

• 김종진

I. 근대 불교잡지의 등장 배경과 복합성

　　시대적 배경/ 전통과 근대의 이중주/ 종교, 학술, 문예의 삼중주

II. 1910년대 불교잡지와 근대 불교의 실천적 모색

　　삼십 본산제도의 동력학/ 근대 불교의 기획과 근대 불교학/ 수양 담론

III. 1920년대 불교잡지의 문화 잡지 지향

　　지역 불교잡지의 등장/ 동경불교유학생회/ 종합 교양지의 출현

IV. 1930년대 불교잡지의 분파성

　　전문학교 교우회와 학생회/ 불교청년회와 동맹운동/ 강원과 선원

■ 근대 불교와 불교 청년의 성장 서사

# I. 근대 불교잡지의 등장 배경과 복합성

### 시대적 배경

잡지는 근대의 산물이다. 잡지라는 전대미문의 신매체는 근대 인쇄 기술과 출판 제작 방식의 혁신에 따라 등장하였다. 잡지는 대중의 목소리를 하나의 책자에 담아 동시에 배포하는, 제작과 유통 방식에 있어서 전근대와 사뭇 다른 기술적 진보의 결과물이다. 지식의 공유와 동시적인 확산, 그리고 독자의 적극적 참여가 가능한 잡지는 근대 지식의 생성과 확산에 지대한 영향을 끼쳤음은 미루어 짐작할 수 있다.

한국에 등장한 최초의 잡지는 갑오개혁 직후 등장한 『대죠션독립협회회보大朝鮮獨立協會會報』(1896)이다. 종교 잡지로는 1897년 2월 아펜젤러가 창간한 기독교잡지 『죠션크리스도인회보』가 국내 시초이며, 천주교잡지로는 1906년 10월 프랑스 신부 드망즈가 창간한 『경향잡지京鄕雜誌』가 시초다. 이외에도 천도교잡지 『천도교회월보天道敎會月報』가 1910년 8월 간행되었고, 『시천교월보侍天敎月報』가 1911년 3월 간행되었다. 불교잡지로는 『원종圓宗』이 1910년 2월에, 『조선불교월보朝鮮佛敎月報』가 1912년 2월 창간되었다. 유학 계열로는 『경학원잡지經學院雜誌』가 1913년 12월 창간되었다.[1] 기독교가 앞서고 천주교, 천도교에 이어 불교, 유학 잡지가 뒤따르는 양상이다.

---

1 최덕교, 『한국잡지백년』 1, 서울: 현암사, 2004 참조.

한국에서 근대는 종교 간의 공정한 경쟁이 보장되는 평등의 시대가 도래했다는 사실을 의미한다. 승려나 거사를 포함한 대부분의 불교 지성들은 그동안 경제적으로나 사회적으로 억압받고 간난의 시대를 보내야 했던 조선왕조 500년을 분노의 감정으로 평가하고 새로운 시대의 도약을 힘주어 설파하는 경향이 있다. 한국불교에서 근대는 갑자기 열린 종교평등의 시대에 타 종교, 특히 기독교가 막강한 경제적·문화적 자본으로 종교계를 압도하는 상황에 상당한 위기의식을 가지고 교육과 포교에 혁신을 도모해야 했던 시기다. 근대 불교잡지는 근대라는 시기적 특징, 잡지라는 매체적 속성, 그리고 타 종교와 현실적인 경쟁을 전개해야 하는 한국적 특수성에서 등장하였고 발전하였다.

근대 불교잡지는 기본적으로 일본·중국의 불교잡지 발행에서 영향을 받았다.

일본은 메이지 초기에서 10년대까지 불교계몽운동이 발전하면서 결사운동과 새로운 잡지의 발행이 확산되었고, 메이지 시기에만 400여 종이 발행되는 등 비약적인 발전을 이루었다. 일본의 불교잡지에 수록된 근대화 언설은 이 땅의 불교 근대화의 모델로서 수용되었다.[2]

중국의 경우 민국民國 시기(1912~1949) 불교 간행물은 약 200여 종으로 알려져 있다. 본격적인 불교잡지인 『불학총보佛學叢報』가 1912년에, 『불교월보佛敎月報』가 1913년에 간행된 것을 보면, 한국과 비슷한 시기에 불교잡지가 등장하여 포교의 매체로 활용된 것을 알 수 있다.

한편 『조선불교월보』가 창간되는 국내 배경은 근대 불교교단의 출범과 관련이 있다. 근대 최초의 불교교단은 이회광이 중심이 되어 설립한

---

[2] 조명제, 「1910년대 식민지 조선의 불교근대화와 잡지 미디어」, 『종교문화비평』 30, 한국종교문화연구소, 2016, pp.91~92 인용

원종종무원圓宗宗務院이다. 1908년 3월 경성의 원흥사에서 전국 각 지역의 대표 승려 52명이 원종의 설립을 의결하고 그 취지서(「불교종무국취지서」)를 발표하였다.(『매일신보』, 1908.3.17.일자) 1909년 12월에는 서울 중앙에 사찰을 건립하기로 하고 전국의 사찰에서 자금을 희사 받아 경성 전동에 각황사覺皇寺를 세웠다. 원종종무국(종무원)은 각황사를 조선선불교중앙회소 겸 중앙포교소로 운용하기로 하였다. 이러한 역사적 흐름에서 1910년 2월에 원종종무원은 국내 최초의 불교잡지인 『원종圓宗』(통권 2호, 不傳)을 창간하였다.[3]

현전하는 최초의 잡지는 1912년 2월 창간한 『조선불교월보』다. 창간을 발의한 주체는 근대 한국불교 최초의 종단인 '임시' 원종종무원이고 그 구성원이다. 조선불교월보사의 사장은 『원종』의 찬집부장이던 권상로가 맡았다. 『조선불교월보』 5호의 간행 즈음에 불교월보사의 운영 기관이 원종종무원에서 삼십본산주지회의원三十本山住持會議院으로 바뀌었다. 그럼에도 잡지사 내부의 조직이나 편집 방향에서 변동사항은 발견되지 않는다.

1910년에는 『원종』, 『조선불교월보』에 이어 『해동불보海東佛報』, 『불교진흥회월보佛敎振興會月報』, 『조선불교계朝鮮佛敎界』, 『조선불교총보朝鮮佛敎叢報』, 『유심惟心』이 간행되었다. 1920년대에는 『축산보림鷲山寶林』(일명 취산보림)·『조음潮音』·『불일佛日』·『불교佛敎』·『금강저金剛杵』·『일광一光』·『회광回光』 등이, 1930년대는 『불청운동佛靑運動』·『선원禪苑』·『금강산金剛山』·『신불교新佛敎』·『람비니藍毘尼』·『홍법우弘法友』 등이 간

---

[3] 원종종무원의 원장은 李晦光(1862~1932), 편집인은 전등사의 김지순이고 당시 찬집부장으로 권상로가 활동하였다.

행되었다.[4] 이들 잡지에 담겨 있는 수십 년 동안의 다양한 목소리는 곧 근대 불교의 실체가 된다. 한국불교의 근대화는 잡지의 성장과 길항관계가 있다.

## 전통과 근대의 이중주

한국불교는 1895년 승려의 도성출입 해제령을 기점으로 활동 공간의 제약에서 벗어났고, 1911년 반포된 사찰령의 시행으로 삼십본산주지회의가 결성되면서 교단이 현실 법제도 안에 자리 잡게 되었다. 이러한 일련의 과정을 겪으면서 근대 불교는, 너무나 당연하게, 모든 분야에서 과거와의 단절을 의미하는 것으로 인식되어 왔다.

다중의 전달매체인 잡지가 등장하여 공론의 장이 열렸을 때 쏟아냈던 억압의 역사에 대한 울분과 비판의 목소리는 앞으로 열릴 시대가 과거와 절대적인 단절에서 출발하는 것임을 극적으로 보여주는 것이다. 개혁의 담론을 쏟아내며, 진보에 대한 절대적 믿음과 의지를 다지는 열린 공간으로서 불교잡지는 근대의 산물이자, 한국 근대 불교의 출발과 함께한 동반자라 하지 않을 수 없다.

그러나 근대 불교잡지, 특히 1910년대 잡지에는 과거의 불교사를 복원하는 데 심혈을 기울이고, 19세기 선배 세대들의 문화 활동을 자료적으로 복원하며, 나아가 과거의 유산이라 할 전통 양식의 문학을 관습적

---

4 이 시기의 불교잡지는 이철교·김광식 편, 『한국근현대불교자료전집』, 서울: 민족사, 1996과 김광식 편, 『한국근현대불교자료전집해제』, 서울: 민족사, 1996을 참고할 수 있다. 동국대 불교학술원의 불교기록문화유산아카이브(ABC)에는 잡지의 영인본이 제공되어 있고, 일부 자료는 원문이 입력되어 있어 용이하게 활용할 수 있다.

으로 창작하고 있는 현상을 발견할 수 있다.

문학에서도 시경체詩經體를 모방한 축사祝詞, 축시가 다수 등장하고, 동호인이 모인 시회詩會에서 한시를 창작한 정황이 다수 반영되어 있으며, 한시를 '시詩'라 하고, 한글 창가 등은 '가歌'라 부르는 전근대적인 문학 현상이 드러나 있다. 잡지에 쓰인 문체는 국한문 혼용체가 주류이나 대부분 현토체이며, 여전히 순한문으로 투고된 논설과 기고가 등장하기도 한다.

이 시기 잡지에는 여성의 권리와 의무를 주장하고, 불교 내에서의 평등이 한글전용으로 제기되어 내용의 혁신성을 인지할 수 있지만, 여전히 가부장적이고 충효를 중시하는 전통의식이 강하게 남아 있다. 불교 논설, 교학연구도 전통적인 과문을 나누는 방식의 글이 있고, 주요 필진 또한 19세기 교학의 전통을 계승하고 있는 인물이 주류를 이루고 있다.

근대 불교잡지에는 전통과 단절된 새로운 사고, 새로운 표현만 등장하지는 않는다. 특히 1910년대, 20년대 잡지에는 19세기 불교문화의 유산이 상당한 분량으로 축적되어 있다. 여기에는 19세기와 20세기 전반을 이어주는 문화적 연속성과 전근대와 근대를 함께 살다간 지성사의 흐름이 도도히 흐르고 있는 것이다.

한편 불교잡지는 전근대에 출생하여 전통적인 방식으로 선학, 교학을 익히고 근대적 학문세계를 접한 대가들이 등장하는가 하면, 그들의 훈습을 받은 유학생 출신 불교 청년이 다수 등장하기도 하는 세대간 소통의 공간이다. 근대 불교잡지 전체를 관통하는 큰 흐름은 '박한영(이능화, 권상로)-한용운-불교 청년(국내외 전문대학 출신 승려들)'이라는 3세대의 공존과 계승이다.

잡지 초창기에는 박한영, 권상로가 좌장이 되어 신진 세대를 이끌었다. 특히『불교』를 중심으로 놓고 볼 때 백성욱, 이영재, 김태흡 등 초기의 주요 필진은 유학생 신분으로 종교와 학문에 대한 열정에 가득 찬 인물들이었는데, 이들의 글에서 불교개혁에 대한 의지와 열망을 엿볼 수 있다. 동경 유학생 기관지인『금강저』에 수록된 국내 불교계에 대한 비판적 제언은 실시간으로 국내에 전해져『불교』의 편집과 내용에 영향을 끼쳤다. 이와 함께『불교』「휘보」란에는 국내 고보高普와 전문학교, 일본 내 대학의 입학생·졸업생 소식이 상세히 전해졌고, 각 사찰 강원講院의 입학생과 수료생 명단이 상세히 소개되었다. 이와 함께 전국 각 사찰에서 속속들이 결성된 불교청년회 소식도 매 호마다 실려 있다.

이렇게 성장한 신진 세대로서, 강원의 학인들은 1929년에『회광』을 발행하였고, 불교청년회는 1931년에 조선불교청년총동맹 기관지인『불청운동』을 발간하였다. 불교잡지에는 불교 청년들의 다양한 목소리가 켜켜이 쌓여 있고, 이들 목소리의 성격은 근대 불교 언론의 주요한 특징이 되었다.

불교잡지는 포교를 위한 잡지, 혹은 국내 불교계 소식을 전달하는 매체에 한정되지 않는다. 불교잡지는 해외 불교계 소식을 생생하게 전하는 전신자(傳信者, 轉信者)의 위상을 견지하고 있다. 1920년대『불교』에는 일본과 중국의 불교계 소식이 다수 수록되어 있다. 항주杭州 고려사高麗寺 중건을 위한 국내와 중국 불교인들의 활동 소식을 상세히 전하고 있고, 홍콩·대만을 포함한 범중국계 불교 소식, 장종재張宗載 등 중국계 인맥과 한국·일본 간의 상호 방문 교류 등이 상세하게 소개되어 있다. 아울러 독일을 중심으로 한 유럽의 불교 관련 소식, 러시아를 중심으로 한 유럽의 반종교운동 관련 소식 등도 거의 실시간으로 소개되어 있다.

불교잡지는 전통과 근대, 국내와 해외, 구세대와 신세대의 목소리가 동시에 발화되는 복합 공간이다.

## 종교, 학술, 문예의 삼중주

근대 불교잡지는 단순히 불교교리를 대중들에게 포교하기 위한 목적성만을 가진 것이 아니다. 대학이 설립되지 않았던 1910년대, 1920년대 전반에는 잡지가 학술지 역할을 대신하였다. 당대 최고의 지성인들이 국학 탐구의 결과를 발표하는 지면으로 활용되었고, 출판이 다양하지 않고 쉽지 않은 시대에 승가 내 교육 교재이자 대중 교육의 자료로 활용될 수 있는 다양한 글이 투고되었다. 아울러 강원 재학생 혹은 전문학교 이상의 학력을 가진 신진 불교 청년들의 서정을 담은 다양한 문학 작품이 발표되는 문학의 장이었다. 대중성을 지향하는 일부 잡지는 당대 최고의 문인을 직원으로 유입하거나 작품 발표의 지면으로 활용하여 종합지, 교양지, 문예지의 성격을 강화하였다.

불교잡지에 수록된 종교학·불교학 논설이 근대 불교, 근대 불교학의 정립에 절대적으로 기여한 것은 자명한 사실이다. 이외에도 불교잡지는 당대의 학술, 문화에 다채롭게 기여하였다.

첫째, 근대 불교잡지는 주권강탈의 시기에 불교와 관련된 역사 자료를 새롭게 발굴하고 소개함으로써 이 시기 국학 연구에 크게 기여하였다. 초기 불교잡지의 편집자인 권상로, 박한영, 이능화 등은 우리 역사의 기술에 꼭 필요한 여러 사찰의 사적비, 고승의 비문과 행장을 직접 수습하였고, 때로는 독자들의 자료 발굴과 소개를 유도하였다. 잡지에는 『사산비명四山碑銘』, 『해동고승전海東高僧傳』, 『삼국유사三國遺事』 소재 불교사 자료에서부터 20세기 초입에 입적한 고승의 행적에 이르기까지 다양한 자료가 수록되어 있다. 이들은 근대 학술사에서 한국의 사상사, 문화사를 정립하는 데 기여한 것으로 평가된다.

이들 잡지에서 비로소 이 땅의 불교사를 객관화하고, 불교를 우리의 전통문화를 형성하는 사상적 기저로서 평가하는 자기인식이 이루어진 것으로 볼 수 있다. 1920년대 전후에 민족의 정체성을 사명감을 가지고 탐구한 국학운동이 활발하게 일어났는데, 국학자 가운데는 불교계와 상호 의존적인 관련을 맺은 인물이 많다. 이능화, 최남선, 정인보 등이 대표적이다. 사실 이 시기 불교잡지를 통한 불교계의 역사 찾기 노력은, 국학 연구에 영향을 준 것이 아니라, 그 자체가 국학운동의 일환이었다고 평가할 수 있다. 앞으로 이 시기 국학 연구와 불교의 관계를 좀 더 적극적으로 해석할 필요가 있다.

둘째, 불교잡지는 한글 문학과 한글 문화의 편폭을 넓혔다. 1912년에 간행된 『조선불교월보』에서부터 「언문란」을 신설하여 '부녀자'를 위한 불교를 기획했으며, 1920년대에는 어린이를 대상으로 불교소년회 소식을 상세히 전하면서 창작 동요와 동화, 희곡 등을 소개하였다. 이와 함께 순 한글로 표기된 연재소설과 희곡 작품은 독자의 저변을 넓히는 데 기여하였을 뿐만 아니라 불교문화의 편폭을 확장하는 데 기여했다. 1920년대 후반에는 당시 문명文名을 떨친 일반 작가의 참여로 잡지가 간행되기도 했다.

1920년대『불교』의 편집자인 권상로는 우리말 찬불가를 지어 권두언에 실었고, 조학유의 찬불가를 악보와 함께 실어 근대 불교 의식을 정립하는 데 기여하였다. 1930년대『불교』의 편집자인 한용운은 권두언에 우리말 산문시와 창작 시조를 게재하고, 「불교시단」란을 마련하여 젊은 시인들이 참여한 불교문학의 향연을 마련하였다.

결국 불교잡지는 종교, 불교, 역사, 문학 등 다방면에서 의미 있는 역동적인 문화텍스트라 할 수 있다.

## II. 1910년대 불교잡지와 근대 불교의 실천적 모색

### 삼십 본산제도의 동력학

1910년대 발행한 불교잡지에는 교단의 기관지 성격을 가지는 『조선불교월보』, 『해동불보』, 『불교진흥회월보』, 『조선불교계』, 『조선불교총보』가 있고, 이외에 만해 한용운이 발행한 『유심』이 있다.

1910년대 잡지의 제작과 유포의 메커니즘에는 이 땅의 불교계를 대표하는 교단으로서 삼십 본산의 연합기관이 중심에 자리 잡고 있다. 일제는 1911년(明治 44) 6월 3일, 조선 총독의 이름으로 사찰령(制令)을, 7월 8일에는 사찰령 시행규칙(府令)을 제정 공포하였다. 전국의 권역별 대표 사찰인 삼십 본산이 연합한 주지회의는 이렇게 하여 형성되었는데 선교양종을 표방하는 교단이 출범하는 과정은 당시 『조선불교월보』의 「잡보」란에 상세히 소개되었다. 그 결과 당시 대치하고 있던 이회광 중심의 원종과 박한영·한용운 중심의 임제종이 각기 간판을 내리고 삼십 본산의 연합 체제가 출범하였다.

『조선불교월보』(총 19호, 1912.2~1913.8)는 임시원종종무원(1~5호)과 조선선교양종각본사주지회의원(6~19호)에서 발행하였고, 『해동불보』(총 8호, 1913.11~1914.6)는 조선선교양종삼십본산주지회의소에서 발행하였다. 두 잡지 모두 잡지 발행을 위해 조선불교월보사, 해동불보사를 세웠고, 이는 대외적 직함으로 통용되었다. 『조선불교월보』는 초기에는 『원종』의 찬집부장이었던 권상로가 조선불교월보사 사장, 편집 겸 발행인의 역할을 맡았고, 8·9호부터는 박한영이 그 역할을 대신하였다.[5] 박한영은 이후 해동불보사 사장, 편집 겸 발행인의 역할을 담당하였다. 『조선불교월보』와 『해동불보』는 제명의 차이에도 불구하고 불교계를 대표하는 기관의 기관지라는 외적 성격에 차이는 없다.

『불교진흥회월보』(통권 9호, 1915.3~1915.12)와 『조선불교계』(통권 3호, 1916.4~1916.9)는 승려와 거사의 연합체인 불교진흥회의 기관지다.[6]

불교진흥회는 삼십본산연합사무소가 포교를 위해 만든 단체로서, 삼십본산 주지의 연합체에 경성 불교계 인사들이 합세한 승속연합 기관이다. 불교진흥회는 1914년 9월 출범하여 1917년 2월 공식적으로 폐지되었다.

출범 당시 삼십 본산 주지 가운데는 이회광(會主), 강대련(副會主, 선교양종삼십본산연합사무소 위원장), 나청호(理務部長, 연합사무소 常置員)가 주축이 되었고, 불교계 지식인으로는 김홍조(幹事長), 신익균(事務部長) 등이 주축이 되었다.

불교진흥회는 핵심 임원인 이회광과 강대련 간의 갈등도 있었고 승속 간의 조화도 매끄럽지 못하여 이후 거사들만의 단체로 축소되었는데, 이는 『불교진흥회월보』가 종간되고 『조선불교계』가 등장하는 계기가 되었다. 그러나 승속연합의 조직에서 승려 축이 무너지자 중앙기관인 연합사무소와의 연결 고리가 약화되었고, 잡지 발행의 동력도 상실하여

---

5  김종진, 「『조선불교월보』의 전개와 문학 활용 양상」, 『불교학보』 87, 동국대 불교문화연구원, 2019, pp.67~69 참조.
6  『불교진흥회월보』의 발행겸편집인은 이능화, 발행소는 불교진흥회본부(경성부 수송동 82번지)이다.

『조선불교계』는 3호로 종간하고 말았다.

『조선불교계』는 『불교진흥회월보』의 후속잡지로서 발행 양상은 『불교진흥회월보』와 다르지 않다. 인적 구성이나 체제에 있어 『조선불교월보』와 『해동불보』 사이에 친연성이 있고, 『불교진흥회월보』와 『조선불교계』 사이에 친연성이 있다.

『조선불교총보』(통권 22호, 1917.3~1921.1)는 삼십본산연합사무소三十本山聯合事務所에서 발행한 기관지다.[7]

『조선불교계』 종간 이후인 1916년 하반기부터 불교계는 포교잡지 없는 무기력한 시기를 맞이하게 된다. 이를 타개하는 방책으로 3기 삼십본산연합사무소는 출범과 함께 포교단체로 불교옹호회佛敎擁護會를 출범시켰다. 이 단체는 불교진흥회의 주축을 이루던 '문장가, 철학가, 교육가, 수학가, 의학가' 등의 거사가 다수 빠지고 친일 귀족이 대거 유입되었다. 불교옹호회는 불교진흥회처럼 『조선불교총보』의 창간과 밀접한 관련이 있는 단체다. 그러나 잡지 운영이나 내용 구성에 직접적인 영향력을 행사한 것으로 보기는 어렵다. 옹호회 임원이면서 총보 제작과 관련 있는 이로는 옹호회 이사이자 총보 발행인인 이능화 정도가 있을 뿐이다.

이상 잡지의 발행기관과 제반 연동 정보를 표로 나타내면 〈표1〉과 같다.

『유심』을 제외하면 1910년대 불교잡지는 모두 삼십 본산의 연합체라는 불교계 대표기관에서 포교를 전제로 발행한 것이다. 단순히 삼십본산 주지들의 연합회의체인 대표기관은 개별 실무를 담당할 수 없기 때문에 조선불교월보사, 해동불보사라는 출판기관, 불교진흥회본부, 불교

---

[7] 『조선불교총보』의 편집 겸 발행인은 이능화, 발행소는 각황사 내에 있는 삼십본산연합사무소(경성부 수송동 82번지)이다.

옹호회라는 연계 포교기관을 잡지 발행의 주관 및 후원 기관으로 설정하였다. 불교계 소식을 전하는 관보나 휘보는 이러한 대표기관의 기관지로서 충실한 보도 기능을 담당한 것이다.

그러나 잡지 자체의 내용 편집과 발행은 각 잡지의 발행인인 권상로, 박한영, 이능화의 지식과 인적 인프라를 토대로 이루어졌다. 일제 하 총독부의 정책을 전달하는 관보와, 교계 소식을 비교적 자유롭게 전하는 휘보 외에 글의 선정과 투고 의뢰는 발행인을 중심으로 협력관계에 있는 기자들의 역량에 크게 영향 받았다. 권상로와 대승사 인맥(최취허, 안진호), 박한영과 선암사 인맥(최동식), 이능화와 그 제자 양건식 등은 잡지 발행의 주역이자 협력자였다.

〈표1〉 1912~1921년도 불교계 기관지의 현황

| 연 도 | 1912.2~1913.8 | 1913.11~1914.6 | 1915.3~12 | 1916.4~6 | 1917.3~ | 1918 | 1919 | 1920~1921.1 |
|---|---|---|---|---|---|---|---|---|
| 잡지명 | 조선불교월보 | 해동불보 | 불교진흥회월보 | 조선불교계 | 조선불교총보 | | | |
| 발행소 (판권장) | 조선불교월보사 | 해동불보사 | 불교진흥회본부 | 불교진흥회본부 | 삼십본산연합사무소 | | | |
| 포교 단체 | | | 불교진흥회 (승속) | 불교진흥회 (거사) | 불교옹호회(귀족, 거사) | | | |
| 발행인 | 권상로, 박한영 | 박한영 | 이능화 | 이능화 | 이능화 | | | |
| 종무 행정 기관 | 임시원종 공무원, 조선선교양종각본사주지회 의원 | 조선선교양종삼십본산주지회의소 | 선교양종삼십본산연합사무소 | | | | | |
| 위원장 | 이회광 | 이회광 | 강대련 | 강대련 | 김구하 | 김구하 | 김용곡 | 강대련 |

## 근대 불교의 기획과 근대 불교학

이 시기 불교잡지는 주제와 내용에 따라 다양하게 지면을 배치하였다. 다양한 세부 항목은 크게 당시 교계의 시론, 불교 교리와 학술, 불교사 자료, 문학 부분으로 대별된다. 기타 복잡다단한 세상 소식을 다양한 형식으로 전달하는 부분, 불교 대중화를 위한 기획물을 담은 부분이 추가되었다.

논설의 필진은 권상로, 박한영, 이능화 등 발행인을 필두로 세대를 아우르는 다양한 분포를 보인다. 주요 논제는 과거 500년 동안 억압 받은 조선의 불교계가 새로운 기회의 시대에 어떻게 불교를 진흥시킬 것인가 하는 것이다. 불교계는 함께 경쟁하는 타 종교, 특히 기독교가 한글 성경으로 대중들에게 전도하며, 도시에 교당을 설치하여 대중을 모으고, 학교를 세워 교육을 대중화하며 병원을 세워 대중을 구제하는 동시에 전도하는 선도적인 양상을 의식할 수밖에 없었다. 그리고 시대적으로 승자독식, 우승열패優勝劣敗의 세계사적 현실을 목도하며 생존을 위한 극한투쟁을 절감하였다. 그리하여 다수의 필진은 다윈의 진화론에 근거한 스펜서의 사회진화론을 자신들의 시각과 논리로 이입시켜 불교 개혁론을 전개하였다.

크게 불교개혁론이라 부를 수 있는 이 시기 논설은 불교 대중화 방안으로 교육과 포교 영역에 주목하였다. 이 과정에서 신세대인 '불교 청년'을 호명하고 그들을 추동하는 논설을 다수 발표하였고, 그들 또한 국내외에서 적극적으로 목소리를 내었다. 이는 현실적으로 이 시기 잡지의 독자로 각 사찰의 강원에서 수학하고 있는 '학인學人', 국내의 불교고등강숙-명진학교-중앙학림으로 이어지는 고등교육기관과 해외,

특히 일본 대학에 유학 중인 '학생學生'이 잡지의 주요 구독자층이었기 때문이다.

교육 방식의 혁신과 내용의 충실, 포교 방식의 혁신, 불교의 실천적 성격을 강조한 것은 박한영, 권상로, 이능화 등 주도적 위치에 있던 발행인은 물론, 성장하는 청년세대의 벅찬 논의의 주제로 등장하였다. 조동종 대학에 유학한 불교 청년 3인(이지광, 이혼성, 김정해)이 1918년 여름에 귀국한 것은 『조선불교총보』에 일종의 '사건'으로 부각되었으며, 잡지 집필진에도 변화를 수반하였다. 이 시기를 전후로 신구 세대 간, 조선의 불교학을 바라보는 관점 사이에 균열이 발생하였다.

『조선불교총보』에서 박한영은 불교 유학생들의 학문적 성과와 경향을 비판적으로 바라보고 학생들에게 '정면으로 교과를 연구'할 것을 당부하였다. 불교 유학생의 학문이 전람회에서 물품 진열하듯 해외 학술을 무분별하게 소개하는 데 그치고 있을 뿐, 우리의 관점에서 치밀하게 연구하는 실력은 아직 갖추지 못했다는 점을 지적하였다.(寓林生,「佛敎靑年에 對ᄒ야」, 18호) 귀국 후 『조선불교총보』의 주필이 된 김정해는 연합 제도하 교육기관의 문제점을 제시하고, 세계 불교연구의 동향을 소개하며 조선의 불교학 수준에 대한 시각을 드러내었다. 근대 교육기관으로서 지방학림과 중앙학림이 있으나 아직 그 존재와 수준이 불완전한 상태에 놓여 있고, 각 사찰의 전통적인 전문강원에서 강의하는 내용은 전통적인 사기私記, 즉 경론에 대한 선학의 훈고학적 주석서를 읽고 해석하는 것에 지나지 않는데, 이러한 상황은 세계 불교학의 조류에서 벗어나 있다는 점을 말하였다.(「具體的ᄒ 聯合制度의 必要를 論홈」, 19호)

이러한 관점의 차이는 당시 기성세대와 신세대의 입장을 대변하는 것이다. 이들의 학술 경향을 『조선불교총보』를 통해 살펴보면, 전통 시대에서 교학을 연찬한 대덕들(박한영, 이능화)이 문헌실증적인 방식으로 불교학 연구성과를 발표하였고,[8] 신진유학생들은 일본에서 습득한 불교 지식을 잡지를 통해 적극 개진하였다.[9] 이땅에 대학 제도와 학술지가 제대로 마련되지 못했던 당시 불교잡지에는 기성 불교지성들에 의해 불교 지식과 연계한 국학 탐구의 결과물이 다수 수록되었고, 해외 유학생에 의해 근대 불교학 지식이 유입되어 근대 불교, 근대 불교학의 성립에 기여한 성과들이 수록되었다.

## 수양 담론

『유심惟心』(총 3호, 1918.9~1918.12)은 한용운韓龍雲(1879~1944)이 조선의 청년을 위한 수양修養의 교재로 기획한 잡지다. 앞서 거론한 여러 잡지가 삼십 본산 연합체의 기관지라는 속성 때문에 교계 소식 전달에 주안점을 두었고, 일제의 종교정책에 직·간접적인 영향을 받았던 것에 비해 『유심』은 상당히 예외적인 잡지다. 『유심』은 새시대의 총아라 할 수 있는 '학생' 청년 세대에 대한 고려가 많지 않은 기존 잡지에 대한 반작

---

[8] 『불교진흥회월보』, 『조선불교계』, 『조선불교총보』를 편집, 발행한 이능화(1869~1945)의 거사불교 운동과 비교종교학, 불교사 탐구는 이 시대 가장 뚜렷한 업적으로 빠뜨릴 수 없다. (이재헌, 『이능화와 근대 불교학』, 서울; 지식산업사, 2007)

[9] 이지광(조동종대학)의 「불교윤리학」(총4호), 김정해(조동종대학)의 「불교철학개론」(총7호), 이혼성(조동종대학)의 「불교심리학」(총4호), 이종천(동양대학)의 「불교와 철학」(총3호)이 연재되었다. 조학유(풍산대학)는 일련의 종교론(「종교기원에 대ᄒ야」, 「종교의 기초적 관념」, 「종교의 이상」, 「종교와 지식」)을 연재하였고, 동양대학 재학생인 김경주는 「포교법촬요」(총2호)를 연재하였다. 이들 논설은 대부분 일본 유학의 결과물(졸업논문)인데, 이들 연재물은 이 시기 해외 불교학의 성과를 국내에 유입하여 근대불교학의 기반을 다지는 중요한 분자가 되었다.

용으로 나온 기획물, 혹은 보완재 성격의 잡지다.

만해의 수양론에 동참한 집필진은 조선광문회와 신문관을 중심으로 국학운동에 참여한 최남선 등 민족주의 계열의 인사들, 박한영·백용성·권상로·김남천 등의 불교계 인맥, 이능화·양건식 등 거사불교 운동의 주인공들이 포함되어 있다. 승려와 거사를 포괄하는 불교계 인사들은 대부분『유심』이전 1910년대 간행된 기존 불교잡지의 주요 기획자, 집필자로 등장하였다. 승려들은 '심心'의 탐구 결과를 불교의 전통적 논리와 표현으로 제시하였다. 민족주의 계열은 『청춘』, 조선광문회 등 최남선의 활동 반경과 겹치는 인사들이 대부분이다. 각자의 사상과 직위에 따라 일부는 유교적 논리를, 일부는 사회진화론적 시각을 드러내었고, 일부는 중등학생 수준의 생활준칙을 소개하는 등 교육자의 입장에서 접근하였다.

한용운은 자신이 그리는 수양의 본질과 구체적 실천 덕목을 잡지에 다양한 층위로 제시하였다. 먼저 산문시 〈심心〉을 배치하여 잡지의 탐구 주제를 시적으로 선언한 후, 산문 「조선청년과 수양」에서 발행의 목적과 지향을 제시하였다.[10] 그는 이 글에서 '조선청년'을 표제로 제시하여 이 잡지가 조선의 청년을 대상으로 하고 있음을 드러내었고, '현시現時' 조선 청년을 위하여 무슨 일을 도모하는 자는 그들의 심리를 이해하는 것이 선결과제임을 밝혔다. 시에서 추상적으로 제시한 '심'이라는 주제를 논설에서는 '조선 청년의 현 시국의 마음'으로 구체화하여 제시한 것이다. 그러나 그들의 심리는 '미정'이며, 설혹 일정한 의지를 세웠다 하더라도 실행할 용기가 없음이 현실이라 하였다.

---

10 조선 現時 청년의 심리는 여하흔가. (중략) 조선청년의 심리를 일언으로 폐흐야 말흐자면 未定이라 홀지오. 설혹 一定의 志를 立흔 人이 有흐다홀지라도 실행홀만흔 용기가 無흐리니 是는 掩護치 못홀 사실이라. (「조선청년과 수양」, 『유심』 1호, p.6)

만해는 조선 청년의 심리가 일정한 방향이 없는 것은 그들이 '물질문명에 휩쓸린 까닭'이라 규정하였다. 방황하는 청년을 위한 극복 방안으로 학문, 실업 등 다양한 영역에 대한 논의가 많은 가운데, 만해는 '마음'의 '수양'을 행동 규범으로 제시하였다. 시 형식의 〈심〉과 같은 심오한 불교적 이념의 표출에서 벗어나 '현시現時' 즉 당대의 현실 속에서 방황하는 젊은 청년들 곁으로 한 걸음 더 다가간 것이다.

만해가 제시한 심의 탐구, 조선 청년 심리 분석에 기반한 수양의 강조는 본문에서 개별적인 내용으로 구체화된다.[11] 『유심』의 마지막 지면에 수록된 「수양총화修養叢話」(1~3호)는 수양을 하는 과정에서 도움이 될 동서고금의 격언과 경구를 폭넓게 발췌한 격언 모음집이다.

이처럼 『유심』에 수록한 만해의 수양 담론은 전체와 부분, 논리와 일상을 적절하게 조합하여 배치하였고, 독자 수준에 맞는 평이한 표현으로 자신이 기획한 주제를 일관되게 펼쳐 나간 특징이 있다.

『유심』의 필진은 크게 민족주의 계열과 불교계 지성으로 나누어진다. 불교계 지성(승려)은 전통적인 주제의 탐구 결과를 전통적인 표현 방식으로 제시하는 경향이 있고, 민족주의 진영은 다양한 논리와 함께 조선 청년들의 생활 지침까지 제시하였다.[12] 거사불교운동을 전개했던 이능

---

11 「고락과 쾌락」, 「고학생」, 「전로를 택하야 진하라」(이상 1호), 「마는 자조물이라」(2호), 「자아를 해탈ㅎ라」, 「천연의 해」, 「전가의 오동」, 「무용의 노심」, 「훼예」(이상 3호) 등이다.
12 고재석은 한용운의 수양론을 '행동적 수양주의'로, 민족 진영(최남선, 현상윤 등)의 그것을 '준비론적 수양주의'로 규정하였다. 행동적 수양주의는 정신문명의 우월성과 주체의식, 능동적 의지와 실천력의 강화로 요약되며, 최남선·현상윤 등 일본 유학생 출신 필자들은 문체 개혁에 성공했지만 민중의 열등한 능력을 인정하고 실력을 배양하여 이상을 획득하라는 준비론적 수양주의 또는 관념적 개조론을 주장했다.(고재석, 「깨달음의 미학과 행동적 수양주의」, 『우리말글』 38, 우리말글학회, p.238)

화는 비교종교학적 관점에서 불교의 장점을 도출하며 그것을 '유심'으로 귀결시켜 논의를 전개하였다.[13]

이런 점에서 『유심』은 만해의 1인 기획물인 동시에 1910년대 불교계 지성과 민족주의 진영의 지성이 연합하여 만든 수양 담론의 무크지라 할 수 있다.

## Ⅲ. 1920년대 불교잡지의 문화 잡지 지향

### 지역 불교잡지의 등장

국내 최초로 지방 사찰에서 간행한 불교잡지는 통도사에서 펴낸 『축산보림鷲山寶林』(일명 취산보림)과 그 후속 잡지인 『조음潮音』이다. 『축산보림』(통권 6호, 1920.1~1920.10)은 통도사 축산보림사에서 발행하였고, 5호부터는 통도사 불교청년회에 이관하여 간행하였다. 『조음』(통권 1호)은 조선불교청년회 통도사지회에서 1920년 12월 간행하였다.

한국 최초의 지역 불교잡지가 통도사에서 발행된 것은 김구하金九河 (1872~1965)의 역할이 크다. 그는 1911년 11월 통도사 초대 주지로 임명되었고(1925년 8월까지 연임), 삼십본산연합사무소 위원장(3·4대. 1917, 1918)과 중앙학림 학장(1918)을 역임한 대덕이었다. 1919년 1월 연합사무소 위원장에서 물러난 김구하는 통도사로 내려갔고, 그해 5월에는 통

---

13 김남천의 「심론」(1호), 「심의 성」(2호), 강도봉의 「반본환원」(1호), 박한영의 「유심은 즉 금강산이 안인가」(2호), 권상로의 「피하위자오」(3호) 등은 승려로서 전통적인 불교의 심성론을 근대의 언어로 재생산한 논설이다.

도사 지원으로 일본에 유학갔던 이종천이 해인사 유학생인 김영주, 조학유와 함께 귀국하였다. 주지 김구하와 그가 일본으로 보냈던 이종천 李鍾天(1890~1928, 조동종 제1중학과 동양대학 윤리철학교육과 졸업)이 통도사에서 재회하면서 잡지 발간이 가능해졌다.[14] 『축산보림』에는 일본 유학생이 논설과 문학 작품, 축사 등을 투고하여 젊은 잡지의 면모를 갖추는 데 기여하였다. 이도현, 김진목, 문세영, 이지영, 그리고 필명으로 등장하는 동성東星은 당시 일본의 각 대학에서 수학하고 있던 학생들인데, 이들의 기고문을 통해 보면 당시 일본에서도 잡지 발행에 대한 기대가 상당했음을 보여준다. 이는 또 김구하와 유학생, 이종천과 후배 유학생 사이에 형성된 네트워크가 바탕이 된 것이다.

주필 박병호(1888~미상)는 잡지에서 '조선 문단 상에 가장 저명한' 분 (2호, 社告)으로서, '외우畏友' 이종천의 추천으로 입사하였다.(3호, 「입사의 변」) 이종천과 박병호, 그리고 기자 강성찬은 울산, 양산, 진주를 중심으로 청년회 활동을 전개한 지역 청년 명사들이다. 이종천은 이후 불교청년회 간사, 포교사, 그리고 옥천사가 설립한 진주 진명학원 교원으로 활동하였고, 박병호는 울산 출신으로 3·1운동 직후 울산청년회를 만들어 초대 회장을 맡아 민족운동에 나섰다. 이들은 통도사에서 『축산보림』을 제작하는 동시에 지역 청년회 활동을 함께한, 지역의 민족운동을 대표한 선각자들이었다.

『축산보림』에서 보여준 청년들의 목소리와 유대는 이후 전개된 불교

---

14 통도사는 1918년 기준(『조선불교통사』 부록) 30본산 가운데 말사가 두 번째로 많은 사찰이다.(가장 많은 사찰은 평안도의 보현사) 중남부 지역에 국한하면 통도사는 범어사, 해인사와 더불어 가장 사세가 컸던 '불보종찰'이다. 주지의 열린 시각, 통도사의 경제적 기반, 배출 청년의 의욕이 어우러져 통도사에서 최초로 지역 잡지가 발행된 것으로 보인다.

청년회 활동으로 이어지며, 1924년 동경불교유학생회에서 『금강저』를 발간하게 되는 데에도 간접적인 영향을 주었을 것으로 판단한다. 경성에서 멀리 떨어진 경남 양산 통도사에서 간행한 부피도 작은 잡지 『축산보림』은, 사실은 당시 최고 지성의 집합소인 동경유학생들의 성원을 받으며, 또 그들의 투고가 함께한 의미 있는 잡지인 것이다.

김경봉金鏡峰(1892~1982)은 당시 천성산 내원암 주지로서 〈양산梁山의 신금강新金剛〉(3호)을 발표하였다. 자신의 발길이 닿고 눈길이 머무는 그곳을 금강산으로 치환함으로써 장소에 대한 애호를 표출하고 그곳이 세계의 중심임을 천명한 의미가 있다. 영축사문의 〈운문사雲門寺의 반송盤松이라〉(2호), 축림인의 〈석남사石南寺까지〉(3호)는 다른 글들과 다르게 유려한 문체로 지역의 명소이자 수행공간을 답사한 기록을 담아낸 수필로서 잡지의 지역성을 강화하는 성격의 글이다.

## 동경불교유학생회

『금강저』(통권 26호, 1924.5~1943.1)는 동경불교유학생회에서 창간한 불교잡지다.

일본 유학생의 잡지는 이미 1907년 대한유학생회에서 간행한 『대한유학생회학보大韓留學生會學報』(대한유학생회, 통권3호, 1907.3~5)를 필두로, 1910년대 이후 다양한 학회와 동인이 잡지를 발행한 바 있다.[15]

---

15 『近代思潮』(황석우 발행, 통권 1호, 1916.1), 『女子界』(동경여자유학생회, 1917.6~미상), 『基督靑年』(동경조선기독교청년회, 통권 15호, 1917.11~1919.12), 『現代』(조선기독청년회, 통권 9호, 1920.1~1921.2), 『學之光』(동경조선유학생학우회, 통권 29호, 1914.4~1930.4), 『學友』(경도제국대학기독교청년회, 통권 1호, 1919.1), 『創造』(주요한 외 동인, 통권 9호, 1919.2~1921.5) 등이다. 이들 잡지는 1910년, 1920년대의 시대적

1910년대 이후 일본에는 조선의 유명 사찰에서 선발하여 보낸 공비 公費, 즉 사비寺費 유학생16이 속속들이 동경을 중심으로 모이기 시작하였고, 젊은 불교 청년의 열정이 하나의 조직으로 규합되었다. 이렇게 만들어진 동경불교유학생회에서는 잡지 발간을 통해 상호친목을 도모하는 한편, 각 대학에서 새로 받아들인 근대 불교학의 면면을 논설로 발표하였고, 조선불교를 위한 격정적인 개혁 담론을 분출하였다. 조선 각지의 사찰에서 일본에 유학생을 보낸 이유는 불교의 근대적 재정립과 불교계의 발전을 위한 현실적인 필요성이 있었기 때문이다.17 한편 1919년 3월 1일을 기점으로 조선독립운동이 발발한 후, 민족적 활로는 교육에서 찾아야 한다는 사회적인 분위기 속에서 조선 사찰의 소년·청년 불교도도 경쟁하듯 경성으로 일본으로 향한 결과 다수의 불교유학생이 파견되었다는 증언도 있다.18

　『금강저』는 1924년 5월 1일 창간되었는데, 창간호부터 18호까지는 '재일본조선불교청년회'의 기관지로 발행되었다. 1931년 5월에는 '조선불교청년총동맹 동경동맹'으로 명칭을 변경하여 19호에서 21호까지 발행하였고, 1937년 1월 발행된 22호부터 1941년 발행된 25호까지는 '조선

---

　　변혁의 목소리를 담아내었고 한국 근대문학의 첫 장을 마련하는 데 기여한 바 있다. 이상 김영민, 『1910년대 일본 유학생 잡지 연구』, 서울: 소명출판, 2019 참조.
16　개별 사찰에서 학비를 지원받은 유학승을 公費生이라 칭하였다. 이들의 실상은 이성수, 「20세기 전반 유학승의 해외 체험과 시대인식 연구」, 동국대 대학원 국어국문학과 박사논문, 2021 참조.
17　일제강점기 재일 불교유학생의 수는 360명 정도가 파악되며, 이들의 입학연도는 1910년대 전반 14명, 후반 5~12명, 1920년대 전반 62명 이상, 후반 64명 이상, 1930년대 전반 32명 이상, 후반 117명 이상, 1940년대 전반 69명 이상이다.(이경순, 「일제시대 불교 유학생의 동향-일본 유학생을 중심으로」, 『승가교육』 2, 대한불교조계종교육원, 1998)
18　강유문, 「東京朝鮮佛敎留學生沿革 一瞥」, 『금강저』 21호, 금강저사, 1933, p.23

불교동경유학생회'로 명칭이 변경되었다. 종간호인 26호(1943.1)에는 발행소가 '조선불교동경학우회'로 되어 있다.

창간의 목적은 '혼탁한 세상에서 일체의 사악을 금강저로 물리쳐 없애고 불타의 정법을 옹호하여 널리 확산시키는 것'이다. 이를 통해 세상에 진리와 선을 추구하며 불법의 바른 실현을 거스르는 반동적 행위와 흑막에 가려져 있는 죄상을 폭로하고 격파하려는 강한 의지를 드러내었다. 현실적으로 보면 조선불교계에 만연해 있는 여러 반동적인 요소, 예를 들어 부정과 부패, 시대를 거스르는 교계의 여러 제도와 억압들, 여러 인사들의 퇴행적 행태를 여과 없이 비판하겠다는 다짐을 보여주었다.

『금강저』는 매 호 항목의 구분 없이 대략 10여 편의 글이 수록되어 있다. 대체로 '권두언-시론-학술논설-문예작품-업경대-소식-편집자의 글'의 순을 따르는데, 기존 불교잡지와 다르게 문예 작품의 비중이 크다. 이상의 편제를 통해 드러나는 특징적 양상은 다음과 같다.

첫째, 매 호 잡지 발행 경과와 학생회 소식이 중요하게 언급되어 있다. 유학생들의 입국, 출국, 입학, 졸업 활동기록이 담겨 있고, 유학생회의 모임 등 잡지 발행기관의 소소한 회합의 정보가 소개되어 있다. 이러한 다양한 기사 내용은 역설적으로 이국에 유학 온 청춘(대다수는 수행자)들의, 근본적으로 불안한 존재로서, 자기정체성을 끝없이 확인하고자 하는 내적 의식을 드러내는 것이다. 여기에 타국에 유학 온 사찰 장학생이라는 소수의 학생들이 가지는 동질성은 강한 결속력의 동인이 되었을 것이다.

둘째, 교단의 교정에 대한 관심의 표출이다. 일본 불교유학생의 관심사는 기본적으로 조선불교의 발전이었다. 학우회의 잡지 『금강저』에는 예상과 달리 조선불교계의 교정敎政에 대한 관심이 상당히 큰 비중을 차지하고 있다. 그들이 주로 제기한 조선불교계의 현실은 교육을 포함한 교정에 대한 문제, 개별 사찰의 비리, 31본산 대표 임원의 공명하지 않은 행태 등이다. 국내의 불교 대표기관의 회합 소식과 일본 방문단 소식, 31본사 주지들의 불합리한 행태 등이 거의 실시간으로 잡지에 반영되었다. 교육, 재정, 사찰운영 같은 현실적인 사안들이 잡지 앞부분의 논설에 제시되어 있고, 짤막한 단신들은 후반부 「업경대業鏡臺」란을 통해 제시되었다. 김태흡 등 유학생 선배로서 국내에서 활동하는 몇몇 인사에 대한 비판의 목소리도 상당히 격하게 표출되는 경향이 있다.

셋째, 학술논설의 활발한 투고활동이다. 학술논설은 유학생들이 강의시간에 얻은 정보를 활용한 리포트와 각고의 노력으로 완성한 졸업논문이 섞여 있다. 대략 48편의 학술논설 중 불교사 및 문화사 관련이 18편, 불교 교학 관련이 14편, 종교론과 종교사 및 서양철학 관련이 14편, 어휘와 문학론이 4편, 체육론이 1편으로 분포되어 있다. 졸업생의 논문 발표회 행사를 통해 졸업논문이 공유되었으며, 그중 일부는 전재, 부분 게재의 방식으로 지면에 수록되었다. 그 결과 『금강저』는 불교사학, 서지학, 종교학, 종교철학 분야에서 검증된 학술성과를 수록할 수 있었다. 이는 근대 학문으로서 불교학 연구의 시발점이 되는데 특히 최영환(최범술), 조명기 등의 성과는 귀국 후의 학술활동으로 이어져 있어 주목된다.

## 종합 교양지의 출현

『불교』(총108호, 1924.7~1933.7)는 1924년 4월 출범한 재단법인 조

선불교중앙교무원 기관지로 창간되었다.[19] 관보와 휘보의 소식 전달은 그 본령에 충실한 것이다. 창간호~83호(1931.5)는 권상로, 84·85호(1931.7)~108호(1933.7)까지는 한용운이 편집과 발행을 담당하였다.

1920년대 초중반부터 사회 전반적으로 조선의 문화와 정신의 원천에 대한 탐구가 국학계의 주요 담론으로 자리 잡았는데, 『불교』에는 불교학, 불교사, 어학, 문학 등 여러 영역에서 이러한 시대정신을 잘 구현하였다. 잡지에 발표한 학술논문은 이 시기 근대 불교학의 본령이자 불교국학의 본체라 할 수 있다.

문화적 측면에서 보면 『불교』지는 외부 문인을 직원으로 유입하여 문화적 잡지를 표방하고, 독자 투고란을 상설하여 다양한 장르에 걸쳐 방대한 분량의 작품을 수록하였다. 일종의 문예지요 종합 잡지를 표방한 것이다.

『불교』지는 초기에는 권상로의 1인 편찬시대였으나 1920년대 후반에 이르러 편집진을 보강하고, 잡지의 성격에 변화를 주었다. 그 과정에서 문예지로, 대중지로, 문화담론지로 잡지의 편폭을 확장해 나간 것이 특징이다.

창간호에 제시한 『불교』지의 발간 방침은 기본적으로 불교 사찰의 승려를 주 독자층으로 설정하고 각 사찰에 무료로 배부하는 것이다. 그리고 독자들의 투고를 권장하되 정치·사상의 원고는 배제한다는 방침이 정해졌다.

---

19 『불교』 발행에 대해서는 김성연, 「일제강점기 잡지 『불교』의 간행과 그 성격」, 『선문화연구』 5, 한국불교선리연구원, 2008, pp.65~66 참조. 중앙교무원의 설립 배경에 대해서는 김성연, 「재단법인 조선불교중앙교무원의 자산 운영과 한계」, 『불교학연구』 27, 불교학연구회, 2010, pp.13~18에서 자세히 논의되었다.

22호(1926.4)부터는 지면을 확장하고 체제를 변경하여 풍부한 기사를 제공하고자 하였다. 별다른 장 구분 없이 제시되던 목차가 22호에 이르면 '사진, 권두언, 논총, 사료史料, 문답, 잡저, 소설, 사단詞壇, 소식, 관보, 소개'의 순으로 표제가 제시되는데 이는 약간의 넘나듦을 보이며 36호(1927.6)까지 지속된다. 이 가운데 문학작품을 수록한 지면은 「잡저」, 「소설」, 「사단」란이다. 「잡저」에는 기행문, 답사기, 편지, 수필 등이 수록되었다.

25호(1926.7)부터는 「부사의不思議」란을 신설하여 영험담을 통해 불교 신앙을 고취하고자 하였다. 이는 근대의 합리적인 종교로서 불교를 지향하는 과정에서 배제된 순수한 신앙적 체험을 발굴하는 한편, 부녀자들의 신행까지 아우르려 한 의도를 보여주는 것이다.

27호에는 일본인이 간행한 『조선불교朝鮮佛敎』에서 「少年뉴-쓰」를 부록으로 발행한 소식에 자극받은 『불교』지도 28호(1926.10)부터 「소년란」을 증설하였다. 29호에는 조선불교소년회 주최 제1회 전 조선소년소녀현상웅변대회를 적극 홍보하였고, 후속 소식을 상세하게 전하였다. 동시, 동화가 다수 수록된 「소년란」은 이후 36호(1927.6)까지 지속되었다. 소년회 활동은 보성고보 학생인 한영석이 주도하였고, 불교사와 중앙교무원이 전폭적으로 후원하였다.

이러한 노력은 『불교』지가 기존의 독자층—사찰의 승려—을 넘어서 다양한 독자층을 대상으로 하는 종합지를 지향하고 있음을 보여주는 증거이다. 또한 소년회, 청년회, 부인회 등이 전국적으로 조직되고 활성화되는 시대적 변화를 반영하는 편집 전략이면서, 동시에 『불교』지의 독자층 확장을 꾀하는 일련의 기획으로 평가된다.

46·47합호(1928.5)와 48호(1928.6)는 대중에게 다가가려는 노력과 함

께 내용상 질적인 변화를 보여준다. 철학박사 백성욱, 문학사 김진린, 종교학사 김태흡과 함께 1920년대 문단에서 문예지 발간으로 주목받던 젊은 문사들(유엽, 방인근)을 영입하고, 신여성의 이론적·실천적 선구자로 알려진 김일엽을 편집진에 포섭함으로써 같은 시기에 명멸한 문예지 못지않은 진용을 갖추었다. 동시에 "편국偏局하든 회보의 체재를 일변하야 순전히 대중독물로 자기自期하야 문예, 학술, 온갖 방향을 모다 일초하야 고급적 학술잡지"로 탈바꿈하고자 하는 의도를 널리 공포하였다.[20] 이에 따라 47호 이후에는 다수의 문인 작품이 등장하였다.

대표적인 문인과 장르를 들면, 유엽(류춘섭)의 시와 소설, 백기만의 시, 홍사용과 백승희의 희곡, 방인근의 소설 등이다. 이들은 1920년대 문예잡지를 창간하고 활발하게 활동하던 문인들로서, 이들의 투고는 『불교』지가 대중지, 문예잡지의 성격으로 변모하는 데 크게 기여하였다.

한용운의 편집 시기에는 『불교』지에 전국 여러 사찰의 강원, 불교청년회, 유학생, 중앙불교전문학교 출신 청년 승려들이 불교시를 투고할 수 있도록 적극적으로 문호를 개방하였다. 만해와 투고자 사이에 직접적인 교류는 없었다 하더라도 잡지에 신진 청년들이 투고할 수 있도록 「불교시단」, 「독자시조단」, 「불교문단」을 신설하여 시의 부흥을 유도한 만해의 역할은 작지 않다. 이들 지면에 등장하는 조종현, 김어수, 박병우, 나방우 등은 강원이나 중앙불전 출신들이다. 만해는 이들 문학청년의 등장과 성장을 기획하는 좌장 역할을 하였다. 100호(1932.10)를 전후로 시 분량이 비약적으로 확대된 것 역시 만해의 역할이라 하겠다.

『불교』의 철학적·사상적 주제들, 현실적 상황과 극복을 주제로 한 현

---

20 『불교』 48, 불교사, 1928.6, pp.90~91.

실적인 글 사이에 이들이 투고한 시 작품은 『불교』지를 사상적 텍스트에서 문화적·정서적 텍스트로 전화轉化하는 데 중요한 요소가 되었다.

## IV. 1930년대 불교잡지의 분파성

### 전문학교 교우회와 학생회

『일광』(총10호, 1928.12~1940.1)은 중앙불전 교우회에서 발행하였다. 발행인은 학교 교장이며 소속 교수진과 학생이 함께 투고하였다. 당시 학계에 독립적인 학술지가 없었던 시절이었기 때문에 교우회지에 수록한 논문들은 근대 불교학을 형성해 간 초기의 성과로 주목할 필요가 있다. 재학생들은 문학적 감수성을 배출하며 시인으로 성장하는 자유로운 문학활동의 장으로 『일광』을 활용하였다. 4호 이후로는 교우회의 성격이 졸업생 위주로 바뀌면서 작품의 수록에 양적·질적 변화가 일어났다.

중앙학림이 1922년 폐교된 이후 불교 고등교육기관은 부재한 상태였다. 1922년에 명칭을 재단법인 조선불교중앙교무원으로 변경한 불교계는 제1성으로 '규율이 엄정한 참선도량과 시대에 적응한 불전전수학교(불교전수학교)를 신설'하는 것을 내세웠고, 준비기간을 거쳐 1928년 4월 개교하였다. 초대 교장은 송종헌(만암)이었고 정식 명칭은 중앙불교전수학교로 2년제였다. 1930년 4월에 중앙불교전문학교로 승격하였고(3년제), 드디어 1931년 3월 제1회 졸업생이 배출되었다.

『일광』은 중앙불전 교우회의 기관지이자 실제적인 교지로서 개교한 해인 1928년 12월 28일에 1학년들이 주축이 되어 제작한 창간호가 나왔고, 1940년 1월 제10호로 종간되었다. 중앙불전 교우회는 처음에는 교직원과 학생이 모두 회원으로 구성되었으나, 1931년 3월에 첫 졸업생이 배출된 이후에는 재학생을 대신하여 졸업생이 구성원에 포함되었다.

일정한 표제어로 정형화되지는 않았지만 『일광』의 대체적인 편제는 목차–권두언–학술논문–논설 및 수필–문학공간–휘보–편집후기 순이다.

학술논문은 김영수, 강전준웅, 박한영, 권상로, 김경주, 조명기 등 중앙불전 교수와 강사진의 학술논문이 수록되어 있다. 불교학 관련 분야에 비중 있는 학술논문이 수록되어 잡지의 학술적 가치를 높이고 있다.

이어 교내 문제에 대한 여러 구성원들의 시론時論, 현실 불교에 대한 다양한 논의, 논리적 사유를 담아낸 짤막한 논설 등이 다양하게 수록되어 있다. 교수들의 글은 학술적인 측면과 시사적인 측면이 섞여 있는 경우가 많다.

문학공간에는 주로 시와 시조, 소설 작품이 수록되었다. 1~3호는 재학생이 중심이 되어 창작한 작품이 수록되었다. 이후에 교우회의 성격이 변하면서 변화가 수반하여 4호에는 문학란이 없으며, 5호에는 소설 1편이 수록되었을 뿐이다. 6호에는 교수(최남선, 정준모)의 시, 시조가 수록되었고, 7·8호에는 소수의 지명도 있는 문명을 얻은 재학생 시인 김달진(9회 졸업생), 김어수(9회 졸업생)의 시를 중심으로 게재하다가 일제가 전시체제로 돌아서는 9·10호에는 문학공간이 사라졌다.

『룸비니』(총4호, 1937.5~1940.3)는 『일광』의 자매지로서, 중앙불전교우회에서 분리된 중앙불전학생회에서 간행하였다. 논총에는 불교철학, 문학, 언어학의 성과가 있어 근대 불교학의 성과를 받아들이고 내면화하는 양상을 확인할 수 있다. 문학적으로 여러 양식의 작품이 수록되어 있어 중앙불전 출신 작가의 문학적 역량을 다지는 장으로 활용하는 양상이 뚜렷하다.

기존의 중앙불전의 교지 『일광』은 교직원과 졸업생이 중심이 된 교우회지로 자리잡으면서 1940년까지 제10호를 발행하였다. 교우회에서 학생회가 분리되어 독립한 1931년 이후 학생회에서 주도하여 발행한 교지는 공백으로 남게 되었는데, 학생회 주도로 재학생 위주의 교지가 발행된 것은 1937년 5월에 이르러서였다. 『룸비니』의 창간은 시기적으로 지체되었지만 필연적이었다. 『룸비니』는 1936년 가을에 발간을 준비하여 1937년 5월 7일 '람비니'라는 제명으로 창간되어, 2호부터는 '룸비니'라는 제명으로 간행되다가 1940년 3월, 제4호로 종간되었다.

『룸비니』의 편제는 크게 권두언, 논총, 문예(수필, 단상, 시단, 창작 등)로 이루어졌다.

「논총」은 중앙불전 학생들의 불교(학)와 철학에 대한 다양한 관심사를 담아낸 소논문을 게재하였다. 문학과 언어학에 대한 논설도 일부 포함되어 있다. 당시 대학 제도로 치면 아직 본과 이전, 예과 수준 학생들이어서 학위논문의 치밀한 구성보다는 개론적 지식을 정리하는 수준의 글이 많아 학술사적인 의미를 찾기는 어렵다. 그러나 국내 유일의 불교전문학교의 교과 과정을 이수하며 근대 불교학의 정수를 받아들이고 체계를 잡아가는 청년 승려 학생들의 다양한 관심사와 내면화 과정을 알 수 있다.

「논총」을 제외한 나머지 지면은 학생들의 자유로운 글쓰기 마당으로 활용되었다. 이를 넓게 '문예란'으로 묶을 수 있는데, 시·시조·한시는 주로 「시단」으로 묶이고, 소설과 희곡은 「창작」편에 수록되었다. 현재 사용하는 문학 장르명인 '수필'은 '단장斷章', '수필隨筆', '단상斷想', '상화想

華' 등 명칭이 다양하게 등장하고, 이들은 또 한 호에도 복수로 제시되는 등 일정하지 않다. 이는 근대문학의 장르명이 아직 유동적으로 쓰이고 있는 현장성을 반영한다.

## 불교청년회와 동맹운동

『불청운동』(총 11호, 1931.8~1933.8)은 조선불교청년총동맹에서 발행한 기관지로, 총동맹 운동의 핵심 선전 매체이다. 현실 투쟁의 도구로 잡지가 활용되었기 때문에 진지한 학술 담론은 담겨 있지 않다. 『불청운동』은 불교 개혁의 현장성이 반영되어 있으며, 문학에서도 현실 개혁의 도구로 문학의 기능을 바라보는 관점이 드러나 있다.

조선불교청년총동맹이 결성되고 『불청운동』이 창간되는 과정에는 기본적으로 중앙학림 졸업생이 등장하고, 일본 유학생이 파견되기 시작한 1910년대 말부터 시작하여 중앙불전 졸업생, 유학생, 강원의 학인이 다수 배출되는 1920년대 후반까지의 전사前史가 배경으로 자리 잡고 있다.

3·1운동 이후 각성된 불교 청년의 현실 대응의 목소리를 담아내는 전국적인 조직으로 조선불교청년회가 1920년 6월 각황사에서 출범하였다. 불교청년회는 전국 사찰에 지회를 설립하였으며 1920년대에 38곳이 창립되었는데, 특히 1920년 6월부터 1922년까지 3년간에는 22곳이 창립되는 등 활기를 띠었다.[21] 조선불교회는 창립 이후 사찰령 철폐운동과 불교계 통일운동을 적극 추진하였다.

---

21 불교청년회의 출범, 지회 설립은 김경집, 「일제하 조선불교청년회의 지회 결성과 활동」, 『불교학보』 88호, 동국대 불교문화연구원, 2019, pp.207~208 참조.

불교청년회는 약간의 소강상태를 지나 1928년 다시 부활하였고, 1929년 1월 개최된 조선불교선교양종승려대회에 주도적으로 참여하여 불교계의 종헌 제정과 종회, 교무원을 성립시키는 데 일익을 담당하였다. 그리고 1930년 7월 범태평양불교도대회에, 1928년 불교청년회를 다시 일으킨 주역이자 조선불교승려대회를 주도적으로 이끈, 각황교당 포교사 도진호都鎭鎬(1891~해방이후)를 파견하였다. 세계 불교청년운동의 실상과 전망을 소개한 도진호의 보고서(「범태평양회기」, 『불교』 75~77호)는 당시 불교청년회 구성원들에게 큰 반향을 일으켜, 기존의 조선불교청년회를 조선불교청년총동맹으로 전환시킨 표면적인 계기가 되었다. '분산적 불청회로부터 통일적 불청총동맹으로'의 슬로건 아래 재조직된 운동은 1931년 3월 22일의 조선불교청년대회를 거쳐 3월 23~24일의 조선불교청년총동맹 창립대회로 이어졌다. 창립대회에서는 총동맹의 「맹헌盟憲」이 발표되었고, 이로써 불교청년운동의 구심점은 조선불교청년회에서 조선불교청년총동맹으로 전환되었다.

『불청운동』은 조선불교청년총동맹이 출범하며 제시한 「맹헌」에 간행의 목적, 내용, 방식이 명시되었고, 발행의 제반 업무는 중앙집행위원회에 일임하였다. 총동맹의 전사前史인 불교청년회는 전국 각 사찰, 지역 청년회의 느슨한 결합체로서, 세력을 지속 확장하는 구심력·결속력을 가지지 못한 한계가 있었다. 총동맹의 결성은 분산적인 운동을 극복하고 강한 당파성을 가지고 활동하는 것을 지향했다. '분산적 불청회로부터 통일적 불청총동맹으로'라는 슬로건이 이를 상징적으로 나타낸다. 결속력과 구심력을 견인하는 운동의 매개체로서 『불청운동』은 핵심적인 위상을 가지고 있다.

기존의 불교잡지가 발행인을 중심으로 편집, 발행되고 여러 분야의 인사들이 상대적으로 다양한 글을 투고한 것에 비해,『불청운동』은 상부기관의「종헌」과 회의록에 제시된 토의 결과가 편집과 원고작성의 원칙으로 제시되었고, 그 범주 안에서 투고가 이루어졌다. 그리고「맹헌」과「회의록」에 제시된 불교청년총동맹의 이념과 방법이 고스란히 구현되었다.

「맹헌」에 제정된 3강령은 불타정신의 체험, 합리종정의 확립, 대중불교의 실현 등이다. 잡지에는 합리적인 종정에 대한 다양한 의견들이 논설의 대부분을 이루고 있다. 불타정신의 체험은 불교인으로서의 내적 수양을, 대중불교의 실현은 이타를 구현하는 포교의 실천을 지향하는 것으로 이를 위한 다양한 행사의 보고가 잡지에 수록되어 있다.

『불청운동』은 별다른 하위 편제 없이 10여 편의 논설과 시와 시조(불청시단)를 중심에 두고, 서두에는「권두언」을, 후미에는「총동맹소식」,「동맹소식」등 활동일지를 수록하였다.

1호는 창간사에 이어 석전 박한영과 만해 한용운의 축사를 실었고, 7·8호와 11호의 권두언은 만해가 작성하였다. 불교청년운동의 정신적 좌장으로서 석전과 만해의 위상을 재확인할 수 있다.

논설은 앞서 소개한 불교청년운동의 강령과 안건을 구체적으로 풀어낸 다양한 수준의 글이 수록되어 있다. 논설 가운데는 호에 따라 부분적으로「건달총」(2호),「살활검」(2호),「대원경」란(7·8, 9·10)이 있어 교계 비판을 담은 단평을 수록하였다.[22]

총동맹 활동과 관련하여 중앙집행부의 활동 양상은「총동맹소식」에,

---

22 창간호의「社告」에 "교계의 비판과 교역자 비판은 제2호에 게재코자 하오니 그리 아시고 단편적으로 투고를 많이 해 주시기를"이라는 내용이 있다. 비판정신은『불교청년』의 핵심적 동력으로 인정된다.

지방 각 사찰의 소식은 「동맹소식」에 수록하였고, 7·8, 9·10호에는 「종헌실행운동란」을 두어 하위 동맹의 종헌 실행 여부를 소개하였다.

## 강원과 선원

『회광』(통권 2호, 1929.3~1932.3)은 조선불교학인연맹의 기관지로, 발행인은 이순호(청담)이며 발행소는 경성의 개운사에 두었다. 조선불교학인연맹은 강원제도, 교육방식, 교육내용의 혁신을 대외적으로 표명하면서 시대의 흐름에 맞는 불교 개혁의 선봉장이 되고자 하였는데, 『회광』은 1930년 전후 강원의 학인들이 가지는 시대적 소명의식을 표출하기 위해 마련한 공적 마당이다.

1928년 봄(3월 14~17일) 서울에서 개최한 조선불교학인대회는 '조선불교의 신진학도의 조선불교에 대한 운동'이다. '조선불교의 신진학인으로서 조선불교를 자력으로 공고히 하고 발전시키고 시설하자는 자각적 정신 하에 일치의 대동단결을 절규'하던 것이 당시의 발기 취지였다. 학인연맹의 일체 사무절차는 학인대회를 발기한 개운사 강원에 일임하기로 하였고, 약 10여 개월 후 조선불교학인연맹이 결성되었다.

학인연맹을 주도한 인물은 박용하(운허, 개운사 강원), 이순호(청담, 개운사 강원), 조종현(철운, 개운사 강원) 등이다. 이들은 당시 개운사 강원에서 박한영을 강사로 모시고 경론 연구를 심화하였다. 박용하는 1928년 2월~1929년 4월에 개운사 강원에서 대교과를 배웠고, 이순호는 박한영을 은사로 하여 출가한 후 개운사 강원에서 이력과정을 이수했으며, 조종현은 선암사 출신으로 선암사의 대강백인 경운 원기擎雲元奇(1852~1936)의 제자이며 동시에 박한영의 사제가 되는 인물이다. 『불교』

지의 휘보란을 보면 그는 1926년 범어사 강원 중등과 졸업, 1928년 동화사 강원 졸업, 다시 1928년 개운사 강원을 수료한 것으로 나타난다. 이상 학인연맹을 주도한 세 명은 박한영을 강사로 모시고 개운사 강원에서 이력을 닦은 공통점이 있다. 이 시기 학인연맹의 정신적 지주는 당연히 박한영이 될 것이다.

편제는 통일된 체제로 제시되지는 않았지만, 권두언, 사설 및 학술논설, 명사 및 연맹원의 제언, 학인 논설, 문예란으로 묶일 수 있다. 『회광』에 실린 학술논문은 비록 2호에 실린 세 편에 지나지 않으나 조선불교의 강맥을 이어나갈 학인들에게 조선불교의 정체성을 확립하는 데 필요한 학술적 정보와 불교사적 지식을 제공하는 역할을 하였다. 수록된 시와 시조는 상대적으로 신심에서 우러난 종교성이 농후한 작품이 다수를 차지하고 있다.

1930년대 초반 불교학인연맹의 활동과 연동하여 전국의 여러 강원에서 자체적인 연찬과 학인들의 문화 활동이 이어졌을 것은 당연한데, 현재 잡지 발행이 확인되는 것은 보현사 강원의 잡지 『탁마琢磨』(不傳)와 봉선사 강원의 잡지 『홍법우』가 있다.

『홍법우』(총1호, 1938.3)는 남양주 진접면 봉선사의 홍법강원의 학인으로 구성된 홍법강우회弘法講友會에서 발간한 회지다.[23]

홍법강원의 강주는 이운허李耘虛(龍夏, 1892~1980)이다. 그는 잡지 발행의 실무는 담당하지 않았을지라도 전체 교육을 책임진 강주로서 잡지의 지향을 논하는 자리에 빠질 수 없다. 1921년(30세) 강원도 고성 유점

---

23 1938년 3월 12일 발행의 비매품으로, 편집 겸 발행인은 李在福, 인쇄소는 한성도서주식회사, 발행소는 봉선사 강원 내의 홍법강우회이다.

사에서 득도하였고, 1924년 범어사에서 사교를 이수하였다. 이후 박한영이 강주로 있던 개운사 강원에서 수학하면서 1926년 2월에 이순호(청담)와 함께 전국불교학인대회를 개운사에서 개최하고 조선불교학인연맹을 결성하여 강원 교육의 혁신운동을 주도하였다. 1929년 7월~1932년 2월에는 만주 봉천성에서 보성학교 교장을 지내고 1936년(45세) 봉선사 불교강원에 강사로 취임하였다. 그는 홍월초의 법손으로서 홍월초의 유지를 받들어 세운 봉선사 홍법강원의 초대 강주가 되어 후학을 제접하였다.

『홍법우』의 편집 겸 발행인은 이재복李在福(1918~1991, 1943년 혜화전문 졸업)이다.

잡지에는 봉선사 강원 선배 학인의 덕담, 강주의 훈화 등과 함께 문학작품을 수록하였다. 문학은 소재와 표현이 소박하고 단조로운 한계가 있지만, 잡지의 계몽적 성격에 다채로운 감성의 숨통을 열어 놓는 효과를 가져왔다.

『선원』(총4호, 1931.10~1935.10)은 선의 대중화를 위해 설립된 선학원의 기관지다. 선화禪話 및 선종사 관련 논설, 불교개설 및 한글 법문, 불전 번역 분야에서 주목할 만한 성과가 있다. 문학은 시조 장르가 압도적이다. 당시 시조가 대중화된 시기이기는 하나, 중앙선원에서 선의 대중화를 위해 노력한 편집의 주체들, 그리고 참여한 수좌들의 의도가 나름대로 작용한 결과다.

1900년 초 이후 경허, 한암, 학명, 용성 등이 선풍을 진작시키는 운동을 다양하게 전개했고 여러 사찰에서 선원을 두어 선풍이 진작되었다. 그러나 기본적으로 선원 활동의 기록은 일회적이었고, 수행 자체가 개인적 득도 체험을 중시하다 보니, 선리를 탐구하는 구성원들이 자신들의 조직을 결성하고 집단적인 담론을 근대적 매체로 표출하는 기회를 얻기는 쉽지 않았다. 선학원은 이러한 한계를 극복하고자 선원의 수좌들이 마련한 공동체였고, 『선원』은 그 공론화의 장이었다.

선학원이 전국 수좌들의 구심 공간이 된 것은 1931년에 이르러서다. 1931년 1월 21일 김적음에 의해 재건된 선학원에서는 송만공, 이탄옹, 한용운, 유엽, 김남천, 도진호, 백용성 등이 대중들을 상대로 강연했으며, 일반 대중들도 남녀선우회와 부인선우회를 조직하여 생활 속의 참선수행을 실천하였다.[24]

이러한 선풍 진작 운동이 전국적인 영향력을 가지기 위해서는 잡지라는 새로운 매체가 필요하였는데, 선학원이 재건된 1931년 10월 6일 드디어 『선원』이 창간되었다.[25] 『선원』은 선에 관한 지식을 일반 수좌들, 즉 전국적으로 산재해 있는 수좌들에게 전달하여 수행에 도움을 주며, 일부 지면이라도 한글화하여 한글에 친숙한 대중과 여성 불자들에게 선리를 전달하고자 하였다. 『선원』은 선의 대중적 개방과 확산, 선 담론의 형식적 다양화와 언어적 실천에 있어 다른 잡지에서 찾아볼 수 없는 독특한 지향을 가지고 있는 잡지로 규정할 수 있다.

---

24 김광식, 「선학원의 설립과 전개」, 『선문화연구』 창간호, 2006, p.287
25 1~3호의 편집 겸 발행인은 김적음, 발행소는 禪學院(경성부 안국동 40번지)이다. 4호(1935.10.15.)의 편집 겸 발행인은 김적음, 발행소는 朝鮮佛敎中央禪理參究院이다.

## 근대 불교와 불교 청년의 성장 서사

1910년대~1930년대 불교잡지는 근대의 산물로서 다중의 지식정보가 매월 한 권의 책으로 묶이고 동시에 확산되며, 잡지 구독자는 또 다른 지식 생성자가 되어 잡지 내용 생성에 참여하는, 전대미문의 매체다.

근대 불교잡지를 통해 이 땅의 불교지식인들은 19세기 불교와 불교문화사를 복원하여 근대지식으로 편입하는 작업을 수행하였다. 이를 주도한 필진은 19세기 후기에 강원과 선원의 이력을 거쳐 전통불교 지식을 익힌 대덕들이었고, 잡지는 그들의 새로운 저술 공간이 되었다. 동시에 잡지는 해외 유학을 다녀온 신진 유학생들의 해외 불교지식 유입과 정서 표출의 매체였다. 불교잡지는 가히 종교, 철학, 역사, 문예의 복합 텍스트로서, 잡지가 지향하는 것은 지식과 사고, 생활과 문화에서의 근대적 변화였고, 궁극적으로 근대 불교, 근대 불교학, 근대 불교문화의 성립에 기여하였다.

1920년대 중반에 창간한 잡지 중에 30년대에도 지속적으로 발행되는 경우도 있고(『금강저』(1924~1943), 『불교』(1924~1933)), 1920년대 말 창간되어 1930년대까지 지속적으로 발행되는 잡지(『일광』(1928~1940), 『회광』(1929~1932))도 있어 잡지를 시기별로 구획하는 것은 용이한 일은 아니나, 10년을 단위로 한 대체적인 경향성은 분명하다.

1910년대 발행한 불교잡지는 대부분 교단의 기관지거나 산하 기관의 대표 잡지로 발행되었다. 『조선불교월보』(원종종무원, 조선선교양종각본사주지회의원), 『해동불보』(조선선교양종삼십본산주지회의소), 『불교진흥회월보』(불교진흥회), 『조선불교계』(불교진흥회), 『조선불교총보』(삼십본산연합사무소)는 근대 불교교단이 시대의 흐름에 맞게 기획한 잡지들이다. 이 시기의 잡지를 대표하는 것은 교단의 기관지인데, 정가를 매긴 잡지는 전국으로, 좁게 말하면 전국의 본사, 말사로 배포되며 교단의 행정망을 통해 수금이 이루어졌다. 이와 달리『유심』은 한용운의 1인 기획으로 발행되었다.

1910년대에 등장한 불교잡지는 모두 '중앙불교'의 산물이었다. 비록 『조선불교월보』에 발행인인 권상로의 출신 지역(대승사, 김룡사)과 인연 있는 필진이 부상하고,『해동불보』에 발행인인 박한영의 출신 지역(선암사)과 인연 있는 필진이 부상하여 다양한 글을 수록하였지만 기본적으로 삼십 본산의 연합사무소가 서울(경성)에 있는 것처럼 중앙교단의 근대적 포교 기획물로서 중앙의 산물임에는 틀림이 없다. 이는 경성 중심의 거사들이 대거 유입된 불교진흥회에서 펴낸『불교진흥회월보』,『조선불교계』에도 해당한다. 또『유심』의 경우에 필진 대부분이 한용운이 있는 유심사惟心寺와 중앙고보中央高普가 있는 계동을 중심으로 하여 지근 거리에 있고, 또 최초의 근대 출판사인 신문관 건물에 있던 조선광문회 회원인 것을 보면,『유심』역시 중앙의 산물이라 할 수 있다.

3·1운동 이후 1920년대는 일제의 통치전략이 바뀌어 문화정책을 시행한 시기로, 국내에 대학이 설립되고, 신문 잡지가 다수 창간되었다. 1920년대 초중반에는 지역에서 최초로 발행한『축산보림』(일명 취산보림, 통도사),『조음』(통도사)이 있고, 국학자들이 펴낸『불일』(조선불교회), 조선불교중앙교무원의 기관지이자 종합지를 지향한『불교』, 그리고 해외 유학생의 잡지『금강저』(동경불교유학생회)가 발행되었다. 지방과 경성, 국내와 일본에서 동시적으로 잡지가 발행된 것이다. 1924년 창간한『불교』는 1933년까지 발행되면서 근대 불교잡지로서 가장 대표적인 위상을 차

지하고 있다.

　1920년대 말에는 다양한 기관과 단체에서 자신들의 내적 결속을 다지며 메시지를 전달하는 다양한 잡지가 발행되었다. 중앙불전의 교우회지 『일광』, 강원 소속 학인이 결성한 불교학인연맹의 잡지 『회광』, 1920년대 성장기를 거쳐 1930년대 불교운동의 핵심 세력으로 등장한 조선불교청년총동맹의 기관지 『불청운동』, 근대 선풍 진작운동을 전개한 선학원의 『선원』, 금강산 관광 열풍이라는 시대 분위기에서 표훈사를 중심으로 펴낸 『금강산』, 중앙불전학생회에서 펴낸 『룸비니』, 보현사와 봉선사 강원에서 펴낸 『탁마』와 『홍법우』 등이다. 전문대학이나 청년동맹, 강원, 선원에 근거지를 둔 젊은 청년들의 목소리가 당파성을 가진 채 만개하는 양상이다.

　이상 근대 불교잡지 발행의 경과를 보면, 1910년대 초기에는 교단의 기관지로 등장하였고 발행인의 성격도 전통 시대의 학문 이력을 거쳐 당대 국학연구를 주도한 대덕들이었다. 해외유학생이 귀국하면서 1910년대 후반 잡지에는 근대 불교(학)의 여러 지식 정보가 다양하게 수록되기 시작하였다. 1920년대는 일본동경유학생의 잡지가 출현하여 선도적인 모습을 보여주었고, 교단이 재단법인 중앙교무원으로 바뀌면서 『불교』가 등장해 독자층을 폭넓게 상정하고 수록 내용도 문화적 측면을 강화한 종합문화지로 확장되며 비교적 안정적인 환경에서 간행되었다. 그동안 해외유학생 출신이 속속 귀국하였고, 국내 중앙불전 재학생, 졸업생이 배출되면서 인재풀이 다양해졌고, 1920년대 전통강원을 부활하면서 배출된 여러 학인들, 그리고 불교청년회가 불교청년동맹으로 발전하며 영향력 있는 청년 필진들이 배출되면서 다양한 양상으로 '만개'한 것이 1930년대 잡지의 발행 현상이다.

이들 잡지에 담겨 있는 수십 년 동안의 다양한 목소리는 곧 근대 불교의 실체가 된다. 한국불교의 근대화는 시대와 함께한 잡지의 성장과 길항관계가 있다. 이 시기 불교잡지의 전개 과정은 근대 불교의 형성 과정 그 자체이자, 불교 청년의 성장 서사敍事라 할 수 있다.

| 참고문헌 |

고재석, 「깨달음의 미학과 행동적 수양주의」, 『우리말글』 38, 우리말글학회, 2006.
김경집, 「일제하 조선불교청년회의 지회 결성과 활동」, 『불교학보』 88, 동국대 불교문화연구원, 2019.
김광식·이철교 편, 『한국근현대불교자료전집』, 서울: 민족사, 1996.
김광식 편, 『한국근현대불교자료전집해제』, 서울: 민족사, 1996.
김광식, 「선학원의 설립과 전개」, 『선문화연구』 창간호, 한국불교선리연구원, 2006.
김성연, 「일제강점기 잡지 『불교』의 간행과 그 성격」, 『선문화연구』 5, 한국불교선리연구원, 2008.
김종진, 「『조선불교월보』의 전개와 문학 활용 양상」, 『불교학보』 87, 동국대 불교문화연구원, 2019.
이경순, 「일제시대 불교 유학생의 동향–일본 유학생을 중심으로」, 『승가교육』 2, 대한불교조계종교육원, 1998.
이성수, 「20세기 전반 유학승의 해외 체험과 시대인식 연구」, 동국대대학원 국어국문학과 박사논문, 2021.
조명제, 「1910년대 식민지 조선의 불교근대화와 잡지 미디어」, 『종교문화비평』 30, 한국종교문화연구소, 2016.

제2부

# 종교와 문화

**종교와 미래**

여성

생태환경

**문화와 의례**

불교음식

범패

종교와 미래

# 여성

· 김제란

I. 인도·초기불교의 여성관

　남성 중심적 불교여성론/ 인도 종교 및 초기불교의 여성관/ 초기불교의 여성적 사유 / 초기불교의 이중성: 반여성성과 평등성

II. 신라·고려 시대 불교와 여성

　삼국시대 불교 전래와 비구니 승단/ 고려시대 불교와 여성 출가/ 여성의 선수행과 혜심의 여성성불론/ 성역할 수행으로서의 여성신앙론

III. 조선시대 불교와 여성

　조선 전기 불교와 유교의 갈등/ 배불정책과 불교미술의 여성 후원자/ 부녀상사금지법 시행과 여성 신앙의 억압

IV. 한국 근현대 불교와 여성

　불교 여성의 근대적 자각/ 선불교의 대중화와 재가여성 선수행/ 현대 한국 비구니 사찰의 설립

■ 불교여성관: 진리의 평등성과 사회적 불평등성

# I. 인도·초기불교의 여성관

## 남성 중심적 불교여성론

불교라는 평등한 종교 전통의 역사 안에서 여성에 대한 성차별적 인식이 도도히 살아서 전해 내려왔다는 사실은 놀라운 일이다. 세속을 초월하여 일체중생의 평등한 가치를 지향하는 불교 전통 안에서조차 세속사회의 가부장적 인식의 편린이 여과되지 않은 채 그대로 반영되고 있다. 여성에 대한 차별을 원론적으로는 부인하는 불교에서도 관습적·제도적 차원에서는 여성에 대한 제한된 인식이 암묵적으로 행해져 왔다. 여성에 대한 불교의 남성 중심적 편견이 반영된 것으로 일컬어지는 불교의 대표적 여성론에는 '불법 오백 년 감소설', '여성불성불설女性不成佛說', '변성성불설變成成佛說', '여성오장설女性五障說', '비구니 팔경계법比丘尼八敬戒法' 등이 있다. 불법 오백 년 감소설은 붓다가 여성의 출가를 허락하면서 그로 인해 불법의 존속 기간이 500년 감소했다고 말했다는 주장이다. '여성불성불설'은 여성은 불교 수행의 최고 목표인 깨달음을 얻을 수 없다는 주장으로서 여성은 성불할 수 없다는 의미이다. '변성성불설'은 여성은 여성의 몸 그대로는 성불할 수 없고 일단 남자로 변하여 태어난 뒤에야 성불이 가능하다는 주장이다. '여성오장설'은 여성은 다섯 가지 장애를 가지고 있다는 주장으로, 여성은 범천왕, 제석, 마왕, 전륜성왕, 부처가 될 수 없다는 의미이다. 여성성불설과 통하는 주장이라고 할 수 있다. '비구니 팔경계법'은 붓다가 여성을 교단에 받아들이는 조건으로 설정한 것으로, 비구니가 비구를 공경해야 할 8가지 계율을 말한다.

이들은 여성은 성불할 수 없다는 인식, 출가 수행을 위해 세속을 떠난 여성인 비구니는 같은 수행을 하는 도반인 남성 비구보다 언제나 열등할 수밖에 없다는 인식을 불교도인들에게 집요하고도 광범위하게 유포해 왔다.[1] 그러나 붓다가 과연 여성이 열등한 존재이며 깨달음을 이룰 수 없는 존재라고 가르쳤는가 하는 물음에 대한 답은 분명 '아니다'이다. 예컨대 붓다는 이모이자 양모인 마하파자파티의 출가의 소원을 들어주었고, 여성도 깨달음을 이룰 수 있다고 공언하였다. 이 점과 관련하여 전해주는 "불교에서 여성이 성불하는 예는 불전에 다양하게 설해져 있다. 변성성불變成成佛만이 아니라, 변성 남자의 과정을 거치지 않고 미래에서 성불하리라는 수기를 직접 받기도 하고, 여인의 몸 그대로 성불하는 여인즉신성불女人卽身成佛의 경우도 많이 보이고 있다. 그런데 현재 불교교단 내에서는 여인즉신성불의 경우는 도외시하고 변성성불 내지 여성불성불설女性不成佛說을 크게 내세우는 풍조가 아직도 만연한 것 같다."라고 기술하고 있다.[2]

## 인도 종교 및 초기불교의 여성관

불교는 계급제도를 타파하고 평능수의를 표방하며 등장했지만, 당

---

[1] 송현주, 「여성에 대한 불교의 시선, 불교에 대한 여성의 시선」, 『종교문화비평』, p.308
[2] 전해주, 「변성성불론의 비판적 검토」, 『비구니와 여성불교』 2-Ⅱ, 한국비구니연구소, 2003, p.7; 한국여성불교연합회 편, 『불교의 여성론』, 서울: 불교시대사, 1993, pp.54~61

시 인도 사회가 여성에 대해 가지고 있던 가부장적 관점과 태도는 그대로 견지하였던 것으로 보인다. 인도에서 초기 베다 시대인 기원전 1500~1000년에 유목민인 아리안족은 부계 중심의 가부장제 문화를 정착시켜 갔다. 후기 베다 시대인 기원전 1000~600년에는 의례를 통해 인간이 원하는 것을 얻을 수 있다는 믿음이 생겨나며 의례에 대한 지식을 독점한 브라만 계급의 지위가 막강해지고 카스트 신분제도가 체계화되었다. 종교가 형식주의로 흐르고 브라만 계급이 종교를 기득권 유지 수단으로 삼는 등 문제가 심각해지자 새로운 가치관을 제기하는 우파니샤드 사상이 등장했으나, 이 시기 여성은 남성에게 종속된 열등한 존재라고 인식되었다. 노동 구분이 생겨나면서 여성은 남성보다 열등하고 남성에 의존해야 하는 존재로 인식되었으며, 남녀간 차별도 생겨났다. 이후 새로운 종교 운동의 시기인 기원전 6~4세기에는 왕권과 상업의 발달로 크샤트리야와 바이샤 계급의 지위가 상승하고, 지배적 종교 세력이 약화되면서 의례를 중시하는 전통 종교에 반발하는 다양한 사상과 종교가 새롭게 등장하였다. 이 중 가장 큰 세력을 형성한 종교가 불교와 자이나교였고, 크샤트리야와 바이샤 계급이 이들을 후원하였다.[3]

초기불교에서는 기존의 가부장적 관점이 그대로 존속되었다. 붓다 시기에 인도 사회의 여성에 대한 관점과 태도는 전반적으로 부정적이었다. 여성은 남성에 비해 신체적·도덕적·영적으로 능력이 낮다고 여겨졌고, 특히 남성을 유혹하여 수행을 방해하는 존재로 인식되어 수행자들이 철저하게 기피해야 할 대상으로 취급되었다.

초기불교의 여성에 대한 입장은 이중적으로 나타났다. 이에 따라 초

---

3 옥복연·전재성·류경희·김정희·우혜란·조승미 지음, 『불교와 섹슈얼리티』, 파주: 한울엠플러스, 2016, pp.31~34

기불교가 여성을 어떻게 보았는가 하는 학자들의 평가도 크게 두 가지 입장으로 나뉘어진다. 첫째는 여성에 대한 지극히 부정적인 평가이다.[4] 초기불교가 여성을 교단에 받아들였다는 점에서 전체적으로는 여성의 지위가 이전보다 높았던 것으로 추정되지만, 초기불교 문헌에 가부장적 가치들이 반영된 점은 이러한 추정과 상반된다고 볼 수 있다. 불교는 카스트, 계층, 성별과 무관하게 누구나 해탈이나 성불의 가능성을 갖는다고 보았지만, 이런 근본 원리와 별개로 여성에 대한 태도는 전반적으로 부정적이었다고 평가하는 입장이다. 초기불교는 여성을 승가에 받아들이기는 했어도 철저히 비구의 권위 아래 두었고, 비구니에게는 많은 제약이 가해졌다. 초기불교 경전에서는 여성에 대한 관점도 부정적인 것으로 나타나는 경우가 많았다. 여성을 남성을 유혹하는 존재로 비난하였고, 여성은 욕망이 많고 쉽게 화를 내며 공적 역할을 할 수 없고, 직업을 가지고 돈을 벌 수도 없는 존재라고 생각하였다. 초기불교의 이러한 경향은 여성에 대한 인도 사회의 가부장적 의식을 상당 부분 반영한다고 할 수 있다.

둘째는 여성에 대한 긍정적인 평가이다. 초기불교에서 여성 지위의 향상을 살펴볼 수 있는 측면을 중요시하게 보는 입장이다. 일부 학자들은 초기불교가 당시 인도의 여성 지위에 미친 영향을 긍정적이었다고 평가한다.[5] 불교 이전 시기에는 여성의 지위가 낮았지만, 붓다 시기에

---

[4] 초기불교의 여성에 대한 태도가 전반적으로 부정적이었다고 평가하는 경우는 Uma Chakravarti, The Social Dimensions of Early Buddhism, New Delhi: Munshiram Manoharlal, 1966 이 대표적이다. 류경희, 「불교 발생의 시대적 배경과 여성」, 앞의 책, pp.34~37

[5] 초기불교가 당시 인도 여성에 미친 영향을 긍정적으로 평가하는 경우는 Homer, I.B. Women Under Primitive Buddhism, Dehli: Motilal Banarsidass, 1990(1930) 가 대표

여성이 전보다 많은 자유와 권위를 누리는 변화가 일어났으며, 이것이 그대로 초기불교의 여성관에 반영되었다는 것이다. 여성의 활동이 여전히 가정과 종교 영역에 국한되기는 했지만, 전체적으로 지위가 개선되기 시작했다는 것이다. 초기불교에서 여성의 지위가 신장된 것을 보여주는 대표적 예는 여성이 남성과 같이 수행자가 되어 승단에 들어갈 수 있게 된 것이다. 인도 사회는 가부장제와 카스트 제도가 고착되어 강력히 유지되어온 사회였다. 이런 분위기에서 불교의 사문 전통이 비록 제한적이지만 승단에 여성을 받아들이고, 일부 여성이 가부장 사회의 굴레에서 벗어나 종교적 목표를 추구하는 삶을 통해 자신의 삶을 실현하도록 동기를 부여한 점은 높이 평가할 만하다.

한편으로 인도 문화에서 모성 개념은 남성성과 여성성의 구분을 초월하는 근원적 모체로 이해되었다. 모성을 중시하는 인식과 태도는 정서적·신앙적·문화적 차원에서 중요한 위치를 차지하며, 사회적 차원의 강력한 가부장적 경향과 충돌없이 공존한다. 모성을 중시하는 정서와 문화가 여성의 주체적 삶이나 사회적 지위를 향상시키는 데 기여했다고 볼 수 있는 사례는 극히 일부에 불과하다. 초기불교 경전에도 나타나는 모성성의 강조는 오히려 남성 중심의 가부장제를 견고하게 유지시키는 데 일조한 측면이 있다고 볼 수 있다.

## 초기불교의 여성적 사유

초기불교에서 남성과 여성은 본질적으로 별개의 이원론적 존재가 아

---

적이다. 류경희, 「불교 발생의 시대적 배경과 여성」, 앞의 책, pp.37~39

니라 다른 생명체들과 더불어 윤회하는, 존재론적으로 상호 전환이 가능하고 인식론적으로 상호 이해가 가능한 인간이다. 다시 말하여 지금 이 세상에서 남성이라고 하여 과거에도 언제나 남성이었고, 지금 여성이라고 하여 과거에도 언제도 여성이었다고는 볼 수 없다는 것이다. 다른 생명체들을 포함하여 우리 모두는 윤회하는 존재들이기 때문이다. 실제로 경전에는 다음과 같은 구절이 있다. "수행승들이여, 이와 같이 오랜 세월을 거쳐서 일찍이 한 번도 어머니가 아니었던 사람을 쉽게 찾을 수 없다.… 이와 같이 오랜 세월을 거쳐서 일찍이 한 번도 아버지가 아니었던 사람을 쉽게 찾을 수 없다."[6] 윤회하는 과정에서 누구든지 아버지라는 남성이었던 적도 있고 어머니라는 여성이었던 적도 있었던 점을 지적하였다. 그리고 이러한 이해 위에서 초기불교는 당시 여성이 겪는 고통에 대해 다음과 같이 서술하였다.[7] 그들은 당시 인도 사회에서의 여성의 위치를 정확히 이해하고 있었다.

"수행승들이여, 남성과 달리 여성에게는 여성이 겪어야 하는, 여성에게만 주어진 특수한 다섯 가지 고통이 있다. 다섯 가지란 무엇인가?

세상의 여성들은 나이가 어릴 때 시집가서 친족과 떨어져 지낸다. 이것이 여성이 겪어야 하는, 여성에게만 주어진 특수한 첫 번째 고통이다.

세상의 여성들은 생리를 한다. 이것이 남성과 달리 여성이 겪어야 하는, 여성에게만 주어진 두 번째 고통이다.

세상의 여성들은 임신을 한다. 이것이 남성과 달리 여성이 겪어야 하는, 여성에게만 주어진 세 번째 고통이다.

세상의 여성들은 분만을 한다. 이것이 남성과 달리 여성이 겪어야 하

---

6 전재성 역주, 『쌍윳따니까야』, 서울: 한국빠알리성전협회, 2014, p.475
7 전재성, 「초기불교의 반페미니즘적 사유에 대한 고찰」, 앞의 책, pp.113~116

는, 여성에게만 주어진 네 번째 고통이다.

세상의 여성들은 남성에게 봉사한다. 이것이 남성과 달리 여성이 겪어야 하는, 여성에게만 주어진 다섯 번째 고통이다."[8]

초기불교는 인도의 여성 현실에 대해 정확히 알고 있었던 듯하다. 붓다는 "당신들도 생리, 임신, 출산을 하는 여성에게서 태어나지 않았는가?"라고 반문하며, 남성 중심의 전통적인 사고방식을 거부하였다. 바라문 중심의 사회에서 여성의 억압이 보편적이라고 본 것과 달리, 초기불교는 당시 시대적 상황에서 여성의 고통을 있는 그대로 기술했다는 측면에서 훨씬 남녀평등적인 사고를 가지고 있었다고 볼 수 있다.

경전은 붓다 자신이 쓴 것이 아니라 붓다 사후 100년이 지나 경전으로 정리하는 결집을 통해 이루어졌고, 이 경전이 후대에 문자로 확실하게 기록된 것은 붓다 사후 500년이 지나서였다. 따라서 이 시기의 경전 기록은 암송자나 기록자의 주관적 견해나 기록 당시의 사회상이 반영될 여지가 있었다. 이는 여성차별적이거나 가부장적인 내용이 경전에 기록되어 있다고 해도 이것이 과연 붓다 자신의 말씀인지 확실하지 않다는 뜻이다. 따라서 경전에 붓다의 말씀으로 전해진다고 해도 문자 그대로 받아들일 것이 아니라 전후 맥락을 살펴보아야 할 것이다.

초기불교에서는 "여성이 성불할 수 있는가?"라는 물음에 대해 '여성불성불론女性不成佛論'과 '여성출가성불론女性出家成佛論'의 모순된 입장을 취하였다. 재가여성은 성불할 수 없을뿐더러 출가해서 승려가 되어도 성불할 수 없다는 기존의 일반적인 입장에 대하여, 초기불교 경전에는 여성도 성불할 수 있다고 보는 내용이 있다. "여성들이 여래가 설한

---

8 전재성 역주, 『쌍윳따니까야』, 2014, p.1292

가르침과 계율 가운데 집에서 집 없는 곳으로 출가해서, 흐름에 든 경지나, 한 번 돌아오는 경지나, 돌아오지 않는 경지나, 거룩한 경지를 실현하는 것이 가능하다."[9] '흐름에 든 경지'는 진리의 흐름에 들었다는 뜻으로 예류과豫流果에 든 사람을 말하는데, 일곱 번까지 태어나는 동안 성불한다. '한 번 돌아오는 경지'는 일래과一來果이고, '돌아오지 않는 경지'는 인간계로 돌아오지 않고 천상계로 가는 불환과不還果를 말한다. '거룩한 경지'는 바로 지금 이 생에 해탈해 아라한과를 얻는다는 것이다. 붓다는 여성도 아라한이 될 수 있다고 하였다. 출가한 뒤 깨달음을 얻은 많은 여성들이 경전에 계속 등장하고 있으므로,[10] 붓다는 여성이 남성과 동일한 경지에 오르고 궁극적 깨달음의 경지에 도달할 수 있는 존재임을 직접 언급하였다. 이와 대조적으로 여성은 성불할 수 없다는 '여성불성불론女性不成佛論'의 초기불교적 근원은 "여성이 거룩한 님, 올바로 원만히 깨달은 님이 되는 일은 있을 수 없고 가능하지 않은 일이다."[11]와 같은 말씀이다.[12]

동일한 경전에서 여성성불 가능성에 대한 모순된 진술이 동시에 등장하고 있다. 예컨대 『앙굿따라니까야』에는 여성이 아라한과 등각자가 될 수 있다고 말하는 구절과 여성이 아라한과 등각자가 될 수 없다고 말하는 구절이 동시에 등장한다. 그 이유로는 니까야가 비교적 후기에 성립된 경우, 남성 중심적이고 성차별적인 이데올로기가 편입되었다고 추측해볼 수 있다. 이후 등장한 대승불교 경전에서는 성차별이 노골적으

---

9 전재성 역주, 『앙굿따라니까야 8·9』, 서울: 한국빠알리성전협회, 2008, p.236
10 전재성 역주, 『쌍윳따니까야』, 2014, p.150
11 전재성 역주, 『앙굿따라니까야 1·2』, 서울: 한국빠알리성전협회, 2007, p.217
12 전재성, 앞의 글, 2016, pp.117~123

로 나타나고, 여성이 남성으로 태어나야 성불할 수 있다는 '여성변성성불론'이 등장한다. 그러나 이는 초기 경전에 없는 가르침이다. 여성이 성불할 수 없다는 모순을 해결하기 위해 등장한 것이 여성은 일단 남성으로 태어나야 한다는 변성성불론이다. 이는 『법화경法華經』, 『무량수경無量壽經』, 『대아미타경大阿彌陀經』 등 민중 신앙의 소의경전에 주로 나타난다.

대승불교 후기 사상에 남녀평등적 여성관이 등장하면서 비로소 여성도 성불할 수 있다는 '여성성불론'이 등장하였다. '여성즉신성불론'은 여성의 몸 그대로 성불해 완전한 깨달음을 얻을 수 있다는 사상으로, 『유마경』, 『승만경』 등 중기 대승경전에서는 여성이 직접 성불하는 천녀와 승만부인이 그 예로 증명되었다.

## 초기불교의 이중성: 반여성성과 평등성

대표적인 반여성적 교리 중 첫 번째는 여인오장설이다. 여성이 깨달음에 이르는 것을 가로막는 다섯 가지 장애를 말하는데,[13] 팔리 니까야, 북방 아함경, 대승경전에 포함되었으며 후대로 갈수록 더 강조되는 내용이다. 여성이 깨달은 사람, 전륜성왕, 제석천, 마왕, 범천이 될 수 없다는 내용은 다른 경전의 내용과는 상반된다. 초기 경전에는 여성에게 왜 다섯 가지 장애가 있는가에 대한 자세한 설명이 없다. 여인오장설에 대해서는 『증일아함경』, 『중본기경』, 『법화경』 등 많은 경전에서 계승하고 있다. 여인오장설의 이유를 설명한 유일한 대승경전인 『초일명삼매

---

13 전재성 역주, 『앙굿따라니까야 1·2』, 2007, pp.115~116

경超日明三昧經』에서는 여성은 교태가 많고 음란하며 절제가 없고 경박하고 불순하고 잘 숨기며 청정행이 없고 색욕을 탐닉하고 솔직하지 못하며 행위가 반듯하지 못하다고 설명하고 있다. 이는 후기 남성 중심 사상이 경전에 반영된 것이라고 볼 수 있다. 당시 인도 및 중국에서의 가부장적 사유의 흐름이 붓다 사후 경전에 점차 반영되기 시작한 것으로 추측해볼 수 있다.[14]

둘째로는 음마장상을 들 수 있다. 인도에서 전해져 내려오는 위대한 사람의 32가지 특징 중, 음마장상陰馬藏相은 다른 이름으로 '세봉장밀상勢峯藏密相'이라고도 부르는데, 몸 속에 감춰진 성기를 지녔다는 의미이다. 이것만으로는 남성의 신체 특징을 말하는지 여성의 신체 특징을 말하는지 분명하지 않지만, 당시 위대한 남성의 신체 특징으로 받아들여졌다. 몸 속에 감춰진 성기란 오랜 세월 성적 행위 없이 살았던 사람의 특징이라고 볼 수 있다.[15] 오랜 세월 성적 행위를 멀리하면 남성과 여성을 초월한 존재의 특징인 음마장상을 가지게 된다고 해석하는 것이다. 그러나 음마장상을 남성 성기로 해석하는 것은 역시 남성 중심적 사고의 반영이라고 볼 수 있다.

셋째로는 비구니 팔경법이다. 비구니 팔경법의 몇 조항만 살펴봐도 그 법이 갖는 반여성적 성격을 알 수 있다.

① "비구니는 구족계를 받은 지 백 년이 되어도 방금 구족계를 받은 비구에게 인사를 하고 자리에서 일어나 합장하고 응대해야 한다."라는 조항은 율장에서도 강조되기 때문에 붓다의 말씀으로 인정해야 한다고 여겨진다.

---

14 전재성, 앞의 글, 2016, pp.126~127
15 전재성 역주, 『디가니까야』, 서울: 한국빠알리성전협회, 2011, p.1291

② "비구가 있는 곳에서 안거를 해야 한다."라는 조항은 당시 비구 고승의 보호와 가르침을 받기 위한 것이라고 해석할 수 있다.

③ "비구 승가에 참석을 해서 포살해야 한다."라는 조항은 먼저 배운 선배에 의한 일종의 수행 점검이라고 해석할 수 있다.

비구니를 차별하는 이 팔경계는 분명히 가부장적이고 여성차별적인 계율이다.[16] 비구에 대해서도 비구니의 스승으로서 계율을 지키고 청정할 것 등을 주장하는 여덟 조건도 동시에 제기되었다. 또한 불법에는 비구니가 비구에게 충고하거나 비난하지 말라는 계율은 있지만 복종하라는 말이 없다는 사실에 근거하여, 비구 스승의 가르침을 받아들일 것인지 거부할 것인지가 비구니의 판단에 달려 있다고 자율성으로 해석하기도 한다. 팔경계 역시 당시 카스트 제도라는 신분 차별을 극복하기 위해 만들어진 계율이라고 주장하기도 한다. 카스트 제도 하에서 비구니가 왕족 출신이라고 하더라도 교단의 바이샤, 수드라 출신의 비구에게 절을 함으로써 신분에 대한 집착에서 벗어나야 한다는 뜻을 강조하려는 붓다의 의도라고 해석하는 것이다.[17] 그러나 이는 임의적인 해석이고 이후 그같은 의미로 받아들여지지 않았다는 점에서 불평등한 조항임을 부정할 수 없다.

그러나 초기불교는 기본적으로 남녀평등적인 교리이고, 그 근거는 다음과 같다.

첫째, 업 존재로서의 실존적인 성 평등을 들 수 있다. 인간은 누구나 생로병사를 피할 수 없고, 늙고 병들며 죽어가는 사람들을 보면 자신도

---

[16] 기본적으로 비구니를 차별하는 팔경계는 오늘날 그 계율 정신을 살리되 현실에 적용할 때는 재해석을 하거나, 비구니 승가의 발전에 도움이 되지 않는다면 폐기해야 할 것이다.

[17] 전재성, 앞의 글, 2016, pp.123~138

곧 그런 처지가 될 것이므로 착한 일을 해야겠다고 생각하게 된다. 여기에서 남성과 여성, 출가자와 재가자, 비구와 비구니는 아무런 차별이 없다. 초기불교에서는 실존적인 관점에서 남성과 여성이 전적으로 평등하다고 본다.[18] 인간이라면 누구나 죽음에 이르는데, 이때 실제로 가져가는 것은 업業의 상속자, 업의 원인자, 업의 천연자로서의 업뿐이라는 것이다. 따라서 업 존재로서 남녀를 포함한 모든 인간은 평등하다.

둘째, 사성제에 나타난 보편적 성 평등성을 들 수 있다. 사성제와 같은 불교의 기본 사상에는 남성 중심적이고 가부장적인 이데올로기가 전혀 포함되어 있지 않다. 따라서 남성 중심적이고 가부장적인 이데올로기를 비판하는 페미니즘은 불교 친화적이며, 불교는 남녀평등적인 사유라고 할 수 있다. 궁극적인 깨달음에서 볼 때 남녀 차별은 물론 출가와 재가의 구별마저 사라진다. 열반에 도달하는 데는 당연히 남녀의 차별이 없고, 남·녀, 출가·재가 모두 열반을 얻을 수 있으므로 남녀가 평등할 수밖에 없다는 것이다.[19]

셋째, 남녀출가자의 성 평등을 들 수 있다. 초기불교에서 수행을 통해 성취하는 성자의 단계는 수다원(예류과預流果: 이제 막 수행에 들어선 경지), 사다함(일왕래一往來: 번뇌를 완전히 버리지 못해서 욕계에 다시 한 번 돌아온 경지), 아나함(불환과不還果: 번뇌를 완전히 버리고 더 이상 인간으로 태어나지 않는 경지), 아라한(응공應供: 궁극적인 깨달음으로 윤회의 속박에서 완전히 벗어나 열반을 성취한 경지)의 네 가지로 나뉜다. 아라한은 초기불교에서 가장 높은 깨달음의 경지로서 대승불교에서 말하는 붓다의 경지에 도달한 자를 말하고, 그보다 한 단계 낮으면 천상 세계에 태어나 바로 열반에 들

---

18 전재성 역주, 『맛지마니까야』, 서울: 한국빠알리성전협회, 2009, p.1422
19 전재성 역주, 『디가니까야』, 2011, p.1230

어 다시는 태어나지 않는 것을 말한다. 초기불교에서 출가 수행자는 비구든 비구니든 차별 없이 다 아라한이 될 수 있고, 재가자는 남녀의 차별 없이 천상 세계에 태어나 다시 인간의 몸으로 돌아오지 않는 단계까지 가능하였다. 즉 초기불교에서 출가자와 재가자의 차이는 있지만 남녀의 구별은 인정하지 않았으므로, 성 차별이 없었다고 할 수 있다.[20] 남성과 여성 모두 평등하다는 것이 초기불교에서 붓다의 기본적인 가르침이었다.

초기불교의 이러한 이중성, 즉 교리상의 남녀평등성과 현실의 가부장적 불평등성은 이후 대승불교로 발전하면서도 그대로 이어졌다. 중국 선불교의 경우 강한 계보주의와 남성 영웅주의 문화로 인해 여성에게 가장 차별적인 것으로 여겨졌다. 그러나 실제로는 동아시아 불교 종파 중에서 여성의 성취를 가장 명백하고 광범위하게 수용했으며, 여성차별적 규범과 제도를 파격적으로 깨뜨린 전례를 제일 많이 보여주었다. 이는 선불교 본연의 내적인 힘에 의한 파격이라고 볼 수도 있지만 외적으로는 개방성과 다양성의 공존 및 교류 등의 문화를 창출했을 때 실현되었다. 선불교가 폐쇄적·권위적 분위기 속에 있을 때는 여성의 참여가 극소화되었지만, 열린 태도를 가지고 있을 때는 여성 선사가 대거 등장하고 활발하게 활동하였다.[21]

이처럼 불교는 여성에 대한 차별을 원론적으로는 부인하면서도 관습적·제도적 차원에서는 여성에 대한 제한된 인식을 받아들였다. 불교의 대표적 불평등한 여성론인 '불법 오백 년 감소설', '여성불성불설', '변성성불설', '여성오장설', '비구니 팔경계법' 등은 동아시아 대승불교 경전

---

20 전재성, 「초기불교의 친페미니즘적 사유」, 앞의 책, 2016, pp.147~167
21 조승미, 「동아시아 불교의 여성 선사들」, 『불교와 섹슈얼리티』, 파주: 한울엠플러스, 2016, pp.296~297

들에서 계속 이어져 갔고, 따라서 중국 및 한국불교에서도 당연한 진리인 것처럼 계승되어 살아남았다.

## II. 신라·고려 시대 불교와 여성

### 삼국시대 불교 전래와 비구니 승단

인도·중국을 거쳐 한국에 불교가 전래된 것은 대략 4세기 무렵으로 여겨진다. 불교 전래의 최초는 고구려이고, 공식적으로는 제17대 소수림왕 2년 전진前秦의 왕 부견이 사신과 순도를 보내어 불상과 경전을 전한 것이 최초의 일이었다. 이후 외국 고승이 외교적 사신의 성격을 띠고 고구려에 들어와 불법을 폈고, 고국양왕 8년(391)에는 "불법을 믿어서 복을 구하라."라는 명을 내릴 정도로 백성들에게 불교를 장려하였다. 광개토왕 2년(392)에 평양에 9개의 절을 세웠고, 문자왕 7년(498)에는 금강사를 세웠다. 이같은 불교의 흥성은 비구 승단과 더불어 비구니가 있었음을 암시하는데, 도일한 고승 혜편惠便이 일본의 세 여성, 선신·선장·혜선을 사문으로 득도시켜 비구니를 만들었다는 역사적 사실로 볼 때 고구려에 비구니승이 있었음을 추측해볼 수 있다.[22]

백세노 15내 짐류왕이 직접 동진東晉에서 온 사신을 맞아들여 외교적 교류로 불교가 도입되었다. 17대 아신왕 원년(392)에 "불교를 믿어서 복을 구하라."라는 명을 내리고 있으며, 산스크리트어 경전의 번역과 율소

---

22 전한국불교여성회 편, 『불교의 여성론』, 서울: 보림사, 1988, pp.144~145

36권 저술, 불상 조성 등 활발한 불교문화를 꽃피웠다. 특히 일본에 불교 전파 중 비구니를 공식적으로 파견하였다. 이와 같은 사실에서 비구승 못지 않게 비구니의 역할이 컸음을 알 수 있다. 구체적으로 "중국 사람들이 백제에 와서 본 인상 중 백제에는 승니사탑이 매우 많았다."라는 기록과 함께, 비구니 사찰(尼寺)이 따로 있었다는 일본의 기록이 있다. 의자왕 15년(655)에 비구니 법명法明이 일본에 가서 『유마경』을 독송하여 병자를 고쳤다는 것을 볼 때, 비구니들이 백제불교 발전에 큰 역할을 한 것을 알 수 있다.

 신라의 불교 전래와 수용은 고구려나 백제에 비해 시기도 늦었고 소극적이었는데, 법흥왕 때 이차돈의 순교로 공식적으로 받아들여졌다. 신라에 불교가 전래된 초기인 6세기 경에 벌써 여성 신도가 나타나고 있다. 그 여성은 모례 거사의 여동생인 사씨인데, 아도 스님을 자신의 집에 숨겨놓고 불교를 배웠고 아도는 공주의 병을 치료할 때 절을 창건하였다고 한다. 불사를 크게 일으키며 최초로 출가한 비구니가 사씨이다. 신라 초기 불교 전래 과정에서 최초의 출가승이 여성이라는 것은 매우 특기할 만한 일이고, 신라불교가 비구니를 근간으로 발전해 간 것에는 큰 의미가 있다. 법흥왕이 불교를 공인한 뒤 법흥왕비 파도 부인은 이 사씨의 덕을 흠모하고 비구니가 되어 영흥사에 거주하였다. 진흥왕은 흥륜사의 낙성과 더불어 남녀가 출가하여 비구 및 비구니가 되는 것을 허락하였다. 김유신 장군의 미망인 지소 부인도 출가하여 법정이란 법호를 받았다. 이러한 흐름이 선덕여왕을 지나 신라불교의 토착화에 초석이 되었다.

 신라 초기 불교에서 여성의 탁월한 지위는 사회적으로 상류계층에 속했던 여성들이 불교 활동에 참여하는 것으로 나타났다가 점차 사회하층으로 번져 갔다. 그들은 남편이 사망한 뒤 명복을 기원하면서 비구니가 되기도 하고, 재가신도로서 사찰의 불사를 원조하기도 하였다. 이것은 당시 불교 신앙의 성격이 내세적 열반의 추구보다는 현세적 이익을 구하는 경향이 짙었다는 사실과 연관된다. 아미타불에 대한 내세 신앙보다는 오히려 미륵에 대한 신앙이 강했음은 현재 남아 있는 미륵불상의 예가 입증하고 있고, 미륵에 대한 설화도 많이 남아 있다.[23] 여성들은 토지, 재산을 기증하는 경제적 시주도 많이 하였는데, 현존하는 상원사 종이나 황룡사 대종, 무장사의 불상 등 사찰 건립에도 왕비와 귀족 부인들이 시주하였다. 이는 사회적으로 점차 확대되어 일반 서민 여성들도 다양한 불사를 행하였다.

 이렇게 수용된 불교는 선덕여왕 시기에 크게 성장하였다. 선덕여왕은 자장慈藏(590~658)을 대국통大國統으로 임명하여 승려 교단을 통솔하게 하였고, 호국의 대탑인 황룡사의 구층탑을 조성하여 국가의 안녕을 기원하였다. 상류계층 여성의 불교에 대한 열의가 사회 전체에 영향을 미쳐 여성들이 세속을 떠나 출가의 길을 택하는 경우가 많았고, 이 때문에 이들을 통어할 승관제도가 생겨났다. 혜량惠亮이 국통이 되어 승관을 두고서 비구니교단의 책임자인 '도유나랑都維那娘'의 직위를 두었기 때문이다. 남성의 직책인 '대도유나大都維那'보다 상위에 두고 있었으나, 구체적으로 도유나랑이 어떤 직능을 가졌는지는 알려져 있지 않다. 그러나 이는 중국이나 일본에서는 볼 수 없는 독특한 것으로, 아마 승관 최고직인 국통 다음의 상위직에 속한다고 짐작된다. 이러한 직책의 설

---

[23] 예컨대 백제 무왕과 왕비가 미륵삼존상이 연못에서 올라오는 것을 보고 미륵사를 세웠다는 설화나, 진자 스님이 미륵선화를 찾아 국선國仙을 삼았다는 것 등이 전하고 있다.

정은 당시 비구니가 수적으로 다수였음을 알 수 있다. 신라 장보고 장군이 당나라에 세운 사찰인 '적산법화원'에도 비구니 3명이 상주하여 활동하고 있었다.

통일신라시대에는 초파일부터 보름까지 경주 흥륜사의 전탑을 도는 기복회가 남녀를 가리지 않고 행해졌고, 연등회도 번성하였다. 선덕여왕은 정치를 할 때 왕법과 불법을 일치시켜 호법함으로써 호국한다는 이념을 가졌고, 불교를 대중화하려고 시도하였다. 이러한 행사에서 당시 비구니들이 활발하게 활동하였을 것이다. 연등회는 황룡사뿐만 아니라 비구니 사찰인 영묘사에서도 열리는 등 여러 곳에서 이루어졌고, 여기에 비구니가 큰 역할을 하였다. 비구니가 역할을 한 또다른 예로 점찰법회를 들 수 있다. 진평왕 때 지혜 비구니가 단독으로 점찰법회를 열어 인기가 높았고, 원광圓光(555~638) 법사가 점찰회를 설치할 때 한 비구니가 점찰회의 단월이었다고 한다. 신라불교에서 처음에 비구니는 불교를 전하고 보급하는 공적인 활동을 한 반면에, 선덕여왕 이후에는 비구니의 불교가 대중화·현실화·생활화되어서 개인적인 활동으로 변화한 측면이 있다. 즉 비구니가 관세음보살로 화현한다거나 변재천녀가 되어 사문인 비구를 도와주거나 점찰법회를 돕거나 열어서 대중 포교의 일선에 서서 활약하고 있음을 알 수 있다.

특히 관음신앙이 오늘날까지 많은 사람들의 신앙의 대상이 되고 있고, 불교가 민족의 깊은 심연에 흐르고 있는 것은 신라 여성, 그리고 그들에게 크게 영향을 미친 비구니의 역할이 뒷받침되었기 때문일 것이다. 왜냐하면 아무리 철학적인 체계로 잘 조직되어 있다 하더라도 신앙의 대상이 되지 못한다면 결국 불교는 철학에 머물 뿐 종교가 될 수 없기 때문이다. 이처럼 불교를 종교의 대상으로 이끌어가는 데 비구니의 활동이 크게 작용하였다. 삼국과 통일신라 여성들은 깊은 불교 신앙을 가지고 있었고, 비구니 교단도 잘 정비되어 대외적으로 활발히 활동하였음을 볼 수 있다.

## 고려시대 불교와 여성 출가

삼국시대에 불교를 수용한 뒤 백제와 신라에서는 비구와 비구니가 승단을 구성하였고, 신라의 경우에는 도유나랑이라는 비구니 승단도 존재하였다는 것은 이미 언급하였다. 그러나 현재 남아 있는 신라 승려들의 비문에서는 비구니들의 활동을 찾아볼 수 없다. 현재 비구니의 이름을 확인할 수 있는 가장 이른 시기의 비문은 진각 국사 혜심惠諶(1178~1234)의 비이다.[24] 그 후 비구니의 이름이 문도 명단에 보이는 것은 100여년이 지난 후, 인도승 지공指空(1235~1361)과 고려승 나옹懶翁(1320~1376), 태고 보우太古普愚(1301~1382)의 비에서이다. 이들은 모두 선종 승려로서 화엄종 천희千熙(1307~1382)의 비문에 비구들의 이름만 기록되어 있는 것과 비교된다. 이러한 차이는 승려들의 여성에 대한 입장 차이에서 기인하는 것으로 여겨진다.

고려시대 여성들의 출가 이유를 살펴보면, 4가지 형태로 구분되기도 한다.[25] 첫째는 남편의 사후에 출가하는 경우이고, 둘째는 자신의 임종 직선에 출가하는 경우이다. 세 번째는 불우한 환경에 있는 여성이 그 환

---

24 김영미, "高麗時代 比丘尼와 활동과 眞覺國師 惠諶의 女性成佛論", 2004년 국제학술대회『동아시아의 불교 전통에서 본 한국 비구니의 수행과 삶』, 佛敎學會 編, 1986, pp.37~52.
25 박민선,『고려시대 여성의 생활과 불교』, 이화여대 석사논문, 1997, p.28; 조승미,『여성주의 불교수행론』, 서울: 은정불교문화진흥원, 2009, p.132

경으로부터 벗어나기 위해 출가하는 경우이고, 네 번째는 죄에 대한 형벌로 삭발되어 여승이 되는 경우가 있었다. 충선왕 때 황주 목사 이집의 처 반씨가 남편을 죽인 죄를 범한 뒤, 반씨를 삭발시켜 정업원에 안치시켰다는 예가 있다.[26] 정업원은 고려시대 대표적인 비구니 원(尼院)인데, 일반 니원과 달리 왕실 여성들이 주지로 있고 비구니들도 사족 출신들이 많았다. 이러한 배경으로 인해 정업원은 조선시대 억불정책 속에서도 왕실의 지원을 받으며 명맥을 유지해 나가기도 하였다. 이처럼 정업원은 여성 수행이 가부장적 권력으로부터 통제를 받는 공간의 상징이라고 할 수 있는데, 여성 수행의 주요 개념 중 하나인 정업(淨業)이 남성 중심적 사유의 산물이며 여성 통제를 위해 작용하는 이데올로기적 역할을 하는 측면이 있음을 확인할 수 있다.[27]

비구니들은 염불과 독경 등을 통해 생천이나 극락왕생 등을 기약하기도 하였고, 화두를 들고 수행하기도 하였다. 개별적으로, 또는 만불회, 만불향도 등의 결사를 통해 대중교화 활동을 활발하게 전개하기도 하고, 재산을 시주하거나 시주를 얻어 스승의 묘비 건립, 문집 출간, 불상 조성 및 사찰 건립과 수리 등의 불사에도 적극적으로 참여하였다. 그러나 비구니들은 비구의 지도 하에서만 하안거에 참여할 수 있었고, 비구 교단에 예속되어 있었다. 지배층 여성들은 출가 후에도 비구니의 이름을 기입할 때 속세의 작명을 함께 기입하고 세록과 공상도 계속 지급되었는데, 이는 남편과 아들의 관계 속에서 파악되고 있었음을 보여주는 것이다. 그러나 비구니들은 출가 후에도 자신의 재산을 가지고 있어 불사에 적극 참여할 수 있었다.

---

26 『高麗史』 권 105
27 조승미, 앞의 책, 2009, p.133

고려시대 비구니들의 이러한 위상은 당시 사회가 남성 중심의 사회인 데 기인하는 것이었다.

## 여성의 선수행과 혜심의 여성성불론

신라 말에 전래된 선불교는 고려 후기 12세기 말이 되어야 비로소 여성의 참여가 기록에 등장하였다. 보조 국사 지눌의 정혜결사는 비구 수행자를 중심으로 시작되었지만, 수선사 제2 지도자인 진각 국사 혜심惠諶(1178~1244)의 문하에는 많은 비구니 제자들이 있었다.[28] 이들 비구니들은 화두를 받아서 참선 수행하였고, 하안거에 참여하기도 하고 개별적으로 화두를 받기도 하였다. 고려 말 여성의 선수행에는 혜심 선사의 영향이 매우 컸다. 예컨대 혜심은 비구니 희원에게 수행을 권하며 "노력하고 수행하여 빨리 해탈하기를 빈다."라고 하였다. 이러한 가르침은 여성의 성불에 대한 혜심의 견해가 다른 승려들과 달랐기 때문이었다.

혜심은 깨달음이 육신으로서의 남녀의 형상이나 지위, 승속 여부 등과는 관계가 없다고 말하였다. 그리고 비구니들에게 『불설견고녀경』의 견고녀, 『유마경』의 승만 부인, 선사어록에 나오는 비구니 요연了然, 원적니圓寂尼 등 여성으로서 깨달음을 얻은 사례를 제시하며 수행을 권유하였다. 혜심의 여성성불에 대한 견해에서는 여인은 불타가 될 수 없다는 오장애설이나 남자로 변한 이후에만 깨달음을 얻을 수 있다는 변성남자설을 찾아볼 수 없다. 오장애설이나 변성남자설을 따르게 되면 여

---

28 『진각국사어록眞覺國師語錄』에 비구니로 추정되는 선안善安, 정신正信, 정견正見, 왕도인王道人 등 몇 명의 이름을 찾아볼 수 있다. 김영미, 앞의 논문, 2004, p.40

성이 현실에서 성불하는 일은 있을 수 없기 때문이다. 이를 뛰어넘은 혜심의 여성성불론의 특징은 간화선을 통해 일상생활 속에서 여성도 지금 당장 깨달음을 얻을 수 있다고 주장한 점이다.[29] 혜심의 선구적인 여성성불론과 달리 고려시대 승려들은 대부분 신라 승려들과 같이 오애설을 따르는 경향이 있었고, 10세기에 활동하였던 화엄종 승려인 균여均如(923~973)[30]나 천태종 제관諦觀[31]은 여성의 성불에 대해 부정적인 입장이었다. 혜심이 여성성불론을 주장한 까닭은 그가 간화선을 대중화한 것과 관련이 있을 것이다. 스승인 지눌이 간화선을 상근기의 사람에게 해당하는 것으로 본 것과 달리, 혜심은 간화선을 근기와 상관없는 것으로 받아들였기 때문이다.[32]

이처럼 혜심을 비롯한 고려 말 선종 승려들의 경우에 선불교가 새로운 불교문화로 발전할 수 있었던 것에는 여성 수행의 발전과 여성관의 변화가 이루어졌기 때문임을 알 수 있었다. 일상생활 속의 참선 수행이 가능한 점과 몸을 바꾸지 않고 현생에서 즉시 깨달음을 얻을 수 있다고 하는 선불교의 성격이 여성의 참선 수행을 가능하게 하고 발전시킬 수 있었던 기본 요소라고 할 수 있다.

## 성 역할 수행으로서의 여성신앙론

『삼국유사』는 여성의 관음신앙을 모성적 실천과 연결하여 여성의 신

---

29 『韓佛全』 6, 37a; 『韓佛全』 6, 29a
30 『韓佛全』 4, 485b
31 『韓佛全』 4, 526a
32 김영미, 앞의 논문, 1986, p.52

앙을 성 역할론으로 해석하는 원형을 제공하였다.[33] 대표적인 설화로는 부례랑大禮郎의 어머니 용보龍寶 부인과 가난한 여인 보개寶開가 아들의 무사귀환을 바라는 관음기도 성취, 그리고 희명이 눈먼 아이에게 관음전에서 노래를 부르도록 해 눈을 뜨게 한 이야기 등이다.[34]

고려시대에는 효를 중시하는 경전들이 많이 유통되었는데, 『부모은중경』, 『우란분경』, 『목련경』 등의 강설과 함께 효행이 중시되었다. 여성의 신행에서는 불교적 제례가 여성의 효의 실천적 의미로서 중시되었다. 고려시대 여성의 효행의 특징은 결혼하지 않은 여성이 부모를 모시며 집안의 재산을 관리하는 경우, 결혼 후에도 친정부모에게 효도하는 경우가 널리 수용되었다는 것이다. 불교에서 효행은 죽은 뒤 명복을 비는 것과 관련된다. 여성들은 우란분재 등의 행사에 참여하여 부모의 명복을 비는 한편, 사경 및 불사를 하는 데 시주함으로써 생존한 부모의 수명 연장과 돌아가신 부모가 정토에 태어나거나 깨달음을 얻기를 기원하였다. 불교적 윤리관이 지배하던 사회에서 부모를 위해 사후의 극락왕생 및 생천, 그리고 깨달음을 얻기를 기원하는 것은 딸과 며느리의 도리 중 하나였다. 사찰에서의 부모제父母祭 문화는 아들의 중요성이 조선시대보다 덜하였다.

고려는 유교적 예제 보급에 노력하였다. 고려 말 성리학과 주자가례가 사대부들에 의해 받아들여진 이후 국가가 여성의 사찰출입을 통제하기도 하였다. 충렬왕 때는 부모의 기제가 아니면 사찰에 출입하는 것을 금지하였고, 공양왕 3년(1391)에는 여성들의 풍기문란을 이유로 여성들

---

33 조승미, 앞의 책, 2009, pp.134~139
34 『三國遺事』, 권3 「塔像」

의 사찰 출입을 금지하였다.[35] 부모의 기제를 예외로 인정하는 것은 여성을 위한 것이기보다는 유교적 가치의 존중을 의미하는 것이었다.

이는 가족 윤리를 실천한 여성들이 자신의 성불을 위해 노력하기보다 가족과 자신의 내세 및 현실의 안녕을 위해 불교 신앙을 받아들이고 실천하였음을 의미한다. 여성의 불교 신행은 유교적 윤리에 따라 장려되기도 하였지만, 남편의 뜻을 따라야 한다는 유교적 가치에 의거하여 여성이 불교 의례의 실천을 거절하는 경우도 있었다. 여성의 신행에 대한 논의가 여성 자신의 목소리가 아닌 지배자의 남성 중심성과 성리학적 가치가 강화되어 가면서 대상화되는 것을 볼 수 있다. 유학을 정치 이념으로 받아들였던 고려시대에도 여성들의 재가는 흔히 이루어졌지만, 고려 말기가 되면서 여성들이 수절을 위해 출가하거나 묘지명에서 수절하였음을 강조하는 사례가 많아지게 되었다. 고려 후기가 되면 결혼 후에는 여성의 효행이 친정부모보다 시부모에 대한 효도의 강조로 바뀌어 갔다. 또한 여성의 신행은 남편에 대한 도리의 표현이기도 하였다. 남편의 질병 치유와 수명을 빌고 정토왕생을 기원하기 위해 불사에 참여하거나 불공을 드리는 것도 여성 내조의 한 가지 방법이었다.[36]

여성의 종교 활동을 가족을 위한 여성의 역할 수행으로 제한하는 것은 여성들의 종교적 열망을 현실에서 펼치기 어려웠음을 알게 한다. 고려시대 기록에서는 여성들이 임종 전 삭발하여 비구니가 되는 사례를 종종 볼 수 있다.[37] 특히 충렬왕, 충숙왕, 충혜왕 연간에 집중되고 있는

---

35 『高麗史』 권85, 志39, 刑法2
36 김영미, "불교의 수용과 삶·의식세계의 변화: 고려시대 여성의 가정생활을 중심으로", 『역사교육』 62, 1997, p.58; 조승미, 앞의 논문, 2009, p.138
37 김용선, 『高麗墓地名集成』, 춘천: 翰林大學校 出版部, 1993, pp.445-447; 조승미, 앞의 논문, 2009, pp.138~139

데, 이는 혼란한 사회 상황에서 여성들이 정신적인 안식처를 불교에서 찾고자 한 것으로 해석할 수 있다. 여성들의 종교적 열망과 실천을 현실 세계에서 제대로 실행하지 못하였음을 반증하는 예이며, 여성의 성 역할 수행론이 이러한 제한을 가져온 한 요인이었다.

## III. 조선시대 불교와 여성

### 조선 전기 불교와 유교의 갈등

조선 전기 왕권 강화와 굳건한 왕조 건립을 위한 노력은 유학의 확산과 연관되어 진행되었다. 이러한 노력은 기존 사회를 지탱해온 불교 이념을 억압하는 방식으로 이루어졌다. 조선 왕조는 '숭유억불'에 따른 통치 이념을 표방하였고, 이에 따라 조선 사회는 정치, 경제, 종교, 풍습 등 전반적인 영역에 유교의 영향이 미치지 않는 곳이 없었다. 이는 조선시대 가족제도가 유교에 기반해 있으면서 가부장제적이고 남성 중심적이며 여성억압적이라는 근거로 작용해 왔다.

그러나 일상생활 깊숙이 자리잡고 있었던 불교의 영향력을 완전히 무시할 수는 없었다. 예컨대 조선 전기 사회에서 왕실 여성들과 불교의 진밀한 관계가 조심스럽게 용인되었고, 조선 선기 성종 시내 내훈을 지어 유교 규범을 여성들에게 널리 전파하고자 했던 소혜 왕후가 불경 베껴쓰기(寫經)에 참여하였던 일 역시 이러한 맥락에서 생각해볼 수 있다. 숭유억불 정책을 강하게 주장하였던 시기에 대비가 불경을 필사하는 일은 조정 대신들과 갈등을 빚는 큰 사건이었는데, 이에 대해 소혜 왕후는 조선 초기 유교와 불교의 관계를 단일한 방식으로만 논의할 수 없음을 천명하였다.[38] 소혜 왕후의 불교 경전에 대한 깊은 지식, 세조 때의 불경 간행과 필사 사업 등을 통해 조선 전기 불교에 대한 현실적 인식 상황을 엿볼 수 있다. 특히 소혜 왕후가 내훈을 지어 유교이념을 교화하기 위한 노력을 하였으면서도, 유학과 불교를 전적으로 대척하는 시각에서 이해하지는 않았다는 것은 당시 왕실 여성들의 불교에 대한 관심 정도를 보여주는 증거라고 할 수 있다. 건국 과정에서 유교이념을 강하게 동원해야 했던 대의명분은 외형상 불가피하게 불교를 배척하는 정책으로 이어졌지만, 불교는 당시 사람들의 가족 감정 및 자신의 실존적인 고민을 드러내고 위로받는 기조였던 것이다.

## 배불정책과 불교미술의 여성 후원자

일반적으로 조선시대 불교는 배불정책으로 인해서 암흑기, 또는 쇠퇴기였다고 평가된다. 그리고 조선시대 비구니는 유교적 관료주의와 남성 엘리트층이 제정한 반불교적 정책, 가부장제와 여성 혐오, 그로 인한 여성 한문교육의 미비라는 세 가지 요인에 의해 주변적 존재로 머무르고 침묵하였다고 이야기된다.[39] 그러나 실제로 불교는 여성들에게 억압과 주체의 이중적 경험을 하게 한 측면이 있다. 한문교육의 미비로 인하여 여성이 주변적인 존재로 밀려났다면, 불교 여성들의 한글운동은 주

---

**38** 『성종실록』 권8, 8년 3월 7일, 『조선왕조실록 불교사료집』 1, 서울: 제일정신, 1997.
**39** 존 죠르겐센. "침묵하는 주변적 존재로서의 조선시대 비구니들", 『동아시아의 불교 전통에서 본 한국 비구니의 수행과 삶』, 한마음선원 국제학술대회자료집, 2004, pp.77~78

변 문화에서 주체의 역할을 하였던 것이라고 생각할 수 있기 때문이다.

조선시대는 초기 배불정책이 태종·세종의 말년에는 숭불정책으로 전환하였다. 예컨대 태종은 왕비의 병이 위독할 때 본궁에 약사보살을 모시고 건강 회복을 기원하였고, 대장경을 인쇄하여 태조의 명복을 기원하기도 하였다. 세종 역시 원경 왕태후를 위하여 명복을 빌었다.『조선왕조실록』에 보이는 여성과 불교에 대한 첫 번째 항목은 1404년 모든 여성들의 사찰 출입을 금지한 칙령이다. 조선 초중기에 계속된 이 부녀상사금지법婦女上寺禁止法의 시행은 불교 탄압이면서 여성의 종교 생활에 대한 탄압이었다. 한편으로는 불교계의 여성들에게 정치권력이 강력한 성적 통제를 의미한다고 해석할 수 있다. "죽은 부모를 추모하는 법회는 물론 일체의 불교 생사에 부녀자들이 절에 가는 것을 금지시켜 풍속을 바로잡기 바란다."[40]라는 유신의 제안을 태종은 모두 받아들였던 것이다. 1413년에는 "양가집 처녀로서 비구니가 된 사람은 모두 환속하여 혼인시켜서 인륜을 바르게 하자."[41]라는 제안 역시 태종은 모두 받아들였다.

그러나 정권 차원의 강력한 배불정책 아래에서도 불교 사찰의 보수와 새로운 불상 및 불화의 조성은 여전히 지속되었다. 조선 전기에도 왕실이나 사대부 집안의 여성들이 강력한 후원자층을 형성하였다. 예컨대 태조 4년(1395) 영덕 장륙사 소장의 건칠관음보살좌상의 발원문이나 개금불사(1407) 때의 복상발원 등에서 '군부인' 등 왕실이나 사대부 여성 발원자들의 이름을 발견할 수 있다. 흑석사 목조 아미타불 좌상의 화주

---

[40]『태종실록』 권8, 4년 12월 8일.『조선왕조실록 불교사료집』1, 서울: 제일정신, 1997, pp.160~161

[41]『태종실록』 권25, 13년 6월 29일.『조선왕조실록 불교사료집』1, p.308

인 명빈 김씨, 의빈 권씨, 유인 신씨라는 세 명의 여성은 조선 전기 불교미술의 대표적 후원자들이고, 수종사 금동상도 명빈 김씨의 후원으로 조성된 것이었다. 불교 조각 외에도 여성들이 발원한 불화도 알려져 있는데, 대표적인 것이 진양 강씨, 남양 홍씨 두 부인의 발원으로 제작된 '수월관음도'와 인종의 영가천도를 빌기 위하여 인종의 비인 인성 왕후가 발원하여 제작한 도갑사 관음32응신도(1550) 등이 알려져 있다.[42]

16세기 들어서 불교는 문정 왕후의 숭불책에 힘입어 일시적인 중흥을 맞이하게 되는데, 문정 왕후가 발원한 그림으로 현재까지 전해지고 있는 그림은 8점이 알려져 있다. 그 가운데 대표적인 것이 향림사 '제153 덕세위존자도'로서 명종의 무병장수와 자손 번창을 기원하는 목적으로 그려진 것이다. 왕실 출신 여성으로 확인되지는 않지만 관련이 깊다고 추정되는 비구니에 의하여 조성된 '안락국태자경변상도'가 있다. 이 불화는 혜국·혜월 두 비구니가 1576년에 왕실의 보조를 받아 선조와 비들의 장수를 기원하고 태자의 탄생을 바라는 목적으로 제작되었다고 한다.[43]

왕실이나 신분이 높은 여성들의 후원으로 제작된 조선시대 불교미술은 고려 불화의 후원자에 비해 그 의미가 보다 분명히 드러난다. 불교가 국교였던 고려시대에는 고비용을 감당할 수 있는 귀족이나 승려는 누구나 불상·불화의 제작이나 사찰 중수가 가능하였지만, 강력한 배불정책을 실현했던 조선시대 이후에는 그것이 쉬운 일이 아니었다. 이들 여성들의 후원이 가능했던 것은 단순히 신분이 높아서 고비용을 감당할 수

---

42 강희정, 『동아시아 불교미술 연구의 새로운 모색』, 서울: 학연문화사, 2011. pp.185~194.
43 강희정, 위의 책, 2011, pp.195~202.

있었기 때문만이 아니라, 왕실 종친의 번영이나 망자의 극락왕생을 기원하는 등 조성의 목적이 유교 사회에서도 불사를 할 충분한 명분을 제공하였기 때문이었을 것이다. 철저하게 남성 중심의 유교 사회로 국가 체계가 변화되는 과정 속에서 불교미술의 후원이라는 방식을 통하여 여성들은 자신의 정체성을 종교적 차원에서 성립시켜 나갔던 것이다. 가부장적 유교 사회에서 여성들은 불교를 통하여 정신적·정서적 결속을 강화시켜 갔다고 할 수 있다.

## 부녀상사금지법 시행과 여성 신앙의 억압

세종 때는 부녀상사금지법 시행이 가장 빈번하게 시행되었다. 세종 16년에 회암사 중수에 대한 유생들의 반대가 심하였는데, 상류층을 중심으로 한 부녀자들이 회암사 경찬에 참석하고 절에 유숙하였던 것을 추궁하여 중벌을 내렸다. 부녀자와 비구니 모두 합하여 20여 명은 각각 '절개를 지키지 못한 죄목'으로 장 80대로 처리하고, 천인 부녀자들은 각각 태형 50에 처하였다고 한다.[44] 성균관 생원 방운이 임금에게 올린 상소를 보면 부녀자들이 절에 가는 것을 유생들이 어떻게 보고 있는지를 알 수 있다. "정욕의 감정은 남녀보다 심한 예가 없는데, 도량에서 여러 날을 유숙하였습니다. 겉으로는 수륙재 모임이라고 하겠지만 속으로는 악한 풍습을 이루어 통탄스러움을 견딜 수 없습니다."[45]라는 것이다.

이처럼 조선시대 여성들은 풍기문란을 막는다는 명분에 의해 사찰 출입이 금지되거나 출가 수행이 제지되었는데, 이것은 남성 중심의 유

---

[44] 『세종실록』 권65, 16년 7월 7일. 『조선왕조실록 불교사료집』 3, p.64
[45] 『세종실록』 권64, 16년 4월 11일. 『조선왕조실록 불교사료집』 3, p.44

교 정치권력이 여성의 불교 신앙을 막은 행위라고 할 수 있다. 규제가 조금 완화될 경우 시부모나 남편 제사, 극락왕생을 위한 기도를 예외로 하였다. 가부장제 질서에 순응하는 경우에만 여성의 종교 실천을 허용하는 것은 여성을 가부장제 틀 안에서 통제하고자 하는 기제였음을 알 수 있다. 더욱이 조선조 초기의 왕실은 숭불을 계속하였던 반면에 유생들인 신하들은 이를 배척하고 있었다. 이는 조선시대의 불교에 대한 양면성을 시사하고 있다고 하겠다.

세조 시대에는 불교진흥책에 의해 비구니로 출가할 수 있도록 허락함으로써 고려 말 이후 부녀상사금지법으로 제재를 받던 여성들의 종교생활이 다시 부흥되었다. 세조의 숭불적 태도는 모든 불사佛事를 성행하게 하였고, 사찰이 복원되고 귀족 여성들은 사찰에 재정적 시여와 불공을 자유스럽게 하였다. 이같은 사실은 왕실 및 상류사회 여성들의 정신적인 귀의처가 불교였음을 보여준다. 조선시대는 새 국가의 건설 이념을 유교로 삼았지만 이는 정치이념이었을 뿐, 한 인간으로서의 영혼의 구제는 불교에 귀의하고 있었음을 알 수 있다.

그러나 조선조 중기에는 불교에 대한 박해와 탄압이 다시 시작되었다가 1546년에 이르러서 명종의 모후인 문정 왕후가 섭정을 하면서 불교가 겨우 중흥의 기회를 맞았다. 문정 왕후는 허응당 보우虛應堂 普雨(1515~1565)를 세워서 도승度僧·승선僧選의 승과 과거제도를 부활시키고 봉은사를 선종 본사로 삼았다. 문정 왕후의 불교 보호는 조선 중기 억압 상태에 있던 불교 교단에 활기를 불어넣었고, 서산 휴정西山休靜(1520~1604)과 사명당 유정四溟堂 惟政(1544~1610)이 이 때 등용되었다. 문정 왕후의 중흥 불사는 그의 별세와 함께 중단되고, 현종 이후에는 본격적인 숭유억불崇儒抑佛 정책으로 인해 공식적인 불교 활동이 금지되었다. 그리하여 남성 신도들은 전면에서 사라지고, 여성 역시 가족 윤리의 한 방편으로 음성화되어 나타나게 되었다.[46]

조선시대의 일관된 배불정책 속에서도 가끔 나타나는 숭불의 경향은 불교의 명맥을 유지하게 하였다. 궁중을 중심으로 한 왕족, 상류층 여성들의 신앙생활은 상당히 활발하였는데, 이것은 불교가 유학의 가부장제 윤리로 억압받던 여성들의 영혼을 구제하는 해방구의 역할을 하였기 때문일 것이다.

## IV. 한국 근현대 불교와 여성

### 불교 여성의 근대적 자각

외세의 강압에 의해 문호를 개방했던 1876년부터 1910년 한일합방 때까지 약 30여 년간은 비록 짧은 시간이지만 한국 근대 불교에서도 가장 중요한 시점이라고 할 수 있다. 조선시대 수백 년간 불교를 억압해 왔던 승려의 도성출입금지령이 해제되면서 한국불교가 근대를 맞이하게 되었기 때문이다. 승려의 입성 금지는 유교적 이데올로기로 행해졌던 대표적인 불교 탄압 정책이었으므로, 도성 해금은 유교적 지배체제의 붕괴와 근대 사회의 출현을 예고하는 것이었다. 도성 해금이 단행된 이후 10여 년이 경과하면서 최초의 도심사찰인 각황사覺皇寺가 창건되고 이곳에 불교중앙포교소가 설치되었다. 이것이 도성 출입의 실질적

---

[46] 리영자, 『불교와 여성』, 민족사, 2001, pp.209~211

이행과 근대 불교의 출발을 명확히 보여주는 대목이다.[47]

이후 불교계에서는 급변하는 시대적 조건 속에서 불교가 존립하기 위한 개혁이 시작되었다. 조선시대 불교에 대한 평가로, 억불에 대한 자구책이기는 했지만, "철저하게 산중불교로서 선종화하였고, 일반 민중 특히 여신도와 관계를 유지하기 위해 그들을 끌어들일 수 있는 주술적인 요소를 강화해 갔다."고 비판되었다. 조선시대 불교를 선불교와 여성 신앙이라는 이중 구조로 분석하고, 조선시대 불교의 주술적 내지 기복신앙적인 요소를 여성의 신앙과 연결시킨 것이다. 이러한 이중 구조의 조선 불교에 대해서 근대 불교의 개혁적 과제는 선불교 전통의 회복과 주술적 여성 신앙불교의 극복으로 제기되었다.

이 시대 불교개혁론 중에서 가장 대표적인 개혁론자는 만해 한용운萬海 韓龍雲(1879~1944)이다. 만해는 『조선불교유신론』에서 다양한 방면에서 불교개혁을 주장하였는데, 그 중 염불당의 폐지 및 불교 본연의 소회가 아닌 일체 소회의 폐지가 있었다. 여성 불자들에게 참회와 극락왕생을 기원하는 염불수행이 일반적으로 행해지는 수행법이었는데, 만해는 이를 비판할 뿐 아니라 칠성, 독성, 산신 등에 대한 신앙에 따른 소회들도 모두 철폐할 것을 주장하였다. 또한 다른 불보살과 불교계에 행적이 있는 소회는 모두 위패로 만들어 기념할 것을 제안하였다. 여기에서 그가 강조한 것은 기복신앙 문화의 극복이었다. 만해의 불교개혁론은 여성 신앙에 대한 구체적인 비판의 언급은 없었지만, 그의 기복신앙 비판론은 여성 신앙을 기복신앙으로 규정하고 이에 대한 비판적 논의를 가

---

47 서재영, 「승려의 입성금지 해제와 근대불교의 전개」, 동국대학교 불교문화연구원 엮음, 『동아시아 불교, 근대와의 만남』, 동국대학교출판부, 2008, pp.55~56

능하게 하는 계기가 되었다.[48]

여성 불자들의 근대적 자각은 1920년대에 나타났다. 불교여자청년회 佛敎女子靑年會가 1921년에 발족되면서 남녀평등 의식을 가지기 시작하였다. 이들은 능인여자학원 등 여성 교육기관을 설립하고 봉사 활동도 열의적으로 하였다. 1920년대에는 불교 여성지도자의 목소리로 기복신앙의 주체로서의 여성 신앙 문화에 대해 비판하기 시작하였다. 조선불교여자청년회에서 불교계 여성지도자 김광호는 여성 불자들을 대상으로 생남生男, 치병, 기복, 극락왕생 등의 기원을 위해 불교를 믿었던 것을 본격적으로 비판하였다.[49] 그리고 대안적인 실천으로 불교를 연구하는 일을 제시하여 지적인 면을 중시하는 근대적 가치를 주장하였다.

조선불교여자청년회의 활동을 소개하는 잡지 기사 등도 계몽적인 불교여성론에 영향을 주었다. 불교 여성들의 교육 사업을 전개한 불교여자청년회가 이들의 중심교육기관이었던 명성여실을 운영상의 어려움에도 불구하고 희생을 감수하고 지속하겠다고 결의한 것에 대해 잡지 기사에서는 이를 일반 여성들의 기복신앙 문화에 대비하여 칭찬하였다.[50] 근대의 새로운 여성 수행의 방향으로 지적이고 이타행적인 성격을 강조한 것이다. 불교 여성의 지향에 대한 이러한 지적은 기복 신앙의 자기중심적이거나 가족 중심적인 한계를 넘어선다는 측면에서는 긍정적이지만, 이타적 여성 수행을 강조함으로써 또다른 가부장적, 남성 중심적 여성관에 머무를 위험이 있다는 점에서는 부정적이라고 할 수 있다.

---

48 조승미, 앞의 책, 2009, pp.151~154
49 김광호, 「불교와 여성의 신앙-불교여성 주최 강연 초고」, 『불교』 67호, 1924.7. p.586
50 一記者, 「明星女實에 대한 佛靑女盟의 비장한 결의」, 『불교』 제90호, 1931.12. p.45; 조승미, 앞의 책, pp.154~155

1945년 이후 1950년의 격동기에 불교 여성들은 황폐화된 사찰을 복구하는 데 적극적인 활동을 하였고, 종래의 기복신앙을 비판하고 청년 단체 활동과 학생들의 불교 활동을 꾸준히 지원하였다. 여성들은 전쟁의 고통과 제도적 불평등을 해소할 탈출구로 불교를 선택하였고, 사찰에 대한 재정적 지원을 신앙 표현의 일부로 받아들였다.

## 선불교의 대중화와 재가여성 선수행

선불교계 지도자들은 선불교의 중흥을 근대 불교의 주요 과제로 인식하면서 선불교의 대중화 운동을 전개하였다. 대표적인 인물인 백용성白龍城(1864~1940)은 선불교 포교를 중심으로 대중화 운동을 전개하였고, 그 일환으로 대중적인 선회, 특히 부인선회를 조직하고 지도하였다. 이러한 대중화 운동을 배경으로 여성들은 참선을 접할 수 있는 기회가 많아졌고, 근대 불교 여성 수행의 대안으로 선불교를 선택하기도 하였다.[51]

불교여자청년회는 1922년 창립되었다가 1931년 조선불교총동맹 산하 불교청년여자동맹으로 전환되었다. 이 불청연맹에서는 여성들이 참선 수행을 접하면서 불교에 입문하거나 불교로 개종하는 사례가 종종 있었다.[52] 신여성은 일반적으로 남녀평등 사상과 교육을 필두로 도입된 기독교의 전파를 배경으로 탄생하고 신여성들 대부분이 기독교 신자였다고 말하기도 하지만, 후기로 갈수록 기독교와의 관계가 멀어지고 불교로 개종하는 경향을 볼 수 있다.[53] 가부장적 관습에 도전하며 여성의

---

51 조승미, 앞의 책, 2009, pp.156~159
52 「佛靑女盟 關士諸氏의 面影」, 『불교』 88, 1931.10. p.37
53 김미영, 「1920년대 신여성과 기독교의 연관성에 관한 고찰」, 『현대소설연구』 한국현

권리를 주장했던 신여성들에게 참선 수행은 기존의 여성 문화와 다른 새로운 문화로 다가왔던 것이다. 예컨대 문인이자 비구니인 김일엽金一葉(1896~1971)은 불교가 "시대와 사회의 사고양식에 도전하면서 자신의 정체성과 자유에의 추구를 계속할 수 있는 또다른 길을 제공한 것"이라고 이야기한다. 김일엽이 발견한 '또다른 길'로서의 불교는 1930년대 당시 여성에게 전통임과 동시에 새로운 근대 문화로 수용된 것이라고 볼 수 있다.54 오랫동안 남성들의 전통으로 여겨져 온 참선 수행이 여성에게 허용되는 당시 불교는 하나의 대안 문화로 여겨졌을 것이다.

이러한 배경에서 1931년에는 여성 선수행 단체가 결성되기 시작하였다. 선불교 지도자들은 1921년 선학원禪學院을 창설하였고, 이후 남녀선우회를 조작하였다. 남녀선우회는 남자선우회와 여자선우회를 통칭하는 명칭인데, 이 중 여자선우회는 재가여성 수행단체를 의미한다. 참선 수행과 기도 수행을 병행하는 방식을 취하였는데, 이는 백용성의 영향이다. 이들은 초기에는 강한 사회활동 의욕을 보이다가 점차 선수행과 기도, 그리고 출가수행자들을 후원하는 일로 활동을 한정하는 한계를 보이게 되었다. 선원 중에서는 표훈사에 부인선원이 포함되어 있는데, 이는 재가여성 수행자를 조선불교 선수행의 주체로 인정한다는 점에서 근현대 불교사에서 매우 중요한 의미를 가진다. 그 외 비구니와 재가 남성들도 적지 않게 참선 수행하였지만, 재가여성의 선원인 부인선원만 선원의 이름으로 불리면서 통계 자료에 포함되었다.

---

대소설학회, 2004, p.71, 93.
54 박진영, 「김일엽: 한국불교와 근대성의 또하나의 만남」, 대한불교조계종 한마음선원편, 『동아시아의 불교 전통에서 본 한국 비구니의 수행과 삶』, 안양: 한마음선원, 2004, pp.147~148

표훈사 부인선원 이외에 1918년 전북 무주에도 부인선원이 설립되었는데, 포교당 시절에 무주 부인선회라는 여성 수행단체가 만들어져 재가여성들이 참선 수행을 해왔던 것으로 여겨진다. 1935년 전국 선수행자가 250~300명으로 집계되는 상황에서, 표훈사 부인선원의 안거수행자 10명, 안국동 부인선우회 회원 70여 명, 그리고 무주 부인선회의 여성들을 포함하면 재가여성 수행자의 수는 상당한 비중을 차지하는 것이었다. 부인선원이 당시 선불교계에서 존중된 것은 주로 선수행 지도자의 의지와 관련된 것으로, 표훈사 부인선원에는 만공 선사가, 무주 부인회에는 용성 선사의 영향이 크게 미쳤던 것이다. 따라서 1930년대 부인선원의 위상이 높았던 것은 이들 선불교 남성 지도자들이 여성 불자들의 선수행 참여를 매우 중요하게 생각했던 것에 기인하는 것이었다.

1940년 이후 부인선원의 위상은 점차 축소되었고, 1941년 일반 지방 선원 중 보문암니선원이라는 이름이 유일한 비구니 선원으로 등장하였다. 이러한 변화는 1940년대 한국 선불교계가 점차 출가승단 중심으로 재편되어 가는 것으로 해석할 수 있다.[55]

## 현대 한국 비구니 사찰의 설립

한국의 비구니들은 조선시대 이래 배불정책과 유교 이데올로기에 근거한 성차별에도 불구하고 비구니가 계를 받을 때 비구가 아닌 비구니로부터 계를 받는 불교 전통을 가진 유일한 국가이다. 2004년 비구니들의 수는 7천 명가량으로, 비구의 수를 약간 능가하고 있다. 2003년 여름

---

55 조승미, 앞의 책, pp.172~173

통계를 보면 거의 동수의 비구와 비구니가 구족계를 받았다. 한국의 주요 비구니 사찰은 1990년도 정화운동 이후 등장하기 시작하였다. 1955년 내원사를 비롯하여 운문사, 대원사, 1957년 석남사 등이 생겼다. 이러한 비구니 사찰들은 한국에서 비구니들이 독립적으로 사찰 운용을 시작한 것을 보여주며, 이로써 비구니들은 자신들의 계보와 수행 공간을 설립하게 되었다.[56]

일제시대 이전에는 견성암, 윤필암, 지장암이 비구니들이 선수행을 할 수 있는 주요 장소로 알려져 있었다. 견성암은 1913년 이전에 건립되었는데, 당시 만공 선사에게 전법계를 받은 선구자적인 비구니 법희(1887~1975)가 거주하였다. 만공은 한암(1876~1951)과 더불어 한국 비구니들에게 가장 영향을 끼친 선승으로 알려져 있다. 만성, 선경, 본공, 세등, 그리고 인홍은 강원도 상원사에서 한암 문하에서 선 수행을 하였다. 이러한 선원들은 현재까지 비구니의 주요 수행 장소로 발전해 오고 있다.

당시까지 강원 교육도 마찬가지로 비구니들의 교육은 비구들에게 의존하고 있었고, 여성을 위한 강원이 따로 있지 않았다. 유명한 비구니 강사 묘엄(1892~1980)도 운허를 따라서 여러 사찰을 전전하면서 배운 것으로 알려져 있다. 최초의 비구니 법사는 정금룡(1892~1965)인데, 비구에게서 강맥을 정식으로 이어받은 최초의 비구니이다. 금룡은 박혜옥, 정수옥과 함께 비구니 강사로서 가장 유명한 세 분 중 한 분이다. 서울

---

56 박포리, 「현대 한국 비구니 사찰의 성립에 대한 고찰」, 대한불교조계종 한마음선원 편, 『동아시아의 불교 전통에서 본 한국 비구니의 수행과 삶』, 안양: 한마음선원, 2004, pp. 123~136.

보문사는 1930년에 비구니를 위한 최초의 강원을 열었다.[57] 1955년 비구승들이 대처승이 사용하고 있던 1,000개의 사찰 중 450개 사찰을 접수하고, 이 때 비구니들도 몇몇 사찰들을 점거하기 시작하였다. 현재의 주요 비구니 사찰들은 이 당시에 비구니들에게 귀속된 것이다. 정수옥(1902~1966)은 전남 지리산의 내원사 주지로, 법인(1904~1991)은 경상도 석남사 주지로, 인홍(1908~1997)은 경남 석남사에 주지로 임명되었다. 교학 공부를 위한 사찰과 강원도 세워졌다. 안광호(1915~1989)는 충남 동학사 주지로, 정금룡은 운문사의 최초의 비구니 주지로, 유수인은 운문사의 2대 주지로, 박혜옥은 경북 김천 청암사의 주지로 임명되었다. 이 사찰들은 나중에 강원으로 발전하게 된다. 이처럼 비구니 사찰들이 비구니를 위한 중심지로서 등장함에 따라 비구니들은 자신의 강주와 선사들을 양성해 내기 시작하였다. 따라서 비구니들의 비구승에 대한 의존이 점점 작아지고 종래에는 자족적인 그룹이 되었다고 할 수 있다.

정화운동 초기 비구의 수는 200~300명, 비구니는 400명 정도 되었던 반면에, 대처승들은 모두 7,000명이나 되었다. 비구니들은 수적으로 열세에 있는 비구들을 도와 정화운동에 적극 참여하였다. 비구니들은 정화운동에 정신적인 방향도 제공하였다. 김일엽은 '개혁을 위한 불교도 운동'이란 신문 기고문에서 "독신 생활을 하는 것은 불교 수행자들에게 가장 중요한 계율이다."라는 점을 강조하였는데,[58] 이것이 당시 정화운동을 지지한 비구니들의 일반적인 생각이었다.

한국불교에서 자신을 대표할 비구니들의 존재의 중요성을 자각함에

---

57  1972년 보문사는 조계종과의 분리를 선언하고, 최초의 비구니 종단인 보문종을 설립하였다.
58 『신문으로 본 한국불교 근현대사』, 서울: 선우도량출판부, 1995, pp.207~209

따라 조계종 총무원이나 본사 사찰 운용을 위해 비구니들이 좀더 관여할 필요가 있다. 비구니는 아직 비구와 같은 투표권을 가지고 있지 않고, 승가의 주요 직책의 선거나 승가 정책을 정하는 데 대부분 소외되어 있다. 비구니의 교육과 선 수행의 질은 승가의 비구, 비구니 간의 자원과 재원이 공정하게 분배된다면 더욱 좋아지리라 예상된다.

## 불교여성관: 진리의 평등성과 사회적 불평등성

불법에는 여자·남자의 구분이 없고 세간·출세간의 차별이 없다는 것은 불교의 근간을 이루는 기본 이념이지만, 이념과 실제적인 적용 사이에는 큰 차이가 존재해 왔다. 오랜 역사를 통해 불교여성관은 가부장제적이고 남성 중심적이었다.

수천 년 동안 불교도들은 여성이 남성보다 열등하다고 인식해 왔다. 전생에 나쁜 업인 카르마를 지었기 때문에 여성으로 태어난다는 것이 오랫동안 전통으로 전해져 왔던 것이다. 여성으로 태어난다는 것 자체가 불행이었다. 하지만 붓다는 여성이 완전한 깨달음에 도달할 수 있다고 가르쳤다. 또한 교단의 구성원인 비구, 비구니, 재가 남성, 재가 여성은 교단 번영에 필수적인 사부대중임을 강조하면서 비구니와 재가 여성을 격려하고 지지하였다. 그럼에도 비구니와 재가 남녀 불자들은 항상 비구보다 뒷자리에서, 여러 가지 제한 속에서 그 능력을 발휘하지 못했던 것도 사실이다.

여성들은, 비구니조차 일반적으로 교육과 학습과 실천의 기회를 박탈당하였기 때문에 자연스럽게 지적으로 남성들보다 열등하게 여겨졌다. 자신의 통찰력을 표현할 목소리조차 낼 수 없는 비가시적인 존재로 간주되었다. 거의 모든 교리와 관련 문헌들은 비구들이 암송하고 기록한 것으로, 남성적 관점을 반영하고 있다. 남성인 비구가 보기에 여성은 지적 능력이 부족하고, 성적 욕구를 억제하지 못하며, 부정한 존재로 묘사되었다. 그래서 당시 여성들이 다음 생에는 꼭 남자로 다시 태어나기를 기원한 것도 놀랄 일이 아니었다. 그러나 이는 남성 자신의 이미지의 반영이라고 보는 것이 타당할 것이다. 불교는 여성에 대한 사회적 불평등을 개선하기보다는 오히려 이러한 차별이 올바르고 적절한 것이라는 교리를 문헌들에 포함시켰다.

불교 역사를 살펴볼 때 여성이 남성과 동등한 존재라는 당연한 사실이 인정받기 시작한 것은 그렇게 오래된 일이 아니다. 성차별적이고 가부장적인 이념적·사회적·제도적 영향력이 없었다면, 불교의 진정한 모습은 어떻게 나타났을까? 무엇보다 불교는 모든 존재의 상호 평등성과 연관성을 중시하는 모습으로 나타났을 것이고, 이는 남성과 여성에 대해서도 동일하게 적용되었을 것이다.

한국불교는 성차별이 고착화되어 있다. 조계종단은 비구 중심의 종단으로 제도화하면서 남녀 불평등과 출가자 중심의 신분 위계를 종법으로 고착화시켰다. 인간 평등과 해방을 주창한 붓다의 가르침에도 불구하고 경전 속에는 부정적이고 열등한 여성관이 여전히 전승되고 있고, 독신 비구의 금욕을 위해 여성 섹슈얼리티를 통제하는 등 여성 혐오 담론도 전해지고 있다. 그 결과 교단 내에는 성차별, 성희롱, 성폭력 등과 같은 성범죄도 발생하고 있고, 한국 사회의 성평등한 흐름을 따라가지 못하고 문화 지체 현상을 보이고 있다.

불교라는 거대한 종교 전통의 역사 안에서 여성에 대한 성차별적 인식이 도도히 살아서 전해내려 왔다는 사실은 놀라운 일이다. 세속을 초월하여 일체중생의 평등한 가치를 지향하는 불교 전통 안에서조차 세속 사회의 가부장적 인식의 편린이 여과되지 않은 채 그대로 반영되고 있다. 여성에 대한 차별을 원론적으로는 부인하는 불교에서도 관습적·제도적 차원에서는 여성에 대한 제한된 인식이 암묵적으로 행해져 왔던 것이다. 여성에 대한 불교의 남성 중심적 편견이 반영된 것으로 일컬어지는 불교의 대표적 여성론에는 '불법 오백 년 감소설', '여성불성불설女性不成佛說', '변성성불설變成成佛說', '여성오장설女性五障說', '비구니 팔경계법比丘尼八敬戒法' 등이 있다. 이들은 여성은 성불할 수 없다는 인식, 출가 수행을 위해 세속을 떠난 여성인 비구니도 같은 수행을 하는 도반인 남성 비구보다 언제나 열등할 수밖에 없다는 인식을 불교도인들에게 집요하고도 광범위하게 유포해 왔다.

그러나 붓다가 과연 여성이 열등한 존재이며 깨달음을 이룰 수 없는 존재라고 가르쳤는가 하는 물음에 대한 답은 분명 '아니다'이다. 이러한 전제에서 현대에 불교를 새로운 여성해방 이론으로 받아들이는 불교 페미니즘이 등장하였다. 그것은 다음과 같은 질문에서 시작되었다. "고타마 싯다르타는 붓다가 되기 전, 자신의 영적인 수행에 장애가 된다며 부인과 갓 태어난 아들을 남겨둔 채 홀로 출가했다. 그 후 그는 여성들이 가정에서 책임이나 역할을 수행하기보다 영적 발전과 깨달음의 성취를 위해 출가하려고 할 때, 이를 반대했다. 이러한 남성이 설립한 종교가 여성의 관심과 욕구를 충족시킬 수 있을까?" 불교도라면 이러한 질문에 대해 누구나 대답할 수 있어야 할 것이다.

불교와 페미니즘은 인간의 변화 발전의 가능성과 자력에 의한 해방이라는 공통의 목적을 가지고 있고, 페미니즘적인 여성해방의 이론을 불교 교리를 통해 발전시키면서 1980년대 서구에서 시작되었다. 서구 문명에 대한 반성과 비판이 불교에 대한 관심으로 나타나고, 페미니즘적 의식이 불교 교리를 새로운 여성해방 이론으로 받아들이면서 불교 페미니즘이 성립된 것이다. 불교의 공성空性, 무아無我, 연기緣起 사상이 남녀의 이분법과 남성의 지배와 억압에 대항하는 여성의 투쟁이라는 경직성을 극복할 수 있는 이념적 토대가 된다고 본 것이다. 이것이 불교가 페미니즘이라는 주장이 가능한 이유이다.

"붓다의 가르침에는 여자도 남자도 없다."라는, 너무나 당연하지만 불교도들이 자주 무시하는 명제로 결론을 내리고자 한다. 이러한 전제에서, 비구니팔 경계법 등 불교의 평등한 진리를 막는 불평등한 이념이나 제도 등은 개선되어야 할 것이다. 여성

| 참고문헌 |

구자상 지음, 『여성성불의 이해』, 서울: 불교시대사, 2010.

대한불교조계종 불교여성개발원, 『대장경에 나타난 여성불교』, 서울: 불교여성개발원, 2001.

대한불교조계종 한마음선원편, 2004 국제학술대회, 『동아시아의 불교 전통에서 본 한국 비구니의 수행과 삶』, 안양: 한마음선원, 2004.

리영자, 『불교와 여성』, 서울: 민족사, 2001.

리타 M.그로스 저, 옥복연 역, 『불교 페미니즘: 가부장제 이후의 불교』, 서울: 동연출판사, 2020.

옥복연·전재성·류경희·김정희·우혜란·조승미 지음, 『불교와 섹슈얼리티』, 파주: 한울엠플러스, 2016.

전국비구니회 엮음, 『한국 비구니의 수행과 삶』, 서울: 예문서원, 2007.

전한국불교여성회 편, 『불교의 여성론』, 서울: 보림사, 1988.

조계종 불학연구소, 『조계종사 근현대편』, 서울: 조계종 교육원, 2001.

조승미, 『여성주의 불교수행론』, 서울: (재)은정불교문화진흥원, 2009.

한국비구니연구소, 『비구니와 여성불교』, 서울: 한국비구니연구소, 2003

**종교와 미래**

# 생태환경

· 김은영

I. 인도불교에서의 자연 인식

　자연에 대한 인도적 관점/ 연기적 세계관/ 사성제의 생태적 측면

II. 동아시아 불교의 자연생태관

　유儒·불佛·도道의 자연관/ 불교예술에 나타난 자연/ 사찰의 생태적 구조

III. 한국불교 의식주衣食住의 생태주의

　욕망을 제어하는 청빈한 복식, 법의法衣/ 자연친화적 수행음식, 공양供養/ 어울림의 생태, 사찰 건축

■ 불교의 생태관, 생명의 의미를 확장시키다

# I. 인도불교에서의 자연 인식

## 자연에 대한 인도적 관점

불교의 생태관의 바탕이 되는 자연과 생명에 대한 인식의 보편성과 특수성을 조망하기 위해서는 고대 인도의 자연에 대한 일반적인 관점과 비교하여 점검할 필요가 있다. 인도의 자연관은 아리안족들에 의해 기원전 1,200년부터 서기 200년까지 오랜 시간 동안 완성된 것으로 추정되는 베다 성전을 통해 유추해볼 수 있다. 우주관과 신神관을 반영한 찬가들의 모음으로서 가장 중요하게 여겨지는 최고의 경전인 『리그베다Ṛg Veda』에 따르면, 자연은 생동하는 신비스러운 존재로 그 배후에 신이라는 어떠한 살아 있는 인격적인 힘이 있다고 한다. 예를 들면, 하늘의 신 디야우스Dyaus, 우주의 보호자 바루나Varuṇa, 태양의 신 수리야Sūrya, 불의 신 아그니Agni, 대지의 여신 프리티비Pṛthivī, 서광을 전하는 새벽의 여신 우샤스Uṣas, 숲의 여신 아란야니Araṇyānī 등 무수히 많은 신이 각각 자연의 여러 현상을 상징하고 있었다. 인간은 기도와 찬양, 제사와 같은 행위를 통해서 자연이나 신이라는 존재들과 관계를 가지려 하였다.

다신교의 경외적 자연관을 특징으로 하는 베다 시대가 지난 이후에 찾아온 브라흐마나 시대의 자연 인식은 확연히 달랐다. 다원적 특성을 띤 개별 신들이 브라흐만이라는 우주의 궁극적 실재로 수렴되었는데, 자연과 같은 우주 섭리가 일원론적 사유로 변화한 것이다. 이 시기의 자연은 신에게 제사를 드리는 의례와 장식으로 여겨지기도 하면서, 인도의 자연에 대한 인식은 제사 만능주의의 자연관으로 변모한다.

다음으로 기원전 약 700년에서 500년경의 우파니샤드 시대 중 초반에는 자연에 보편적인 질서가 형성되어 있다고 보았다. 우주의 근원적 원리인 브라흐만이 각양각색의 자연의 모습으로 드러났다고 인식한 것인데, 이때의 자연은 이전 시기와는 다르게 비인격적인 존재였다. 중후기 우파니샤드 및 대서사시의 시기는 브라흐만에 다시 인격적 옷이 입혀지면서 범신론의 채색이 함께 드러나는 자연관으로 이어진다.[1]

베다 전통에 따라 내면적 지향성을 가지고 있는 인도는 각 시대마다 자연의 현상을 조금씩 다르게 이해했지만, 기본적으로 인간과 자연이 신神이라는 하나의 뿌리로 연결되어 있다는 범아일여梵我一如적 자연관을 가지고 있었다. 이러한 경향은 인도적 사유에서는 신과 인간의 관계를 설정하는 데 있어 자연을 부차적인 위치에 놓았다거나 수단으로 여겼다고 해석할 수 있는 근거가 된다.[2] 특히 브라흐만에 대한 사유가 깊어지는 우파니샤드 시기에 윤회輪廻와 카스트caste와 같은 개념이 생겨났는데, 이러한 현상은 생명체 간의 위계 질서가 설정된 것을 확연히 보여준다. 신과 인간과 자연 사이의 유기체적 관계에 대해서 어느 정도 인식하고는 있었지만, 생명 간의 차별을 두고 자연을 도구화한 인도적 사유의 한계를 볼 수 있다.

초기와 중·후기 우파니샤드 시기 사이에 불교가 등장하였고 대중적으로 전파되었기 때문에, 불교와 인도 종교는 서로 영향을 주고받을 수

---

1 한면희, 「힌두교와 자연관, 그리고 생태윤리」, 『환경철학』 9, 한국환경철학회, 2010, p.153, 160~165
2 배상환, 「기독교 자연관과 불교의 자연관」, 『학제적 연구로서의 불교생태학』, 서울: 동국대학교출판부, 2007, p.201.

밖에 없었다. 불교 역시 기존의 종교가 제시한 윤회의 개념을 통해 세계의 법칙을 일부 설명하기는 했지만, 그것으로부터의 해방의 길을 제시했다는 차이가 있었다. 이러한 태도는 자연과 생명을 바라보는 시각에도 드러났다.

## 연기적 세계관

앞서 살펴본 바와 같이 인간과 자연과의 연속성이나 관계성에 대하여 어느 정도 이해하고는 있지만, 인간이나 자연이 모두 신의 피조물이라고 바라보았던 인도적 관점에 비하여 불교는 자신만의 생명현상으로서의 자연에 대한 고유한 인식을 가지고 있었다. 이러한 인식은 기본적으로 불교가 가지고 있는 연기적 세계관에 기인한다.

물론 현대와 과거의 환경에 대한 관심이 다르기 때문에 불교의 자연에 대한 관념을 정의하는 시도의 유용성을 의심할 수는 있겠지만, 그렇다고 당시의 자연관을 아예 유추할 수 없다고 단언할 수는 없다. 테라가타(長老偈)에서의 자연에 대한 개방성과 친근성을 발견하거나 불교의 계율 자체가 생태학적 관심을 나타내고 있다거나 지옥도地獄道에서 환경파괴에 대한 불교의 경고를 읽어내는 다양한 학문적 시도들이 있어 왔다.[3] 자연의 일부인 식물을 중생衆生에 포함시킬 수 있는가에 대한 불교 철학사 흐름에 대한 비판적 연구도 있다.[4] 그러나 이러한 특정한 예시들

---

[3] 심재룡, 「인도의 불이론적 자연관과 중국 도가의 기술문명론」, 『철학사상』 15(2), 서울대학교 철학사상연구소, 2002, p.87에서 재인용 및 재검토
[4] 우제선, 「식물은 중생인가: 불교의 생명 인식」, 『종교교육학연구』 26, 한국종교교육학회, 2008, p.37

외에, 불교의 세계관을 중심으로 생명현상인 자연을 보다 근본적으로 이해할 필요가 있다.

연기법緣起法의 동의어로 이해될 수 있는 다르마dharma는 인도 사상에 있어 복합적인 의미를 가지고 있다. 원래 인간 사회를 떠받쳐 유지시켜 주는 것이라는 의미에서의 다르마는 질서나 의무 등을 의미했다. 불교의 등장 이후에 다르마가 우주 만물을 떠받쳐 유지시켜 주는 법칙이나 만물의 본성을 뜻하게 되면서, 그 이전에 비하여 내포하고 있는 의미가 확장되었다. 신의 계시에 의한 불변하는 부동법이었던 브라흐만-힌두의 다르마에 비해 불교의 다르마는 만유 보편의 법칙으로 무수한 조건에 따라 생멸하는 인연법因緣法이었다. 따라서 자연 만물의 원리 내지 본성으로서의 다르마는 바로 연기(pratītyasamutpādaḥ)를 의미한다. 이런 만물의 법칙에 의해 형성된 것으로서 연기한 것(pratītyasamutpanna) 역시 다르마의 의미를 가지고 있다. 이렇게 우주 만물의 이법(理法)을 연기로 보는 것을 '본성으로서의 자연(法性)'으로, 연기한 일체의 존재를 '전체로서의 자연(法界)'으로 보는 시각도 있다.[5] 불교에서 자연이 이렇게 두 가지 의미로 해석된다는 것은 그 존재를 구분하거나 차별하기 위한 것은 아니다. 법칙과 법칙의 대상이 서로 상호 영향을 주고받는다는 것을 보여주기 위한 사상적 방편인 것이다.

즉, 불교에서의 자연은 마치 인드라의 그물처럼 수많은 조건들이 서로를 반영하는 관계의 연쇄 작용이다. 자연 내 구성원들 간의 인과는 단순한 선형적 관계가 아니라, 원인으로 결과가 산출되고 결과가 또 다른 원인을 낳거나 기존의 원인에 재투입되는 등 복잡한 비선형으로 관계

---

5 김종욱, 『불교생태철학』, 서울: 동국대학교출판부, 2004, pp.143~144

맺어진다. 하나의 사물은 고립된 존재가 아니라 전 우주와의 관계망 속에서 그 우주 전체를 반영하며, 부분과 전체를 전일적으로 조화시킨다. 이 과정에서 인간을 포함한 자연의 개별 생명들 역시 연기법의 중중무진重重無盡의 일부이기 때문에, 생명 간의 위계와 차별이 존재할 수 없는 것이다.

### 사성제의 생태적 측면

이와 같은 불교의 자연에 대한 인식은 불교 교리의 주요 근간을 이루고 있는 사성제四聖諦(cattari ariya-saccani)의 구조와도 연결된다. 앞서 살펴본 연기법이 불교적 세계관이라면, 생멸하는 연기적 세계에서 벌어지는 문제를 해결하는 방식으로는 사성제가 있다. 이 사성제는 괴로움의 성스러운 진리인 고성제苦聖諦, 괴로움의 일어남의 성스러운 진리인 집성제集聖諦, 괴로움의 소멸의 성스러운 진리인 멸성제滅聖諦, 괴로움의 소멸에 이르는 길의 성스러운 진리인 도성제道聖諦의 네 가지를 포괄한다. 네 가지 성스러운 진리에는 일견 부정적으로 보이는 고苦와 집集이라는 현실의 측면과 이상적인 상태인 멸滅과 도道가 동시에 포함되어 있다. 이것은 불교가 우리의 현실을 철저하게 인정하면서, 동시에 그 현실 문제의 현상과 원인까지도 긍정한다는 것을 의미한다.

세계는 괴로움의 현상으로서 고苦, 그 괴로움의 원인이나 근거로서의 집集, 문제가 극복된 상태인 멸滅, 극복을 위한 방법으로서의 도道가 끝없이 반복한다. 현실과 이상을 바라보고, 조화시키는 불교의 시각이 이 사성제에 함축적으로 묘사되어 있다. 고단한 현실도 아름다운 이상향도 고정되어 있거나 불변하지 않는다. 현실이 이상에 영향을 주기도

하고, 이상이 현실에 영향을 주기도 한다. 고苦가 새로운 집集이 되기도 하고, 도道가 새로운 원인이 되어 고苦가 되기도 하며, 멸滅의 상태도 영원할 수 없다. 이는 사성제 역시 고정되지 않는 무분별성을 가지고 있다는 것을 보여준다. 신神에 대한 신애信愛와 제의祭儀를 통해 현실의 문제를 해결하려고 했던 당시의 인도 종교에 비하여 불교는 실천의 방식도 달랐던 것이다.

이는 사성제가 연기법에 기반하였기 때문이다. 연기의 특징 중 하나인 상호의존성에 따르면 아무리 작은 존재라도 소홀히 대하여서는 안 된다. 이러한 태도는 상호존중성으로 확대되는데, 상의상관성相依相關性은 생태계의 구성이나 전개 양태와도 매우 유사하다. 즉, 불교가 세상을 바라보는 방식, 그리고 그것을 실천하는 구체적인 방법도 부분과 전체의 전일적 융화로 이루어지는 생태계의 원리와 유사한 것이다. 현재 대두되는 생태계의 문제는 단순한 구조로 해결이 불가능하기 때문에, 복잡하면서도 나름대로 질서를 가지는 복합구조로서의 사성제적 접근이 유용할 수 있다.[6]

## II. 동아시아 불교의 자연생태관

### 유儒·불佛·도道의 자연관

인도에서 중국으로 전래된 불교는 기존의 사상과 문화와 접합하면서

---

6 김종욱, 위의 책, pp.38~41

새로운 불교로 변용된다. 그중에서도 불교의 자연관을 이해하기 위해서는 동시대의 사상계를 함께 이끌던 유교儒教와 도가道家의 자연관과 비교할 필요가 있다.

유교와 도가가 중국의 대표적인 민족 종교이자 철학적 인식의 양대 산맥을 이루고 있는 상황에서 인도로부터 불교가 전래되었다. 유교는 현실적이고 이성적인 사고체계를 가지고 있었고, 도가는 비현실적이고 신비로운 사상을 바탕으로 불사不死를 지향했다. 이 두 종교와 비교해 보면, 불교는 전생과 윤회라는 생명의 순환을 설명해 주는 참신한 종교로 받아들여질 수밖에 없었다. 유儒·불佛·도道 삼교三教의 서로 다른 기본 입장들은 자연을 바라보는 시각에도 반영되어 있다.

그 중에서 자연을 가장 중요한 의제로 삼았던 것은 도가였다. 『장자莊子』에서는 언어로 표현할 수 있는 의미 차원을 벗어난 자연自然과 타연他然을 엄격히 구분하였다. 인간으로서 가장 추구해야 할 도道 역시 자연이지 타연이 될 수 없다고 말한다. 이러한 도의 관점에서는 귀하고 천한 것의 구분도 없어진다. 이것은 현대의 물질적 자연과는 다른 존재로 스스로(自) 그렇게 된 것(然)으로 도의 운행의 모습으로서의 자연이었다. 자연을 목적론적 체계로 보는 것이 아니라, 아무런 목적도 간직하지 않은 무위無爲로 본 것이다. 이 무위의 세계에는 무목적의 질서가 내재되어 있고, 인간도 이런 자연의 질서를 따라 무위의 삶을 사는 것이 바람직하다고 보았다.

공자의 유교는 도가와는 다른 입장에 있었다. 자연을 주요 관심사로 두었던 도가에 비하여, 유교는 자연의 질서를 인간의 질서로 바꾸어 설명하려 하였다. 좀 더 현실적인 입장에 서 있었던 것이다. 생명 창생創生의 자연 과정으로 천도天道를 중요하게 생각하고, 자연의 이치가 현상을 나타낸다는 것을 깨달은 성인은 자연과 합일(天人合一)하였다고 생각했다. 순자는 이와 다르게 자연이 의식이 있는 존재라는 것은 부정하였으나, 하늘과 땅을 만물의 근원으로 여겼다. 하늘과 땅의 상호작용을 통하여 만물이 생겼다고 본 것이다.

도가에 비하여 유교는 하늘을 중심으로 자연을 이해했으며, 자연에 대해 인간이 소극적인 입장을 취하고 있었다고 볼 수 있다.[7] 자연에 대한 유교와 도가의 해석은 인위人爲와 무위無爲로 달랐으나 기본적으로 자연과 인간과의 바람직한 관계를 모색했다는 점에서 유사한 지점이 없지 않았다.

반면에 인도에서 중국으로 전래된 불교는 여전히 세상의 모든 생명이 인연에 의해서 생겨난다고(因緣生起) 보았다. 동아시아 불교는 어떤 의미에서는 기존의 사상 전통을 이어 나가면서 모든 존재의 비실체화를 더욱 심화시켰다.[8] 특히 누구나 부처가 될 가능성(佛性)을 가지고 있다는 여래장사상如來藏思想을 최초로 논한 『대방등여래장경大方等如來藏經』,[9] 여래장을 불성의 의미로 해석하여 일체의 중생이 모두 불성을 가지고 있다(一切衆生悉有佛性)고 한 『대반열반경大般涅槃經』[10]을 통해 이러한 경향을 확연히 알 수 있다. 중생의 범주에 자연을 포함시키고, 모든 생명체에 대한 무한한 자비와 신뢰를 나타내고 있는 것이다. 더 나아가

---

7 이유미·손연아, 「동아시아, 서양의 자연의 의미와 자연관 비교 분석」, 『한국과학교육학회』 36(3), 한국과학교육학회, 2008, pp.487~488

8 정재현, 「동아시아 자연관의 몇 가지 특성들」, 『동서철학연구』 41, 한국동서철학회, 2006, p.18

9 『大方等如來藏經』(『大正藏』 16, 457c), "如是善男子！一切衆生有如來藏, 如彼淳蜜在于巖樹, 為諸煩惱之所覆蔽, 亦如彼蜜群蜂守護. 我以佛眼如實觀之, 以善方便隨應說法, 滅除煩惱開佛知見, 普為世間施作佛事"

10 『大般涅槃經』(『大正藏』 12, 522c), "一切衆生 悉有佛性 無明覆故 不得解脫"

삼론종의 길장吉藏(549~623)은 초목草木도 깨달음에 이를 수 있다는 초목성불론을 『대승현론大乘玄論』에서 밝히기도 한다.[11] 이전 시기 불교에 있어 초목은 식식識이 없는 존재라 업業을 짓지 않으므로 성불의 대상이 아니었다. 그러나 초목이나 바위와 같은 자연물이 동아시아에서는 불성론佛性論의 주요 논의 대상으로 등장한 것이다. 일본에서도 일련종日蓮宗이나 승려 안넨安然에 의해 무정성불無情成佛이 주창되었던 기록을 볼 수 있다.

지금까지 살펴본 바를 바탕으로 도출할 수 있는 동아시아 불교의 자연관은 다음과 같다. 인간과 동물과 식물, 바위 같은 모든 자연의 존재는 고정된 실체 없이(無常) 변화하는(苦) 생명(無我)으로서 모두 동등하다. 생명의 위계, 깨달을 수 있는 존재의 가능성은 유정有情, 무정無情, 무명無命과는 관계가 없었다.

동시에 세상의 모든 존재와 현상은 상의상관相依相關으로 연결되어 있다. 깨달음(菩提)을 추구하는 모든 생명은 자연의 풀 한 포기, 돌멩이 하나도 자신과 동등한 존재임을 알고, 더불어 살아가는 공생자로 여겨야 하는 것이다. 동아시아 불교에 일반화된 비정불성론非情佛性論을 통해 유교와 도가의 자연 인식과의 분명한 차이를 알 수 있다. 동시에 인도불교에 비해 동아시아 불교의 자연을 대하는 사상과 태도가 좀 더 구체적으로 발현되었다는 변화를 알 수 있다. 이는 인간과 자연과의 관계를 설명하기 위한 어쩔 수 없는 구분마저 한순간에 타파한 태도였다.

---

11 『大乘玄論』(『大正藏』 45, 40c), "以依正不二故 衆生有佛性 則草木有佛性"

## 불교예술에 나타난 자연

어느 시대나 그러하듯이 동아시아에서도 예술이 형성되고 발전하는 과정에서 다양한 요소가 복합적으로 작용하였다. 특히 고대에는 유·불·도 삼교가 성립되는 과정에서 당시 사회 전반의 인식체계가 구성되었다. 그 사상적 체계가 예술이라는 구체적 이미지로 구현되기도 하였다. 그중에서 불교는 건축, 조각, 회화, 공예 등 전 분야에 걸쳐 가장 많은 조형물이 남아 있는 대표적인 종교이다.

앞에서 살펴본 불교의 자연관은 불교예술에서도 드러나는데, 몇 가지 구체적인 예를 살펴보자. 돈황敦煌 석굴의 비천도飛天圖에서도 볼 수 있듯이 동아시아의 고대 불교는 기존 종교들의 천인합일天人合一 사상에 따라, 하늘을 자연의 근본으로 보고, 도교의 신선과 연결시켜 자연에 귀의하려는 사상을 그림으로 나타내기도 하였다.[12] 이러한 경향은 불교가 기존의 자연에 대한 인식을 바탕으로 새로운 문화와 습합되어 가며, 하늘과 같은 특정한 자연의 형태에 특수한 지위를 부여하는 변화를 보여준다.

또한 불교는 경전에 근거한 의례나 형식 등을 중요시하였고, 이에 다양한 불교미술이 발전하였다. 하지만 동아시아만의 독특한 문화인 선종禪宗이 등장한 이후에는 기존의 화려한 불교예술을 뒤로하고, 특정한 승려나 조사와 같은 인물들을 그림으로 표현하는 선종화禪宗畵가 등장한다.[13] 여백의 미를 살리며 직관적으로 표현되는 것이 이 시기 불교미

---

12 최병식, 「미술사 논단: 동양미술과 자연관의 관계」, 『월간미술』 4월호, 서울: (주)월간미술, 2000, pp.172~174
13 한정희·최경현, 『동아시아의 미술』, 파주: 돌베개, 2018, p.174

술의 일반적인 특징이었다. 이러한 선종화에 종종 동물이나 식물과 같은 자연물이 주요하게 등장하는 경우가 있는데, 승려 목계가 그린 불화 1점, 동물화 2점, 모두 3폭이 한 벌로 구성된 〈관음원학도觀音猿鶴圖〉가 대표적인 예이다. 관음보살도觀音菩薩圖를 중심으로 강풍에 흔들리는 원숭이와 숲에서 튀어나오며 우는 학이 양 옆으로 그려진 이 그림에서 동물들은 세속을 상징하는 것으로 이해되기도 한다. 그러나 다른 관점에서 보면 원숭이나 학도 관음보살과 동등한 존재가 될 수 있다는 상징적 의미를 가진다. 다시 말해 깨달음을 얻을 수 있는 존재가 자연으로까지 확대된 것이다.[14] 이는 초목성불론이나 비정불성론이 선종화라는 불교예술 분야에서 다루어질 정도로 널리 퍼져 있었다는 것을 알려준다.

　이러한 경향은 심우도尋牛圖에서도 엿보인다. 묵조선 수행자 보명普明과 간화선 수행자 곽암廓庵은 심우도를 통해 깨달음의 단계를 돈오頓悟와 점수漸修로 각각 표현했으나, 인간의 본성을 소로 표현했다는 공통점이 있었다. 동자童子와 소(牛)를 통해 깨달음의 과정을 10단계로 그린 이 심우도에서 소는 깨달음(覺)을 찾아가는 과정의 중요한 상징으로 등장한다. 심우도는 송宋 대에 등장하여, 중국뿐 아니라 우리나라에도 전해져서 거의 모든 사찰에서 볼 수 있을 정도로 대중적으로 전파되었다. 베트남에서는 소 대신 코끼리가 등장하기도 한다. 깨달음이나 인간의 본성을 동물로 표현했다는 것은 당시 불교에서 자연을 인간과 다른 하등한 존재로 여기지 않고 평등한 생명으로 인식했으며, 동시에 그러한 자연 인식이 대중적인 측면을 가지고 있었다는 것을 구체적으로 보여준다.

---

**14** 한정희·최경현, 위의 책, pp.180~181

## 사찰의 생태적 구조

사찰의 건축 형태는 그 자체로 생태적 구조를 구축하고 있다. 무위사상을 근간으로 하는 도가는 건축이라는 인위적인 형태를 지양했다. 현재의 나를 중심으로 조상에서 자손으로 이어지는 생명의 영구성을 추구하는 유교에서는 가문을 보호하는 공간이 필요했고, 여기에서 유교 건축이 시작되었다. 특히 중국에서 집권 지배층이 유교를 통치이념으로 삼으면서 도성은 물론 각 지방 중심부에 종묘宗廟, 문묘文廟, 사직단社稷壇 같은 관련 시설들이 건립된다. 이런 유교적 건축물들은 기본적으로 조상이나 성인들을 기리기 위한 공간이었기 때문에, 건축 과정에 있어 자연에 대한 관점은 주요 고려 대상이 아니었다. 유교라는 동일한 정치이념이 오랜 시간 동안 지속되고, 사회의 공동의식과 무의식에 축적되면서 건축 양식에도 반영될 수밖에 없었다. 이와 같이 정치적 이데올로기가 반영되었던 유교 건축에 비교하면 불교의 사찰은 탈정치적이고 보다 자연적이었다.

상가람마Samgharama라는 어원을 가진 사찰은 마가다국의 빔비사라왕이 기증한 죽림정사竹林精舍를 기원으로 한다. 승려들의 수행처와 공동 주거지로 정착되어 가다가 종교 의례를 집행하는 성스러운 장소로 그 성격이 확장되고 발전되어 갔다. 그리고 동아시아로 교세가 확장되어 감에 따라 조형 예술과 함께 불교만의 건축 양식을 구축하게 된다.

특히 현재까지 남아 있는 전통 사찰은 대부분 산중에 위치하고 있는데, 수미산須彌山을 중심으로 하는 불교의 세계관에 입각해 일정한 법칙성을 가지고 있었다. 불교에서는 수미산을 중심으로 중생이 윤회를 반복하는 미혹의 세계가 있고, 이 삼계三界는 욕계欲界, 색계色界, 무색계

無色界로 구분된다. 중생이 살고 있는 남섬부주南贍浮洲에서 삼계의 고해를 지나 깨달음의 세계로 가려면 향수해香水海라는 곳을 지나야 한다. 그래서 전통 사찰에 이르기 전에 일반적으로 냇물을 가로지르는 열반교涅槃橋, 해탈교解脫橋, 혹은 극락교極樂橋라고 부르는 다리가 놓인다. 다음으로 수미산 입구에 해당하는 일주문一柱門을 지나면 수미산 중턱의 천왕문天王門에 이르고, 수미산 꼭대기로 들어가는 불이문不二門을 통과하면, 마침내 금당金堂 안의 수미단 위에 앉아 있는 부처님을 만날 수 있다.

이런 우주관을 바탕으로 입지를 정한 사찰들은 다른 어떤 건축 형태보다 생태적 구조를 가지고 있다. 향수해나 수미산을 구현하기 위해 물과 산이라는 자연 지형이 필요했고, 연기적 세계관을 바탕으로 기존의 자연에 사찰을 조화시키는 방식으로 건축을 구현하였다. 또한 상호의존성을 바탕으로 한 수행 공간으로서 사찰은 그 자체가 생태 공간으로서의 성격을 가질 수밖에 없었다. 사찰이라는 전통 건축에서 나타나는 생태적 특징이 비록 과거에는 불교적 우주관을 투영한 무의식적인 행위에서 비롯되었더라도, 현대적 관점에서도 생태적으로 조화롭다는 평을 받는 것 역시 사찰과 자연과의 조화로운 생태적 특징 때문일 것이다.[15]

---

15 조정식, 「한국 불교건축과 경관의 생태학적 구조」, 『학제적 연구로서의 불교생태학』, 서울: 동국대학교출판부, 2007, pp.251~252

## III. 한국불교 의식주衣食住의 생태주의

한국불교의 생활, 신앙 형태를 포함한 역사는 그 자체로 독특한 문화가 되었다. 그것도 단순히 한 종교의 문화에 그치지 않고 한국의 역사와 함께해 온 불교였기에 한국불교의 문화가 바로 한국의 전통문화를 대변한다고 할 수 있을 것이다. 특히 오늘날까지도 전통을 보존하면서 일상생활의 방식으로 활용하고 있는 한국불교의 의식주衣食住 문화는 대승불교 교단의 공동체의 정체성을 유지하면서도 독창적인 유산으로 발전되어 왔다. 그 중에서 욕망을 제어하는 청빈한 복식인 법의, 자연친화적 수행 음식으로서의 발우공양, 그리고 그 자체가 어울림의 생태계인 사찰의 건축을 통해 한국불교의 생태주의를 살펴보도록 하겠다.

### 욕망을 제어하는 청빈한 복식, 법의法衣

출가 수행자들의 법의法衣는 단순한 의복의 의미를 넘어선다. 가사는 카사야Kasaya에서 음을 딴 것으로 인도불교 당시에는 계절과 상관없이 수행자들의 평상복으로 착용되었다. 『관중창립계단도경關中創立戒壇圖經』에는 "5조 하의下衣는 탐욕스러움을 다스리기 위해, 7조 중의中衣는 화가 나서 하는 말을 조심하기 위해, 대의大衣에 해당하는 상의上衣는 어리석은 마음을 끊기 위해서 착용한다."라고 나타나 있다.[16] 즉, 가사를 수하는 것은 불도를 수행하는 데 가장 큰 장애가 되는 탐貪·진瞋·치癡의 삼독三毒을 벗어나기 위함이다.

---

16 『關中創立戒壇圖經』(『大正藏』 45, 522c), "五條下衣斷貪身也 七條中衣斷瞋口也 大衣上衣斷癡心也"

이러한 사상은 가사를 만드는 소재에도 영향을 미쳤다. 부처님과 그 제자들은 세속적인 기준으로는 쓸모가 없어진 헌옷으로 만든 가사인 분소의糞掃衣를 입었다. 의복에서부터 세간적인 욕심을 차단하겠다는 의미를 담아 실천으로 옮긴 것이다. 연중 내내 덥고 습한 인도에서 계절의 변화가 있는 중국으로 불교가 전래되면서 기후와 의습衣習의 영향으로 법복의 형태도 변화하였다. 중국 계통의 복식인 포제袍制가 길이가 길고 품과 소매가 넓은 장삼長衫으로 변화하여 불교의식이나 행사나 법문을 할 때 가사 속에 입게 되었다.

가장 익숙한 한국불교 승려들의 복식은 회색 장삼에 밤색빛 가사이지만, 그 역사적 형태가 항상 동일하지는 않았다. 『삼국유사三國遺事』의 원종흥법조原宗興法條에는 법흥왕이 방포方袍라는 옷을 입었다(被)고 가사에 대한 기록이 남아 있고,[17] 『고려도경高麗圖經』에는 승복에 대한 내용이 나름대로 자세히 실려 있다.[18] 구한말에는 사찰령寺刹令에 의해 법계에 따른 가사와 장삼의 의제衣制와 색色, 지질地質, 제식制式이 정해져 있었다.[19] 이를 통하여 삼국시대에 불교가 전래된 이후 근현대까지 장삼과 가사 모두 승려의 법복法服으로 사용되어 왔다는 것을 확인할 수 있다. 그러나 시대적 상황에 따라 그 색상 등의 외양이 달라져 왔기 때문에, 한국불교 역사를 관통하는 전통적인 법의의 특징을 명확히 도출하기는 어렵다.

---

17 승려가 입는 가사가 네모졌기 때문에 方袍라고 하였다. (『삼국유사』 券3, 興法 3, 原宗興法條)

18 국사國師, 삼중화상대사三重和尙大師는 긴소매의 편삼과 자색 치마를 착용하였으며, 아사리대덕阿闍梨大德은 짧은 소매의 편삼과 황색 치마를 입었고, 사미비구沙彌比丘는 괴색의 포의布衣만 입었다. (『宣和奉使高麗圖經』 券17, 釋氏)

19 김명숙 외, 『한국의 가사』, 서울: 대원사, 2005, pp.43~68

대신 현대 한국불교의 승의僧衣에서 구체적으로 생태적인 측면을 도출할 수 있는 실마리를 엿볼 수 있다. 1947년부터 1949년까지 진행된 봉암사 결사가 그것이다. '부처님 법法대로 살자'는 정신 아래 현재 한국불교를 대표하는 대한불교조계종의 종지 종풍과 의례 형성의 직접적인 계기가 되었는데, 이때 가사에 대한 문제도 다루어졌다. 이 결사를 통해 율장에 근거해 관습적으로 유행하던 홍紅가사 대신 가사 색의 모태인 괴색壞色으로 가사를 물들여 새롭게 만들어 입었다.[20] 또한 가사에 쓰이는 원단의 소재와 관련하여 견絹은 누에의 생명을 단축시키는 것이기 때문에 사용을 금지하는 것으로 결의되었다.[21] 일체의 비불교적인 요소를 없애고 뜯어고치는 엄중한 상황에서 전통적 율장에 근거하면서도, 곤충인 누에까지 고려했다는 점이 눈에 뜨인다. 이 부분은 이후에 봉암사 결사의 의미를 평가하는 과정에서 크게 주목받은 것은 아니지만, 모든 생명체를 소중히 여기는 불교의 생태주의가 한국불교의 일상 속에서도 면면히 이어져 왔음을 상징한다고 볼 수 있다.

또한 가사 불사 후 회향하는 의례와 의식도 다른 동아시아 불교 국가에 비하여 한국에서 특히 중요하게 다뤄지고 있는 것도 특징이다. 가사를 불사한 이후에 회향하는 의식인 가사 점안의식點眼儀式은 현재 근본불교 국가는 물론 북방불교 국가 가운데에서도 한국에서 가장 중요시하고 있다. 그만큼 가사를 신성시하여 점안의식을 통해 하나의 옷에서 불법을 나타내는 상징물로 승화하는 것이다.[22] 이러한 의식은 시주의 공덕을 기리려는 것도 있지만, 불법의 상징인 가사를 입은 스님을 부처님

---

20 이종수, 「봉암사 결사와 그 불교사적 의미」, 『선학』 48, 한국선학회, p.105~107
21 김명숙 외, 앞의 책, p.73
22 김명숙 외, 앞의 책, p.138, 141~160

과 중생을 연결시키는 매개로 이해시켜 중생을 제도하려는 마음을 굳건히 다지게 하는 데 더 큰 목적이 있다.[23] 한국의 출가 수행자들의 의복은 부처님 당시부터의 전통인 무소유의 상징으로서 소재에서도 생명존중 사상을 엿볼 수 있을 뿐 아니라, 그 착장을 통하여 깨달음의 실천을 수행하도록 하는 도구로 기능하는 것이다.

### 자연친화적 수행 음식, 공양供養

불교가 전래된 모든 국가에서 사찰 음식이 발달한 것은 아니다. 남방 불교 문화권에서는 탁발한 음식으로 공양하기 때문에 사찰의 음식문화가 크게 발달하지 않았다. 우리나라 사찰 음식은 불교가 전래되면서부터 시작되었다고 할 수 있는데, 계율에 입각한 의식주 생활을 이해하면서 승단이 유지되었기 때문이다.[24] 한국의 가장 역사 깊은 승단인 조계종은 율장을 바탕으로 삼으면서 음식을 수행으로 여기는 전통을 이어 나가고 있다. 특히 『사분율四分律』에서는 미식美食을 금지하고 있는데, 이를 바탕으로 한국 사찰 음식은 다음과 같은 다섯 가지 특징을 가진다. 고기를 사용하지 않고, 오신채를 사용하지 않으며, 영양뿐 아니라 병을 예방하고 치료하는 약리 작용을 갖도록 세심하게 발전해 왔으며, 천연 조미료만 사용하고, 제철 음식이 발달해 있다.[25] 물론 한국불교의 오랜 역사 속에서 식이食餌 관습도 변해 왔기 때문에, 한국불교만의 사찰

---

23 김명숙 외, 앞의 책, p. 59
24 김관태, 『사찰 음식 표준 교재 초급: 봄』, 서울: 대한불교조계종 한국불교문화사업단, 2013, p.27
25 대한불교조계종 한국불교문화사업단, 『한국 사찰 음식』, 서울: 대한불교조계종 한국불교문화사업단, 2014, p.24

음식으로 특정할 수 있는 원형이 무엇인지를 분명하게 특정하기는 쉽지 않다.[26]

그러나 불교의 음식문화를 사찰 음식이라는 물리적 형태가 아닌 그 본질이 되는 수행과 정진이라는 차원으로 범주를 넓히면[27] 한국불교만의 특징이 좀 더 드러난다. 특히 식음 과정에서의 보시와 자비의 정신을 각인시키는 공양문화가 출가 수행자를 넘어 재가불자까지도 확대된 것은 다른 국가의 불교 의례에서는 보이지 않는 모습이다. 이러한 한국불교의 대중공양에 담긴 평등, 절약, 청결, 공동체 정신은 현대 문명의 위기를 드러낸 환경문제를 해결하는 생태주의 사상으로도 주목받았다. 공양이 불교도들만의 문화가 아니라 절제의 미학과 환경 보호라는 사회적 차원으로 확산된 것이다.

『소심경小心經』에는 발우공양에 대해 세세하게 규정하고 있는데, 그중 공양의 의미를 다섯 가지 관점에서 생각하는 오관게五觀偈가 있다.[28] 한국의 많은 사찰에서는 이 오관게를 바탕으로 우리말로 번역하여 생활 수행에 적용하고 있다. 가장 널리 알려진 우리말 공양게供養偈는 "이 음식이 어디서 왔는고, 내 덕행으로는 받기가 부끄럽네. 마음의 온갖 허물을 모두 버리고, 육신을 지탱하는 약으로 알아 도업을 이루고자 이 공양을 받습니다."라는 내용을 담고 있다. 길상사에는 "한 방울의 물에도 천지의 은혜가 스며 있고, 한 알의 곡식에도 만인의 노고가 담겨 있습니

---

26 김미숙, 「동아시아 불교의 음식 특징 비교: 한국·중국·일본, 3국을 중심으로」, 『동아시아불교문화』 28, 동아시아불교문화학회, 2016, p.440
27 이자랑, 「출가자의 식생활과 현대의 웰빙: 사찰 음식의 보급과 관련하여」, 『인도철학』 38, 인도철학회, 2013, pp.74~75
28 안진호, 『釋門儀範』, 京城: 卍商會, 1935, p.103, "計功多少 量彼來處 忖己德行 全缺應供 放心離過 貪等爲宗 正思良藥 爲療形枯 爲成道業 應受此食"

다. 이 음식으로 주림을 달래고 몸과 마음을 바로 하여 사부대중을 위하여 봉사하겠습니다."라는 공양게를 사용하며, 이 외에도 많은 사찰에서 나름의 공양게를 정하여 모든 생명에 대한 감사의 마음을 표한다. 공양게 합송을 넘어 더 구체적인 실천 운동을 하는 사례도 있다. 정토회에서는 아침에는 발우공양을, 점심과 저녁에는 발우공양을 간략화해서 그릇을 닦아먹는 접시공양을 통해 음식물 쓰레기가 전혀 생기지 않는 음식물 쓰레기 제로 운동을 1999년부터 펼쳤으며, 그것이 수질에 미치는 영향을 조사해서 발우공양과 접시공양이 환경오염 예방을 위한 효과적이고도 필요한 식사 방법임을 확인했다.[29]

사찰에서 대중들이 먹는 음식은 누군가 정성껏 보시한 공양물이다. 밥을 먹기 전에 공양게를 합송하는 이유는 이 음식이 여기까지 오게 된 모든 인연들에 대해서 고찰하기 위해서이다. 마음가짐에 따라 음식을 먹는 행위는 수행이 되기도 하고, 욕망을 채우는 순간이 되기도 한다. 우리가 먹는 모든 음식에는 태양, 토양, 비, 바람과 같은 대자연의 운행뿐만 아니라 이를 길러낸 많은 이들의 땀방울이 담겨 있다. 그렇기 때문에 한국불교에서의 공양은 모든 것이 연기적으로 존재한다는 진리를 다시금 인식하고 자비의 마음을 새기는 수행이다. 즉, 한국불교의 공양 문화의 가장 큰 특징은 모든 생명들이 서로 의지해서 존재하고 있음을 깨닫고, 모든 존재들의 조화와 평화를 비는 수행 정신의 확산과 일상의 실천이다.

---

[29] 한국불교환경교육원, 『발우공양』, 서울: 정토출판, 2003. pp.92~106

## 어울림의 생태, 사찰 건축

전통적으로 불교는 고요한 자연에서의 삶과 수행을 지향하였다. 초기 불교에서도 수행자가 의지해야 할 네 가지(四依止) 중에 하나가 나무 아래에서 생활하는 수하좌樹下座였다.[30] 앞서 살펴본 바와 같이 동아시아의 종교 중에서도 불교의 건축은 자연과의 조화를 특히 중시하였고, 그 전통은 한국에서도 굳건히 이어졌다.

한국불교에 있어 수행자들의 거주처이자 의례 장소인 사찰의 건축은 친환경적 지혜를 바탕으로 지어졌다. 승려들과 신도들은 산, 들, 강, 나무 등의 자연을 하나의 생명으로 인식했다. 깊은 산 중턱에 사찰을 지을지라도 인간의 편리를 위해 기존의 자연을 훼손하지 않으려 노력했다. 비탈이 거칠어도 절개하지 않고 흙을 북돋고 석축을 쌓은 후, 전각殿閣과 요사寮舍채를 지었다. 축대를 쌓을 때도, 돌의 모양을 인위적으로 다듬지 않았다. 기둥 아래쪽은 자연석을 모양 그대로 서로 맞물리게 촘촘히 쌓았고, 마지막 기둥을 세울 때에만 기둥 아래쪽을 자연석 윗면의 굴곡과 같은 모양으로 다듬어서 자연석과 기둥이 마치 톱니바퀴 물리듯 맞물리도록 하였다.[31] 이런 건축 방법을 그랭이 공법이라고 부르는데, 이 방법으로 세워진 불국사나 석굴암과 같은 불교 유산은 긴 역사를 넘어 오늘날의 강한 지진에도 흔들리지 않고 굳건히 그 원형을 유지하고 있다.

또한 같은 전통 건축일지라도 나무를 곧게 재정비하여 사용하는 일

---

30 히라카와 아키라 지음, 이호근 옮김, 『인도불교의 역사』, 서울: 민족사, 1989, p.87
31 황상일, 「불국사 지역의 지형특성과 불국사의 내진 구조」, 『대한지리학회지』 42(3), 대한지리학회, 2007, pp.315~331

반 한옥주택과는 다르게 사찰에서는 굽고 휘어진 나무일지라도 그 모양에 맞는 쓰임을 찾아냈다. 천년고찰들이 오랜 풍파를 견뎌내고 현대에까지 보존될 수 있었던 이유는 그 건축 기법에 담긴 생태적 지혜 덕분이다. 전통 사찰의 이음새는 요철 모양으로 서로 맞물리게 되어 있어 쇠못을 거의 사용하지 않고 조립된 형태이다. 그렇게 때문에 건물에 문제가 생기면 전체적인 교체 대신 일부분에 대한 수리와 교체가 가능하다. 해체하거나 보수하는 과정에서 나온 목재들도 함부로 버리지 않고 다른 전각 불사에 재사용하며 그 쓰임을 새로 찾았다. 수행자들의 생활공간인 요사채는 규모가 소박한 구들방이어서 적은 연료로도 효율적인 난방이 가능하였다. 전통 사찰의 화장실인 해우소解憂所는 말 그대로 탐욕과 집착을 내려놓고 근심을 푸는 곳이다. 현대식 화장실처럼 물을 사용하여 분뇨를 흘려보내지 않고, 낙엽이나 톱밥 등으로 발효과정을 거친 후 거름으로 활용했다. 사찰이라는 공간 안에서 생산과 소비와 분해의 과정이 순환하는데, 이 생태계에는 모든 물질은 결코 고정되어 있지 않으며 각 단계가 서로 상호의존하는 것을 알 수 있다. 이것은 지구 생태계의 특징과도 유사하다.

 한국만의 친자연적인 전통 기술인 그랭이 공법이나 목재를 주요 재료로 사용하는 건축 양식 등은 사찰만의 독특한 건축법이라고는 할 수 없다. 그렇지만 근대와 현대 시기에 서양의 건축 기법이 도입되면서 전통 건축이 미개한 기술로 폄하되고 사라지는 동안, 한국의 사찰은 그 원형을 유지하고 계승하였다. 철근과 시멘트를 주로 사용한 현대 건축물들의 수명은 채 100년을 넘기지 못한다. 부분적인 보수도 쉽지 않아서, 수명을 다하기도 전에 안전문제로 해체되고, 건물의 잔해는 폐기물이 되어 매립장에서 오랫동안 썩지 않아 새로운 환경문제를 일으킨다. 현대까지 남아 있는 수많은 전통 사찰들이 불교의 생태사상을 잘 보여주면서도, 동시에 한국 전통 건축의 과학에 근거한 생태 구조와 원리의 기술도 보존해 왔다는 점에서 많은 점을 시사한다. 이런 이유로 한국의 사찰은 산과 자연을 보호하는 역할을 해왔다고 평가 받는다.[32] 한국불교의 사찰 건축은 그 자체가 어울림의 생태계인 것이다.

---

32 서재영, 「한국 禪院의 생태적 사유와 전통」, 『철학사상』 41, 서울대학교 철학사상연구소, 2011, pp.49~50

## 불교의 생태관, 생명의 의미를 확장시키다

최근의 전 세계적인 이슈는 지속되는 팬데믹pandemic 극복일 것이다. 침팬지들의 어머니로 불리는 영장류학자 제인 구달Jane Goodal 박사는 한 인터뷰에서 "코로나 19 팬데믹의 원인은 동물 경시에서 비롯됐다."라고 경고하기도 했다. 하지만 동물성 축산을 꼬집어 팬데믹의 원인이라고 한정하는 것은 또 하나의 환원론이 될 위험이 있다. 또한 바이러스성 질환의 대유행 외에도 기후 변화와 같은 환경 문제도 서서히 인류의 안전을 위협하고 있다.

인류가 직면한 생태 위기의 근본적인 원인은 특정한 사건으로 발현되는 표면적인 문제가 아니라 자연에 대한 인간의 인식과 깊은 연관이 있다. 그래서 현대의 생태철학자들은 환경 문제를 초래한 것은 자연을 지배하려는 인간중심주의적 사고라고 주장한다. 그리고 현재의 위기를 극복하는 유일한 방법은 자연에 대한 인간의 인식과 철학을 근본적으로 바꿀 때에만 가능하며, 새로운 생태적 패러다임을 추구할 것을 주장한다.

생태학의 문제가 인간의 인식과 철학의 문제로 확장되면서, 이원론적 서양 사상의 한계를 극복하기 위한 대안으로 동양적 사유와 종교 전통에 대한 관심이 점차 높아지고 있다. 그중에서도 상의상관相依相關의 연기적 사고를 바탕으로 한 불교의 자연관이 인간중심적 사고에 대한 극복 방안을 제시할 수 있다는 측면에서 많은 관심을 받아 왔다.

에른스트 헥켈Ernst Haekel이 1866년 그의 저서 『일반형태학(General Morphology)』에서 생태학(ecology)이라는 단어를 처음으로 사용한 이후, 생물과 그 환경을 다루는 학문으로서 생태학은 20세기 후반의 가장 중요한 분야로 부각되었다. 지속가능한 지구의 생태계 유지를 위해 다양한 입장과 영역에서 담론이 이어졌고, 종교 분야도 예외는 아니었다. 불교학 분야에서는 미국 하버드대학교 세계종교연구센터(Center for the Study of World Religions)가 1996년부터 1998년 사이에 주최한 '종교와 생태학, 우리 행성의 미래 회의(Religion, Ecology, and Our Planetary Future Conference)'가 그 대표적인 예이다.

국내에서도 2000년대 초중반부터 시민사회운동에 있어 환경이 중요한 의제로 등장하면서, 자연환경 보존과 수행환경 수호를 위한 불교계의 실천이 대사회적으로 큰 주목을 받았다. 동시에 불교생태학의 기초를 정립하는 연구들도 활발하게 진행되었다. 불교라는 종교의 자연에 대한 태도가 한 사회에 어떠한 영향을 미쳤는지, 새로운 환경과 시대가 불교라는 종교와 만나면서 그 당시 자연과 생명에 대한 사회적 의미를 확장시켰던 불교의 역할을 조망하고, 현대의 새로운 시대와 사회가 요구하는 불교의 역할과 가능성에 대해 고찰해야 할 필요는 앞으로도 사라지지 않을 것이다.

지금부터 약 2500년 전에 인도에서 성립된 불교는 중앙아시아를 거쳐 동아시아까지 전래되었고, 현재는 북미를 포함한 모든 국가에 전파된 세계 주요 종교가 되었다. 인도에서의 불교는 수행의 과정을 거쳐 세계의 존재법칙(Dharma)에 대한 깨달음을 추구하였고, 이를 통해 생로병사生老病死의 윤회를 극복하려 하였다. 인도불교의 이러한 성격은 내륙을 넘어 전파되었고, 전혀 다른 세계관과 문화를 가진 중국에 수용되면서 토착화를 거친다. 그 결과로 누구나 붓다가 될 수 있는 성품을 가지고 있다는 여래장如來藏 사상과 같은 새로운 변용이 일어난다. 이후 천태종, 화엄종, 정토종, 선종 등 독자적인 성격을 가진 새로운 종파들이 등장했고, 이는 동아시아 전체에 영향을 미쳤다.

불교의 자연에 대한 인식도 전래 과정에서 수용과 변용의 과정을 거치면서 새로운 의미를 정립하고 확장하며 형성되었다. 신의 피조물로서 자연을 이해했던 범아일여梵我一如적 인도의 자연관에 비하여 불교는 연기적 세계관을 바탕으로 생명현상으로서의 자연에 대한 인식과 사성제라는 실천 방법을 제시하며, 보다 진일보한 생태관을 보여주었다. 동아시아로 전래된 불교는 기존의 하늘을 중심으로 인위人爲와 무위無爲로 자연과 인간을 바라보았던 유교와 도가와도 입장이 달랐다. 불성론 전개를 통해 자연물들까지 깨달음의 대상에 포함시키면서 인간도 자연도 고정된 실체가 없는 평등한 존재로 여긴 것이다. 이러한 태도는 깨달음의 주체로서의 자연을 표현한 선종화禪宗畵나 공간 구축 자체가 생태적이었던 사찰의 구조에 구체적으로 구현되었다. 불교의 자연 인식이 기존 사회의 자연관에 변화를 주고 생명의 의미를 확장시킨 것으로 해석할 수 있다.

지금까지의 검토를 통해 불교가 자연을 대하는 태도가 오랜 역사를 거쳐 각 시대마다 새로운 자연생태관을 잉태하는 밑거름이 되어 왔음을 밝힐 수 있었다. 특히 한국불교에 이르러서는 생활과 문화의 기본이 되는 의식주를 통해 불교의 생태사상을 실천하고 대중화시켰으며, 동시에 그 역사적 전통을 현대에까지 보존해 왔음을 확인하였다.

불교가 인류의 주요 종교가 될 수 있었던 것은 무엇보다도 생명과 자연에 대한 지혜와 자비의 생태적 측면의 뛰어남에 있었다. 앞으로도 새로운 시대와 사회가 요구하는 불교의 역할에 대한 다방면의 연구와 실천이 지속적으로 뒷받침되어야 할 것이다.

| 참고문헌 |

김종욱, 『불교생태철학』, 서울: 동국대학교출판부, 2004.

김종욱 외, 『불교의 지혜와 환경』, 서울: 대한불교조계종 환경위원회, 2008.

동국대학교 BK21 불교문화사상사교육연구단, 『불교사상의 생태학적 이해』, 서울: 동국대학교출판부, 2006.

동국대학교 BK21 불교문화사상사교육연구단, 『현대사회비판과 불교생태학』, 서울: 동국대학교출판부, 2006.

동국대학교 BK21 불교문화사상사교육연구단, 『학제적 연구로서의 불교생태학』, 서울: 동국대학교출판부, 2007.

대한불교조계종 한국불교문화사업단, 『한국 사찰 음식』, 서울: 대한불교조계종 한국불교문화사업단, 2014.

서재영, 『선의 생태철학』, 서울: 동국대학교출판부, 2007.

하버드대 세계종교연구센터 편, 동국대학교불교문화연구원 역, 『불교와 생태학』, 서울: 동국대학교출판부, 2005.

헬레나 노르베르-호지 외, 『지식기반사회와 불교생태학』, 서울: 아카넷, 2006.

문화와 의례

# 불교 음식

· 이자랑

I. 불교 음식의 기원과 특징

　발우의 기원/ 걸식과 소욕지족/ 발우에 담긴 음식/ 육식과 오신채의 금지

II. 걸식에서 자급자족으로

　청규의 등장과 자급자족/ 선원의 식문화/ 『범망경』과 식육계/ 쇼진精進요리

III. 한국불교의 식문화

　소선素膳과 반승飯僧/ 두부의 전파와 조포사造泡寺/ 공양의례와 「소심경」

IV. 사찰 음식의 발전과 역할

　사찰 음식과 웰빙 문화/ 사찰 음식의 특징/ 발우공양의 현대적 의미

■ 음식을 통한 욕망의 절제와 자비의 실현

# Ⅰ. 불교 음식의 기원과 특징

## 발우의 기원

출가자가 식생활을 해결하는 기본적인 방법은 걸식乞食이다. 걸식이란 발우鉢盂라 불리는 그릇을 들고 각 집을 돌며 음식을 보시 받는 행위, 혹은 이런 행위를 통해 발우 안에 담긴 음식을 가리킨다. 이른 아침 근처 마을로 내려가 문 앞에 서 있으면 재가신자가 발우 안에 음식을 넣어준다. 발우는 비구의 필수 지참물이며, 어떤 경우에도 발우 없이 음식을 받아서는 안 된다. 발우는 산스끄리뜨어 빠뜨라pātra의 음사어 발다라鉢多羅의 발과 그릇을 의미하는 우盂를 합한 말이다. 수행자의 그릇이라는 의미에서 선기仙器, 혹은 자신에게 적당한 양을 조절하여 담는 그릇이라는 의미에서 응량기應量器라 부르기도 한다. 혹은 바리, 바리때, 바루라고도 한다.

출가자가 음식을 받을 때 발우를 사용하는 것은 사천왕이 붓다에게 돌발우를 바친 사건을 계기로 확정된 관습이다. 보리수 밑에서 정각正覺을 이룬 붓다가 라자야따나라는 나무 밑에서 선정을 즐기고 있을 때, 주변을 지나던 따뿟사Tapussa와 발리까Bhallika라는 두 상인이 보리죽과 꿀 경단을 갖고 찾아왔다. 각자覺者가 세상에 출현했다는 소식을 접한 이들은 오래도록 자신들에게 이익과 안락을 주는 공덕행이 되기를 기원하며 공양을 바치고자 하였다. 그런데 그 순간 붓다는 '여래들은 손으로 받지 않는다. 나는 무엇으로 이 공양을 받으면 좋을까.'라고 생각하며 받기를 주저한다. 그때 그 마음을 읽은 사천왕이 천계에서 돌로 된 발우를 가져와 붓다에게 바쳤고, 붓다는 이 발우로 공양을 받았다고 한다.[1] 이후 삼의일발三衣一鉢이라고 하여 발우는 세 옷가지와 함께 출가자가 항상 소지해야 할 물건이 되었다.

깨달음을 얻은 후 처음 받는 공양에서 '손'으로 받는 행위를 부정하고 '발우'라는 특별한 그릇을 등장시킨 것은, 당시 손으로 공양을 받는 일부 종교가들의 행위를 바람직하지 못하게 여겼기 때문인 것 같다. 깨달은 자 혹은 깨달음을 향해 수행 정진하는 출가자는 그저 음식을 구걸하는 걸인乞人이 아닌, 당당하게 음식 공양을 받을 수 있는 자이다. 초기 경전 중 하나인 『숫따니빠따』「농경인 바라드와자 경」에 의하면 바라드와자라는 바라문 농경인이 걸식하는 붓다에게 "사문이여, 나는 밭을 갈고 씨를 뿌립니다. 밭을 갈고 씨를 뿌린 후에 먹습니다. 당신도 밭을 갈고 씨를 뿌리십시오. 밭을 갈고 씨를 뿌린 후에 드십시오."라고 비난하듯 말하자, 붓다는 "나 역시 밭을 갈고 씨를 뿌린 후에 먹습니다."라고 대답한다. 바라문이 그런 모습을 본 적이 없다고 하자 붓다는 "믿음이 씨앗이며, 고행은 비이고, 지혜는 나의 멍에와 쟁기입니다. 부끄러움은 쟁기 자루이며, 마음은 그물이며, 마음집중이 나의 쟁기질이자 소몰이 막대입니다."라고 대답한다.[2] 이 대답에서 알 수 있듯이, 붓다는 출가자의 본분은 진리를 추구하며 수행에 힘쓰는 것이라고 생각하고 있다. 붓다를 비롯하여 깨달은 자를 아라한阿羅漢(arahant)이라 일컫는데, 아라한이란 공양 받을 만한 가치가 있는 사람이라는 의미이다.

발우는 단순한 그릇이 아닌, 깨달음을 얻기 위해 수행 정진하는 출가

---

1 Vinayapiṭakaṃ(이하, Vin으로 표기), vol.1, pp.3~4, PTS
2 Suttanipāta, Kasibhāradvājasutta, 제1장 제4경, pp.13~14, PTS

자와 이 출가자를 외호하며 공덕을 쌓고자 하는 재가자의 바람이 교차하는 상징적 물건이다. 음식을 받아 섭취한 출가자는 수행을 계속할 수 있는 체력을 유지하고, 이를 기반으로 수행을 통해 얻은 진리를 재가자에게 설해 준다. 그저 배고픔을 해결하고 식욕을 충족시키기 위해 음식을 받아먹는 것이 아니다. 재가자 역시 수행 정진하는 훌륭한 출가자에게 음식을 공양함으로써 공덕을 쌓고 또한 인생의 지혜를 얻는다. 발우 내지 발우에 담긴 음식은 출가와 재가 양자의 이러한 궁극적 가치를 실현하기 위한 도구이자, 상호 교환적 가치를 실현하는 상징물로서 중요한 의미를 지닌다고 볼 수 있다.[3]

## 걸식과 소욕지족

걸식을 통해 음식을 얻게 되므로 출가자에게 음식의 질이나 양, 혹은 종류 등을 선택할 수 있는 권한은 없다. 발우 안에 담긴 음식을 감사히 수용하며 먹을 뿐이다. 걸식 외에 청식請食, 즉 재가자의 식사 초대에 응하는 것도 허용되었지만, 이 역시 재가신자가 정성껏 준비해 준 음식이므로 걸식과 마찬가지로 그 자체에 만족하며 먹어야 한다. 그런데 식욕이나 식탐은 출가자 역시 벗어나기 어려운 본능적 욕망이다. 맛난 음식을 배불리 먹고자 하는 욕망은 때로 걸식 대상을 가려서 선택하거나, 스스로 맛난 음식을 요구하는 등의 행위를 야기한다. 율에서는 이런 욕망을 다스리기 위해 몇 가지 조문을 마련하고 있다. 바라제목차 바일제 제33조 '전전식계展轉食戒'는 어떤 재가신자로부터 공양을 받기로 해 놓

---

3 이자랑, 「출가자의 식생활과 현대의 웰빙 – 사찰 음식의 보급과 관련하여–」, 『인도철학』 38, 2013, 인도철학회, p.67

고 같은 날 다른 재가신자로부터 또 공양 받는 것을 금지하는 계이다.[4] 예를 들어 A라는 재가신자의 집에서 음식 공양을 받기로 했지만 이 사람이 가난하다는 것을 알기 때문에 변변치 않은 음식이 나올 것이라 예상하여 B라는 다른 재가신자의 집에서도 음식 공양을 받는 것이다. 이는 A가 마련한 음식을 충분히 먹지 않음으로써 그의 공덕을 헛되게 하는 일이자 출가자 스스로도 음식에 탐착하는 일이므로 금지된다. 또한 바일제 제39조 '색미식계素美食戒'는 미식美食으로 분류되는 음식을 병중病中이 아닌데 스스로 요청해서 먹는 것을 금지하는 계이다. 미식이란 숙소熟酥(sappi), 생소生酥(navanīta), 기름(tela), 꿀(madhu), 설탕(phāṇita), 생선(maccha), 고기(maṃsa), 우유(khīra), 요구르트(dadhi)를 말한다.[5] 즉, 유제품과 당분이 강한 음식, 생선과 고기 등이다. 이런 음식은 특별히 맛나고 영양가가 많아 집착하기 쉬우므로 제한하는 것이다. 또한 바일제 제34조 '수이삼발식계受二三鉢食戒'는 걸식할 때 시주가 떡 등을 보여주며 "마음껏 가져가세요."라고 해도 두세 개의 발우 양만큼만 받아야 한다는 내용이다.[6] 이는 다른 비구와 나누어 먹어야 하며, 다른 비구는 더 이상 그 집에 가서 받으면 안 된다.

한편, 식사 횟수 또한 엄격하게 제한한다. 바일제 제37조 '비시식계 非時食戒'에서는 오후불식午後不食, 즉 오전 중에 한 번의 식사만 허용한다.[7] '비시(akāla)'란 올바른 때가 아니라는 의미로 한낮부터 다음 날 날이 밝기 전까지를 가리킨다. 이때는 목에 선너기가 걸리지 않을 정도의 묽

---

[4] Vin, vol.4, pp.75~78
[5] Vin, vol.4, p.88
[6] Vin, vol.4, pp.78~81
[7] Vin, vol.4, pp.85~86

은 주스만 섭취할 수 있다. 한편 날이 밝은 후부터 정오까지, 즉 오전을 가리키는 '시時(kāla)'에는 정식 식사가 허용된다. 하루 중 오전에만 식사를 할 수 있는 것이다. 오후불식이 제정된 배경으로는 걸식을 통해 음식을 조달해야 하는 상황에서 삼시세끼를 다 챙긴다는 것은 너무 번거로우며, 실제로 선정禪定으로 대부분의 시간을 보내는 출가자의 생활 패턴으로 볼 때 삼시세끼를 다 먹어야 할 정도로 에너지 소비가 크지 않았기 때문이다. 또한 더운 인도의 경우 이른 아침 바깥일을 마치고 식사를 한 후 오후를 편안하게 쉬는 것이 일반적이므로, 이때 출가자가 다니는 것은 민폐였을 가능성도 있다. 이처럼 출가자는 걸식을 기본 원칙으로 양과 질에 상관없이 소욕지족少欲知足하는 삶을 지향하며, 음식에 대한 집착이나 욕망으로 인해 발생하게 될 번뇌를 최소화하였다.

### 발우에 담긴 음식

출가자가 발우를 들고 문 앞에 서 있으면 시주施主가 다가와 발우 안 중앙에 쌀로 지은 밥(odana)을 넣고 그 위에 스프(sūpa)를 끼얹어 준다. 그리고 주변에 야채 등을 조린 반찬(vyañjana)을 담아 준다. 발우 안에 넣을 수 있는 음식 종류에 제한은 없다. 재가신자는 자신이 먹기 위해 조리한 음식 중 일부를 나누어 주기도 하고, 때로는 출가자를 위해 따로 마련한 음식을 제공하기도 한다. 이 음식들은 보통 포자니蒲闍尼(bhojanīya)와 거자니佉闍尼(khādanīya)로 구분된다.[8] 포자니란 부드러운 음식이라는 의미로 날마다 먹는 주식에 해당한다. 보통 밥(odana), 죽(kummāsa), 밀가루

---

8 Vin, vol.4, p.83

(sattu), 생선(maccha), 고기(maṃsa)의 5종 음식이 거론된다. 한편, 거자니란 단단한 음식이라는 의미로 포자니나 음료 외에 부식에 해당하는 야채나 과일, 견과류 등이 모두 포함된다. 이 두 가지 외에 시장時漿이라고 하여 우유(乳)·요구르트(酪)·장(漿)·국(羹)·쌀즙(米汁)·분즙粉汁 등의 음료도 일상적으로 먹는 음식에 들어간다.

이처럼 섭취하는 음식물의 내용에 특별한 제약은 없다. 생선과 고기를 비롯하여 보시 받은 음식이라면 일반인이 일상적으로 먹는 모든 음식을 출가자도 먹을 수 있었다. 출가자가 살생을 전제로 하는 생선과 고기를 먹는 것에 대해 교단 안팎에서 비난의 목소리가 있었지만, 붓다는 이 음식들의 섭취를 금지하지 않았다. 『숫따니빠따』「비린내 경(Āmagandha-sutta)」에 의하면, 붓다는 "살생하고, 때리고, 절단하고, 포박하고, 훔치고, 거짓말하고, 사기치고, 기만하고, 위선을 떨고, 남의 아내와 교제하는 것, 이것이 비린 것이지 육식이 비린 것은 아니다."라고 규정하고 있다.[9] 붓다가 열반을 앞두고 마지막으로 섭취한 '수까라 맛다바sūkara-maddava'라는 음식도 부드러운 돼지고기라고 알려져 있다.[10] 음식의 종류에 대한 규제는 술을 제외하고 사실상 거의 없었다고 할 수 있다. 다만, 미식이라고 하여 맛나고 영양가 많은 음식의 경우에는 스스로 요구해서 먹으면 안 된다는 규정이 있는데, 이 경우에도 재가신자가 보시해 준 것이라면 먹어도 상관없다. 이처럼 출가자가 섭취하는 음식은 일반인이 먹는 음식과 내용상으로 조금도 나를 바가 없다. 재가자가 신심을 갖고 보시한 감사한 음식이라는 점에서 특별한 음식이 될 뿐이다.

---

9 Suttanipāta, Āmagandhasutta, 제2장 제2경, p.43, PTS
10 Dīgha-nikāya, vol.1, p.127, PTS

## 육식과 오신채의 금지

불교 음식 중 초기·부파불교와 대승불교 간에 큰 입장 차이를 보이는 것은 육식과 오신채이다. 부파의 율장에서는 교단 내외의 지속적인 비판에도 불구하고 육식을 허용하는 입장을 견지하지만, 조건을 달아 일부분 제한해 가는 경향을 보인다. 먼저 일부 고기의 식용이 금지되는데, 모든 율장에서 공통적으로 금지하는 것은 사람, 코끼리, 말, 뱀이다.[11] 사람 고기는 숩삐야Suppiyā라는 신심 깊은 우바이가 병을 앓고 있는 비구를 위해 자신의 허벅지살을 도려내어 조리해 준 것을 계기로 금지되었다. 코끼리와 말은 왕의 재물이므로 걸식을 통해 보시 받은 것이라 해도 왕의 노여움을 살 수 있다는 이유에서 금지되고 있다. 뱀은 해를 입을 수 있다는 점에서 금지하고 있는데, 그 배경에는 나가Nāga 신앙과의 관련이 있는 것으로 보인다. 이 4종 외에 사자나 호랑이, 표범과 같은 맹수나 개 등을 금지하는 율장도 있다. 사자 등의 맹수는 육식동물이라는 점에서 부정하다는 이유 혹은 자신의 고기 냄새를 맡고 출가자를 공격할 수 있다는 이유에서 금지되고 있으며, 개는 짠달라caṇḍāla 등 낮은 계급의 자들이 먹는 고기라는 이유에서 금지되고 있다.[12] 이 중 낮은 계급의 자들이 먹기 때문에, 혹은 부정하기 때문에 금지하는 경우에는 그 배경에 정淨·부정不淨 관념에 근거한 힌두 사회의 카스트 바르나 계급 제도의 영향이 놓여 있는 것으로 추정되고 있다.

또한 율장에서는 삼종정육三種淨肉이라고 하여, 보시된 고기가 자신

---

[11] 시모다 마사히로 저, 이자랑 역, 『열반경 연구 – 대승경전의 연구방법시론-』, 서울: 씨아이알, 2018, p.556의 표를 참조.
[12] 『사분율』(『大正藏』 22, 868c); 『십송률』(『大正藏』 23, 186c)

을 위해 죽임을 당했다는 사실을 '보지도 않고' '듣지도 않고' '의심도 가지 않는' 상황이라면 먹어도 된다고 하는데, 이때 '정육'의 '정'에 해당하는 원어가 대부분의 율장에서 청정을 의미하는 '빠리숫다pariśuddha'인 점으로 보아 이 규정 역시 인도 일반사회의 정·부정 관념의 영향을 받고 있음을 알 수 있다. 요컨대 율장에서의 육식 제한은 불살생에 의한 자비의 입장 등 윤리적인 입장에서 취해진 조치가 아닌, 일반사회의 육식에 대한 부정한 인식에 근거하여 불가피하게 취해진 조치일 가능성이 높다.[13] 한편, 제바달다提婆達多(Devadatta)가 승가분열을 시도하며 붓다에게 요구했던 다섯 가지 주장(五事) 중에 출가자의 생선·고기 섭취를 금지해 달라는 항목이 들어 있는데, 이는 교단 내에서 육식 금지를 부정하는 목소리가 높아지면서 나타난 현상일 가능성이 지적되고 있다.[14]

이처럼 부파의 율장에서는 식육을 부분적으로 제한하기는 해도 전면적으로 금지하지는 않는데, 대승불교에 이르면 『열반경』이나 『능가경』 등의 경전을 중심으로 엄격하게 금지한다. 금지 이유로는 여래장如來藏 사상, 즉 일체중생에게는 장래 붓다가 될 잠재능력, 즉 불성佛性이 있으므로 중생의 고기를 먹어서는 안 된다는 점이 많이 거론된다. 이 외에 윤회하는 관점에서 보면 모든 유정은 전생에 자신의 부모나 형제, 친척이었을 가능성이 있으므로 동물의 고기를 먹는 것은 부모 등의 고기를 먹는 것과 같다, 혹은 육식하는 사람은 공격성을 발산하므로 주위의 모든 생명체가 공포에 떨어 보살행을 함에 있어 그들의 신뢰를 얻을 기회

---

13 이 점에 대해서는 下田正弘, 「『三種の淨肉』再考－部派における肉食制限の方向」, 『佛敎文化』22(통권 25), 1989, 東京大學佛敎靑年會, pp.6~7; 13~14에서 상세히 논하고 있다.
14 下田正弘, 위의 논문, 1989, pp.10~13

를 잃게 된다, 혹은 고기 맛에 대한 집착이 중생을 육도 윤회하게 한다는 등의 다양한 이유가 거론된다.[15]

한편, 대승경전에서는 식육과 더불어 마늘이나 파 등 이른바 오신채 五辛菜라 불리는 향이 강한 채소들의 섭취도 엄격하게 금지한다. 마늘은 율장에서도 이미 식용이 금지되고 있지만, 금지 이유는 다량의 마늘 채취로 인한 재가자의 재물 손실 혹은 냄새 정도이다.[16] 즉, 일반사회와의 충돌 기피라는 점에 초점을 두고 있다. 하지만, 대승경전에 이르면 교리나 수행, 교화 등 다양한 시점에서 금지된다. 오신채 역시 고기와 마찬가지로 힌두 사회에서 청정하지 못한 금기 음식으로 취급된 것으로 보인다. 5세기에 마투라를 여행한 법현은 "나라의 사람들은 모두 생물을 죽이지 않고, 술을 마시지 않고, 파나 마늘을 먹지 않는다. 다만 짠달라는 예외이다. 짠달라는 악인이라 불리며, 일반 사람들과 별거하고 있다."[17]라고 하여 짠달라라는 아웃 카스트 계급만이 고기나 파·마늘을 먹는다는 사실을 전하고 있다. 이로 보아 오신채도 육류도 힌두 사회의 정·부정 관념의 영향을 받고 있음을 알 수 있다. 또한 마늘을 먹고 사람들이 모인 곳에 가면 그 사람들이 혐오감을 느끼고 그 냄새를 싫어한다거나, 익혀 먹으면 음욕婬을 일으키고 날로 먹으면 분노를 강하게 한다는 등의 이유도 거론된다.

---

15 대승경전에 나타나는 다양한 육식 금지 입장에 대해서는 공만식, 『불교 음식학 – 음식과 욕망』, 서울: 불광출판사, 2018, pp.345~356를 참조.

16 비구니는 바일제 제1조 '식산계食蒜戒'에서, 비구는 「건도부」에서 각각 마늘 섭취가 금지되고 있다.(Vin, vol.4, pp.258~259; Vin, vol.2, p.140)

17 長澤和俊, 『法顯傳·宋雲行記』, 東京: 平凡社, 1971, p.55(시모다 마사히로 저, 이자랑 역, 앞의 책, 2018, p.554의 주177)에서 재인용)

## II. 걸식에서 자급자족으로

### 청규의 등장과 자급자족

부파의 율장에 의하면, 출가자는 음식 재료를 스스로 조달하거나, 승가 안에서 조리 혹은 저장할 수 없다. 오로지 걸식이나 청식을 통해 재가신자가 이미 조리해서 제공하는 음식만 섭취해야 한다. 이러한 원칙은 불교가 중국으로 전래된 후 큰 변화를 겪게 되는데, 직접적인 계기가 된 사건은 백장 회해百丈懷海(720~814 혹은 749~814)의 청규 제정이다. 백장은 '선종의 독립'이라는 기치를 내걸고 최초의 선종사원인 대웅산 백장사 즉 백장총림을 건립, 이어 총림의 법전인 청규를 제정하였다.[18] 814년에 제정된 이 청규는 '백장청규'(혹은 '고청규古淸規'라고도 함)라 불린다. 백장은 '일일부작 일일불식一日不作 一日不食', 즉 하루 일하지 않으면 하루 먹지 않는다고 하는, 이른바 출가자의 노동을 인정하는 보청법普請法을 제정하여, 출가자를 직접 경작에 참여시킴으로써 총림의 경제생활 문제를 해결하고자 하였다.

백장 시대에 이르러 청규가 등장하게 된 배경으로는 흔히 선종의 제4조 도신道信(580~651)과 제5조 홍인弘忍(601~674)의 사제師弟가 형성한 동산법문東山法門이 거론된다. 초조 달마達摩(?~528)와 제2조 혜가慧可(487~593)가 유행생활을 한 데 비해, 도신과 홍인 및 그 제자들은 2대에 걸쳐 60여 년 동안 깊은 산속에서 집단생활을 한 것으로 전해진다. 인적이 드문 산간에 수행 장소를 마련했지만, 너무 많은 사람들이 몰려들

---

18 윤창화, 『당송시대 선종사원의 생활과 철학』, 서울: 민족사, 2017, p.24

어 기존의 탁발로는 식생활을 해결할 수 없게 되자 스스로 경작 등의 일에 종사하여 자급자족할 수밖에 없었을 것으로 추정되고 있다.[19] 동산법문이 자급자족했음을 보여주는 결정적인 증거는 없기 때문에 백장 보청법의 기원을 이들에게 두기는 어렵지만, 동산법문이 계율보다 깨달음의 획득을 중시하는 가치관을 갖고 있었다는 점에서 볼 때 선승들이 깨달음을 얻기 위한 '독자적인' 수행법이나 생활규범에 관심을 갖게 하는 계기를 제공했을 가능성은 높다.[20]

백장청규는 아쉽게도 현존하지 않는다. 다만 제작 당시의 사정은 『송고승전』 권10의 「당신오백장산회해전唐新吳百丈山懷海傳」이나 『경덕전등록』 권6의 「홍주백장산회해선사洪州百丈山懷海禪師」 등에 상세히 전해진다.[21] 이에 의하면, 백장은 48세(796) 무렵에 높은 절벽이 있는 험하고 깊은 백장산으로 들어가 20여 년 동안 머무르며, 원래 율사律寺의 조직을 갖추고 있던 절을 선원의 조직으로 바꾸고 선에 부합하는 수행이나 제자 양성 등을 위해 노력했다고 한다.[22] 백장은 보청법의 제정을 통해 위로는 주지로부터 아래로는 행자에 이르기까지 한 사람도 예외 없이 모두 동등한 입장에서 울력 생활을 준수할 것을 규정함으로써 전 대중이 빠짐없이 평등하게 사원의 작업이나 생산노동에 참여하도록 하였고, 보청법을 통해 일정한 노동행위와 수행을 같은 개념으로 보았다.[23] 모든

---

19 伊吹 敦, 「達摩から東山法門へ-要說·中國禪思想史 1-」, 『禪文化』 192, 禪文化硏究所, 2004, pp.48~49
20 이 점에 대해서는 伊吹 敦, 「「戒律」から「淸規」へ -北宗の禪律一致とその克服としての淸規の誕生」, 『日本佛敎學會年報』 74, 日本佛敎學會, 2009, pp.61~68을 참조.
21 『송고승전』 권10(『大正藏』 50, 770c~771a); 『경덕전등록』 권6(『大正藏』 51, 250c~251b)
22 平川彰, 「百丈淸規と戒律」, 『佛敎學』 37, 佛敎思想學會, 1995, pp.8~9
23 신공, 『淸規와 禪院文化 -衣食住를 中心으로』, 부산: 부다가야, 2008, pp.41~42

생산 활동을 방기하고 오로지 수행과 설법만을 출가자의 본분으로 삼았던 인도의 승가와 달리, 보청법을 통해 출가자의 노동이 인정되면서 출가자의 식문화 전반에도 다양한 변화가 나타나게 된다.

## 선원의 식문화

자급자족 생활은 구성원의 노동을 전제로 한다. 재가신자가 발우 안에 음식을 담아 주는 걸식과 달리, 자급자족은 음식 재료의 준비부터 조리까지 모두 승가의 구성원이 담당하게 된다.

율장에서는 땅을 파는 행위를 금지하는 '굴지계堀地戒', 초목에게 상처를 입히는 행위를 금지하는 '벌초목계伐草木戒' 등이 있어 출가자의 경작 행위를 절대 용납하지 않지만, 청규에서 경작 행위는 음식 재료를 마련하기 위한 기초 작업이다.

『선원청규』에 의하면, 농작물이나 채소류 등을 재배하고 관리하는 소임은 원두園頭가 맡았다. 원두는 땅에 거름을 주고 이랑吏郞을 쌓으며, 씨 뿌리고 싹을 틔우며, 물주고 김매며, 모든 것을 때에 맞추어 해야 하며, 또한 야채를 잘 길러 대중에게 공양하고 남으면 마을에 내다 팔아도 된다고 한다.[24] 한편, 마두磨頭는 정미精米나 제분製粉을 관리하며, 고두庫頭는 남은 곡물의 출입과 세계歲計를 담당한다. 감원監院은 원문院門의 모든 일을 관장하였는데, 그 중에는 식생활 물품의 유무 확인과 재료를 준비하는 일도 들어 있었다. 이 외, 전좌典座는 대중의 재죽齋粥을 담당한다. 밥 혹은 죽을 공양 올릴 때 고사庫司나 지사知事와 상담하여 공

---

24 최법혜 역주, 『고려판 선원청규 역주』, 서울: 가산불교문화연구원, 2001, p.194

양 준비와 관련된 여러 사항을 총체적으로 점검하는 역할을 한다.[25] 이처럼 선원에서는 경작을 시작으로 그 생산물의 관리나 조리 등 모든 일을 구성원이 역할을 나누어 담당하며 자급자족하였다.

자급자족은 섭취하는 음식물의 내용이나 시간에도 영향을 미쳤다. 걸식이나 청식은 재가자가 제공한 음식만을 먹어야 하므로 사실상 재료의 선택은 불가능하다. 그런데 자급자족은 이를 가능하게 해 준다. 특히 피하고 싶은 식재료를 적극적으로 피할 수 있게 해주는데,『선원청규』제1권「호계護戒」에서는 먹어서는 안 될 불응식不應食으로 "파(蔥)·부추(韭)·염교(薤)·마늘(蒜)·고수(園荽)·술과 고기(酒肉) 및 생선과 토끼(魚兎)·유병乳餅·소락酥酪·굼벵이 즙(蠐螬汁)·돼지와 양의 기름(猪羊脂)"을 거론한다.[26] 파·부추·염교·마늘·고수의 오신채五辛菜와 술, 고기, 생선 등은 예외로 치더라도, 토끼·유병·소락·굼벵이 즙·돼지나 양의 기름 등 율장이나 대승경전에서 볼 수 없었던 것들로[27] 불응식의 종류가 크게 늘어나고 있음을 알 수 있다.

또한 식사시간과 관련해서도 "비시식이란 소식小食·약석藥石·과자·미음·콩죽(豆湯)·야채죽(菜汁) 류 등 재죽이시齋粥二時가 아니면 이는 모두 비시식이니라. 모두 엄금한다."[28]라고 하여 오후불식은 금지하고 있지만, '재죽이시' 즉 점심과 아침의 이시二時에 각각 먹는 밥(齋)과 죽

---

25  이들 소임자에 관해서는 신공, 앞의 책, 2008, pp.135~140을 참조.
26 『선원청규』제1권 「護戒」, 최법혜 편, 『高麗板(重添足本)禪苑淸規』, 서울: 민족사, 1987, p.20.
27  이들 음식물의 구체적인 내용에 관해서는 이자랑, 「『선원청규』로부터 본 총림의 식생활 – 율장과의 비교를 중심으로 –」, 『동아시아불교문화』 32, 동아시아불교문화학회, 2017, pp.264~266.
28 『선원청규』제1권 「護戒」(최법혜 편, 앞의 책, 1987, p.20).

粥을 인정함으로써 오전 중에 두 번의 식사가 이루어진다는 점을 명시하고 있다. 또한 약석藥石이라고 하여 선원에서 저녁에 먹는 죽은 1209년에 무량수無量壽가 편찬한 『일용청규日用淸規』를 시작으로, 그 이후의 청규에서는 모두 허용된다고 한다.[29] 재죽이시에 더하여 하루 세 번의 식사가 허용된 셈이다.

또한 한 곳에 모여 대중이 함께 식사를 함으로써 발우공양은 하나의 의례로 정착하게 된다. 선원에서 공양이 이루어지는 곳은 승당인데, 좌선과 공양이 이루어지는 장소라서 운당雲堂, 선당禪堂, 재당齋堂이라고도 부른다. 승당에서는 법랍에 따른 좌석 배치가 이루어지며, 공양의 좌위도 매우 엄격하게 적용되었다. 좌차에 따라 대중이 좌상坐床에 오르고 유나가 성승聖僧 앞에 문신問訊하고 향을 피우면 본격적인 공양의례가 시작된다. 먼저 십성불十聲佛을 마치고 잠시 후 타추일하打鎚一下하면 수좌首座부터 공양을 돌린다. 공양이 대중에게 다 미치면 유나維那가 백추일하白鎚一下하고, 이어 발우공양이 시작된다. 발우를 펴는 전발법을 시작으로 행식법行食法에 따라 음식이 분배되는데, 음식이 분배되면 합장하고 오관五觀을 합송한 후 발우를 입 가까이 들고 조용히 먹는다.[30] 걸식이 아닌 승당에서의 공양이라는 점에서 다르기는 하지만, 청규에서 제시하는 식생활 규정은 율장의 「중학법」에 보이는 걸식 관련 규정들과 상통한다. 공양 시 비구가 갖추어야 할 위의를 중시한다는 점에서 양자 간에 큰 차이는 없지만, 청규에서는 발우공양의 과정 역시 수행의 한 과정으로 파악하여 의례화하고 있다는 점이 주목된다.

---

29 鏡島元隆·佐藤達玄·小坂機融, 『譯註 禪苑淸規』, 東京: 曹洞宗宗務庁, 1972, p.19
30 신공, 앞의 책, 2008, pp.150~153

## 『범망경』과 식육계

중국으로 불교가 전래되면 육식은 엄격하게 금지되고, 이후 육식 금지는 중국뿐만 아니라 한국, 일본 등 동아시아권에서 불교 음식의 특징으로 자리 잡게 된다. 특히 5세기 중후반 경에 『범망경』이 중국에서 찬술되면서 더욱 더 확고해졌다. 『범망경』은 상·하 2권 구성이며, 이 중 하권에서 10중重 48경계經戒를 설한다. 제3경계에서는 "만약 불자가 고의로 고기를 먹는다면, -모든 고기를 먹어서는 안 된다- 큰 자비의 소질을 갖춘 종자를 끊고, 일체중생은 [식육자를] 보고 도망친다. 그 때문에 모든 보살은 어떤 중생의 고기도 먹어서는 안 된다. 식육하는 죄는 헤아릴 수 없다. 만약 고의로 먹는다면 경구죄가 된다."[31]라고 하여 '모든' 고기의 섭취를 금지한다.[32] 이는 대승 『열반경』의 영향을 받은 것으로, 식육의 문제는 불살생과도 관련을 갖게 되는데, 범망 제1중계 '살생계'에서는 모든 형태의 살인을 금지하며, "보살은 항상 자비심과 효순심에 머무르고 일으켜야 하며, 방법을 찾아 일체중생을 구호해야 하거늘, 도리어 자신의 방자한 마음에서 즐겨 생물을 죽인다면, 이는 보살의 바라이죄이니라."라고 규정하고 있다.[33] 율장의 바라제목차에서 음욕을 금지하는 '비범행계非梵行戒'를 바라이波羅夷(重罪) 제1조에 두고 있는 것과 비교해 볼 때, 범망계가 얼마나 살생의 문제를 중시하고 있는지 알 수 있다. 또한 범망 제20경계 '방생계'에서는 "일체 남자는 내 아버지,

---

31 『범망경』(『大正藏』 24, 1005b)
32 제4경계 식육계가 대승 『열반경』의 영향을 받고 있다는 점에 대해서는 船山徹, 『梵網經 -最古の形と発展の歴史』, 京都: 臨川書店, 2017, p.364를 참조.
33 『범망경』(『大正藏』 24, 1004b)

일체 여인은 내 어머니이다. 나는 생생[윤회 전생할 때마다] 이로부터 생을 받지 않는 일이 없다. 그 때문에 육도의 중생은 모두 내 부모이다. 따라서 죽여서 먹는 자는 내 부모를 죽이고, 또한 내 몸도 죽이는 것이다."라고 하여,[34] 생물을 그물이나 우리에서 풀어주는 적극적인 방생을 권한다.

『범망경』의 이러한 입장은 동아시아 불교의 식문화 형성에 지대한 영향을 미쳤다. 중국불교사상 최초의『범망경』주석서인 천태 대사 지의 智顗(538~597)의『보살계의소菩薩戒義疏』에서는 "식육계는 고기를 먹으면 큰 자심慈心을 끊고, 대사大士는 인자함을 품는 것을 근본으로 하므로 모든 고기를 다 끊는다. 성문의 점교漸敎는 처음에는 3종의 정육 등을 열지만, 나중에는 역시 모두 끊는다. 문장에서 '모든 중생의 고기를 먹어서는 안 된다'라고 한 것을 마땅히 알아야 한다. 현육現肉을 끊는다는 의미이다."라고 하여,[35] 율장에서 삼종정육을 허용하는 것은 성문의 점교일 뿐 나중에는 모두 끊어야 한다는 입장을 보인다. 이는 이후 저술된 모든『범망경』주석서를 비롯하여, 남산 율종의 종조인 도선道宣(596~667)의 저작에서도 공통적으로 확인되는 입장이다. 또한 양 무제梁武帝(464~549)는 천감天監 18년(519) 4월 8일에 보살계를 받고 천하에 채식주의를 공지, 같은 해 5월 23일에는[36] 건강健康의 화림원華林園 화광전華光殿에서 승려들을 모아 놓고 영원히 술과 고기를 섭취하지 않겠다는

---

[34] 『범망경』(『大正藏』24, 1006b).
[35] 『보살계의소』권하(『大正藏』40, 575a).
[36] 양무제가「단주육문」을 선언한 年時에 관해서는 다양한 추정이 이루어지고 있는데, 여기서는 일단 諏訪義純,「梁武帝の「斷酒肉文」提唱の文化史的意義」, 前田惠學博士頌壽記念會 편,『佛敎文化學論集: 前田惠學博士頌壽記念』, 東京: 山喜房佛書林, 1991, p.124를 따랐다.

「단주육문斷酒肉文」을 발표한다. 「단주육문」 선언 이전에는 중국의 승려들 사이에서 율장에 근거한 '삼종정육'을 먹는 것이 허용된 것으로 보이며, 이 선언을 계기로 출·재가를 불문하고 중국 불교도의 식생활이 크게 바뀌게 된다.[37] 무제는 이미 517년에 종묘에 대한 공물을 개선하여 혈식血食을 폐지하고 있다. 제사 지낼 때 신선한 피를 중시하므로 혈식이라 부르는데, 무제는 살아 있는 동물을 제물로 쓰는 것을 금하고 대신 소채蔬菜나 과일을 사용하도록 하였다.[38] 『범망경』에서는 육식 외에도 제2경계에서는 음주를 금지하는 '음주계飮酒戒'를, 제5중계에서는 술의 판매를 금지하는 '고주계酤酒戒'를, 제4경계에서는 대산大蒜·혁총革蔥·자총慈蔥·난총蘭蔥·흥거興渠의 오신을 금하는 '오신계五辛戒'를 설하고 있다. 이 역시 불식육과 더불어 엄격하게 금지되며 불교 음식의 특징으로 정착하게 된다.

### 쇼진精進요리

육식과 음주, 오신채의 금지는 동아시아 불교 음식 문화가 갖는 일반적인 특징이다. 일본 선종 사찰의 산문山門 옆 결계석結界石에 새겨져 있는 '불허입훈주산문不許入葷酒山門', 즉 향이 강한 채소(五辛)나 술을 섭취한 자는 산문에 들어오는 것을 허용하지 않는다는 문구를 보면 알 수 있듯이, 일본 역시 다르지 않다. 불교가 전래된 나라(奈良, 710~794)

---

37 무제의 「단주육문」 선언 후 불교계의 변화에 관해서는 諏訪義純, 위의 논문, 1991, pp.123~138에서 상세히 다루고 있다.

38 桐原孝見, 「肉食は是か非か-梁·武帝の血食廢止によせて」, 『龍谷大學大學院文學研究科紀要』 38, 龍谷大學大學院文學研究科紀要編集委員會, 2016, pp.89~91

시대 일본인의 식생활은 채소와 생선, 고기 등을 풍부하게 활용하고 있었다. 이에 큰 변화를 불러일으키는 계기가 된 것은 불교를 깊이 숭앙했던 덴무(天武) 천황이 675년 4월 17일자로 내린 육식금지령이다. 금수禽獸류의 식용을 엄격하게 금하는 내용의 '살생금단殺生禁斷' 조칙詔勅에서는 4월 1일부터 9월 30일까지 물고기를 잡거나 다섯 종류의 가축(소·말·원숭이·개·닭)을 먹는 것을 금지하고 있다. 또한 요로(養老) 5년(721)에는 겐쇼(元正) 천황이 살생을 금지하며 제국諸國의 조류와 짐승을 풀어주도록 하였다. 이후에도 불살생계의 실천을 위해 여러 천황들이 조류에서 금수, 어류에 이르기까지 포획을 금지하며 살생금단령을 내리고 있다. 이는 이후 가마쿠라(鎌倉, 1185~1333) 시대에 선사상이 전파되면서 쇼진요리의 발달을 촉진하게 된다.

'쇼진'요리의 '쇼진'은 불교의 수행법인 팔정도八正道 중 정정진正精進 혹은 대승의 보살도인 육바라밀 중 정진에서 유래하는 말이다.[39] 스님들의 수행 정진을 돕는 음식으로 고기와 오신채를 사용하지 않는 특징을 갖는다. 본격적인 발달은 두 명의 선승, 즉 조동종의 개조 도겐(道元, 1200~1253)과 1654년에 일본에 온 중국 황벽산黃檗山 만복사萬福寺의 주지 은원隱元(1592~1672)의 활동에 기인한다.[40] 먼저 도겐은 채소를 풍부하게 사용하는 중국 선종의 식사법을 도입했을 뿐만 아니라, 입송 구법 중 승원에서 대중의 공양을 마련하는 소임을 맡고 있는 '전좌'의 중요성을 절감하고, 귀국 후 『전좌교훈典座教訓』을 잔술하였다. 그가 가테이(嘉禎) 3년(1237)부터 호지(寶治) 3년(1249)에 이르기까지 전후 약 13여 년

---

39 鳥居本幸代, 『精進料理と日本人』, 東京: 春秋社, 2006, p.6
40 鳥居本幸代, 「不殺生戒の流布と精進料理の發展」, 『福原隆善先生古稀記念論集 佛法僧論集』, 東京: 山喜房佛書林, 2013, pp.528~530

동안 정한 청규는 후세에 상·하 2권, 모두 6장의 『영평청규永平淸規』라는 이름으로 묶였는데, 「전좌교훈」은 그 중 첫 번째 장에 해당한다. 「전좌교훈」에서는 음식의 조리법이나 맛보다는 대중의 공양을 총괄하는 전좌가 지녀야 할 자세나 마음가짐에 대해 상술하고 있으며, 그 자체를 수행의 일환으로 자리매김하고 있다.[41]

한편, 은원은 이전의 쇼진요리와는 다른 조리법과 식습관을 도입함으로써 에도(江戶, 1603~1868) 시대 초기에 쇠퇴를 보이던 선종을 위기에서 구하게 된다. 그가 전한 쇼진요리는 황벽산의 이름을 따 '황벽요리'라고도 한다. 흔히 '보다普茶요리'라고 하며, 동물성 식품을 사용하지 않는 탁복卓袱요리이다. 탁이란 테이블을, 복이란 테이블 덮개를 말한다. 4~5명이 탁복이라 불리는 테이블을 둘러싸고 앉아 큰 그릇에 담긴 요리를 각자의 젓가락과 수저로 나누어 담아서 먹는 것으로, 도겐이 주장한 식사작법과는 완전히 다른 것이었다. 중국풍의 조리 기술이 활용됨으로써 어패류나 육류를 제외한 다양한 식재료의 볶음이나 튀김 등의 요리법도 발달하고, 이는 이후 무로마치(室町, 1338~1573) 시대에 접어들면 포정사包丁師라 불리는 요리전문가의 등장으로 훨씬 다채로운 조리법으로 발달하게 된다.[42] 육식 금지는 이후 19세기 중반까지 지속되다가 메이지(明治)유신 이후 1872년에 이르러서야 공식적으로 해제되었다.

---

41 이 점에 대해서는 한수진, 「『전좌교훈(典座敎訓)』을 통한 사찰 음식의 의미 고찰」, 『보조사상』 52, 2018, pp.157~183에서 상세히 다루고 있다.
42 鳥居本幸代, 앞의 논문, 2013, pp.530~531

# III. 한국불교의 식문화

## 소선素膳과 반승飯僧

불교 전래 후 한국불교 역시 불살생계의 영향을 받게 되고, 이로 인해 채소 중심의 소선素膳이 발달하게 된다. 5~6세기 경 신라의 승려 혜통惠通은 수달 한 마리를 죽이고 그 죄책감에 출가를 하고, 혜숙惠宿은 사냥하는 무리를 교화하기 위해 자신의 다리 살을 베었다고 한다.[43] 백제의 29대 법왕法王은 왕위에 오른 개황開皇 19년(599) 겨울에 살생을 금지하는 조령詔令을 내려 민가에서 기르던 매 등을 놓아주게 하고, 사냥하는 기구를 불사르도록 하였다.[44] 또한 신라의 법흥왕도 즉위 16년(529)에 영令을 내려 살생을 금지하였는데, 『삼국유사』에 의하면 처음으로 십재일十齋日을 시행하여 살생을 금하고, 속인이 출가하여 승니僧尼가 되는 것을 허락하였다고 한다.[45] 또한 성덕왕聖德王도 705년 9월에 살생을 금하라는 교시를 내리고 있다.[46] 신라 경덕왕(재위 742~765) 대에 활동한 승려 태현太賢도 제1중계 '쾌의살생계快意殺生戒'에서 "세간에서 두려워하는 것으로 죽음의 고통이 가장 크고, 사람을 해치는 것 중에서 목숨을 빼앗는 것보다 더 나쁜 것은 없다."[47]라고 하여 살생보다 더한 악행은 없음을 설명하고 있다.

---

43 『삼국유사』 권제5, 神呪 제6; 권 제4, 義解 제5
44 『삼국유사』 권제3, 興法 3, 法王禁殺
45 『삼국사기』 권제4, 新羅本紀 제4, 法興王 16년; 『삼국유사』 권제1, 왕력 제23 법흥왕조
46 『삼국사기』 권제8, 新羅本紀 聖德王 4년
47 『범망경고적기』(『韓佛全』 3, 449b)

이 기록들로 보아 이미 이른 시기부터 불살생계의 영향으로 육식이 기피되며 생선이나 고기를 쓰지 않고 채식 위주로 반찬 수를 소박하게 줄인 상차림인 소선이 발달했을 것으로 추정된다. 소선은 특히 고려시대에 이르러 국가의 상장례 혹은 수륙재 등의 불교 의례에 허용되었다. 『고려사』에 의하면, 단종端宗 9년(1043) 8월에는 전국의 사형수를 처결하고 왕이 정전正殿을 피하거나 소선을 했다는 기록이 보인다.[48] 문종 10년(1056)에도 동일한 기록이 보이며, 공민왕 19년(1370)에는 노국공주魯國公主의 아버지인 위왕魏王이 처형당하였다는 소식을 왕이 듣고 조회를 중지시키고 소선을 하였다고 한다.[49] 이 외에도 공주의 기일이 있는 달에는 왕이 소선을 했다고 하는 등, 고려시대에 소선은 죄인을 사형시킨 후 왕이 자책 의식으로 행하거나, 왕실의 기일 등에 애도의 뜻을 표하기 위해 실행된 것으로 보인다. 조선시대 왕실 제례의 소선 차림은 고려시대부터 이어져 온 불교적 내용에 유교적 의례 형식이 반영되면서도 18세기 조선 후기까지 고기 사용을 배제하는 소선 차림이 이어졌다고 한다.[50]

한편, 재가신자가 출가자를 집으로 초대하여 음식을 대접하던 청식 형태의 대중공양은 불교의 유입과 더불어 동아시아에서 설재設齋나 반승飯僧의 형태로 크게 발전하였다. 승려에게 식사를 공양하며 공덕을 쌓는 재齋 의식을 설재라고 하며, 재가 점차 의례화하여 재회로 변모한

---

48 『고려사』 권6, 世家 권제6, 단종 9년 8월
49 『고려사』 권7, 世家 권제7, 문종 10년 8월; 권42, 世家 권제42, 공민왕 19년 5월
50 이욱, 「조선시대 왕실 제사와 제물의 상징: 血食・素食・常食의 이념」, 『종교문화비평』 20, 한국종교문화연구소, 2011, pp.235~236; 한수진, 「佛教 戒律에 나타난 食文化 研究 -인도・중국・한국에서 전개 양상을 중심으로-」, 동국대학교 대학원 불교학과 박사학위논문, 2020, p.324

것을 반승이라고 한다. 통일신라시대에는 사찰의 낙성식 후 국왕이 직접 승려들을 위해 음식을 베풀었다. 『삼국유사』에 의하면, 경애왕景哀王은 즉위한 동광同光 2년(924) 2월 29일에 황룡사에서 백좌百座를 열어 불경을 강설하게 하고, 선교禪敎의 승려 3백 명에서 음식을 올렸다고 한다.[51] 고려시대에 접어들면 반승은 왕실 차원에서 성대하게 실행되었고, 인왕백좌도량仁王百座道場, 금광명경도량 등 호국법회에서의 반승, 불탄일이나 국왕탄생일에서의 경축 반승, 낙성 기념 때의 반승, 기일忌日 때의 반승 등 각 법회의 다양한 의례와 더불어 이루어졌으며,[52] 반승에 초대되는 승려의 수는 보통 1만 명, 3만 명 등 상당한 규모였다.

## 두부의 전파와 조포사造泡寺

불교 음식에서 육류의 사용을 금지하면서 동아시아에서는 공통적으로 단백질이 풍부한 두부가 요리에 다양하게 활용된다. 두부를 처음 제작한 인물이나 등장 시기로 한나라 때 회남왕淮南王 유안劉安(BCE 179~122)을 거론하는 설이 있지만, 이와 관련된 기록이 한 대漢代의 기록이 아닌 당·송 대 이후의 문헌에나 등장한다는 점에서 회의적인 입장도 있다.[53] 이 외에도 여러 각도에서 검토되고 있으나 아직 불명한 점이 많아 앞으로 좀 더 검토가 필요한 상황이다. 한편, 우리나라에 두부가 전래된 것은 고려 말로 1365년에 이색李穡(1328~1396)이 쓴 시에서 처음 발견되

---

51 『삼국유사』 권2, 紀異 제2, 景哀王
52 홍윤식, 『韓國佛敎儀禮の硏究』, 東京: 隆文館, 1976, pp.143~145
53 이 설에 대한 기존의 논의에 관해서는 박유미, 「조선시대 두부의 문화사적 전개 및 제작·활용의 양상」, 『한국민속학』 73, 한국민속학회, 2021, pp.160~163을 참조.

는 것으로 보아 아마도 13세기 중엽에서 14세기 중엽 사이에 원나라를 통해 이루어졌을 것으로 추정되고 있다.[54] 이색 외에 원천석元天錫(1330~?)이나 권근權近(1352~1409) 등도 시를 통해 두부를 만드는 과정을 생생하게 시로 읊고 있다. 특히 권근은 '두부豆腐'라는 제목의 시에서 "구태여 고기 음식 번거로이 구하랴."라고 읊고 있어, 고기를 대신할 수 있는 식재료로 두부에 주목하고 있음을 알 수 있다.[55]

고려시대에는 두부라는 중국식 명칭이 사용되었지만, 조선시대에 접어들면서 '두포豆泡' 혹은 '포泡'와 같은 우리나라 표현이 사용되었다. 두부는 일상생활에서도 사용되었지만, 특히 공무公務에서 다양하게 활용되며 궁중음식으로 정비되었다. 이에 궐 안에서 두부를 만드는 장인인 포장泡匠이 각종 제향에 쓸 두부를 전문적으로 제작하여 궁중에 바쳤다. 조선 전기의 궁중두부는 크게 각전에 매일 올리는 공상용 두부와 문소전을 비롯한 제사처에 올리는 제향용 두부로 구분된다.[56] 서울 주변에 있던 왕실 사찰에서도 인근의 능침 제사를 위한 제수용 두부를 장만하였는데, 이 절들은 조포사造泡寺, 즉 두부를 만드는 절이라 불렸다. 또한 궁중에서뿐만 아니라 수륙재, 칠칠재, 사신 접대 등 폭넓게 두부가 사용되면서 포장 외에도 두부를 전문적으로 만들어서 진공進供할 사람이 필요해졌고, 이 때문에 사찰이 두부 제작을 맡아서 하게 된 것으로 보인다.[57] 고기를 배제한 소선을 올리는 왕릉 제향이나 사망한 사람을 위해 수륙재를 올릴 때 두부는 부침이나 탕, 찜, 적 등으로 적극 활용되

---

54 심승구, 「조선시대 조포사와 진관사 −조포사의 변천과 진관사 두부를 중심으로−」, 『비교민속학』 70, 비교민속학회, 2019, pp.203~205
55 심승구, 위의 논문, 2019, p.205
56 박유미, 앞의 논문, 2021, p.207
57 박유미, 위의 논문, 2021, pp.171~172

었다. 불살생계의 실천을 기본으로 하는 불교 음식의 본질을 고려할 때 두부는 고기 대신 단백질을 섭취할 수 있는 최상의 음식으로서 왕릉의 소선요리나 사찰의 불교행사, 그리고 일반인의 식생활에 있어서도 더할 나위 없는 대체 음식이었던 것으로 보인다.

## 공양의례와「소심경」

한국의 공양의례는 중국 선종에서 제정된 청규의 영향을 많이 받고 있는데, 도입 초기에는 의례적인 측면보다는 정신적인 측면에 초점이 놓여 간소하게 실행되었다.[58] 『선원청규』를 바탕으로 보조 지눌普照知訥(1158~1210)이 1205년에 찬술한 『계초심학인문誡初心學人文』에서는 "공양할 때 마시고 씹으면서 소리를 내지 말며, 수저를 집거나 놓을 때 조심스레 할지어다. 얼굴을 들고 둘러보거나 맛있는 것은 좋아하고 맛없는 것을 싫어하지 말며, 침묵을 지켜 말없이 하며, 잡념이 일어나지 않도록 막아야 한다. 공양을 받는 것이 다만 몸의 허약을 치료하고 도업道業을 이루기 위함임을 알아야 한다."라고 하여,[59] 간단하게나마 청규에 제정된 공양의례의 핵심을 전하고 있다. 조선시대에 접어들어 1666년(현종 7) 설악산 신흥사新興寺에서 영서靈瑞가 판각한 작자 미상의 『승가일용시묵언작법僧家日用時默言作法』이 나와 중국 선종의 청규를 바탕으로 하면서도 한국불교만의 차별화된 공양의례가 제정되고, 나아가

---

58 한수진,「한국불교 공양의례의 연원과 실제」,『동아시아불교문화』 40, 동아시아불교학회, 2019, pp.485~486
59 『계초심학인문』(『韓國佛敎全書』 0072, 738a); 김호성,『계초심학인문 새로 읽기』, 서울: 정우서적, 2005, pp.75~80

1931년에는 안진호가 『석문의범釋門儀範』을 편찬하여 의식을 간소화하고 한글화 작업을 하였다.[60]

근현대에 발우공양 때 가장 널리 활용되고 있는 의례는 『석문의범』 제1장 「송주편誦呪篇」 제3 반야심경 중 세 번째로 언급되는 「소심경小心經」이다.[61] 「소심경」에 의하면, 발우공양은 하발게下鉢偈를 시작으로 회발게回鉢偈, 전발게展鉢偈, 십념十念, 창식게唱食偈, 수식게受食偈, 진언, 봉반게奉飯偈, 오관게五觀偈, 생반게生飯偈, 정식게淨食偈, 삼시게三匙偈, 절수게絶水偈, 수발게收鉢偈의 순서로 진행된다. 하발게는 발우를 선반에서 내리면서 외우는 게로 모든 중생이 깨달음을 성취하여 천인天人의 공양을 받기를 기원하는 내용이다. 각자覺者를 공양 받을 가치가 있는 자라는 의미에서 아라한이라 부르듯이, 이 음식을 자량으로 삼아 수행 정진하여 깨달음을 얻어 공양을 받을 자격이 있는 자가 될 것을 다짐하는 게이다. 회발게는 수행자의 모범이라 할 수 있는 석가모니의 생애를 읊는 내용이다. "부처님은 가비라에서 태어나셨고, 마갈다에서 성도하였으며, 바라나에서 설법하시고, 구시라에서 입멸하셨네."라고 읊으며 부처님이 태어나 깨닫고 설법하고 입멸하신 의미를 되새기는 것이다. 이어 전발게라 하여 발우를 펴면서 게송을 외운다. 이는 '삼륜공적三輪空寂', 즉 음식을 공양하는 사람, 공양 받는 사람, 공양물의 삼자가 모두 공한, 말하자면 그 자체에 집착하는 마음을 없애는 게송이다. 십념은 십불十佛의 명호를 읊는 것이며, 창식게란 밥의 맛을 생각하면서 외우는 게송이고, 수식게는 밥을 받으면서 외우는 게송이다. 이어 삼보와

---

60 고영섭, 「한국의 근대화와 전통 불교의례의 변모」, 『불교학보』 55, 동국대학교 불교문화연구원, 2010, pp.431~436
61 安震湖 편, 韓定燮 주, 『(新編增註)釋門儀範』, 서울: 法輪社, 1982, pp.71~77

삼학에 귀의하는 내용의 여섯 진언을 읊고, 봉반게에서는 음식의 색과 맛과 향기를 시방제불과 모든 현성賢聖, 일체중생에게 올린다는 내용으로 음식을 주는 자와 받는 자 모두 한량없는 바라밀을 얻기를 기원한다.

다음 오관게는 「소심경」의 내용 중 가장 널리 알려진 것으로 자신 앞에 놓인 음식을 섭취할 때 지녀야 할 다섯 가지 마음가짐을 설하고 있다. 이 게의 구체적인 내용에 대해서는 본고 제4장 제3항 '발우공양의 현대적 의미'에서 기술한다. 이어 생반게는 귀신 등 배고픈 무리에게 공양을 베푸는 내용이다. 미리 자신의 발우에서 한 숟가락 떠내어 모아놓은 헌식기를 바라보며 일체중생의 배부름을 위해 읊는다. 정식게는 음식을 청정하게 하는 게로 "내가 한 방울의 물을 관찰해 보니 팔만 사천의 벌레가 들어 있구나. 만약 이 주문을 외우지 않는다면 마치 중생의 고기를 먹는 것과 같다."라는 내용이다. 즉, 눈에 보이지 않지만 물속에 있을지도 모르는 벌레들을 제도하기 위해 읊는 것이다. 삼시게는 이 음식을 먹고 모든 악을 끊고(願斷一切惡), 모든 선을 닦고(願修一切善), 모든 중생이 더불어 위없는 불도를 이루기를 원한다(願供諸衆生 同成無上道)는 내용의 세 발원으로 이루어져 있다. 이 발원을 끝으로 드디어 음식을 먹기 시작한다. 공양이 끝나면 발우 씻은 물을 아귀에게 베푸는 내용의 절수게를 읊고, 이어 공양의 공덕을 일체중생에게 회향하겠다고 다짐하는 수발게를 끝으로 공양의례를 마친다.

이 과정을 보면 알 수 있듯이, 불교에서 공양은 단지 육신을 보하고 생명을 지탱한다는 의미에 머무는 것이 아닌, 직접적으로든 간접적으로든 내 주변에서 인연을 맺고 존재하며 음식을 제공해 준 모든 것들에 감사하고, 이처럼 귀한 음식을 자량으로 삼아 오로지 불도를 이루기 위해 수행 정진하겠다는 의지를 다져가는 행동이다.

# Ⅳ. 사찰 음식의 발전과 역할

## 사찰 음식과 웰빙 문화

　불교의 식문화를 대표하는 말로 근년 들어 '사찰 음식'이라는 용어가 흔히 사용되고 있다. 누가 언제 처음 사용했는지 구체적인 사정은 알 수 없지만, 이제 이 말은 한국불교를 대표하는 키워드로 자리 잡고 있다. 사찰에서 스님들이 직접 식재료를 길러 소박하게 요리해서 먹었던 자급자족의 음식이 '사찰 음식'이라는 이름으로 세간의 관심을 받게 된 것은 아마도 현대인의 웰빙 추구 욕구를 충족시켜 주었기 때문일 것이다. 패스트 푸드나 농약 등 건강에 나쁜 영향을 미치는 요소를 제거한, 슬로우 푸드나 유기농 식재료 등을 사용한 식단을 통해 심신의 여유와 건강을 되찾고 싶은 사람들의 욕구가 사찰이라는 청정한 영역 안에서 스님들이 직접 조리하여 먹는 음식에서 특별한 의미를 찾게 된 것이다. 현재 대한불교조계종 한국불교문화사업단(이하 '문화사업단'으로 표기)에서도 한국 전통 사찰 음식을 지속적으로 계승, 발전시키기 위해 사찰에서 구전으로 전승되어 온 사찰 음식 조리법을 표준화하고 현대적으로 적용시키는 작업을 진행하고 있다. 템플스테이와 더불어 종단 차원에서 가장 집중적으로 지원하고 있는 사업이라고 할 수 있다.

　그런데 급격한 세간의 관심과 더불어 사찰 음식은 본래 지향했던 방향성을 조금씩 상실해 가고 있는 것 같다. 물론 후술하는 바와 같이 발우공양의 소욕지족, 음식물을 제공해 준 모든 이들에 대한 감사, 다양한 생태학적 의의 등이 부각되면서 불교에서 음식을 바라보는 시각에 대한 이해도 점점 깊어지고는 있지만, 여전히 많은 사람들은 사찰 음식을 세속적 웰빙 음식의 하나로 받아들인다. 이는 일반인의 본능과 이 본능을 충실하게 수용하고 있는 불교 측의 자세가 만들어낸 현상이다. 즉, 일반인은 미각과 시각, 촉각, 후각 등의 본능적 욕구를 여전히 탐하며 사찰 음식을 대한다. 이런 본능적인 욕구를 만족시켜 주면서 몸에도 좋은, 말하자면 무농약에 좋은 식재료를 사용한 청정 음식을 원하는 것이다. 사람들의 이러한 욕구는 자연스럽게 사찰 음식을 다루는 이들에게도 반영되고, 그 욕구를 채워 주기 위해 다양한 메뉴 개발에 힘쓰게 된다. 물론 음식은 먹기 위해 만드는 것이므로 먹는 사람의 욕구가 충족되어야 한다. 맛도 없고 냄새도 이상한 음식에 손댈 사람은 없을 것이기 때문이다. 하지만 일반인이 듣지도 보지도 못한 값비싼 식재료가 사용되거나, 만드는 데 얼마나 많은 공이 들었을까 싶어 차마 손대기도 아까운 정교한 음식 등은 사찰 음식이 수행자가 먹는 음식이 맞을까 싶어 민망하다. 콩고기 혹은 콩 불고기라는 이름으로 사찰 음식 전문점의 식단을 장식하는 음식 또한 이해 불가이다. 불교 음식에서 육류는 단호하게 거부되는 재료이므로 콩으로 대신 모양과 맛을 낸 음식이다. 고기의 맛과 냄새, 감촉을 그대로 느끼면서 먹지만, 정작 재료는 고기가 아니니까 괜찮다는 이 입장은 문제가 없는 것일까. 채식주의자들을 위해 일반 시장에서 개발된 메뉴라면 몰라도 불살생계의 실천을 강조하는 사찰 음식에 포함시키기에는 좀 민망한 것 같다.

 사찰 음식은 웰빙을 지향하는 현대인의 욕구와 만나면서 한국불교를 대표하는 하나의 트렌드가 되었다. 많은 지혜와 철학이 담긴 훌륭한 음식문화인만큼 적극적인 노력으로 홍보해 갈 필요가 있지만, 불교가 지향하는 '웰빙'에 대한 성찰 없이 음식을 섭취하는 사람의 기호에만 초점을 맞추다 보면 사찰 음식과 더불어 존재하는 불교라는 종교는 사라지고 '채식' 위주의 퓨전 웰빙 음식으로서의 사찰 음식만 남게 될 것이다. 사찰 음식은 수행자의 음식이다. 만드는 사람도 먹는 사람도 이 점을 잊지 않는다면, 겉으로 드러나는 화려함이 아닌 군더더기 없는 절제미가 오히려 진가를 발휘하게 될 것이다.

## 사찰 음식의 특징

사찰 음식은 지역과 시대에 따라 변천을 거듭하면서도 육류와 오신채를 사용하지 않는다는 원칙은 어느 곳에서나 고수해 왔다. 중국의 사찰 음식도 쑤차이, 즉 채소를 주된 재료로 사용하는 소채素菜 요리가 특징이다. 동물성 식재료를 전혀 사용하지 않으며, 콩류나 버섯, 그 외 각종 야채로 만드는 철저한 채식 위주의 식단이다.[62] 일본 사찰 음식인 쇼진요리도 마찬가지이다. 채식 위주의 사찰 음식은 나라를 불문하고 많은 이들이 매력을 느끼는 식단인 것 같다. 한국 사찰 음식도 한국을 넘어 세계 각지로 퍼져 가고 있다. 한국의 사찰 음식이 세계 3대 요리학교로 꼽히는 '르 꼬르등 블루' 런던캠퍼스 정규 교육과정으로 진출했다거나,[63] 미국 로스앤젤레스(LA)에서 "Amazing Food"라는 최고의 찬사를 받으며, 음식에 대한 사상과 철학을 바꿨다는 극찬까지 쏟아졌다[64]는 기사를 접하다 보면 외국에서도 상당한 인기를 얻고 있다는 사실을 실감

---

62 김미숙, 「동아시아 불교의 음식 특징 비교-한국·중국·일본, 3국을 중심으로-」, 『동아시아불교문화』 28, 동아시아불교학회, 2016, pp.423~424
63 장영섭 기자, 『불교신문』 2021.04.28, 3664호. http://www.ibulgyo.com/news/articleView.html?idxno=211583
64 박봉영 기자, 『불교신문』 2019.09.28. http://www.ibulgyo.com/news/articleView.html?idxno=202042

하게 된다. 그렇다면 한국의 사찰 음식은 어떤 매력이 있기에 한국을 넘어 구미권에서도 이렇듯 인기를 얻을 수 있는 것일까?

문화사업단에서 편찬한 『한국 사찰 음식』이라는 책에서는 한국 사찰 음식의 특징으로 다음 다섯 가지를 든다. 첫째, 고기를 사용하지 않는다. 둘째, 채소 중에서 오신채를 사용하지 않는다. 셋째, 사찰 음식은 영양만이 아니라 병을 예방하고 치료하는 약리 작용을 갖도록 세심하게 발전해 왔다. 넷째, 천연 조리료만 사용한다. 다섯째, 제철 음식이 발달해 있다.[65] 사실 이 다섯 가지 자체는 중국이나 일본 등의 사찰 음식과 다른, 한국의 사찰 음식만이 보여주는 두드러진 특징이라고 하기는 어려울 것이다. 나라를 불문하고 사찰에 기원을 둔 채식 위주의 식단은 이러한 특징을 지닐 수밖에 없다. 무엇보다 한국의 사찰 음식은 한국의 전통 음식과의 차별성도 명확하지 않다. 현대 우리나라 사찰 음식을 정리하여 한데 묶어 놓은 최초의 책으로 추정되는 『채공 요리법』에 등장하는 음식 목록을 분석해 보면 한국 전통 음식과 전혀 다를 바 없는 목록으로 채워져 있다는 지적[66]이 보여주는 바와 같이, 사찰 음식이라 해도 음식의 재료나 조리법에서 한국 사찰만의 특징을 찾아내는 데는 한계가 있다고 생각한다.

요컨대 한국을 비롯한 모든 사찰 음식의 특징은 '음식'을 바라보는 불교적 시각에 중점을 두고 논하는 것이 맞을 것 같다. 물론 기후나 지형적 특징, 사람들의 기호 등으로 인해 각 나라마다 다른 재료와 조리법이 발달했다는 점은 부정하기 어려우며, 이런 점에서 한국의 사찰 음식 역

---

[65] 대한불교조계종 한국불교문화사업단, 『한국 사찰 음식 - 모든 생명에 대한 감사와 온 세상의 화평을 기원하는 음식』, 서울: 대한불교조계종 한국불교문화사업단, 2014, p.24

[66] 이 책은 1980년대에 호거산 운문사 학인스님들이 사찰 전래 요리법을 한데 모아 정리한 것이다. 김미숙, 앞의 논문, 2016, p.422

시 발효 음식과 저장 음식이 발달하는 등 나름의 특징이 있을 것이다.[67] 하지만 걸식과 자급자족으로 음식 조달 방법은 서로 달라도 음식의 질과 양에 집착하지 않고 만족하며, 주어진 음식에 감사하고, 수행에 전념할 수 있는 자량資糧으로 삼는다는 원칙이 이천여 년이 넘는 시간 동안 변함없이 유지되어 왔다는 사실을 고려할 때, 사찰 음식의 특징을 재료나 조리법에서 찾기보다는 깨달음을 얻기 위해 출가 정진하는 출가자들이 본능에 얽매여 탐착하기 쉬운 식생활을 조정하며 수행 그 자체로 승화시켰다는 점에 초점이 놓여야 한다. 사찰 음식을 널리 알리기 위해서는 사람들의 입맛과 시선을 사로잡을 다양한 메뉴의 개발도 필요하지만, 음식을 바라보는 불교적 지혜가 기반을 이루지 못한다면 정체불명의 음식이 사찰 음식이라는 이름으로 대중에게 알려질 가능성이 높다.

## 발우공양의 현대적 의미

사찰에 가면 불교 대중이 함께 공양하는 방이나 해우소에서 오관게가 적힌 종이가 붙어 있는 광경을 흔히 접하게 된다. 오관게는 「소심경」의 공양의례 중 한 과정으로 공양 전에 자신 앞에 놓인 음식에 대한 고마움을 관하는 내용의 게송이다. "計功多少 量彼來處. 忖己德行 全缺應供. 防心離過 貪等爲宗. 正思良藥 爲療形枯. 爲成道業 應受此食." 이 게송은 다양하게 번역되어 사용되고 있는데, 가장 널리 알려진 것은 "이 음식은 어디서 왔는가. 내 덕행으로는 받기가 부끄럽네. 마음의 온

---

67 한국과 중국, 일본 사찰 음식을 비교하여 그 특징을 논한 것으로 문양수(대안), 「한국·중국·일본 불교 선종사찰의 식문화 비교 연구」, 동국대학교 대학원 가정학과 박사학위논문, 2017이 있다.

갖 허물을 모두 버리고, 육신을 지탱하는 약으로 알아, 도업을 이루고자 이 공양을 받습니다."라는 번역일 것이다. 불교에서 음식에 부여하는 가치를 망라하여 잘 표현한 게송이다. 자신의 발우 안에 음식이 담기기까지 자연의 혜택을 비롯한 많은 이들의 노고에 감사하고, 자신이 그러한 음식을 받을 만한 덕행은 쌓고 있는지 돌아본다. 그리고 마음을 지키고 허물을 여의기 위해 탐·진·치 삼독을 없애고, 음식을 여윈 몸을 지탱하는 좋은 약으로 생각하고, 도업을 이루기 위해 공양을 받는다는 점을 관하는 내용이다. 이는 걸식으로 음식을 조달한 인도에서도 자급자족으로 음식을 조달한 중국에서도 음식 섭취에 동일하게 부여했던 입장이다.

발우공양을 분석한 남궁선은 수행공양, 평등공양, 절약공양, 생태공양, 청결공양, 자비공양, 화합공양 등의 의의를 부여하고 있다. 수많은 사람들의 노고와 시주의 은덕에 감사하며, 삼독을 없애고, 수행정진하기 위한 육신의 건강을 유지하여 모든 공덕을 중생계에 돌리는 회향정신을 담고 있으므로 수행공양, 참석한 대중이 법랍과 무관하게 동일한 음식을 받게 되며 함께 뒤처리를 하므로 평등공양이며, 각자의 양에 따라 적당한 양을 덜어 먹기 때문에 절약공양이다. 그리고 공양 과정에서 음식물을 남기는 것은 불허하므로 음식물 쓰레기를 전혀 배출하지 않고 설거지도 간단하여 세제를 사용하지 않기 때문에 환경을 오염시키지 않는다. 또한 각자 발우를 사용하기 때문에 청결하며, 발우공양에는 모든 배고픈 중생들과 평등하게 나누어 먹겠다는 자비의 마음이 담겨 있기 때문에 자비공양이며, 승가는 화합을 최우선으로 여기므로 승가 전원이 모여 하는 대중공양은 화합공양이라고 한다.[68] 넘쳐나는 식재료와 음식

---

68 남궁선, 「발우공양법의 수행 및 생태적 고찰」, 『불교학연구』 21, 불교학연구회, 2008, pp.456~458

에 감사함을 모르고, 맛난 음식을 지나치게 탐하여 과식함으로써 음식을 독으로 만들고, 심지어 음식 쓰레기로 심각한 환경오염까지 야기하고 있는 현대인의 식생활에 '발우공양'은 정말 많은 가르침을 준다. 다만 발우공양이 갖는 가장 핵심적 의의는 오관게 안에 농축되어 있듯이 소욕지족이 아닐까 생각된다. 다른 이의 노고로 자신 앞에 놓인 음식물이 얼마나 소중한 것인지 알고, 양과 질에 상관없이 만족하며 겸허한 마음으로 음식을 섭취하며, 그 노고에 부끄럽지 않은 육신을 만들어 정진하는 삶을 살아가는 것, 이것이 발우에 담긴 진정한 의미일 것이다.

## 음식을 통한 욕망의 절제와 자비의 실현

출가자는 걸식을 통해 식생활을 해결하였다. 발우를 들고 이른 아침 근처 마을로 내려가 재가신자가 발우 안에 넣어 주는 음식으로 하루 한 번 배를 채우는 것이다. 재료를 마련하는 일도, 음식을 조리하거나 저장하는 일도 모두 금지되었고, 오로지 재가신자가 요리해서 제공하는 음식만을 섭취해야 했다. 붓다는 깨달은 자 혹은 깨달음을 향해 수행 정진하는 출가자는 그저 음식을 구걸하는 걸인乞人이 아닌, 당당하게 음식 공양을 받을 수 있는 자라고 여겼다. 출가자의 본분은 오로지 진리를 추구하며 수행에 힘쓰는 것이라고 생각했기 때문에 붓다는 출가자의 경작 행위나 음식 조리 등을 엄격하게 금지한 것이다. 특별히 섭취를 금지하는 음식도 없었다. 교단 내외로부터 '불살생계'와 상치하는 식육 행위가 비판의 도마에 올랐지만, 율장 차원에서는 식용 고기의 종류에 제한을 가한다거나 혹은 자신을 위해 죽임을 당하는 것을 보거나 듣거나 혹은 의심 가는 것이 아니라면 먹어도 좋다고 하여, 식육 그 자체를 금지하지는 않았다. 즉, 음식은 발우 안에 담겨지는 대로 양과 질, 혹은 내용에 상관없이 소욕지족하며 섭취해야 한다. 그런데 대승불교에 이르러 육식을 비롯하여, 오신채라 불리는 향 강한 채소들이 금지된다. 육식은 여래장 사상을 비롯하여 보살행을 실천함에 있어 장애가 된다는 등의 이유로, 오신채는 냄새 혹은 음욕이나 분노의 발생을 부추긴다는 등의 이유로 거부된다. 이는 불교가 중국으로 전래된 후 한층 더 확고해지며, 이후 동아시아 불교 음식의 대표적인 특징으로 자리 잡는다.

오로지 재가신자의 보시로 식생활을 해결했던 인도와 달리, 중국에서는 선종의 영향으로 사찰에서 자급자족이 허용된다. 이는 백장 회해 百丈懷海가 814년에 제정한 '백장청규'가 직접적인 계기이다. 백장은 '일일부작 일일불식一日不作 一日不食', 즉 하루 일하지 않으면 하루 먹지 않는다고 하는, 이른바 출가자의 노동을 인정하는 보청법普請法을 제정하여, 출가자를 직접 경작에 참여시킴으로써 총림의 경제생활 문제를 해결하고자 하였다. 백장은 보청법의 제정을 통해 주지로부터 행자에 이르기까지 한 사람도 예외 없이 모두 동등한 입장에서 울력 생활을 준수할 것을 규정함으로써 전 대중이 빠짐없이 평등하게 사원의 작업이나 생산노동에 참여하도록 하였고, 보청법을 통해 일정한 노동행위와 수행을 동일시하였다. 자급자족 생활은 구성원의 노동을 전제로 하므로 경작을 시작으로 그 생산물의 관리나 조리 등 모든 일을 구성원이 역할을 나누어 담당하며 자급자족하였다. 또한 한 곳에 모여 대중이 함께 식사를 함으로써 발우공양은 하나의 의례로 정착하게 된다.

이러한 특징들은 한국과 일본에도 고스란히 전해져 사찰 식문화의 특징을 이루게 된다. 일본의 사찰 음식은 쇼진精進요리라 불리며, 역시 고기와 오신채를 피한 채소 위주의 식단으로 구성된다. 특히 가마쿠라 시대에 선사상이 전파되면서 쇼진요리는 크게 발달하였다. 먼저 조동종의 개조 도겐(道元)은 채소를 풍부하게 사용하는 중국 선종의 식사법을 도입했을 뿐만 아니라, 입송 구법 중 승원에서 대중의 공양을 마련하는 소임을 맡고 있는 '전좌'의 중요성을 절감하고, 귀국 후「전좌교훈典座敎訓」을 찬술하여 대중의 공양을 총괄하는 전좌가 지녀야 할 자세나 마음가짐을 강조한다. 또한 1654년에 일본에 온 중국 황벽산黃檗山 만복사萬福寺의 주지 은원隱元은 동물성 식품을 사용하지 않는 탁복卓袱요리를 선보여 중국풍의 조리 기술을 활용, 어패류나 육류를 제외한 다양한 식재료의 볶음이나 튀김 등의 요리법도 발달하였다. 이는 이후 무로마치 시대에 접어들면 포정사包丁師라 불리는 요리전문가의 등장으로 훨씬 다채로운 조리법으로 발달하게 된다.

한국 역시 불살생계의 영향을 받아 채소 중심의 소선이 발달하게 된다. 소선은 특히 고려시대에 이르러서는 국가의 상장례 혹은 수륙재 등의 불교 의례에 허용되었다. 죄인을 사형시킨 후 왕이 자책 의식으로 행하거나, 왕실의 기일 등에 애도의 뜻을 표하기 위해 실행된 것으로 보인다. 한편, 조선시대 왕실 제례의 소선 차림은 고려시대부터 이어져 온 불교적 내용에 유교적 의례 형식이 반영되면서도 18세기 조선 후기까지 고기 사용을 배제하는 소선 차림이 이어진다. 또한 설재設齋나 반승飯僧도 크게 발전하여 통일신라시대에는 사찰의 낙성식 후 국왕이 직접 승려들을 위해 음식을 베풀었다. 고려시대에 접어들면 반승은 왕실 차원에서 성대하게 실행되었고, 인왕백좌도량·금광명경도량 등 호국법회에서의 반승, 불탄일이나 국왕탄생일에서의 경축 반승, 낙성 기념 때의 반승, 기일忌日 때의 반승 등 각 법회의 다양한 의례와 더불어 이루어졌다.

불교 음식에서 육류의 사용을 금지하면서 동아시아에서는 공통적으로 단백질이 풍부한 두부가 요리에 다양하게 활용된다. 우리나라에 두부가 전래된 것은 고려 말로 1365년에 이색李穡(1328~1396)이 쓴 시에서 처음 발견되는 것으로 보아 아마도 13세기 중엽에서 14세기 중엽 사이에 원나라를 통해 이루어졌을 것으로 추정되고 있다. 고려시대에는 두부라는 중국식 명칭이 사용되었지만, 조선시대에 접어들면서 '두포豆泡' 혹은 '포泡'와 같은 우리나라 표현이 사용되는 등 일상생활을 비롯하여, 특히 공무公務에서 다양하게 활용되며 궁중음식으로 정비되었다. 서울 주변에 있던 왕실 사찰에서도 인근의 능침 제사를 위한 제수용 두부를 장만하였는데, 이 절들은 조포사造泡寺, 즉 두부를 만드는 절이라 불렸다. 불살생계의 실천을 기본으로 하는 불교 음식의 본질을 고려할 때 두부는 고기 대신 단백질을 섭취할 수 있는 최상의 음식으로서 왕릉의 소선요리나 사찰의 불교행사, 그리고 일반인의 식생활에 있어서도 더할 나위 없는 대체 음식이었던 것으로 보인다. 또한 한국의 공양의례는 중국 선종에서 제정된 청규의 영향을 많이 받고 있는데, 1931년에는 안진호가 『석문의범釋門儀範』을 편찬하여 의식을 간소화하고 한글화 작업을 한 후, 근현대에는 이 중 「소심경小心經」의 의례가 가장 널리 활용되고 있다.

현대의 웰빙 추구 현상과 더불어 사찰 음식이 많은 사람들의 주목을 받고 있다. 문화사업단에서도 템플스테이와 더불어 종단 차원에서 가장 집중적으로 지원하고 있는 사업이다. 사찰 음식은 오랜 세월 동안 축적되어 온 음식 혹은 음식 섭취에 대한 불교적 지혜가 담겨 있는 진정한 웰빙 음식이다. 사찰 음식의 특징으로 흔히 고기와 오신채를 사용하지 않는다거나 약리 작용을 갖고 있다거나 천연 조리료만 사용한다거나 하는 특징이 거론되지만, 불교에서 음식을 바라보는 시각에 좀 더 중점을 둘 필요가 있다. 즉, 사찰 음식의 특징은 재료나 조리법에서 찾기보다는 깨달음을 얻기 위해 출가 정진하는 출가자들이 본능에 얽매여 탐착하기 쉬운 식생활을 조정하며 수행 그 자체로 승화시켰다는 점에 초점이 놓여야 한다.

사찰 음식을 널리 알리기 위해서는 사람들의 입맛과 시선을 사로잡을 다양한 메뉴의 개발도 필요하지만, 음식을 바라보는 불교적 지혜가 기반을 이루지 못한다면 정체불명의 음식이 사찰 음식이라는 이름으로 대중에게 알려질 가능성이 높다. 오관게에 오롯이 담겨 있듯이 불교에서 공양은 다른 이의 노고로 자신 앞에 놓인 음식물이 얼마나 소중한 것인지 알고, 양과 질에 상관없이 만족하며 겸허한 마음으로 음식을 섭취하고, 그 노고에 부끄럽지 않은 육신을 만들어 정진하는 삶을 살아가기 위한 행위이다.

| 참고문헌 |

공만식, 『불교 음식학-음식과 욕망』, 서울: 불광출판사, 2018.
신공, 『淸規와 禪院文化 -衣食住를 中心으로』, 부산: 부다가야, 2008.
安震湖 편, 韓定燮 주, 『(新編增註)釋門儀範』, 서울: 法輪社, 1982.
법혜 역주, 『고려판 선원청규 역주』, 서울: 가산불교문화연구원, 2001.
한수진, 「佛敎 戒律에 나타난 食文化 硏究-인도·중국·한국에서 전개 양상을 중심으로-」, 동국대학교 대학원 불교학과 박사학위논문, 2020.

伊吹 敦, 「「戒律」から「淸規」へ-北宗の禪律一致とその克服としての淸規の誕生」, 『日本佛敎學會年報』74, 日本佛敎學會, 2009.
下田正弘, 「「三種の淨肉」再考-部派における肉食制限の方向」, 『佛敎文化』22 (통권25), 東京大學佛敎靑年會, 1989.
鳥居本幸代, 『精進料理と日本人』, 東京: 春秋社, 2006.
船山徹, 『梵網經-最古の形と發展の歷史』, 京都: 臨川書店, 2017.
諏訪義純, 「梁武帝の「斷酒肉文」提唱の文化史的意義」, 前田惠學博士頌壽記念會 편, 『佛敎文化學論集: 前田惠學博士頌壽記念』, 東京: 山喜房佛書林, 1991.

문화와 의례

# 범패

· 김지연

I. 범패의 기원

　　범패의 의미/ 범패 소리의 특징/ 화엄 42자모와 범패

II. 중국과 일본의 범패

　　범패의 중국 전래/ 중국의 범패승/ 일본의 덴다이 쇼묘

III. 신라: 범패의 전개와 융합

　　월명사의 향가와 범패/ 진감 선사와 당 범패/ 적산법화원의 범패

IV. 고려–조선: 범패의 발전과 변형

　　『고려사』와 『조선왕조실록』의 범패/ 각필 악보와 의례집/ 영산재와 범패 소리의 종류

■ 범패, 불교를 음악으로 표현하다

# Ⅰ. 범패의 기원

## 범패의 의미

범패梵唄는 붓다의 덕(佛德)을 찬탄하는 게송으로, 범성梵聲 또는 범음梵音이라고도 한다. '범패'의 사전적 의미를 살펴보면[1], '범'은 산스크리트어 '브라흐만Brahman'의 음역어로, 브라흐마Brahmā, 전 우주에 편재한 영혼, 절대자, 베다Veda, 신성한 경전, 경건하고 신성한 말 등의 뜻을 내포한다. '패'는 '브하사Bhāṣā'의 음역어로 '말하다', 언어를 뜻하는데 특히 일반적이거나 토착적인 말을 가리킨다. 파척罷斥·패익唄匿·파사婆師로도 번역된다.

'범패'는 '범'에 '붓다의 덕'이 아닌 어떤 다른 의미를 부여하는가에 따라서 지시하는 범위를 확장하게 된다. 양梁나라의 혜교慧皎(497~554)는 『고승전高僧傳』(519) 제13권 「경사론」에서 "인도의 풍속은 불법을 노래하고 읊조리면 이것을 모두 범패(唄)라 한다."[2]라고 범패를 정의했다. 그는 노래의 주제를 '불법'이라고 표현하여 '범'을 '붓다의 말씀'으로 이해하고 있음을 보여준다. 이런 의미에서는 사람들을 깨달음으로 이끄는[인도引導] 소리라고도 할 수 있다. 한편 '범'이 '붓다'를 지시하는 경우, '범패'는 청정하고 신묘한 '붓다의 소리'를 나타내어 붓다의 32상相 중 하나인 범

---

1 Sir Monier Monier-Williams, *Sanskrit-English Dictionary*, New Delhi: Manohar, 2006 edition.
2 『高僧傳』13(『大正藏』50, 415b)

성상梵聲相을 의미한다. 그리고 '범'을 '범어'라는 언어로 본다면 범패는 범어로 된 소리나 노래, 즉 인도의 소리를 나타내게 된다.

범패의 기원에 대해서는 여러 가지 설이 있는데, 그 중 하나는 『묘법연화경妙法蓮華經』에서 기원을 찾는다. 이 경전에서는 "과거에 부처님께서 계셨으니, 이름이 운뢰음왕雲雷音王 다타아가도 아라하 삼먁삼불타였으며, 나라 이름은 현일체세간이요, 겁의 이름은 희견이었으니, 묘음보살이 1만 2천 년 동안을 10만 가지 기악으로 운뢰음왕불께 공양하고, 아울러 8만 4천의 7보 발우를 받들어 올린 인연의 과보로 지금 정화수왕지불의 국토에 나고 이런 신통한 힘을 얻었느니라."3라고 한다. 이 장면에서는 묘음보살이 10만 가지 기악을 공양한 인연으로 신통한 힘을 가지고 정화수왕지불의 국토에 태어난 인과를 설명하는데, 이때 운뢰음왕불에게 공양한 기악을 바로 범패의 시작으로 본 것이다. 『묘법연화경』에서 범패와 더불어 서술되는 범패의 공덕은 도세道世(?~683)의 『법원주림法苑珠林』에 인용된 『백연경百緣經』 등에서도 강조된다. 이 경전에서는 "부처님께서는 미소를 지으시면서 아난에게 말씀하셨다. '이 모든 사람들은 음악을 연주하여 부처님과 승가 대중을 공양하였기 때문에 이 공덕을 인연하여 미래 세계에 1백 겁 동안 악한 세계에 떨어지지 않을 것이다. 그리고 천상과 인간에서는 늘 쾌락을 받을 것이다. 그렇게 1백 겁을 지낸 뒤에 벽지불이 되어 모두 동일한 이름으로 묘성妙聲이라고 부르게 되리라.'"4라고 하며, 음악으로 불·법·승 삼보에게 공양함에 의해 얻게 되는 불가사의하고 한량없는 공덕에 대해 서술한다.

불교에서 붓다의 덕을 찬탄하거나 경전에 담긴 붓다의 말씀에 음율

---

3 『妙法蓮華經』24(『大正藏』9, 56a)
4 『法苑珠林』(『大正藏』53, 574b)

을 붙여 노래한 '범패'가 언제부터 시작되었는지는 정확하게 알 수 없다. 다만 앞에서 보인 경전을 포함한 여러 경전에서 '범패'를 언급하고 그 공덕을 강조하는 것을 통해 석가모니 붓다의 생존 당시부터 범패가 행해졌을 것으로 추론할 수 있다. 그리고 당나라 의정義淨(635~713)이 인도로 구법하는 여정을 담은 『남해기귀내법전南海寄歸內法傳』에 붓다의 공덕을 찬탄하는 게송을 부르는 장면이 묘사되어 있는 것으로 보아 붓다의 열반 이후에도 수세기 동안 범패가 지속되었음을 확인할 수 있다.

## 범패 소리의 특징

게偈나 경전에 운율을 입혀서 노래하는 범패의 소리는 어떠했을까? 『장아함경長阿含經』「도니사경闍尼沙經」에 따르면 범패, 즉 범성에는 다섯 가지 소리가 갖춰져 있다고 한다. 첫째는 바르고 곧은 소리이고, 둘째는 부드럽고 고상한 소리이고, 셋째는 맑고 트인 소리이고, 넷째는 깊고 그윽한 소리이고, 다섯째는 멀리까지 두루 퍼지는 소리이다.[5] 이러한 범패 소리의 특징은 『고승전』과 『속고승전續高僧傳』에서 범패승들의 소리를 묘사하는 부분에서도 확인할 수 있다.

> 소리가 지극히 맑고 상쾌하였다. …… 지종이 법석에 올라가 범패를 울려 구름까지 이르도록 하면, 모두 정신이 열리고 몸이 풀려 툭 트였다. 게다가 졸음에서 깨어나지 않는 사람이 없었다.[6]

5 『長阿含經』(『大正藏』1, 34b~35c)
6 『高僧傳』(『大正藏』50, 414a)

도영은 목청과 구강이 크고 넓어 말의 기운이 웅원雄遠하였다. 대중들이 한 번 모이게 되면 그 수가 만여 명에 달하였으나, 그의 목소리는 우렁차고 또렷하여 대중들 너머까지 널리 퍼졌다. 흥선사의 대웅전에 깔린 기초는 10묘에 달하였고 격자 창문과 선문은 높고 커서 쉽게 흔들리는 것이 아니었으나, 막상 도영이 대중을 이끌고 그 주위를 돌다가 창문 앞을 지나게 되면, 그의 큰 목소리의 충격으로 모든 것이 진동하였다.[7]

위의 두 가지 예시는 다섯 가지 소리 가운데 세 번째의 맑고 트인 소리와 다섯 번째의 멀리까지 두루 퍼지는 소리에 해당한다고 해석할 수 있다. 멀리까지 닿을 만큼 소리가 크다는 것은 코끼리나 말의 울음소리에 비유하거나, '삼십 리[약12km]'라는 정확한 거리를 제시하여 나타내기도 한다. 이 외에도 '범패 소리의 울림이 맑고도 화려했다', '애절하고 아름답다(哀婉)', '가늘고 미묘한(細妙)' 등으로도 수식한다.

이러한 소리의 특징으로 인해 『십송률十誦律』에서는 범패를 들으면 다섯 가지 이익이 있음을 밝힌다. "몸이 쉽게 피곤해지지 않는 것이고, 그 암송한 것을 잘 잊어버리지 않는 것이고, 그 마음에 싫증이 나지 않는 것이고, 목소리가 나빠지지 않는 것이고, 그 말이 쉽게 이해되는 것이다."[8] 이와 같은 범패의 이익으로 인해, 붓다는 "지금부터 노래를 불러서는 안 된다. 노래를 부르면 돌길라죄[9]가 된다."[10]라고 하여 노래를

---

7 『續高僧傳』(『大正藏』 50, 705a)
8 『十誦律』(『大正藏』 23, 269c)
9 입과 몸으로 지은 죄로 惡說·惡作이라고도 하며, 비구계 중 가벼운 죄에 속한다.
10 『十誦律』(『大正藏』 23, 269c)

부르는 것을 허락하지 않으면서도 범패를 하는 것은 허용하였다.

## 화엄 42자모와 범패

범패는 중국으로 전래되는 과정에서 범어 그대로 사용하거나 한어로 번역되었다. 이 두 가지 경우를 보여주는 대표적인 예로는 42자모를 들 수 있다. 42자모가 등장하는 경전은 서진의 축법호竺法護(230?~316)가 번역한 『불설보요경佛說普曜經』과 『광찬반야바라밀경光讚般若波羅蜜經』, 무차라無叉羅(242~341)가 번역한 『방광반야바라밀경放光般若波羅蜜經』, 구마라집이 번역한 『마하반야바라밀경摩訶般若波羅蜜經』과 『대지도론大智度論』, 현장玄奘(602~664)이 번역한 『대반야경大般若經』, 불타발타라佛馱跋陀羅(359~429)[60권]·실차난타實叉難陀(652~710)[80권]·반야般若[40권]가 번역한 『대방광불화엄경大方廣佛華嚴經』[이하 『화엄경』으로 약칭], 지바하라地婆訶羅가 번역한 『대방광불화엄경입법계품大方廣佛華嚴經入法界品』, 불공不空(705~774)이 번역한 『대방광불화엄경입법계품사십이자관문大方廣佛華嚴經入法界品四十二字觀門』 등이 있다.

42자모가 있는 경전은 크게는 『반야경』류와 『화엄경』류로 나눌 수 있는데, 이 가운데 『화엄경』 「입법계품入法界品」에 나오는 화엄 42자모에 주목해 보려고 한다. 「입법계품」은 선재 동자가 53명의 선지식을 찾아다니면서 어떻게 보살의 행을 배우고 보살의 도를 닦는지의 법을 묻는 과정을 서술한다. 53선지식 중 45번째의 선지중예 동자를 만나면서 42자모를 듣게 된다. 범본을 한역하는 과정에서 42자모를 나타내는 방법은 불타발타라·실차난타·반야의 번역본 각각이 약간 다른데, 정리하면 아래의 〈표〉와 같다.

〈표〉『대방광불화엄경』「입법계품」의 42자모

| No. | 佛馱跋陀羅 | 實叉難陀 | 般若[11] | | No. | 佛馱跋陀羅 | 實叉難陀 | 般若 |
|---|---|---|---|---|---|---|---|---|
| 1 | 阿 | 阿 | 婀 | (a) | 22 | 拕 | 柂 | 馱 | (dha) |
| 2 | 羅 | 多 | 囉 | (ra) | 23 | 奢 | 奢 | 捨 | (śa) |
| 3 | 波 | 波 | 跛 | (pa) | 24 | 佉 | 佉 | 佉 | (kha) |
| 4 | 者 | 者 | 者 | (ca) | 25 | 叉 | 叉 | 乞叉 | (kṣa) |
| 5 | 多 | 那 | 曩 | (na) | 26 | 娑多 | 娑多 | 娑哆 | (sta) |
| 6 | 邏 | 邏 | 攞 | (la) | 27 | 壤 | 壤 | 孃 | (ña) |
| 7 | 茶 | 柂 | 娜 | (da) | 28 | 頗 | 曷攞多 | 曷囉他 | (rtha) |
| 8 | 婆 | 婆 | 婆 | (ba) | 29 | 婆 | 婆 | 婆 | (bha) |
| 9 | 茶 | 茶 | 拏 | (da) | 30 | 車 | 車 | 車 | (cha) |
| 10 | 沙 | 沙 | 灑 | (ṣa) | 31 | 娑摩 | 娑麼 | 娑麼 | (sma) |
| 11 | 他 | 縛 | 嚩 | (va) | 32 | 訶娑 | 訶婆 | 訶嚩 | (hva) |
| 12 | 那 | 哆 | 哆 | (ta) | 33 | 訶 | 縒 | 哆娑 | (tsa) |
| 13 | 那 | 也 | 也 | (ya) | 34 | 伽 | 伽 | 伽 | (gha) |
| 14 | 史吒 | 瑟吒 | 瑟吒 | (ṣṭa) | 35 | 吒 | 吒 | 姹 | (tha) |
| 15 | 迦 | 迦 | 迦 | (ka) | 36 | 拏 | 拏 | 儜 | (ṇa) |
| 16 | 娑 | 娑 | 娑 | (sa) | 37 | 娑頗 | 娑頗 | 頗 | (pha) |
| 17 | 摩 | 麼 | 莽 | (ma) | 38 | 娑迦 | 娑迦 | 娑迦 | (ska) |

11 https://cbetaonline.dila.edu.tw/zh/T10n0293_p0804a28

| No. | 佛駄跋陀羅 | 實叉難陀 | 般若 | | No. | 佛駄跋陀羅 | 實叉難陀 | 般若 | |
|---|---|---|---|---|---|---|---|---|---|
| 18 | 伽 | 伽 | 誐 | ᡣ(ga) | 39 | 闍 | 也娑 | 夷娑 | ㄹ(ysa) |
| 19 | 娑 | 他 | 他 | थ(tha) | 40 | 多娑 | 室者 | 室者 | श(śca) |
| 20 | 社 | 社 | 惹 | ज(ja) | 41 | 侘 | 侘 | 侘 | ट(ṭa) |
| 21 | 室者 | 鎖 | 娑嚩 | स्व(sva) | 42 | 陀 | 陀 | 茶 | ढ(ḍha) |

『화엄경』「입법계품」에서 선지중예 동자는 위의 42자모만을 말해준 것이 아니라 각 글자에 대응하는 수행 덕목도 상세하게 제시한다. 실차난타역의 80권 『화엄경』에 보면, "아阿 자를 부를 때 반야바라밀다문에 들어가나니, 그 이름은 '보살의 위력으로 차별이 없는 경계에 들어감'입니다. …… 타陀 자를 부를 때 반야바라밀다문에 들어가나니, 그 이름은 '모든 법륜의 차별한 창고'입니다."[12]라고 하여, '아' 자부터 '타' 자까지의 42가지의 수행 덕목을 서술한다. 그리고 42자모를 부르는 것이 반야바라밀다문에 들어가기 위한 방편임을 밝힌다.

이와 같은 화엄 42자모는 『열반경涅槃經』의 49(또는 50)자모와 같이 확대되거나, 『대일경大日經』의 34자모처럼 축소되었다. 비록 변형되기도 했지만, 화엄 42자모에 운율을 덧붙인 범패의 형식은 송宋·명明·청淸을 거쳐 현재까지 이어지고 있다. 현재 중국에서 화엄 자모가 불리는 경우는 비로자나불을 모시는 대형 법회나 수륙법회 중 하단의식 순서에서 방염구불사防焰口佛事로 연행되는데, 지옥 중생이 화엄 자모를 창하므

---

12 『大方廣佛華嚴經』(『大正藏』 10, 418a~b)[번역: 여천 무비 역, 『대방광불화엄경강설』, 서울: 담앤북스, 2017]

로써 반야바라밀문으로 들어오도록 하는 역할을 한다.¹³

## II. 중국과 일본의 범패

### 범패의 중국 전래

인도의 범패는 구자龜玆·강거康居·소륵疏勒 등의 서역을 통해 중국으로 유입되었는데, 그 가운데에서 구자국의 음악과 관련된 기록이 눈에 띈다. 돈황곡敦煌曲(伯3065)의 '태자입산수도찬太子入山修道讚'에서 "하늘의 선악을 함께 연주하는데, 그 음율은 구자의 운율이다."¹⁴라는 기록은 구자국의 음악이 매우 훌륭했음을 보여준다. 이 외에도 구자의 음악은 『구당서舊唐書』「음악지音樂志」, 『신당서新唐書』「예악지禮樂志」, 『당육전唐六典』, 『통전通典』 권146 「사방락四方樂」 등에 연주자의 복장과 무용수의 복장, 사용된 악기명과 그 숫자가 대동소이하게 기록되어 있다.¹⁵ 이와 같이 서역을 통해서 전래된 불교음악인 범패는 경전과 같은 불교의 다른 분야에 비해 널리 전파되지 못하였다.¹⁶ 범패가 중국인들의 마음을 사로잡지 못한 원인은 인도어와 중국어라는 언어의 글자와 음율

---

13 윤소희, 「『화엄경』「입법계품」의 音과 字에 대한 고찰」, 『한국불교학』 76, 한국불교학회, 2015, p.244
14 박범훈, 「한국범패의 역사적 전래에 관한 연구」, 『불교문화연구』 1, 동국대학교 불교사회문화연구원, 2000, p.416 재인용.
15 홍주희, 「고대 서역 구자악의 신강 지역 전파와 수용」, 『동북아문화연구』 22, 동북아시아문화학회, 2010, p.199
16 『高僧傳』(『大正藏』 50, 415a)

의 차이에서 비롯된 것으로 파악된다.

> 범패의 소리는 중복음이고 한어는 단음이다. 만약 범패의 소리로 한어를 읊는다면, 소리는 남지만 게송이 부족해지고, 한어의 음곡으로 범패의 글을 읊는다면 음운은 짧고 가사는 길어진다. 그러므로 부처님의 말씀은 번역한 것이 있지만 범패의 소리는 전수되지 않았다.[17]

인도와 중국의 소리는 중복음과 단음이라는 근본적으로 다른 음이어서, 하나의 언어로 다른 언어의 것을 읽으면 음운과 가사의 길이가 달라서 한쪽은 길고 한쪽은 짧게 된다. 따라서 소리가 중심이 되는 범패는 쉽게 중국인들에게 받아들여질 수 없었을 것이다. 인도의 범패와 한어가 서로 맞지 않는다는 사실에 대해 범어와 한어 모두를 구사할 수 있었던 구마라집도 "범문을 중국어로 바꾸면 그 아름다운 문채를 잃는 것이다. 아무리 큰 뜻을 터득하더라도 문장의 양식이 아주 동떨어지기 때문에 마치 밥을 씹어서 남에게 주는 것과 같다. 그러므로 맛을 잃어버릴 뿐만 아니라, 남으로 하여금 구역질이 나게 하는 것이다."[18]라고 밝혔다. 범어를 한어로 바꾸는 과정에서 중국인들에게 불교 경전과 범패를 인도 본래의 형태대로 전하지 못하는 어려움을 토로한 것이라고 할 수 있다.

중국으로 전래된 인도의 범패는 중국적 성향의 전독轉讀을 더하게 되면서 새로운 국면을 맞이하여 널리 유행하였다. 중국인들은 범패를 송찬을 위주로 찬문을 노래하는 것으로 여기고, 한역된 경전에 음율을 붙

---

**17** 『高僧傳』(『大正藏』 50, 415a)
**18** 『開元釋教錄』(『大正藏』 55, 515a)

여 경전을 읽는 전독과 구별하였다. 이와 같은 중국에서의 분류에 근거한다면 '범패'의 동의어들은 게송 부분은 '패찬唄讚, 창송唱頌, 찬게讚偈,'로, 산문 부분은 '가찬歌讚, 전독, 영경詠經'으로 표현될 수 있을 것이다.[19] 이와 같은 전독은 위나라 조조曹操의 아들인 조식曹植(192~232)이 만들었다고 전해지고, 한 걸음 더 나아가 범패도 조식에게서 시작되었다고 한다.

일찍이 어산魚山에 유람하다가 문득 공중에서 범천의 음향을 들었는데 맑고 날아갈 듯 경쾌하며, 또한 애수가 깃들어 있고, 귀여운 그 음향에 감동하여 홀로 오랫동안 듣고 있었는데, 시자(侍御)는 듣지 못하였다. 조식은 깊이 신비한 이치에 감응하고 법에 감응하여 깨달았다. 이에 그 성음聲音의 음률을 기리어 옮겨서 범패로 만들고, 글을 짓고 음률을 지어 후대에 전하게 하였으니, 범성梵聲이 빛나게 드러남은 여기에서 시작된 것이다."[20]

위는 664년에 도선道宣(596~667)이 저술한 『집고금불도론형集古今佛道論衡』에서 조식이 어산에서 신비한 소리에 감응하여 범패를 만들었다고 한 내용이다. 『고승전』이나 『법원주림』 등에서도 유사한 기록이 발견되는데, 이들은 '범패'를 범천의 소리로 정의하고 있다는 점에서 공통된다. 즉, 범패가 인도에서 온 것이라기보다는 조식이 범천의 소리를 직접 듣고 만들었으므로 그 기원이 중국에 있다고 인식한 것이다. 이와 같이

---

19 윤소희, 「불교음악의 기원과 전개」, 『한국음악사학보』 44, 한국음악사학회, 2010 참조.
20 『集古今佛道論衡』(『大正藏』 52, 365c)

조식이 범패의 창시자로 일컬어지는 것은 중국에서 범패를 '어산범패'라고 부르는 것과도 관련된다. 한편, 조식이 아닌 오吳나라에 활동한 월지月氏국 출신의 지겸支謙(222~253)을 중국 범패의 창시자로 보는 문헌도 있다. 중국 범패에 〈고유마古維摩〉나 〈서응본기瑞應本起〉가 많고 범패에서 한역이 중요한 위치를 차지하는 것에 근거하여, 『불설유마힐경佛說維摩詰經』·『대명도무극경大明度無極經』·『서응본기경瑞應本起經』을 포함한 다수의 경전 번역한 지겸이 범패에 조식보다 더 조예가 깊었을 가능성이 높으므로 중국 범패를 만들었다고 판단한 것이다.[21]

## 중국의 범패승

조식과 지겸 이후에 그들의 범패를 계승하는 많은 범패승들이 등장하였다. 우선은 오나라에서 활동한 강거국 출신의 강승회(康僧會, ?~280)를 들 수 있다. 그는 학문의 폭이 넓고 언어에 뛰어나서 『오품경吳品經』과 『보살정행경菩薩淨行經』 등 14부 29권을 번역하였고, 범패에도 능하여 『열반경』을 토대로 만든 '니원패泥洹唄'를 전하였다.[22] 강승회는 지겸과 동시대의 인물로 지겸과 마찬가지로 많은 경전을 번역하였고, 인도와 중국을 모두 알았기에 범패를 다루기에 적절한 능력을 갖추고 있었다. 그 외에 서역인인 백시리밀다라帛尸梨密多羅도 호패삼계胡唄三契와 고성범패高聲梵唄 등의 범패에 능했고, 지도림支道林(314~366)은 『아미타불상찬阿彌陀佛像讚』과 『석가문불상찬釋迦文佛像讚』 등을 지었

---

21 조명화, 「중국불교의 송찬문학」, 『불교학보』 60, 동국대학교 불교문화연구원, 2011, p.302 참조.
22 『法苑珠林』(『大正藏』 53, 575c); 『古今譯經圖紀』(『大正藏』 55, 352b) 참조.

다.²³

　강승회로 인해 강남 지역에 범패가 유행하였는데, 영가永嘉의 난 (307~312) 이후에는 북쪽의 승려들이 남쪽으로 이동하면서 강남 지역은 범패가 더욱 활성화되었다. 그래서 당시 강남의 보화산寶華山 총림의 범패가 주도적인 위치를 차지했고, 그 영향으로 강소·절강 사원의 범패도 발전하면서²⁴ 다수의 범패승이 배출되었다. 범패승들은 『고승전』의 여덟 분류 가운데 「경사經師」편에서 다루어지는데, 혜교 당시 중국불교에서 범패가 중요한 위치를 차지하고 있었고, 고승이 되는 기준 중 하나가 범패와 관련 있음을 알 수 있다. 여기에서 처음 언급하는 인물은 백법교帛法橋(3세기 중반~4세기 중반)로 어릴 때부터 전독을 좋아했지만 소리가 유창하지 않아, 단식하면서 참회하며 기원하였다고 한다. 7일째 되던 날 목구멍이 트이는 느낌이 들어 게송을 소리 내어 읽으니 목소리가 마을까지 들렸고, 그 이후에도 경을 소리 내어 외웠는데 90세까지 변함이 없었다고 한다.²⁵

　지담약支曇籥은 월지국月氏國 사람으로 건업에 머물다 동진 효무제孝武帝(재위 372~396)의 칙명을 받고 건초사에 머물렀다. 그는 육언범패六言梵唄를 지었는데, 그의 소리는 "울림은 맑고 길게 늘어지며, 사방으로 퍼졌다. …… 시종 순환하는 것이 이제껏 담약과 같이 묘한 목소리는 없었다."²⁶고 묘사될 성노로 뛰어났다. 지담약의 제자인 법평法平과 법등法等은 모두 범패를 잘했지만 아우인 법등이 더 뛰어나, 그가 3단으

---

23 조명화, 앞의 논문, p.304 참조.
24 윤소희, 앞의 논문, 2015, p.229
25 『高僧傳』(『大正藏』 50, 413b)
26 『高僧傳』(『大正藏』 50, 413c)

로 박자를 나누어 경을 외우는 소리에 재齋에 참석한 대장군이나 법사도 탄복하였다고 한다.[27] 이들과 함께 백마사에 머물렀던 석승요釋僧饒는 유송劉宋의 무제武帝와 문제文帝 시대에 명성이 높았던 범패승이다. 그의 가락은 넉넉하며 느긋하고, 우아한 화음은 슬프고도 막힘이 없었고, 그의 소리를 들으면 지나가던 사람들이 길을 멈추지 않는 사람이 없었다고 한다.[28]

석담천釋曇遷과 석법창釋法暢의 제자 석승변釋僧辯은 그들의 기풍에 자신만의 애절하고 아름다운 소리를 절충하여 북제北齊 초에 독보적인 존재였다고 한다. 그는 특히 〈고유마〉1계와 〈서응칠언게〉1계에 뛰어났다고 하는데, 그가 경을 읽으면서 처음으로 가락을 한 번 변경하니 한 무리의 학들이 모여들었다가 경 읽기를 마치자 모두 날아갔다고 하는, 그의 명성을 보여주는 일화도 있다.[29] 이 외에도 『고승전』에는 승공僧恭, 도혜道慧, 지종智宗, 혜보慧寶, 도전道詮, 담지曇智, 도랑道郞, 법인法忍, 지흔智欣, 혜광慧光, 담빙曇憑, 도광道光, 법린法隣, 담변曇辯, 혜념慧念, 담간曇幹, 담진曇進, 혜초慧超, 도수道首, 담조曇調 등의 범패에 뛰어났던 이들의 이름을 전한다. 수·당 대에 번창했던 범패는 송·명·청으로 이어지면서 이전 시대의 형태를 계승하는 정도에 지나지 않았다. 그래서 점차 전독과 범패를 구분하는 경향이 사라지고, 여러 유파로 갈라지는 등 변형되었다. 더욱이 범패를 행할 때 앞뒤의 소리를 구분 없이 합하거나, 기존의 운에 따르지 않고 임의로 문장을 나누어 그에 따라 음운을 맞추는 등의 와전으로 인해 소리도 문장도 어긋나서 본래의 형태는

---

27 『高僧傳』(『大正藏』 50, 413c)
28 『高僧傳』(『大正藏』 50, 413c~414a)
29 『高僧傳』(『大正藏』 50, 414b)

사라지게 되었다.[30]

## 일본의 덴다이 쇼묘

일본에서는 인도 바라문교의 오명五明 가운데 범패에 대응하는 소리에 관련된 학문인 '성명聲明(śabda-vidyā)'을 그대로 사용하여 범패를 '쇼묘(聲明)'라고 한다. 쇼묘는 범찬梵讚·한찬漢讚·화찬和讚으로 분류할 수 있는데, 범찬과 한찬은 모두 불보살의 덕을 찬탄하는 것으로 범어와 한어의 언어적 차이에 따른 구분이다. 화찬은 일본의 종파나 종파의 종조를 찬탄하기 위해 창작된 것으로 일본어로 되어 있다.

나라(奈良, 710~793) 시대 이전에 일본은 백제로부터 불교를 받아들이면서 당시 행해지던 범패를 포함한 여러 불교의례가 함께 유입되었을 것으로 보인다. 하지만 720년에 당나라의 승려 도영道榮이 중국 범패를 가지고 일본으로 오면서, 일본 천황은 각지 사원들의 전창과 예배에서 반드시 이러한 당음唐音을 사용하도록 하고 다른 모든 창법을 금지시켰다.[31] 그 이후 헤이안(平安, 794~1191) 시대에 일본의 승려의 승려 구카이(空海, 774~835)와 사이초(最澄, 767~822)가 당나라에 가서 직접 중국의 범패를 들여오면서 일본 쇼묘는 틀을 갖추게 된다. 구카이의 진언종과 사이초의 천태종의 쇼묘의 영향을 받아 각 종파에서도 쇼묘를 행하는데, 종파적인 특성에 따라 쇼묘의 성향에도 약간의 차이가 나타나게 된다. 그 가운데 천태天台·진언眞言·진종眞宗·선계禪系·정토淨土가 대

---

30 『高僧傳』(『大正藏』50, 415b)
31 백일형, 「신라 진감 선사 범패에 관한 소고」, 『동방학』 6, 한서대학교 동양고전연구소, 2000, p.43

표적이라고 할 수 있는데, 본고에서는 규모나 영향력이 가장 큰 천태 즉 덴다이(天台) 쇼묘를 중심으로 살펴보려고 한다.

덴다이 쇼묘의 시작[32]은 일본 천태종의 종조인 사이초이지만, 그 부흥은 엔닌(圓仁, 794~864)에서부터 일어난다. 그는 당나라에서 847년에 귀국한 이후, 자신이 배운 중국의 범패를 고카노타이쿄쿠(五箇大曲), 도쿠교센포쿄쿠(獨行懺法曲), 본모카이혼(梵網戒品), 인제이넨부츠(引聲念佛), 쵸인쿠쵸샤쿠죠(長音九條錫杖)로 분류하여 후학들에게 가르쳤다. 그의 제자 안넨(安然)은 『실담장悉曇藏』을 저술하여 의례 율조와 범음을 정립했고, 죠조(淨藏)는 쇼묘 악곡에 대한 음률 체제를 정리하였다. 이를 통해 헤이안 중기에 쇼묘의 음악적 수준이 상당히 상승되었다.

하지만 시간이 흐르면서 각 지역으로 퍼진 쇼묘는 다양한 형태의 변형이 나타났다. 그래서 료닌(良忍, 1073~1132)은 야마시로 오하라교잔(山城 大原魚山)에서 쇼묘를 집대성하여 정리하였고 다섯 유파를 통일하였다. 그는 히에이잔(比叡山)의 의례를 전담하면서, 1109년에 쇼묘 전문 도량인 내영원來永院을 건립하여 후학을 양성하였고 지금까지도 그 전통이 이어지고 있다. 동시에 황실의 추선의식도 담당하면서 황실과의 돈독한 관계를 통해 쇼묘를 부흥시켰다. 료닌은 염불융통종念佛融通宗도 만들었는데, 그의 염불은 정토진종의 개조 신란(親鸞, 1173~1262)으로 이어졌다. 료닌의 제자 게칸(家寬)은 1172년에 고시라카와(後白河) 법황의 요청에 의해 『이권초二卷抄』를 저술했는데, 이 문헌은 후대 각종

---

32 덴다이 쇼묘의 역사는 윤소희, 「일본의 시아귀회와 쇼묘에 관한 연구」, 『정토학연구』 33, 한국정토학회, 2020, pp.40~41; 「천태성명과 진언성명에 관한 연구」, 『동아시아불교문화』 43, 동아시아불교문화학회, 2020, pp.484~485; 「일본 쇼묘의 악조와 선율 분석」, 『국악원논문집』 42, 국립국악원, 2020, p.241를 참조하여 정리함.

쇼묘집의 기초가 되었다.

　가마쿠라(鎌倉, 1185~1333)에 이르러, 단치(湛智)는 아악 이론을 근간으로 하여 쇼묘의 선법·박자·악곡 구성 등의 이론을 체계화하여『성명용심집聲明用心集』을 저술하였다. 그의 제자 슈카이(宗快)는『어산목록魚山目錄』을 집필하여 오하라 쇼묘를 악보화한 '슷톤즈(出音圖)'를 곡별로 나타내었다. 교넨(凝然)은 단치나 슈카이의 이론을 참조하여『음곡비요초音曲秘要抄』를 출간하였고, 이를 바탕으로 3종 선법인 율곡·중곡·여곡과 오음·육조자·칠성·십이율을 정비하였다. 그리고『성명원류기聲明源流記』를 저술하여 료닌→라이쵸(賴澄)→겐쵸(玄澄)→모로나가(師長)의 계보를 이었다. 가쿠엔(覺淵)은 쇼묘의 음악 이론이나 실창 자료를『제성명구전수문급주지諸聲明口傳隨聞及注之』로 남겼다. 겐운(玄雲)은『성진요초聲塵要抄』를 통해 강식 읽는 법과 쇼묘의 구결법 등을 설명하였다.

　센고쿠(戰國, 15세기 중반~16세기 후반) 시대부터 에도(江戶, 1603~1868) 시대 초기까지는 전란으로 인한 혼돈의 시기였다. 이러한 상황에서도 1476년에 오하라 교잔 죠로쿠도(丈六堂)와 고하나조노인(後花園院)에서 세이키(聖忌) 법회와 오센보코(御懴法講)가 행해질 만큼 황실과의 관계 속에서 쇼묘는 계승되었다. 가쿠슈(覺秀, 1817~1883)는 덴다이 쇼묘의 자료를 집성하여『어산총서魚山叢書』194권과『성명조자사聲明調子事』를 출간하였다. 20세기에 이르러서는 다키도닌(多紀道忍)과 요시다 츠네조(吉田恒三)가『천태성명대성天台聲明大成』2권을 찬술하였다. 이들의 제자인 나카야마 겐유(中山玄雄)는『천태상용법의집天台常用法儀集』과『천태법식작법집天台法式作法集』등을 저술하였다.

# III. 신라: 범패의 전개와 융합

## 월명사의 향가와 범패

한반도에서 범패에 대한 기록은 1145년에 김부식金富軾 등이 편찬을 완료한 『삼국사기三國史記』와 1281년에 일연一然이 저술한 『삼국유사三國遺事』에서 찾을 수 있다. 기록의 시기를 기준으로 살펴보면, 『삼국유사』 권3 「흥법興法」편 '원종흥법 염촉멸신'조條가 가장 이르다. 이 조는 진흥왕이 544년의 대흥륜사 완공과 관련되어 있는데, 이 가운데 "흥륜사의 영수 선사가 이 무덤에 예불하는 향도를 모아서 매달 5일에 혼의 묘원을 위해 단을 모으고 범패(梵)를 지었다."[33]는 문장에서, 544년에 이미 신라에 '범패'가 유입되어 있었음을 알 수 있다.

이어서 『삼국유사』 권5 「감통」편의 '월명사도솔가月明師兜率歌'조에 범패에 대한 언급이 나타난다. "경덕왕 19년 경자 4월 삭에 두 해가 함께 나타나 10일이 지나도 사라지지 않았다. 일관日官이 아뢰기를 '인연이 있는 중을 청하여 산화공덕을 행하면 물리칠 수 있을 것입니다.'라고 하였다. …… 이때에 월명사가 밭두둑의 남쪽 길을 가고 있으니 왕이 사람을 보내 그를 불러오게 하여 단을 열고 계문을 짓게 하였다. 월명사가 아뢰었다. '신승은 단지 국선의 무리에만 속하여 향가鄕歌만 풀 뿐이고 성범聲梵은 익숙하지 않습니다.' 왕이 '이미 인연 있는 중으로 뽑혔으니 비록 향가를 쓰더라도 좋다.'라고 하였다. 월명사가 이에 〈도솔가〉를 지어서 읊었다. ……"[34]라고 기록되어 있는데, 이 가운데 월명사가 경덕

---

33 『三國遺事』 卷第3, 「興法」 '原宗興法 厭髑滅身'條
34 『三國遺事』 卷第5, 「感通」 '月明師兜率歌'條

왕에게 익숙하지 않다고 한 '성범'은 바로 범패를 가리킨다. 이를 통해서 경덕왕 19년인 760년에도 신라에서 범패가 행해지고 있었음을 파악할 수 있다.

이 조에서 주목되는 부분은 월명사가 '향가'와 '성범'을 구분하여 말하는 것이다. 우선 월명사가 부른 '향가'풍의 범패를 보면, 향가는 범어로 된 진언이나 다라니 혹은 중국에서 한역되거나 만들어진 게송과는 다르게 향찰로 표기된 시가이다. 즉, 서역을 통한 범어범패나 중국을 통한 한어범패가 한반도에 유입되기 전에 불리던 우리 고유의 범패 형식이라고 할 수 있을 것이다.

현재 『삼국유사』에는 14수가 남아 있는데 그 가운데 『삼국유사』에서 승려[師]가 짓거나 불교와 관련 있는 내용은 8가지 정도 확인된다. 첫째는 『삼국유사』 권5 「감통」편 '융천사融天師의 혜성가彗星歌'조의 진평왕眞平王 대에 나타난 혜성을 사라지게 한 융천사의 〈혜성가〉이다. 둘째는 『삼국유사』 권5 「감통」편 '광덕엄장'조의 문무왕 대에 만들어진 서방정토 왕생을 기원하는 〈원왕생가願往生歌〉이고, 셋째는 위의 '월명사도솔가'조의 월명사가 일찍 죽은 누이를 위한 재를 올리면서 만든 〈제망매가祭亡妹歌〉이다. 넷째와 다섯째는 『삼국유사』 권2 「기이」편 '경덕왕·충담사·표훈대덕'조의 경덕왕이 백성을 편안히 다스리기 위해 충담사에게 청하여 만들어진 〈안민가安民歌〉와 〈찬기파랑가讚耆婆郎歌〉이다. 여섯째는 『삼국유사』 권5 「의해」편 '양지사석'조의 선덕왕 대에 영묘사를 만들 때 대중들이 불사를 돕는 공덕을 노래한 〈풍요風謠〉이고, 일곱째는 『삼국유사』 권5 「피은」편 '영재우적'조의 원성대왕 대의 승려 영재가 도적을 교화시킨 〈우적가遇賊歌〉이다. 이 가운데 〈혜성가〉는 향가의 신묘한 힘을 나타내고, 〈원왕생가〉와 〈제망매가〉는 왕생을 주제로 하고, 〈풍요〉

와 〈우적가〉는 불교의 교리와 공덕의 내용을 노래로 표현한 것으로, 월명사의 〈도솔가〉와 같은 '향가'풍 범패라고 볼 수 있다.

고려시대 균여均如(923~973)의 전기인 『균여전均如傳』 제7 「가행화세분歌行化世分」에도 〈보현십원가普賢十願歌〉라는 향가가 전해진다. 균여는 『화엄경』의 「보현행원품普賢行願品」을 토대로 〈예경제불가〉, 〈칭찬여래가〉, 〈광수공양가〉, 〈참회업장가〉, 〈수희공덕가〉, 〈청전법륜가〉, 〈청불주세가〉, 〈상수불학가〉, 〈항순중생가〉, 〈보개회향가〉, 〈총결무진가〉의 11수의 향가를 지었다. 『화엄경』에서 설하는 열 가지 공덕행의 순서를 그대로 따르고 있는 〈보현십원가〉를 통해 신라의 향가가 신행에 수반되는 범패였고,[35] 그것이 고려시대에도 이어졌을 것으로 보인다.

다음으로 월명사가 부르지 못한 '성범'풍의 범패를 보면, '성범'이 중국의 범패와 서역을 통해 들어온 인도의 범패 중 어느 것을 가리키는지에 대한 이견이 있지만 대부분 후자로 추정한다.[36] 그 이유는 크게 두 가지로 정리해 볼 수 있는데, 첫 번째는 범패의 성향이다. 경덕왕이 월명사에게 계문을 짓게 한 것은 하늘에 두 개의 해가 나타나는 기이한 현상을 해결하기 위함이었다. 이러한 목적에 의거한다면 주술(呪)의 힘을 발휘할 수 있는 진언이나 다라니를 범어 그대로 외우는 인도 범패였을 가능성이 높을 것이다.

---

**35** 윤소희, 「향풍범패의 장르적 규명과 실체」, 『동아시아불교문화』 39, 동아시아불교문화학회, 2019, p.563 참조.

**36** '성범'을 고풍의 범패로 보는 연구로는 이혜구, 「신라의 범패」, 『한국음악연구』, 국민음악연구회, 1957, p.252가 있고, 이 고풍의 범패를 서역에서 유입된 것으로 보는 연구로는 장사훈·한만영, 『국악개론』, 한국국악학회, 1975, p.173; 윤소희, 「월명사의 성범에 관한 연구」, 『국악원논문집』 31, 국립국악원, 2015, pp.135~136 등이 있다.

두 번째는 범어의 전래 시기로, 월명사 당시 범어가 한반도에서 인도 범패를 행하고 있었는지의 여부이다. 이 사건이 일어난 760년보다 220여 년 전인 526년에 백제의 겸익謙益은 유학을 떠나 인도의 상가나대율사에 머물면서 범어를 익히고 율律을 공부하였다. 그는 530년 인도 승려 대달다 삼장倍達多三藏과 함께 귀국하여, 율종을 세우고 인도에서 가지고 온 범본『아비담장阿毘曇藏』등을 번역하였다. 이를 통해 월명사 당시에는 이미 범어가 한반도에서 유행하였고 이 언어를 할 줄 아는 사람이 있었음을 알 수 있다. 그리고 인도 범패가 유입되었을 가능성도 있으며, 만약 인도 범패가 불리고 있었다면 이것을 전문적으로 다루는 범패승도 존재했을 것으로 볼 수 있다. 이 이후에도『삼국유사』권제3「제4 탑상」편 '황룡사구층탑'조에는 551년(진흥왕 12)에 고구려 승려 혜량惠亮에 의해 백고좌회와 팔관회가 열렸다는 기록이 보인다. 불교 의례가 대규모로 행해졌다는 것은 율조가 수반되었음을 짐작하게 하고, '성범'에 영향을 주었을 것으로 유추해 볼 수 있다.[37] 그리고『일본서기日本書紀』권24「천풍재중일족희천황 황극천황天豐財重日足姬天皇 皇極天皇」2월조(642년)의 "백제의 사신이 쿤륜(崑崙)의 사신을 바다에 던졌습니다."[38] 라는 기록은 황극 원년인 642년에 백제와 서역의 교류가 있었음을 보여준다. 이것은 범어범패가 서역을 거쳐 한반도로 유입된 후 월명사 당시까지 지속적으로 행해졌을 가능성을 짙게 한다. 특히 760년과 동시대인 751년에 간행된 불국사 석가탑에서 발견된『무구정광다라니경無垢淨光大陀羅尼經』이나 758년에 제작된 갈항사의 삼층석탑에서 발견된 '준제진언准堤眞言' 등은 월명사 당시에 범어로 된 경전이나 진언이 유통되고

---

37 윤소희, 앞의 논문「월명사의 성범에 관한 연구」, p.125
38 『日本書紀』卷24「天豐財重日足姬天皇 皇極天皇」元年 2月條

있었던 사실을 보여줌으로써 '성범'이 범어범패였을 확률을 더욱 높여 주고 있다.

## 진감 선사와 당 범패

『삼국유사』의 기록과 더불어『삼국사기』에도 범패에 대한 기록이 보인다.『삼국사기』권제50 「열전列傳」 제10 '궁예弓裔'조에서 "어린 남자 아이와 어린 여자아이들로 하여금 깃발, 일산, 향, 꽃을 들고 앞에서 인도하게 하였고, 비구 2백여 명을 시켜 범패를 부르며 뒤를 따르게 하였다."[39]고 하였다. 여기에서 말한 '범패'는『삼국유사』'월명사도솔가'조의 '성범'과는 다를 것이다. 9세기 중반에 당에서 유학한 진감 선사眞鑑禪師 혜소慧昭(774~850)가 당나라의 범패를 가지고 왔기 때문이다.

범패와 관련된 진감 선사의 기록은 경상남도 하동군 화개면 운수리 쌍계사에 있는 '지리산쌍계사진감선사대공령탑비智異山雙溪寺眞鑑禪師 大空靈塔碑'[국보 제47호]에 있다. 이 탑비의 비문은 최치원崔致遠(857~?)이 지은 것으로, 구성은 도입부·전개부·결말부의 세 부분으로 나눌 수 있다. 도입부에서는 도와 사람 및 나라와의 관계, 유교와 불교의 관계, 이 비명을 짓는 이유를 밝힌다. 전개부에서는 태몽과 선사의 출생, 성장기 행위와 승려가 될 조짐, 부모의 죽음과 출가 및 구도, 도의 선사와의 만남과 고행, 환국과 지리산에서의 수도, 임금의 환대와 대사 칭호 하사, 쌍계사의 창건과 수도, 입적과 장례, 선사의 성품과 공적, 입비의 배경과 과정을 서술한다. 결말부에서는 입도入道와 교화, 창사創寺와 자

---

39 『三國史記』50, 「列傳」 '弓裔'

연, 임금의 부름과 거절, 검소한 생활과 형상, 열반과 찬자의 염원을 적었다.[40] 이 가운데 두 번째 전개부와 비문 맨 마지막의 게송에서 '범패'라는 단어가 등장한다.

> 평소 범패를 잘하여 그 목소리가 금옥 같았다. 구슬픈 곡조에 날리는 소리는 상쾌하면서도 슬프고 우아하여 능히 천상계의 신불神佛을 환희하게 하였다. 길이 먼 데까지 흘러 전해지니 배우려는 사람이 당에 가득 찼는데 가르치기를 게을리하지 않았다. 어산의 묘음을 익히려는 사람들이 다투어 콧소리를 내었던 일처럼 지금 우리나라에서 옥천의 여향을 본뜨려 하니 어찌 소리로써 제도하는 교화가 아니겠는가.[41]

위의 비문 내용은 진감 선사가 범패에 능했음을 보여주는데, 배우려는 사람이 당에 가득 찼다는 것으로도 그 명성이 자자했음을 알 수 있다. 비록 비문에서는 진감 선사가 범패를 배웠다는 기록이나 이 범패의 종류가 무엇인지에 대한 언급은 없지만, 그는 인도나 서역을 통해 전해진 범어범패가 아닌, '어산의 묘음', 즉 당나라의 범패를 중국에서 배웠을 것으로 추정된다.

우선은 진감 선사가 중국으로 유학가기 이전의 삶의 모습에서 확인할 수 있다. 그는 9세기에 진주 금미(현재의 이산) 사람으로, 재가자이지만 출가자와 같이 수행하는 아버지 슬하에서 성장하였다. 그래서인지 어린 시절에도 나뭇잎을 태워 향을 대신하고 꽃으로 공양하며 놀았고,

---

40 이구의, 「최치원의 '진감선사비명'고」, 『퇴계학과 한국문화』 35, 慶北大學校 退溪研究所, p.162
41 김태식, 이익주, 『譯註 韓國古代金石文』 III, 서울: 駕洛國史蹟開發硏究院, 1992

서쪽을 향해 무릎을 꿇은 채 한동안 움직이지 않은 적도 있었다고 한다. 이처럼 어린 시절에 승려가 될 많은 징후를 나타내고 있었음에도 불구하고 넉넉하지 않은 집안 형편 속에서 부모님을 봉양하기 위해 열심히 일에만 몰두하였기 때문에 부모님께서 돌아가신 후 중국 당나라로 떠나기 전[804년]까지는 출가하지 않고 재가자의 삶을 살았다. 따라서 진감 선사는 범패를 국내에서 배울 기회는 매우 적었을 것이다.

다음으로는 입당하여 만난 그의 스승 신감神鑒 대사의 성향에서 확인할 수 있다. 그는 입당하여 창주에서 신감 대사의 제자가 되었고, 810년에 숭산 소림사의 유리단에서 구족계를 받았다. 그의 스승 신감 대사는 마조 도일馬祖道一(709~788)의 제자로 범패에 능했던 사람으로 추정된다. 비록 『송고승전宋高僧傳』 「감통」편 '당당주운수산신감전唐唐州雲秀山神鑒傳'에는 범패와 관련된 명확한 서술은 없지만, 하급 관리였던 그의 아버지가 관청 앞에 불상을 안치하여 승려들에게 찬패하도록 하였을 때 그것을 보고 신감 대사가 좋아하며 출가하려고 했다는 부분이 있다.[42]

이 기록에 근거한다면 신감 대사는 출가 이후에 범패를 익히고 행했었을 것이고, 이러한 스승으로부터 진감 선사 역시 범패를 배웠을 가능성이 높다. 그렇다면 신감 대사와 진감 선사는 어떤 범패를 부른 것일까? 『송고승전』에서 신감 대사가 『대열반경大涅槃經』의 대의에 통달했다고 한 기록에 의거한다면, 그가 행한 범패는 강승회가 『열반경』을 토대로 만든 '니원범패泥洹梵唄'였을 확률이 크다. 진감 선사는 이 니원범패를 신라로 가지고 와 '소리로 제도하는 교화' 활동을 활발히 펼쳤을 것으로 보인다.

---

**42** 『宋高僧傳』(『大正藏』 50, 842a)

## 적산법화원의 범패

앞에서 살펴본 『삼국유사』나 「진감선사대공령탑비」에서는 '성범' 또는 '범패'라는 단어가 등장하여, 신라시대에 범패가 행해지고 있었음을 보여준다. 하지만 그것이 어떤 형태로 행해졌는지는 알 수 없는데, 일본의 승려 엔닌이 838년부터 847년까지 당나라를 순례하면서 쓴 일기인 『입당구법순례행기入唐求法巡禮行記』를 통해 신라 범패의 일면을 엿볼 수 있다. 엔닌은 당나라를 유행하면서 823년 장보고가 산동반도 적산촌에 건립한 적산법화원赤山法華院에 머물렀고, 그 당시의 일들을 상세하게 기록하였기 때문이다.

『입당구법순례행기』에서 범패와 관련 있는 기록은 838년 11월 24일 '개원사 재의식에 참석하다', 12월 8일 '개원사의 국기일 의식을 참관하다', 839년 1월 17일 '법당 앞의 형성들의 초상을 구경하다', 1월 18일 '승려들이 쌀을 고르다', 11월 22일 '적산원의 강경의식을 참관하다', 11월 22일 '적산원의 일일 강경의식을 참관하다', 11월 22일 '적산원의 송경의식을 참관하다', 840년 1월 1일 '새해인사를 하다', 5월 5일 '죽림사 재회 예불식을 보다'의 9가지이다. 이 가운데에서 적산법화원의 의식을 서술한 839년 11월 22일의 세 기록에서 범패가 어떤 형식으로 행해지고 있었는지를 확인할 수 있다.

### 적산원의 강경講經의식

…… 강사가 강당에 들어와 높은 좌석에 오르는 동안 대중들은 같은 목소리로 부처의 이름을 찬탄한다. 음의 곡조가 한결같이 신라 곡조이고 당나라 것과는 다르다. …… 이때 아랫자리에 있던 한 승려가 범패를

부르는데, 이는 완전히 당나라 풍속에 의거한 것이다. 즉 '어찌하면 훌륭한 이 경전에서(云何於此經)'라는 한 줄의 게송이었다. '바라건대 부처님, 비밀장을 열어서(願佛開微蜜)'라는 데 이르러서는 대중들이 같은 소리로 '계향정향해탈향' 등을 부른다. …… 강의가 끝나면 대중들은 같은 목소리로 음을 길게 빼며 찬탄한다. …… 강사가 자리에서 내려오면 한 승려가 '세상에 처함이 허공과 같다(處世界如虛空)'라는 게송을 큰 소리로 부른다. 음세는 본국과 거의 유사하다.[43]

우선 강경의식에서 불리는 찬탄과 범패의 순서는 '부처의 이름을 찬탄'[대중]→'어찌하면 훌륭한 이 경전에서' 게송[승려]→'바라건대 부처님, 비밀장을 열어서' 게송[승려]과 '계향정향해탈향' 등[대중]→회향사가 포함된 찬탄[대중]→'세상에 처함이 허공과 같다' 게송[승려]이 된다. 의식에 참석한 모든 사람들이 함께 범패를 부르고 있지만, 승려와 대중이 부르는 게송이 다르다. 특히 주목되는 부분은 대중들의 찬탄은 신라의 곡조임에 비해, 승려의 범패 중 '어찌하면 훌륭한 이 경전에서'는 당나라의 곡조라고 하여, 탄불과 범패가 구분되고 있음을 보여준다. 전자에서 신라의 곡조란 중국의 범패가 유입되기 이전에 이미 한반도에 존재했던, 월명사가 불렀던 향가풍 범패와 유사한 신라 고유의 곡조일 것이다. 후자는 『대반열반경』의 게송[云何於此經 究竟到彼岸 願佛開微密 廣爲衆生說]에 음율을 넣은 '니원패'일 것이다. 엔닌이 동일한 날에 기록한 '신라 일일 강경의식'에서의 범패는 '부처의 이름을 찬탄'[대중]→'어찌하면 훌륭한 이 경전에서' 게송[승려]으로 '적산원의 강경의식'에서 기술한 순서와

---

**43** 『入唐求法巡禮行記』, 開成四年 十一月

같다.

### 신라 송경誦經의식

당나라에서는 염송念誦이라 부른다. 종을 쳐서 대중을 좌정시키기를 마치면 아랫자리의 한 승려가 일어나 추를 치고 '일체를 공경하고 상주삼보를 경례하라'고 외친다. 다음에 한 승려가 범패를 불렀는데 '여래묘색신如來妙色身' 등 2행의 게송이었다. 음운은 당나라와 같다.[44]

다음으로는 송경의식인데, 당나라에서는 '염송'이라고 부른다는 기술을 통해 신라와 당에서 사용하는 명칭이 다름을 알 수 있다. 이 의식의 찬탄과 범패의 순서는 '일체를 공경하고 상주삼보를 경례하라'[승려]→'여래묘색신' 등 2행의 게송[승려]→'나무십이대원'[승려-도사]→'약사유리광불'[대중]→'나무약사'[승려-도사]→'유리광불'[대중]→'나무대자비'[승려-창도사]→'관세음보살'[대중]이다. 이 부분에서도 엔닌은 승려가 부르는 '여래묘색신' 등 2행의 게송의 음운이 당나라와 같다고 밝혔다.

강경의식과 송경의식의 '범패'를 정리해 보면, 엔닌은 '어찌하면 훌륭한 이 경전에서'와 '여래묘색신'이 당나라의 풍속과 같다고 하였다. 하지만 이것은 적산법화원이 당나라에 위치하면서 영향을 받은 결과보다는, 본래 신라에서 행해지고 있던 범패의 형태에 당니라 풍의 범패가 포함되어 있었다고 볼 수 있다. 엔닌이 839년 11월 16일 '강경법회가 시작되다'에서 "그 강경과 예참 방법은 모두 신라 풍속에 의거하였다. 다만 오후 8시경과 새벽 4시경 두 차례의 예참은 당나라 풍속에 의거하였다. 그

---

44 『入唐求法巡禮行記』, 開成四年 十一月

밖의 것은 모두 신라 말로 행하였다. 그 집회에 참석한 승려, 속인, 노인, 젊은이, 귀한 사람, 천한 사람 할 것 없이 모두 신라인이었다."[45]라고 한 서술을 통해서도 확인된다. 다시 말하면 8~9세기 신라에서는 월명사가 불렀던 향가 풍과 같은 신라 고유의 범패와 당나라의 범패가 융합되어 의식이 행해지고 있었다고 할 수 있다.

## IV. 고려-조선: 범패의 발전과 변형

### 『고려사』와 『조선왕조실록』의 범패

『고려사高麗史』에서 언급된 범패를 확인해 보면, "매 7일마다 여러 승려들에게 명하여 범패를 부르게 하여 혼여를 따라 빈전에서 사문寺門까지 가게 하니 깃발이 길을 덮으며 꽹과리와 북소리가 하늘 무서운 줄 모르고 울렸다."[46]는 공민왕이 승의 공주의 장례를 지낸 일에 대한 기사가 보인다. 여기에서는 '범패'에 대해 어떤 평가 없이 단순하게 상황을 그리고 있다. 하지만 다음에 제시할 『고려사절요高麗史節要』의 '공민왕' 부분에서는 그 시선이 다르다. "또 향리와 공·사노비가 부역을 피하고자 하여 불문에 자취를 의탁하여, 손에는 불상을 들고 입으로는 범패를 부르며 민가들을 이리저리 돌아다니면서 '민의' 재산을 소모하여 그 피해가 가볍지 않으니, 모두 체포하여 원래의 역役으로 돌아가게 하십시오."[47]

---

45 『入唐求法巡禮行記』, 開成四年 十一月
46 『고려사』 「列傳」
47 『고려사절요』 27

라고 하는데, 여기에서는 범패의 폐단을 언급하였다.

고려 말부터 보이는 불교의 '범패'에 대한 부정적인 시각은 조선시대에서도 이어진다. 『조선왕조실록朝鮮王朝實錄』에서 '범패'를 언급한 부분 중 몇 가지 예를 들어보면 아래와 같다.

> [세종실록] 또는 중의 무리를 끌어오고 불상을 맞아들여, 향화와 다식을 앞에 벌려 놓고는 노래와 춤과 범패가 서로 섞이어 울려서 음란하고 요사스러우며 난잡하여 예절을 무너뜨리고 풍속을 상하는 일이 이보다 심함이 없사오니…….[48]
>
> [중종실록] 이 어찌하여 범패 소리는 많은데 현송 소리는 들리지 않는 것입니까? 이단이 흥하는 것은 오도가 망하는 것입니다.[49]
>
> [명종실록] 아침저녁으로 궁궐 담장 모퉁이에서 범패 소리가 멀리 밖에까지 들리는데 만일 이것이 선왕의 후궁이 하는 행위라면 더더욱 부당한 일이니, 이는 조종의 영혼에 노여움을 받을 일입니다.[50]

『조선왕조실록』에 보이는 것처럼, 조선시대에 오면 불교 자체에 대한 인식이 고려시대보다 더 부정적으로 변화한 것을 '범패'에 대한 인식을 통해서도 확인할 수 있는데, '범패'를 언급한 기사는 두 가지로 분류해 볼 수 있다. 첫째는 궁궐 내에 범패 소리가 들리는 것과 관련되어 있고, 둘째는 궁궐 밖에서 행해지는 범패에 대한 것이다. 우선, 궁궐 내에 범패 소리가 들리는 것과 관련된 내용은 시간이 흐를수록 신하들의 범

---

[48] 『조선왕조실록』「세종실록」 53, 세종 13. 8.2.갑오 4번째 기사(1431)
[49] 『조선왕조실록』「중종실록」 65, 중종 24. 4.25.경인 4번째 기사(1529)
[50] 『조선왕조실록』「명종실록」 15, 명종 8. 9.15.무오 1번째 기사(1553)

패에 대한 부정적 인식이 강화되는 것으로 파악된다. '음란하고 요사스러우며 난잡하여 예절을 무너뜨리고 풍속을 상하는 일', '영혼에 노여움을 받을 일' 등과 같이 범패를 서술하는 표현을 통해 확인할 수 있다. 하지만 신하들의 부정적 시각이 왕과 동일하다고는 할 수 없다. 신하들의 상소를 왕이 항상 수용한 것은 아니었기 때문이다. 「단종실록」을 예로 들 수 있는데, 이 기사는 내불당 철거를 주제로 한 상서이고 이에 대해 왕은 처음에는 대신들에게 의논하라고 하였다.[51] 그 결과 3일 뒤 유성원 등은 "범패의 소리가 원묘를 시끄럽게 뒤흔들고 궁내(大內)에까지 이른다."[52]는 등의 이유로 불당 철거를 청했고, 또 다시 3일 뒤 성삼문 등이 "범패의 소리가 아침저녁으로 어소御所를 시끄럽게 한다."[53]는 등의 이유로 상소했으나 왕은 허락하지 않았다.

한편, 『조선왕조실록』에서 '범패'에 대한 부정적 인식이 표출되고 있다는 것은 궁궐 안에서 범패가 계속 행해지고 있었다는 반증이 된다. 이러한 범패는 궁궐 밖에서도 지속적으로 행해졌는데 『조선왕조실록』의 아래와 같은 기사를 통해서 확인할 수 있다.

> [세종실록] 신곡新曲을 지어 관현管絃에 올리고, 악기樂器를 모두 새로 만들어서 공인工人 50명과 무동舞童 10명으로 미리 연습시켜서 부처에게 공양하여, 음성공양音聲供養이라고 일렀으니, 종鍾 · 경磬 · 범패梵唄 · 사絲 · 죽竹의 소리가 궁내(大內)에까지 들리었다.[54]

---

51 『조선왕조실록』 「단종실록」 10, 단종 2. 1.3.을묘 2번째 기사(1454)
52 『조선왕조실록』 「단종실록」 10, 단종 2. 1.6.무오 1번째 기사(1454)
53 『조선왕조실록』 「단종실록」 10, 단종 2 1.9.신유 4번째 기사(1454)
54 『조선왕조실록』 「세종실록」 122, 세종 30. 12.5.정사 1번째 기사(1448)

[성종실록] 월산 대군月山大君의 부인이 흥복사興福寺에서 법회(法筵)을 베풀었는데, 나번羅幡·보개寶蓋가 눈부시기가 해와 달과 같았으며, 범패의 소리가 바위와 골짜기를 뒤흔들었습니다.[55]

[중종실록] 수륙재水陸齋를 지내느라 범패의 소리와 불전을 꾸미는 깃발이 사람들의 이목을 놀라게 한다고 하는데 이는 근래에 없던 일입니다.[56]

위의 기록 외에도 「명종실록」[57]에도 범패가 언급되고 있어 1551년까지도 지속적으로 범패가 행해졌음을 확인할 수 있다. 신곡을 짓고 악기도 새로 만들었다는 「세종실록」의 기사는 범패를 포함한 불교음악이 전통에만 의지하지 않고 조선만의 새로운 형태로 창조되었음을 보여준다. 이와 같은 기록에서 하나의 공통적인 특징을 발견할 수 있는데, 범패에 대한 민중들의 수요가 상당했다는 것이다. 「중종실록」의 다른 기사에서도 "중들이 점점 많아져 동아리를 지어 깊은 산에만 절을 짓는 것이 아니라 들판에까지도 암자다 재사齋舍다 하면서 지어대어 범패 소리가 서로 잇달아 들리고 있으니……."[58]라고 하여, 당시 범패의 성행 정도를 파악할 수 있다.

---

55 『조선왕조실록』「성종실록」 289, 성종 25. 4. 17. 을해 3번째 기사(1494)
56 『조선왕조실록』「중종실록」 81, 중종 31. 4. 7. 신묘 2번째 기사(1536)
57 『조선왕조실록』「명종실록」 11, 명종 6. 3. 28. 병진 3번째 기사(1551)
58 『조선왕조실록』「중종실록」 88, 중종 33. 9. 26. 병신 3번째 기사(1538)

## 각필악보와 의례집

범패가 신라부터 고려와 조선을 거쳐 현대까지 지속되었던 이유 중 하나로 범패의 악보나 형식을 기록하여 문헌으로 남긴 것을 들 수 있다. 그 시작점을 찾는다면 경전 등의 문헌에 범패의 음을 표시한 각필角筆 악보로 거슬러 올라갈 수 있다. '각필'이란 대나무나 사슴뿔 등 날카로운 도구로 글자 옆에 자국을 내어 발음이나 해석 등을 나타낸 것이다. 한국에서 발견된 각필 문헌은 현재까지 약 50여 점이 있는데, 7세기 후반부터 19세기까지 각필이 사용된 것을 확인할 수 있다.[59] 현존하는 각필 문헌 중 가장 오래된 것은 원효元曉의 『판비량론判比量論』(671)이다. 현재 완본은 전하지 않고 동일한 필사본에서 잘려진 것으로 추정되는 단간들이 일본에 소장되어 있는데, 전체의 약 21.4%에 해당하는 187행이 발굴되었다.[60]

각필에는 여러 종류가 있는데, 훈점訓點·구결口訣·절박사節博士·합부合符 등이 있는 것으로 알려져 있다. 이 중 가는 선으로 음의 높낮이 및 길이를 그림처럼 그려 놓은 절박사가 각필악보에 해당한다.[61] 현존하는 각필악보 중 성암고서박물관 소장 『묘법연화경』 권1과 권8이 가장 이른 것으로 고려 때 간행되었다. 이 문헌은 두루마리 형태의 목판본으로

---

59 小林芳規, 西村浩子, 「韓國遺存の角筆文献調査報告」, 『訓点語と訓点資料』 107, 訓点語学会, 2001, p.44~45
『판비량론』과 『법화경』을 포함한 각필 문헌은 고바야시 요시노리 교수에 의해 소개되었다.
60 동국대학교 불교문화연구원 HK연구단 엮음, 『원효 『판비량론』의 신역주』, 서울: 학교법인 동국대학교 출판문화원, 2021, p.50
61 법현, 『한국의 불교음악』, 서울: 운주사, 2005, p.55

총 7권의 기존 판본과 달리 총 8권의 판본으로는 처음 발견된 희귀본이다. 고려대장경이나 중국판본에는 없는 한자가 사용된 점을 미루어 신라 말이나 고려 초 국내에서 찍은 것으로 추정되고 있다.[62] 이 판본에는 행간에 소리의 길이와 음의 높낮이를 표시하는 선들이 표기되어 있다. 소리의 길이는 글자의 위·가운데·아래 각각의 왼쪽·중앙·오른쪽 아홉 지점 중 한 곳에서 선을 시작하여 1cm에서 8cm 정도 사이에서 길이에 차이를 두어 나타내었다. 음의 높낮이는 선의 시작과 끝을 위에서 위로, 아래에서 아래로, 아래에서 위로, 위에서 아래로 다르게 하여 표시하였다.

각필악보 외에 범패 악보의 종류로는 탁점보, 사성점보, 동음보 등이 있는데, 고려와 조선시대에 발행된 의례집에서 그 흔적을 발견할 수 있다. 탁점보는 『오대진언집五大眞言集』(1485)과 『진언권공眞言勸供』(1496) 등이 있다. 『오대진언집』에서는 범문·한문·한글의 음역·한글 음역의 성조를 한글의 왼쪽에 방점으로 표기하였다. 사성점보는 『작법귀감』 등이 있고, 동음보는 『동음집同音集』 등이 있다.

이러한 악보 외에 의례에서 행해지는 범패를 기록한 의례집이 고려부터 조선과 근대에 이르기까지 간행된다. 『사리영응기舍利靈應記』(1449)는 인왕산에 내불당을 건립할 때 행해진 불교 의례를 기록한 문헌이다. 봉불의식을 위해 새로 만든 앙홍자시곡·빌대원지곡·용선도지곡·묘인연지곡·포법운지곡·연감로지곡·의정혜지곡의 7수 악곡과 귀삼보·찬법신·찬보신·찬화신·찬약사·찬미타·찬삼승·찬팔부·희명자의 9종 악장으로 구성되어 있다.[63]

---

62 이지선, 「17세기 각필문헌 연구」, 『한국음악연구』 41, 한국국악학회, 2007, p.4
63 윤소희, 『범패의 역사와 지역별 특징』, 서울: 민속원, 2016, p.48

수륙재 의례집에서도 수륙재의 여러 절차에서 행해지는 범패를 통해 다양한 형태를 확인할 수 있다.

수륙재는 많이 봉행된 만큼 의례집의 종류도 다양한데, 『천지명양수륙재의찬요天地冥陽水陸齋儀纂要』(1661)는 송 대 양악楊諤의 『천지명양수륙의문天地冥陽水陸儀文』을 금나라 자기仔夔가 산삭한 『천지명양수륙의문』을 죽암竹菴이 새로 편찬한 것이다. 성능聖能의 『자기문절차조열仔夔文節次條列』(1724)은 『천지명양수륙의문』을 편집한 『자기산보문』 가운데 실제 의례에서 사용되는 부분만을 모아 찬술하였다. 『수륙무차평등재의촬요水陸無遮平等齋儀撮要』(1470)는 무차대회인 수륙재 의례 절차에서 요점만을 추린 것으로, 왕실의 발원에 의해 간행되었고 가장 많이 유통되었다. 지환智還의 『천지명양수륙재의범음산보집天地冥陽水陸齋儀梵音刪補集』(1721)은 수륙재에 사용되는 범음 형태의 변화를 방지하기 위해 여러 의례집을 모아 '범음'에 중점을 두고 편찬하였다. 이것은 '범음집'이나 '어산집'으로도 불리는데 '범음'과 '어산'이라는 단어를 통해 범패와 관련 깊은 문헌임을 쉽게 알 수 있다.

의례의 절차를 가감하거나 순서를 변경하는 등에 따른 혼란을 최소화하기 위해 19세기에 등장한 종합의례집에도 범패가 포함되어 있다. 긍선亘璇의 『작법귀감作法龜鑑』(1826)은 의례들을 모아 하나의 규정을 만든 것이다. 「서」에는 "작법 절차에 대한 책들이 비록 많지만, …… 또한 경위[청음, 탁음]와 높고 낮음을 모두 구분하여 말할 수 없다."[64]라고 밝혀, 당시에 범패의 소리가 제각각이었기 때문에 일률적인 법칙이 요청되고 있음을 파악할 수 있다. 긍선은 글자의 오른쪽 위에 ○표나 ∨표로

---

**64** 『作法龜鑑』(『韓佛全』 10, 552b)

거성을, 왼쪽 위에 점 두 개로 상성을, 오른쪽 아래에 입성을, 왼편 아래에 방점傍點이 없는 평성을 표시하여 음을 규정하였다.[65] 안진호安震胡의 『석문의범釋門儀範』(1935)은 한문[상단]과 한글[하단]을 모두 표기한 것이 특징이다. 전체 18편의 구성 중 예경편(1), 송주편(3), 각청편(6), 지송편(15), 가곡편(17)에서 범패에 대한 내용을 확인할 수 있다.

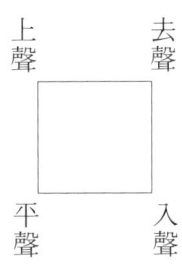

## 영산재와 범패 소리의 종류

대휘大輝의 『범음종보梵音宗譜』(1748)는 1대 국융國融(1418~1450)을 시작으로 응준應俊→혜운慧雲→천휘天輝→연청演淸→상환尙還→설호雪湖→법민法敏→혜감慧鑑으로 이어지는 15세기에서 17세기 사이에 활동한 범패승의 계보를 기록하였다. 혜감은 수많은 제자들을 배출하였는데, 그들에 의해서 범패가 지속되었다. 1912년에 제정된 '각본산사법各本山寺法'에 의해 범패가 금지되며 위기를 맞았지만, 서울 지역의 경제는 동교와 서교의 두 만월을 중심으로 범패가 전승되었다. 경상도의 '영제', 전라도의 '완제', 충청도는 '중제'도 각각 그 지역에서 맥을 이었다. 범패가 끊어지지 않고 전수될 수 있었던 이유 중 하나는 일제강점기에도 계속해서 개최된 수륙재·영산재·생전예수재 등의 의례에서 찾을 수 있다. 각 의례의 절차에서는 다양한 범패가 행해졌기 때문에 이 의례들은

---

65 거성은 맑으면서 멀리가는 소리이고, 상성은 높은 음으로 점점 높이 올라갔다가 그치는 소리이고, 입성은 높낮이가 없이 급하게 닫는 소리이고, 평성은 애절하면서도 편안함을 느끼게 하는 소리이다.

현재까지도 시행되고 있다.

다양한 의례 가운데 2009년에 유네스코 인류무형문화유산으로 등재된 영산재를 중심으로 살펴보면, 소리의 종류는 안채비 소리와 바깥채비[또는 겉채비] 소리의 두 가지가 있다. 안채비 소리는 불보살의 덕에 대한 찬탄, 권공 이유, 발원 내용 및 성취 기원 등을 많은 어구로 부연 설명하는 산문의 형태이다. 그래서 음율보다는 의미에 중점을 두고 있어 소리의 길이는 짧고 굴곡이 심하지 않아 일반 승려가 부른다. 안채비 소리는 유치由致, 착어着語, 편게編偈, 게탁偈鐸의 네 가지로 분류된다. 유치는 의례의 대상인 미타불, 약사불, 지장보살, 관음보살 등 불·보살의 덕을 찬탄하는 것이다. 착어는 불교의 진리를 담은 법어에 운율을 붙인 것이고, 편게는 주로 대비주와 진언을 사성에 맞춰 한 글자씩 일정한 박자로 노래하는 것이다. 게탁은 음의 굴곡이나 빠르기의 변화 없이 일정하게 읽는 것으로 속도를 조정할 수 있다. 그래서 의례를 진행하는 중에 시간의 조정이 필요한 경우 게탁으로 빠르게 낭송한다.

바깥채비 소리는 절구의 형태로, 고성과 굴곡이 많아 전문 범패승이 담당한다. 독창으로 하는 홋소리와 합창으로 하는 짓소리의 두 가지가 있다. 홋소리는 안채비를 거행하기 전후의 준비와 정리 시에 불리는 것이다. 칠언사구七言四句 혹은 오언사구五言四句의 한문으로 된 정형시로 되어 있다. 사구 중에서 제1·제2구를 안짝이라 부르고 제3·제4구를 밧짝[바깥짝]이라 부른다. 보통 제1구와 제3구가 같고 제2구와 제4구가 같다[AA'AA'/ABAB].[66] 짓소리는 밖에서 안 등으로 공간을 이동할 때 부르는 것이다. 박운월 소장 『동음집』에는 53곡이 기록되어 있는데, 현재 전

---

66 이용식, 「수륙재에서 범패의 구성과 기능」, 『공연문화연구』 30, 한국공연문화학회, 2015, pp.74~75

승되는 짓소리는 15종이 있으며 일부분만 짓소리로 전승되는 반짓소리 3종의 소리가 더 있다.[67]

이와 같은 범패의 안채비와 바깥채비 소리는 영산재의 12단계에서 각각 다르게 구성된다. 의식의 순서와 범패의 종류를 정리해 보면, 시련(범패9)→대령(범패10)→관욕(범패32)→조전점안(범패9)→신중작법(범패5)→괘불이운(범패15)→상단권공(범패72)→식당작법(범패43)→운수상단권공(범패51)→중단권공(범패56)→관음시식(범패17)→봉송 및 소대의식(범패9/범패5)이다. 이 가운데 한 예를 들면, 두 번째 대령에서는 거불(홋소리/짓소리), 대령소(안채비), 지옥게(평염불), 착어(안채비), 진령게(홋소리), 보소청진언(홋소리), 고혼청(안채비), 향연청(평염불), 가영(평염불), 착어(안채비)의 열 가지 범패가 행해진다.[68]

영산재 등의 의례의 핵심 요소로 그 전승을 지켜온 범패는 현재까지 이어지고 있으며, 무형문화재로 지정되면서 그 가치를 인정받았다. 1973년에는 범패승 박송암·김운공·장벽응 등이 무형문화재 제50호로, '봉원사 영산재'는 중요무형문화재 제50호로, '범패·바라춤'은 인천시 무형문화제 제10호로, '인천 수륙재'는 인천시 무형문화재 제15호로, '부산영산재'는 부산시 무형문화재 제9호로, 마산 '불모산영산재'는 경상남도 무형문화재 제22호로, '영산작법'은 전라북도 무형문화재 제18호로, '내포영산대재'는 충청남노 시정문화재 제140호로, '제주불교의식'은 제주도 무형문화재 제15호로 지정되었다.[69]

---

67 김응기(법현), 「범패 전승에 사용된 각필악보 연구」, 『음악과 문화』 12, 세계음악학회, 2005, p.78
68 자세한 내용은 법현, 앞의 책, 2005 참조.
69 채해련, 『영산재와 범패』, 서울: 국학자료원, 2011, pp.114~119; pp.156~157 참조.

## 범패, 불교를 음악으로 표현하다

범패는 붓다의 덕을 찬탄하는 게송이나 노래로, 넓게는 붓다의 말씀 즉 경전에 음율을 붙여 노래함, 청정하고 신묘한 붓다의 소리, 인도의 언어인 범어로 된 소리를 의미한다. 범패는 『묘법연화경』, 『법원주림』에 인용된 『백연경』 등 여러 경전에서 언급되고 있어, 붓다의 생존 당시부터 행해졌을 것으로 보인다. 범패의 소리를 『장아함경』에서는 바르고 곧은, 부드럽고 고상한, 맑고 트인, 깊고 그윽한, 멀리까지 두루 퍼진다고 정의했는데, 『고승전』에서 묘사된 범패승들의 소리의 특성과 동일하다. 이러한 범패를 들으면 암송한 것을 잘 잊어버리지 않는 등의 다섯 가지 이익이 있다고 『십송률』에서는 전하는데, 이와 같은 이유로 붓다는 노래를 금지하면서도 범패는 허용하였다. 범패 가운데 대표적인 것으로 화엄 42자모를 들 수 있다. 42자모는 주로 『반야경』류와 『화엄경』류에서 보이고, 『화엄경』에서는 「입법계품」의 45번째 선지식인 선지중예 동자와의 만남에서 언급된다. 선지중예 동자는 '아' 자부터 '타' 자까지의 42가지 자모를 제시하면서 각 글자에 해당하는 수행 덕목을 제시한다. 그는 42자모를 부르는 것이 반야바라밀다문으로 들어가는 길이라고 하였는데, 이와 같은 이유로 화엄 42자모는 범패로 많이 불리었고 현재까지 이어지고 있다.

인도의 범패는 구자 등의 서역을 통해 중국으로 유입되었는데, 전래 초기에는 범어와 한어라는 언어의 차이로 인해 유행하지 못하였다. 이후 경전의 번역이 이루어지면서 범패에도 한역된 경전에 음율을 붙여 읽는 전독이라는 새로운 분야가 생기면서 활기를 띠게 되었다. 중국에서는 범패의 기원을 조식이나 지겸에게 두고 있고, 그들의 소리를 강승회·지담약·석승변 등이 계승하였다. 시간이 흐르면서 범패는 여러 유파로 갈라지게 되고 본래의 형태도 많은 변형을 겪게 되었다. 일본에서는 범패를 '쇼묘'라고 부르는데, 범찬·한찬·화찬으로 분류한다. 일본 범패는 구카이와 사이초가 입당하여 범패를 직접 가지고 오면서부터 본격적으로 형성된다. 사이초를 개조로 하는 천태종의 범패, 즉 덴다이 쇼묘를 살펴보면, 그 부흥은 엔닌에서부터 시작된다. 안넨에 이어 료닌, 교넨 등이 쇼묘를 집대성하고 체계화하여 많은 문헌에 담아 출간하였고, 이들을 근간으로 현재까지 이어지고 있다.

신라에서 범패에 대한 기록은 『삼국사기』와 『삼국유사』에서 확인된다. 『삼국유사』의 '월명사도솔가'에서는 '성범'이라는 단어가 등장하여 주목된다. 월명사 당시에 범패의 형식이 '향가'와 '성범'의 두 가지 풍이 있었을 것이라는 유추를 이끌어 내기 때문이다. 향가풍 범패는 『삼국유사』에서 융천사의 〈혜성가〉를 포함한 8가지 정도가 확인되고, 고려시대 균여의 〈보현십원가〉에서도 11수가 나타난다. 성범 즉 범패에 대한 공식적인 기록 가운데 가장 이른 것은 '지리산쌍계사진감선사대공령탑비'로, 여기에는 "평소 범패를 잘하여 그 목소리가 금옥 같았다."라고 적혀 있다. 진감 선사는 당나라에서 그의 스승인 신감 선사로부터 범패를 배웠을 것으로 추정되고, 귀국 이후에는 많은 사람들에게 범패를 가르쳤다. 앞의 두 가지 기록은 신라에 범패가 있었음을 보여주지만 범패에 대한 자세한 설명은 없다. 일본 승려 엔닌의 『입당구법순례행기』를 통해 신라의 범패가 어떤 형태로 행해졌는지 그 일면을 엿볼 수 있다. 839년 11월 22일의 기록인 '적산원의 강경의식을 참관하다', '적산원의 일일 강경의식을 참관하다', '적산원의 송경의식을 참관하다'에는 법화적산원에서 신라의 풍속에 따라 행해지는 의식의 순서 및 내용과 불리는 범패의 가사 및 곡조를 상세하게 묘사하고 있다.

신라의 범패는 고려와 조선으로 이어지는데, 『고려사』·『고려사절요』·『조선왕조실록』 등의 기록을 통해 그 시대의 범패에 대한 인식을 파악할 수 있다. 고려 후기에 나타난 범패에 대한 부정적인 인식은 조선시대에도 확인된다. 『조선왕조실록』에 보이는 범패에 대한 기사는 궁궐 내에서 들리는 범패 소리와 궁궐 밖에서 행해지는 범패 소리로 분류할 수 있다. 「세종실록」에서부터 나타나는 범패에 대한 부정적 인식은 후대로 갈수록 강화되는데, 이것은 궁궐 안에서 범패가 계속 행해졌다는 반증이 되기도 한다. 이러한 범패는 궁궐 밖에서도 성행하였는데, 왕실의 요청뿐만 아니라 민중의 수요도 상당했음을 보여준다.

이와 같이 범패가 오랜 시간 동안 한반도에서 존재할 수 있었던 이유 중 하나로 악보나 형식을 문헌에 기록으로 남긴 것을 들 수 있다. 대나무나 사슴뿔 등 날카로운 도구로 글자 옆에 자국을 내어 발음이나 해석 등을 나타낸 각필악보에서 그 시작점을 찾을 수 있다. 국내 문헌 중 현존하는 최초의 각필 문헌은 원효의 『판비량론』 필사본이고, 현존하는 문헌 중 가장 이른 시기의 각필악보는 성암고서박물관 소장의 『묘법연화경』 권1과 권8의 목판본이다. 이러한 악보 외에 의례에서 행해지는 범패를 기록한 의례집이 고려부터 조선과 근대에 이르기까지 간행되는데, 『사리영응기』·『천지명양수륙재의찬요』·『작법귀감』 등이 있다.

조선 후기와 일제강점기에 범패를 금지하는 위기 속에서도 범패는 지속적으로 개최되었던 수륙재·영산재·생전예수재 등의 의례와 함께 그 맥을 이어갔다. 그 가운데 영산재를 통해 범패의 소리에 대해 살펴보면, 소리의 종류는 산문 형태의 안채비 소리와 절구 형태의 바깥채비 소리로 나뉜다. 일반 승려들이 주로 부르는 안채비 소리에는 유치, 착어, 편게, 게탁의 네 종류가 있다. 전문 범패승이 담당하는 바깥채비 소리는 독창으로 하는 홋소리와 합창으로 하는 짓소리의 두 종류가 있다. 이와 같은 범패의 안채비와 바깥채비 소리는 영산재의 12단계에서 각각 다르게 구성된다. 영산재 등의 의례의 핵심 요소로 그 전승을 지켜온 범패는 여러 지역에서 무형문화재로 지정되어 현재까지 계승되고 있다. 범패

| 참고문헌 |

동국대학교 불교문화연구원 HK연구단 엮음, 『원효『판비량론』의 신역주』, 서울: 학교법인 동국대학교 출판문화원, 2021
박범훈, 「한국 범패의 역사적 전래에 관한 연구」, 『불교문화연구』 1, 동국대학교 불교사회문화연구원, 2000
백일형, 「신라 진감선사 범패에 관한 소고」, 『동방학』 6, 한서대학교 동양고전연구소, 2000
법현, 『한국의 불교음악』, 서울: 운주사, 2005
윤소희, 『범패의 역사와 지역별 특징』, 서울: 민속원, 2016
조명화, 「중국불교의 송찬문학」, 『불교학보』 60, 동국대학교 불교문화연구원, 2011
채해련, 『영산재와 범패』, 서울: 국학자료원, 2011

『삼국유사』, 『고려사』, 『고려사절요』, 『조선왕조실록』, 『일본서기』, 『입당구법순례행기』의 원문과 번역 출처: 한국사 데이터 베이스 http://db.history.go.kr/

# 찾아보기

## ㄱ

가나자와문고(金澤文庫) 67
가부장제 218
각원 상좌覺圓上座 83
각필角筆 356
간경看經 96
간령姦令 88
『간화결의론看話決疑論』 103
간화선看話禪 95, 103
갈현葛玄 88
갈홍葛洪 89
강승회 336
거란대장경契丹大藏經 61, 62
걸식乞食 286, 288, 316
게이가(景雅) 70
결응決凝 49
「경사經師」 337
경성 일선敬聖一禪 82
경절문 104, 115
『계초심학인문誡初心學人文』 309
『고려도경高麗圖經』 272
고려사高麗寺 71
『고려사高麗史』 352
『고봉화상선요高峰和尙禪要』 105

고산지(高山寺) 71
『고승전高僧傳』 326
곡신谷神 91
공관삼매空觀三昧 108
공구孔丘 88
공양게供養偈 275
공양供養 274
『공적소문경空寂所聞經』 88
관상염불觀像念佛 106, 108
관상염불觀想念佛 106, 108
관행 53
교관 45, 46, 52, 58, 59, 76
교관겸수 45, 46, 48, 54, 56, 58, 59
교장敎藏 61~63, 65, 69, 71, 75, 77
교장도감敎藏都監 63, 67
『교장총록』 71
교종 58
교판敎判 101
구겸지寇鎌之 89
구산문九山門 111
구산선문 57
「구자무불성화간병론狗子無佛性話揀病論」 103
구자무불성화狗子無佛性話 103, 121
구조당九祖堂 54

구카이(空海) 133~135, 339, 363
국일도대선사선교대총섭부종수교보제등
  계존자 83
국청사國淸寺 55, 56
권상로 174, 176, 179, 181, 182, 185, 193
『권수정혜결사문勸修定慧結社文』 117
귀사鬼史 88
귀속歸俗 80
균여均如 49, 58, 64, 75
균여파 58, 59
극과極果 53
『금강경오가해金剛經五家解』 114
『금강저』 189
『금강정경』 129, 132, 141, 154, 163
금화도인金華道人 의천 97
기신론 74, 76
기허 영규騎虛靈圭 83, 86
김경봉 189
김구하 186~188
김남천 185
김윤후金允侯 85
김정해 183
김태흡 195

## ㄴ

나무아미타불 118
노자老子 88
『노자화호경老子化胡經』 88
뇌묵 처영雷默處英 83, 86

## ㄷ

『다라니집경』 128, 131
『대각국사문집大覺國師文集』 68
대분지 105
『대비로자나경공양차제법소大毘盧遮那經供養次第疏』 138, 141, 142
『대비로자나성불신변가지경大毘盧遮那成佛神變加持經』 128, 129, 132, 138, 141, 153, 154, 163, 165, 332
대선大選 83
대신근 105
대의정 105
대장경 61, 63
덕수德水 99
『도가귀감道家龜鑑』 84, 91
도강都講 88
도겐(道元) 303
도교道敎 88
『도덕경道德經』 88
도독都督 88
도봉 영소道峰靈炤 101
도불道佛의 논쟁 88
도신道信 111
도유나랑 231
도의 국사道義國師 111
도종 66
도진호都鎭鎬 200
도첩제 81
도필 67
도홍경陶弘景 89
돈교頓敎 47
돈오 60
돈오점수頓悟漸修 113

동경불교유학생회 189
동중서董仲舒 89
두류산인頭流山人 82
두부 307
두순杜順 46, 50, 51, 53
두포 308
득통 기화得通己和 90

### ㄹ

『룸비니』 197

### ㅁ

마하가섭摩訶迦葉 88
맹자孟子 89
몰수沒修 112
몰종적沒蹤跡 112
몰증沒證 112
『묘법연화경』 327
묘에(明惠) 71
묘향산인妙香山人 82
무념무수無念無修 112
무분별無分別 96
「무설토론無舌土論」 111
『무성섭론소』 67
무소유 274
무위자연 92
무정성불無情成佛 266
무집착無執著 96
무형문화재 361
문정 왕후 242

문정대비 81
『밀교대장』 156, 157

### ㅂ

바깥채비 360
박병호 188
박용하(운허) 202
박한영 174, 176, 179, 181, 182, 185, 202
발우공양 299, 310, 317
발우鉢盂 286, 299
방하착放下著 96
배불정책 87
배휴裵休 66
백성욱 195
백시리밀다라 336
백용성 185
백원帛遠 88
백장 회해百丈懷海 112, 295
백화도인白華道人 82
『범망경』 300
『범서총지집梵書摠持集』 153~157
『범음종보梵音宗譜』 359
『범음집梵音集』 161
범태평양불교도대회 200
범패梵唄 326
『법계현경法界玄鏡』 53
법상종 57
법선法銑 66
법안 문익法眼文益 101
법안종法眼宗 55, 57, 76
『법원주림法苑珠林』 327

법의法衣 271
법장法藏 50, 66, 69, 74, 75
법정法正 86
법화열반시 47
『법화현의法華玄義』 56
벽암 각성 87
변성성불설 214
변진辨眞 68
별교別敎 47
병로病老 82
보법普法 53
보시布施 96
보우普雨 81
보정寶晶 114
보조 지눌普照知訥 103
보진葆眞 99
보현십원가 344
본래성불本來成佛 95, 112
본분本分 94
부녀상사금지법 239
부석사浮石寺 49
부용 영관芙蓉靈觀 82
부인선원 248
부정교不定敎 47
북송北宋 62
분소의糞掃衣 272
불교 페미니즘 254
『불교』 192
불교개혁론 182
불교여자청년회 245
불교옹호회 180
불교진흥회 179
『불교진흥회월보』 178, 179
불교청년여자동맹 246

불법 오백 년 감소설 214
불살생계 303
불성론佛性論 266
『불청운동』 199
비구니 사찰 248
비구니 팔경계법 214, 223
비밀교秘密敎 47
비정불성론非情佛性論 266

## ㅅ

사교입선捨敎入禪 113
사명 유정四溟惟政 83, 86, 97, 114
『사분율四分律』 274
사성제四聖諦 262
사이초(最澄) 339
사이초(最澄) 133~135, 339, 340, 363
사찰 음식 312
사회師會 68
『삼가귀감三家龜鑑』 90, 120
삼관법 51, 53
삼관三觀 46, 53
삼교三敎 88, 109
삼교일치三敎一致 92
『삼국유사三國遺事』 272, 342
『삼로행적三老行蹟』 84
삼몽록三夢錄 99
삼십본산연합사무소三十本山聯合事務所 180
삼십본산주지회의원三十本山住持會議院 172
삼종정육 293
삼처전심三處傳心 115

삼천 위의三千威儀 118
상상근기上上根機 60
상의상관성相依相關性 263
상종相宗 58
『상청진경上淸眞經』 89
서당 지장西堂智藏 112
서산 대사西山大師 82
「서산대사화상당명西山大師畫像堂銘」 97
서암 사언瑞巖師彦 107
『석문의범釋門儀範』 310, 359
석승변釋僧辯 338
『석원사림釋苑詞林』 67
석희 법사釋熙法師 82
『선가귀감禪家龜鑑』 84, 92, 109, 120
『선가귀감언해諺解』 97
『선가귀감주해註解』 97
『선가금설록禪家金屑錄』 84
선교 양종 81
『선교결禪教訣』 84, 101, 109, 114, 115
『선교석禪教釋』 84, 101, 109, 114
선교양종도회소禪教兩宗都會所 80
선교양종판사禪教兩宗判事 83
선교융합 112, 114
선교차별 95, 114
『선문보장록禪門寶藏錄』 112, 114
선연鮮演 71
선원 204
『선원청규』 298, 309
선종 60, 64, 75
선종 통합 58
선종오가禪宗五家 94
선종화禪宗畵 267
선주교종禪主教從 98, 112, 113, 121
선판禪判 101

선학원 204
『설선의說禪儀』 84
설홍雪弘 86
성 평등성 225
성범聲梵 342
성상性相 54
성역할론 235
성인聖人 91
성종性宗 58
소선 305, 306
「소심경」 310, 311, 316
소욕지족 290, 312
소채 314
소혜 왕후 238
쇼묘(聲明) 339
쇼묘지(稱名寺) 67
『수능엄경』 67
『수륙무차평등재의촬요水陸無遮平等齋儀撮要』 161, 358
수륙재水陸齋 151, 152, 161, 241, 306, 308, 321, 355, 358, 359, 364
『수미사역경須彌四域經』 88
수미산須彌山 269
수충사제문酬忠祠祭文 97
순자荀子 89
숭인 장로崇仁長老 82
『승가일용시묵언작법僧家日用時默言作法』 309
승군 85
승장 120
식육계 301
『신선전神仙傳』 89
신열信悅 86
신인神人 91

『신편제종교장총록』 59, 62~64, 70, 76
신훈新勳 94
『심법요초心法要抄』 84
심우도尋牛圖 268
심행처멸心行處滅 94
십계十戒 92
『십송률』 329
십현문十玄門 50, 53
쌍흘雙仡 99

# ㅇ

안넨(安然) 135, 136, 266, 340, 363
안심사安心寺 84
안채비 360
어산 335
억지憶持 106
언기彦機 99
언어도단言語道斷 94
엔닌(圓仁) 340
여고보汝固父 99
여래장사상如來藏思想 265
여산 혜원廬山慧遠 107
여성불성불설 214
여성오장설 214, 222
여성출가성불론 220
여자선우회 247
연기법緣起法 261
열반송涅槃頌 83
염불念佛 96, 106
영규(→기허 영규騎虛靈圭)
영명 연수永明延壽 101
영산재 361

예배 110
예배禮拜 96
오계五戒 90, 92
오관게五觀偈 275, 311, 316
오교五敎 46, 50, 53
『오대진언五大眞言』 160, 357
오두미교五斗米道 88
오륜五倫 90
오상五常 92
오시팔교五時八敎 45, 46
오신채 292, 294, 315
오조 법연五祖法演 103
오조 홍인五祖弘忍 107, 111
오주인과五周因果 51~53
오탁악세五濁惡世 107
오후불식 298
왕부王浮 88
왕수 66
왕양명王陽明 89
요경희 66
요세了世 57
요遼 62
용복사龍腹寺 98
『운수단가사雲水壇歌詞』 84
『원각경』 67
원각사圓覺寺 80
원교圓敎 47, 53
원돈문圓頓門 104
원적암圓寂庵 83
『원종문류』 50, 51, 65, 67, 69, 70, 73, 75
『원종문류집해圓宗文類集解』 73, 74
『원종圓宗』 170, 172
원종종무원圓宗宗務院 172, 178

원준圓俊 84
원효 56, 68, 74~76
월명사 도솔가 342
위법망구爲法忘軀 86
『유가귀감儒家龜鑑』 84, 91
유곡楡曲 86
유동 보살儒童菩薩 88
유불일치儒佛一致 90
『유석질의론儒釋質疑論』 90
유선 66
유성有誠 43, 44
『유심惟心』 178, 184, 186
유심정토唯心淨土 107
유점사 84
유정惟政→사명 유정四溟惟政
육공 장로六空長老 82
육수정陸修靜 89
육식 292, 300
육장원陸長源 66
은원隱元 303
음마장상 223
의례집 357
의상義相 49, 74
의엄義嚴 86
의천義天 42, 60, 75
의천파 70
의학사문義學沙門 51
의화義和 72
이능화 176, 180~182
이사증李思曾 82
이순신 86
이순호(청담) 202
이식李植 99
이여송李如松 83

이연李淵 89
이재복李在福 204
이종천 188
인도人道 91
인연법因緣法 261
인영印英 84
인욕忍辱 96
인준引俊 86
인진印眞 86
『일광』 196
일념삼천 56
일물一物 94
일본 62, 71, 72
일심삼관一心三觀 46
임제법맥 100
임제종의 정통 계승자 100
임종게臨終偈 97
임진왜란 87, 120
『입당구법순례행기』 349
「입법계품」 330
입암산성 86
입측오주入厠五呪 110

ㅈ

자선子璿 66
『작법귀감作法龜鑑』 161, 357, 358, 364
장각張角 88
장교藏敎 47
장로張魯 88
장소藏疏 61
장수張脩 88
『장아함경』 328

찾아보기······373

재일본조선불교청년회 190
적산법화원 349
전독轉讀 334
「전좌교훈典座敎訓」 303
점교漸敎 47
정업원 232
정여립鄭汝立 83
정원→진수 정원晉水淨源
정진精進 96
정토왕생淨土往生 106
제관諦觀 47, 56
『제산단의문諸山壇儀文』 84
조계퇴은曹溪退隱 82
조사선법祖師禪法 112
조선광문회 185
조선불교계』 178, 179
조선불교동경학우회 191
『조선불교월보朝鮮佛敎月報』 170~172, 178, 179
『조선불교朝鮮佛敎』 194
조선불교중앙교무원 192
조선불교청년총동맹 199
조선불교청년총동맹 동경동맹 190
『조선불교총보』 178, 180, 183
조선불교학인연맹 202
조선선교양종각본사주지회의원 178
조선선교양종삼십본산주지회의소 178
조선시대 71
『조선왕조실록朝鮮王朝實錄』 353
조식 335
『조음潮音』 186
조종현(철운) 202
조주 종심趙州從諗 103
조포사 308

종간從諫 43~45, 56
종교입선 115
종교宗敎 88
종돈終頓 54
종밀 54, 55, 75
종봉 유정鍾峰惟政→사명 유정
좌자左慈 88
좨주祭酒 88
주력呪力 96
주변함용관 53
주부主簿 88
주인공 107
주희朱熹 89
죽림정사竹林精舍 269
중관 해안中觀海眼 83
중앙불전 교우회 196
중앙불전학생회 197
지겸 336
지담약支曇篇 337
지도림 336
지론종 55, 75
지엄 50, 74, 67, 75
지원 승통智遠僧統 111
지인至人 91
지해知解 96
진각 혜심 103
진감 선사 346
진고眞誥」 89
「진귀조사설眞歸祖師說」 111
진수 정원晉水淨源 43, 44, 51, 54, 55, 75, 76
진언집 159, 160, 165
『집해』→『원종문류집해圓宗文類集解』
징관澄觀 42, 50, 52~54, 66, 70~72,

74~76

## ㅊ

참구문參句門 104
참의문參意門 104
천도天道 91
천사天師 88
『천지명양수륙의문』 358
천태 덕소天台德昭 101
천태 지의天台智顗 44, 75
천태 지자 45, 55, 56
『천태사교의天台四教儀』 47, 55
천태예참법天台禮懺法 57
천태종天台宗 43~45, 48, 55~58, 76
청규 295
『청정법행경淸淨法行經』 88
『청춘』 185
청허 휴정淸虛休靜 82, 120
『청허당집淸虛堂集』 82, 84, 97
초목성불론 266
최남선 185
최동식 181
『축산보림鷲山寶林』 186
측천무후 66
치군緇軍 85
『치문경훈緇門警訓』 116
칭명염불稱名念佛 106

## ㅋ

카스트 제도 218

## ㅌ

탁마琢磨」 203
태평도太平道 88
태현 68
통교通教 47
통방정안通方正眼 93, 120
통신通神 89
통진洞眞 89
통현洞玄 89

## ㅍ

『판비량론判比量論』 356
팔교 47
팔도도총섭八道都摠攝 86
팔도십육종도총섭八道十六宗都摠攝 83
팔만 세행八萬細行 118
『포박자抱朴子』 89
포정사包丁師 304
풍악산인風岳山人 82

## ㅎ

하근기下根機 60
한용운 174, 184, 193, 195
한유韓愈 89
함허당涵虛堂 90
『해동기海東記』 69
『해동불보』 178, 179
해우소解憂所 278
해탈열반 92

행주산성 86
행주行珠 114
향가鄕歌 342
허단보許端甫 101
허실생백虛室生白 92
『현도관경목玄覩觀經目』 89
현수 오교 45
현수교관賢首敎觀 51
『현정론顯正論』 90
혜심 233
혜원慧苑 66
혜인원慧因院 44
호국 86
호넨(法然) 70
호법 86
홍경 66
홍법강우회 203
『홍법우』 203
홍인弘忍→오조 홍인五祖弘忍
화법化法의 사교四敎 47
화엄 42자모 330

화엄 9조설 54, 75
『화엄경』 52, 60
화엄교학華嚴敎學 112
화엄사관 54, 55
화엄사상 59
화엄의 7조설 54, 75
화엄종 49, 57, 58, 75, 77
화의化儀의 사교 47
화쟁 58
『화쟁론』 74
화쟁사상 75, 76
확심廓心 73, 76
확연무성廓然無聖 115
환속還俗 80
황벽요리 304
회광」 202
휴정의 법맥 100
흥왕사興王寺 63, 67
흥천사興天寺 80
희랑希朗 48, 49
희묵希黙 86

## 저자 소개

### 김용태

『조선불교 사상사―유교의 시대를 가로지른 불교적 사유의 지형』(2021), 『토픽 한국불교사』(2021), 『韓國佛敎史』(일본 春秋社, 2017), 『토픽 한국사 12』(2016), Glocal History of Korean Buddhism(2014), 『조선후기 불교사 연구― 임제법통과 교학전통』(2010)

「조선 불교, 고려 불교의 단절인가 연속인가?」, 「조선후기 불교문헌의 가치와 선과 교의 이중주」, 「역사학에서 본 한국불교사 연구 100년」, 「Buddhism, and the Afterlife in the Late Joseon Dynasty: Leading Souls to the Afterlife in a Confucian Society」, 「Formation of a Chosŏn Buddhist Tradition: Dharma Lineage and the Monastic Curriculum from a Synchronic and a Diachronic Perspective」.

### 김천학

동국대학교 불교문화연구원 HK교수 및 한문불전번역학과 교수.
한국학중앙연구원 한국학대학원에서 균여연구로 박사학위 취득
일본 도쿄대학대학원 인도철학불교학과에서 일본화엄사상연구로 박사학위를 취득. 주요 역서로 『화엄사상의 연구』(2020), 저서로 『平安期華嚴思想の研究―東アジア華嚴思想の視座より―』(2015), 『균여화엄사상연구』(2006)가 있다. 공저에는 『간경도감본 법장『대승기신론소』교감본연구』

(2021), 논문에 「『보살계본종요초』의 문헌적 의의와 신라 태현에 대한 인식」 등이 있다.

## 김호귀

동국대 HK교수, 선학 전공

동국대 선학과 박사, 동국대 불교문화연구원 전임연구원 역임, 『선문답의 세계』(석란, 2005), 『선과 수행』(석란, 2008), 『선리연구』(하얀 연꽃, 2015), 『역주 유마힐소설경』(중도, 2020), 『한국선리논쟁의 전개』(중도, 2021), 「용성진종의 「總論禪病章」에 나타난 십종병 고찰」, 「운하영승의 『지장보살본원경윤관』의 구조와 특징 고찰」, 「『금강경』 분과와 명칭 고찰 —백용성 주석서와 비교하여—」

## 옥나영

동국대 HK연구교수, 한국불교사 전공, 숙명여자대학교 사학과 박사. 서울대학교 규장각한국학연구원 박사후과정(post-doc.) 이수. 「紫雲寺 木造阿彌陀佛坐像의 腹藏 「如意寶印大隨求陀羅尼梵字軍陀羅相」의 제작 배경」, 「『大毘盧遮那經供養次第法疏』의 일본 전래와 계승의 의미 —『大日經供養次第法疏私記』를 중심으로」, 「五大眞言 千手陀羅尼 신앙의 배경과 42手 圖像」, 「밀교 승려 혜초의 사상과 신라 밀교 —『천발경』서문을 중심으로」

## 김종진

동국대학교 불교학술원 교수. 동국대 대학원에서 불교가사 연구로 박사학위를 취득한 후, 한국 불교문학의 다양한 양상을 연구하고 있다. 최근에는 조선시대 불가한문학의 번역과 연구, 근대 불교잡지의 문화사적 연구를 진행하고 있다. 저서로『불교가사의 연행과 전승』(이회, 2002),『불교가사의 계보학, 그 문화사적 탐색』(소명출판, 2009),『한국불교시가의 동아시아적 맥락과 근대성』(소명출판, 2015), 번역서로『정토보서』,『백암정토찬』,『호은집』,『송계대선사문집』,『백열록』등이 있다.

## 김제란

동국대학교 HK연구교수. 동아시아불교 전공. 고려대학교 철학과 박사, 태동고전연구소(지곡서당) 한문연수과정 수료. 고려대 철학연구소 연구교수 역임. 캐나다 UBC 한국학연구소 강의. 박사논문으로「熊十力 哲學思想 硏究」, 저역서로 웅십력『신유식론 상·하』(2007), 모종삼『심체와 성체』(2012),『한마음, 두 개의 문, 원효의 대승기신론 소·별기』(2007),『쉽게 읽히는 동양철학 이야기』(2021), 주요 논문으로「한·중·일 근대불교의 사회진화론에 대한 대응양식 비교」,「송대 유학에 미친 불교의 영향」,「당군의 철학에 나타난 동서융합의 논리 — 유학, 헤겔철학과 화엄불교의 융합」등이 있다. 현재 관심분야는 한국 전통과 현대사회에서의 불교와 유학의 사상적 대립과 교섭, 통섭을 중심으로 한 통사(通史) 작업이다.

## 김은영

동국대 K학술확산연구소 전임연구원, 종교교육 및 한국불교교육사 전공, 동국대 불교학과 박사, 동국대 불교문화연구원 전임연구원·HK연구교수 역임. 「교육과정 텍스트로서의 정토삼부경 재조명」, 「근현대 불교계 학교의 설립과 운영의 특성과 과제」, 「불교계 종립대학의 종교교양교육의 현황과 과제」, 「불교의 자연 인식 변천: 불교생태교육적 의미를 중심으로」

## 이자랑

동국대 HK교수, 초기불교교단사 및 계율 전공, 일본 東京대학 인도철학·불교학과 박사, 일본 東京대학 외국인특별연구원 역임. 『나를 일깨우는 계율 이야기』(불교시대사, 2009), 『붓다와 39인의 제자』(한걸음 더, 2015), 『도표로 읽는 불교입문』(공저, 민족사, 2016), 「율장의 이념과 한국불교의 정향」(동국대출판부, 2017), 「초기불교승가의 소유와 분배」, 「신라 사원노비의 발생과 사신」, 「세속오계의 '살생유택계'와 원광의 계율관」, 「의상의 계율관」

## 김지연

동국대 HK연구교수, 동아시아불교 전공, 동국대 불교학과 박사, 금강대 학술연구교수 역임. 『석마하연론(釋摩訶衍論)의 사상적 지평』, 「중국에서 법장 『기신론소』의 유통에 대해서」, 「북미불교의 원효 인식과 이해」, 「『釈摩訶衍論』における摩訶衍と大乘 ― 何故「釈摩訶衍論」なのか ― 」, "The Understanding of the Discriminating Consciousness and the True Consciousness in the Silla Commentaries on the Dasheng qixin lun"

인문한국불교총서 10

# 테마Thema 한국불교 10

2021년 8월 20일 초판 1쇄 인쇄
2021년 8월 30일 초판 1쇄 발행

**엮은이** 동국대학교 불교문화연구원 HK연구단
**펴낸이** 박기련
**펴낸곳** 학교법인 동국대학교 출판문화원

**출판등록** 제2020-000110호(2020. 7. 9)
**주 소** 04626 서울시 중구 퇴계로36길2 신관1층 105호
**전 화** 02) 2264-4714
**팩 스** 02) 2268-7851
Homepage http://dgpress.dongguk.edu
E-mail abook@jeongjincorp.com
**편집디자인** 나라연
**인쇄처** 네오프린텍(주)

ISBN 979-11-91670-11-60    93220

값 20,000원

이 책의 무단 전재나 복제 행위는 저작권법 제98조에 따라 처벌받게 됩니다.